ullstein

In fünfzehn Jahren als Journalist der *Financial Times* hat Dan McCrum schon viele Storys recherchiert und aufgeschrieben, aber diese hier ist seine eigene. Sie packte ihn und ließ ihn nicht mehr los, bis sein Leben auf den Kopf gestellt war – ein Abenteuer voller Lügen, Spione und schmutzigen Geldes. Mehr als einmal dachte er, dass seine Karriere am Ende sei. Er träumte mit Schrecken davon, die Tür zu öffnen und auf Blaulicht und Uniformen zu blicken, und er feilte an Erklärungen für den Tag, an dem die Polizei tatsächlich vor ihm stehen würde.

Als der Skandal sich ausweitete, sprangen Wirecard deutsche Institutionen zur Seite. Unabhängige Zeitungen, aalglatte Banker, reiche Investoren, teure Wirtschaftsprüfer, professionelle Aufsichtsbehörden und gefürchtete Staatsanwälte sahen sich den ungleichen Kampf an und kamen zu dem Schluss, dass Dan McCrum es war, der sich irrte und möglicherweise korrupt war. Ein kaum bekannter Reporter aus London hatte ihnen zufolge die Seiten der *Financial Times* für einen Rachefeldzug gegen eines der erfolgreichsten Technologieunternehmen Europas gekapert. Wie der Fall Wirecard tatsächlich begann und was niemand sonst berichten könnte, finden Sie in McCrums unvergleichlicher True-Crime-Reportage.

DAN MCCRUM ist seit 2007 Teil des Investigativ-Teams der *Financial Times*. Für seine Wirecard-Reportage hat er zahlreiche Journalistenpreise erhalten, u. a. den Deutschen Reporterpreis, den Helmut-Schmidt-Journalistenpreis sowie den Ludwig-Erhard-Preis für Wirtschaftspublizistik. Er wurde außerdem für den Journalistenpreis der *New York Financial Writer's Association* vorgeschlagen.

DAN McCRUM

HOUSE OF WIRECARD

Wie ich den größten Wirtschaftsbetrug Deutschlands aufdeckte und einen DAX-Konzern zu Fall brachte

Aus dem Englischen von
Karsten Petersen, Hans-Peter Remmler, Sigrid Schmid,
Thomas Stauder und Violeta Topalova

Ullstein

Besuchen Sie uns im Internet:
www.ullstein.de

Wir verpflichten uns zu Nachhaltigkeit

- Klimaneutrales Produkt
- Papiere aus nachhaltiger Waldwirtschaft und anderen kontrollierten Quellen
- ullstein.de/nachhaltigkeit

FSC
www.fsc.org
MIX
Papier | Fördert gute Waldnutzung
FSC® C021394

Ungekürzte Ausgabe im Ullstein Taschenbuch
1. Auflage April 2023

Titel der englischen Originalausgabe: *Money Men: A Hot Startup, A Billion Dollar Fraud, A Fight for the Truth (Transworld Publishers, London)*
Umschlaggestaltung: zero-media.net, München, nach einer Vorlage von FHCM Graphics, Berlin
Titelabbildung: © Jorge A. Godoy, Designer @ Kunai
Satz: LVD GmbH, Berlin
Gesetzt aus der Quadraat Pro
Druck und Bindearbeiten: ScandBook, Litauen
ISBN 978-3-548-06706-3

Für Charlotte

Inhalt

Vorwort zur deutschen Ausgabe

»Wir kannten Sie nur als den Teufel«, sagte ein ehemaliger Mitarbeiter, nachdem die Aufregung um seinen früheren Arbeitgeber Wirecard sich endlich gelegt hatte. Ich schüttelte mir den Münchner Schnee von den Schuhen, als er mich mit frisch gebackenen Brezeln in seinem Haus empfing. Wir wollten darüber sprechen, wie er so lange getäuscht werden konnte und was alles getan worden war, um Wirecard an die Spitze der deutschen Wirtschaft, in den DAX 30, zu bringen. Er war, wie so viele Menschen im Land der Dichter und Denker, denen ich seit der Aufdeckung des Betrugs begegnet bin: herzlich, offen, selbstkritisch und ein wenig beschämt über die vergangenen Ereignisse.

Die Geschichte, die Sie nun in den Händen halten, musste ich erzählen – ich hatte keine andere Wahl. In fünfzehn Jahren als Journalist der *Financial Times* habe ich schon viele Storys recherchiert und aufgeschrieben, aber diese hier ist meine eigene. Sie ist persönlich und wirklich besonders. Sie packte mich am Kragen und ließ mich nicht mehr los, bis mein Leben auf den Kopf gestellt war – ein Abenteuer voller Lügen, Spione und schmutzigen Geldes. Mehr als einmal glaubte ich, meine Karriere sei am Ende. Es gab unglaubliche Momente, in denen ich dachte, dass die Welt da draußen sie niemals wahrnehmen würde. Zeitweise behandelte ich mein Smartphone wie einen Feind, ein potenzielles Abhörgerät. Ich träumte mit Schrecken davon, die Tür zu öffnen und auf Blaulicht und Uniformen zu blicken, und ich feilte an Erklärungen für den Tag, an dem die Polizei tatsächlich vor mir stehen würde.

Eines der merkwürdigsten Dinge an dieser Geschichte voller ebenso seltsamer wie wunderbarer Charaktere ist: Es war ein anderes Land, das alles auf den Kopf stellte. Ich forderte ein deutsches Unternehmen heraus, Wirecard, indem ich zunächst in meinen Artikeln fragte, ob die veröffentlichten Bilanzen überhaupt schlüssig waren, und dann anhand der Aussagen von Whistleblowern darüber berichtete, was wirklich im Inneren des Konzerns geschah. Als der Skandal sich ausweitete, sprangen ihm deutsche Institutionen zur Seite. Jedes außergewöhnliche Detail wurde wegdiskutiert. Unabhängige Zeitungen, aalglatte Banker, reiche Investoren, teure Wirtschaftsprüfer, professionelle Aufsichtsbehörden und gefürchtete Staatsanwälte sahen sich den ungleichen Kampf an und kamen zu dem Schluss, dass ich es war, der sich irrte und möglicherweise korrupt war. Ein kaum bekannter Reporter drüben in London hatte die Seiten der FT für einen Rachefeldzug gegen eines der erfolgreichsten Technologieunternehmen Europas gekapert.

Über das Wie, das Wann und ein Teil des Warums ist inzwischen etliches bekannt. Der Wirecard-Skandal entwickelte sich aus kleinen und großen, sich steigernden Unfällen. Ordnungswidrigkeiten und Geschäfte im Graubereich wurden zu zunächst kleinen, wenig greifbaren Straftaten. Anzugträger verschoben Geld über unterschiedliche Rechtssysteme, die Annehmlichkeiten sowie Diskretion versprachen – Deutsche brachen in Deutschland keine Gesetze. Doch dann wurde ein junges österreichisches Wunderkind, Jan Marsalek, über seine Fähigkeiten hinaus befördert, zumindest mit Blick auf die legale Geschäftswelt.

Noch als die krummen Geschäfte größere Dimensionen annahmen, als Hunderte von Millionen und dann Milliarden Euro von Investoren und Banken gestohlen wurden, galt Wirecard als seriös. Im Zweifel vertraute man dem Unternehmen, unterstützt durch den beruhigenden Sog der Gier. Die Anleger sahen, was sie sehen wollten – eine Geldmaschine –, und wurden dafür belohnt. Der stetig steigende Aktienkurs bestätigte sie. Wir stellen uns Betrüger als Hütchenspieler an der Straßenecke vor oder als charismatischen Charmeur, der einem reichen amerikanischen Touristen den Eiffelturm verkauft. Was Wirecard jedoch missbrauchte, war das moderne Gesellschaften prägende Vertrauen. Deutschland hat eine gut funktionierende Wirtschaft, in der es die absolute Ausnahme ist, sich ins Gesicht zu lügen.

Dass ein Anleger an der Börse jedes potenzielle Investment argwöhnisch prüft oder ein Banker jeden Standort eines Unternehmens, das einen Kredit aufnimmt, besucht, wäre genauso sinnvoll, als würde sich der Käufer eines Liters Milch nach dem Gesundheitszustand der Kuh erkundigen. Diese Art von Milliardenbetrug ist nur möglich durch den Missbrauch dieses Vertrauens, ohne das Gesellschaft und Wirtschaft nicht funktionieren können. In seiner farbenfrohen Geschichte der Betrügereien *Lying for Money* hat Dan Davies es so formuliert: »Wirtschaftskriminalität funktioniert meist durch die Manipulation der *institutionellen Psychologie*. Man schafft etwas, das weitestmöglich wie eine normale Folge von Transaktionen aussieht. Das Drama kommt später, wenn sich alles auflöst.« Immer wieder ist deutlich geworden, dass alles viel früher hätte aufgeklärt werden können, wenn nur jemand, irgendjemand, die Fakten überprüft hätte.

Was bei Wirecard – wo das Drama früh begann und stetig eskalierte – auffällt, sind die vielen Versuche, diese Fakten durch externe Beobachter zu überprüfen, sowie das Versagen der mit der Kontrolle betrauten Institutionen. Ernst & Young prüfte ein Jahrzehnt lang die Abschlüsse von Wirecard. Eine der kleinen Erkenntnisse beim Lesen durchgesickerter interner Wirecard-E-Mails war, dass sich 2015 jemand in der Wirtschaftsprüfungsgesellschaft die detaillierten Fragen, die ich an EY geschickt hatte, genauer ansah und das Finanzteam von Wirecard dazu befragte. Es schien jedoch nichts zu bewirken. Darüber hinaus haben Whistleblower, Investoren und das US-Justizministerium zu unterschiedlichen Zeitpunkten versucht, die Börsenaufsicht BaFin oder die Münchner Staatsanwaltschaft für die mutmaßlichen Straftaten bei Wirecard zu interessieren – ohne Erfolg. Immer wieder wurden Gelegenheiten verpasst, die Fassade einzureißen.

Selbst ich muss mich zu denen zählen, die sie verpasst haben. Die Geschichte von Wirecard ist eine nicht glattgebügelte Abfolge von Fehlern, auch von meinen, und stellt eine harte Lektion dar. Wirecard schaffte es, ausländische Spekulanten, insbesondere die anonymen, zu dämonisieren, um das Establishment hinter sich zu scharen. Warum die Verschwörungstheorien und die fingierten Geschäfte bei den Reichen und Mächtigen so viel Anklang fanden, müssen andere beantworten. Ich kann nur zeigen, wie sich die Ereignisse entwickelt haben. Wenn meine Geschichte von einer ständigen Verwunderung über die vorgefundene Art der Regeln, Institutionen und Haltungen geprägt ist – ich war ja immer ein naiver Reisender –, dann nur, um über die unterschiedlichen Hindernisse verglichen mit meiner Heimat zu staunen, um sie ins Licht zu rücken, nicht aber, um sie als minderwertig zu verurteilen. Diese Bildungsreise setzte sich für mich fort, als das Manuskript für dieses Buch ins Deutsche übersetzt wurde. Als Journalist bin ich darauf trainiert, Londons Gerichtsbarkeit in Sachen Verleumdung zu vermeiden, und entdeckte, dass die deutsche Variante ein wenig anders funktioniert. Es gibt deshalb einige kleine Änderungen in der deutschen Fassung. Vor allem wurden weitere Fußnoten aufgenommen, um die Statements der Hauptakteure wiederzugeben, außerdem wurden einige Beteiligte anonymisiert.

Deutschland war mit seiner Unterstützung von Wirecard nicht allein. Die zahlreichen Londoner Wegbereiter – die grimmigen Anwaltskanzleien, die schlüpfrigen Privatdetektive, die PR-Spindoktoren, die Banker und die Berater – waren hocherfreut, das Geld des Unternehmens einzusacken. Es gibt einen Grund, warum Oligarchen und die Großfamilien von Despoten die Stadt an der Themse seit Langem als willkommenes Zuhause empfinden. Das Vereinigte Königreich hat auch eine bemerkenswerte Geschichte, was die strafrechtliche Verfolgung von Finanzbetrug nach aufgedeckten Bilanzierungsproblemen angeht, und eine umfassende öffentliche Untersuchung eines pleitegegangenen Unternehmens ist praktisch unbekannt.

In dieser Hinsicht war Deutschland ungewöhnlich hartnäckig

in seinem Bestreben, die Lehren aus den vergangenen Geschehnissen zu ziehen. Nachdem ich viele Monate damit verbracht hatte, mich zu fragen, ob ich bei einer Bayern-Reise eine Verhaftung riskieren würde, war es surreal, im November 2020 in den Bundestag eingeladen zu werden, um an einer parlamentarischen Untersuchung teilzunehmen und als Experte befragt zu werden. Ein wenig später wurde ich von Olaf Scholz gelobt, der als damaliger Finanzminister den Regulierungsapparat beaufsichtigte, der mich verfolgt hatte. Er dankte mir für »große Verdienste um den Rechtsstaat«, als er mir den Sonderpreis des »Deutschen Reporterpreises« überreichte. Die lange, gründliche und erschöpfende öffentliche Untersuchung deutet auf die Bereitschaft hin, Lehren aus dem Fall Wirecard zu ziehen – eine Zielstrebigkeit, von der ich nur hoffen kann, dass sie zur Beseitigung der Schwachstellen genutzt wird, die den Betrug erst ermöglicht haben.

Bezogen auf Lektionen, die mein neuer Freund und ich an jenem kalten Tag in München miteinander besprachen, so wurde mir als Reporter beigebracht, eher zu zeigen, als zu erzählen. Dieses Buch ist die Geschichte von Wirecard, dessen unglaublichem Aufstieg sowie dessen Kampf mit der FT, der zum Untergang des Unternehmens führte. Ich bin froh, dass so viele davon Betroffene dieses Buch auf Deutsch lesen können. Am wichtigsten ist vielleicht, dass am Ende die Wahrheit zählte, die nicht weggewischt oder unterdrückt werden konnte. Aber, wie Sie sehen werden: Es war eine knappe Angelegenheit.

Dan McCrum im April 2022

Akteure

Wirecard

Markus Braun: Vorstandsvorsitzender und ab 2007 Hauptaktionär. Hat eine Schwäche für schwarze Rollkragenpullover.

Jan Marsalek: Wunderkind, das zum Vorstand fürs operative Geschäft avancierte. Fan von Jiu-Jitsu und militärischer Taktik, hat Kreditkarte aus echtem Gold.

Burkhard Ley: Finanzvorstand von 2006 bis 2017. Leidenschaftlicher Tänzer.

Hamid »Ray« Akhavan: Kalifornischer Porno-Baron, Freund von Jan Marsalek, Wirecard-Geschäftspartner. Unterhielt ein persönliches Waffenlager in Calabasas, Kalifornien.

Paul Bauer-Schlichtegroll: Unternehmer, Pornograf, Gründer der Firma Electronic Billing Systems, Wirecard-Eigentümer von 2002 bis 2005, Mitglied des Aufsichtsrats bis 2009. Auch bekannt als »Disco-Paule«.

Christopher Bauer: Bustouren-Veranstalter und langjähriger Wirecard-Geschäftspartner, beteiligt an Ashazi Services in Bahrain und PayEasy Solutions auf den Philippinen. Mitglied der Motorradgang Iron Cross Sons.

Oliver B.: Früher Wirecard-Angestellter. Abstinent lebender Rennfahrer, der zum Geschäftsführer der größten Wirecard-Niederlassung wurde, CardSystems Middle East in Dubai.

»Colin«: Freund von Jan Marsalek, den er kennenlernte, als dieser auf der Terrasse der Münchner Diskothek Pacha mit Markus Braun Champagner schlürfte. Betrieb das Reiseunternehmen Goomo in Mumbai, Indien.

Simon Dowson: Produzent von Dokumenten, führte Brinken Merchant Incorporations in Consett, County Durham, Großbritannien.

Andrea Görres: Rechtsanwältin, Chefjustiziarin. Wirecard-Angestellte Nummer 13.

Pav Gill: Rechtsanwalt, Wirecard-Justiziar für Asien, Operationsbasis Singapur. Ein Produkt der Entschlossenheit seiner alleinerziehenden Mutter.

Detlev Hoppenrath: Wirecards erster CEO. Ein vertrauensvoller Techniker.

Dietmar Knöchelmann: Geschäftsmann, der 2007 die Firma G2Pay an Wirecard verkaufte und sie dann noch ein weiteres Jahr leitete.

Alexander von Knoop: Wirtschaftsprüfer, Wirecard-Finanzvorstand von 2018 bis 2020.

Edo Kurniawan: Workaholic und Chefbuchhalter von Wirecards Asian Finance Team, Singapur. Brüstete sich gern damit, das von anderen hinterlassene Chaos aufzuräumen.

Henry O'Sullivan: Geschäftsmann, öffentlichkeitsscheuer Dealmaker, lärmender Unterhalter, begeisterter Sportschütze und Freund von Jan Marsalek.

Ramu und Palani Ramasamy: Brüder. Die ursprünglichen Eigentümer der indischen Firma Hermes i-Tickets, die 2015 von Wirecard gekauft wurde. Bekannt als »The Boys«.

»Herr Samt«: Spindoctor, Jan Marsaleks persönlicher PR-Guru. Lego-Enthusiast.

Simon Smaul: Vertriebschef für G2Pay in Dublin, Irland. Verließ Wirecard 2010, um eine unabhängige Partnerfirma zu betreiben. Autofanatiker.

Rüdiger Trautmann: Verkäufer, Wirecard-Vorstand fürs operative Geschäft von 2005 bis 2009; dann ging er, um Präsident des Wirecard-Konkurrenten Inatec Payment zu werden. Plappermaul.

Spione

Andrey Chuprygin: Russe. Ehemaliger Oberst, Akademiker an der Wirtschaftshochschule Moskau, spezialisiert auf Libyen.

Hayley E.: Brite. Privatdetektiv. Ex-MI5.

Rami El Obeidi: Libyer. Ehemaliger Chef des Auslandsgeheimdiensts der Übergangsregierung von Libyen. Stammgast des Dorchester Hotels in London.

Grey Raynor: Brite. Seine Firma APG Protection war an mehreren Überwachungsoperationen beteiligt. Aus Manchester.

Shortseller und Analysten

Carson Block: Aktivistischer Shortseller (Leerverkäufer) mit Operationsbasis San Francisco. Brachte Sino-Forest und den im Aktienindex FTSE 100 gelisteten Gesundheitskonzern NMC Health zu Fall. Betrieb früher einen Selfstorage-Anbieter in Schanghai.

Matthew Earl: Blogger und Shortseller, der hinter dem 2016 veröffentlichten *Zatarra Report* steckte. Idealistischer, von Hackern schikanierter Kämpfer.

John Hempton: Australischer Geschichtenerzähler. Betreiber des Hedgefonds Bronte Capital Management.

Eduardo Marques: Brasilianischer Shortseller bei Valiant Capital Management, San Francisco. Prototyp eines Hedgefonds-Managers.

Heike Pauls: Analystin, Commerzbank. Ein Wirecard-Fangirl.

Fraser Perring: Mitgründer von Zatarra Research & Investigations. Ein entlassener Sozialarbeiter, der zum Trader wurde.

Leo Perry: Investor von Ennismore Fund Management, London. Früher Shortseller von Wirecard-Aktien. Stiller Bewunderer von Bilanzbetrug.

Banditen[1]

Nick Gold: Bandit, Geschäftsführer und Miteigentümer von The Box Soho, Cabaret und Nachtclub in London.

Gary Kilbey: Bandit, Eigentümer des Nachtclubs Fabric in London, geheimer Informant von Paul Murphy.

Tom Kilbey: Bandit, Sohn von Gary, ehemaliger Profi-Fußballer und Reality-TV-Star.

Financial Times

Lionel Barber: Chefredakteur. »Lionel the Movie«.

Nigel Hanson: Justiziar. Sorgfältiger, rigoroser, knallharter Typ.

Sam Jones: Investigationsteam. Kennt sich aus mit Spukgeschichten und russischer Literatur.

Cynthia O'Murchu: Investigationsteam. Hat einen sicheren Instinkt für belastende Dokumente.

Paul Murphy: Gründer von FT *Alphaville*. Weiß, was ein Geschäftsessen wert ist.

Stefania Palma: Korrespondentin in Singapur. »Donna Stefania«.

---

1 Der liebevolle Spitzname für Paul Murphys Quellenpool.

Prolog

Ende 2018 und Anfang 2019 hatte ich zwei Monate wie ein Eremit in einem Bunker an einer Seite des Newsrooms der *Financial Times* zugebracht. Ich hatte »off the grid« gearbeitet, abseits vom Netz und außerhalb der Reichweite von Hackern; jeden Abend hatte ich meinen Offline-Computer und meine Notizhefte in einen Tresor mit 15 Zentimeter dicken Stahlwänden weggeschlossen. Doch die Paranoia nahm ich mit mir nach Hause, beäugte andere Pendler mit Argwohn und achtete auf Anzeichen dafür, dass ich überwacht würde, denn ich wusste, dass meine Informanten unter Beobachtung standen. Sie waren nervös und ungeduldig, und dann wurde eine von ihnen krank. Sie hatte gedacht, es sei Stress, doch der Arzt hatte schlechte Nachrichten: Es sehe aus wie ein Hirntumor. Würde ihr noch genug Zeit bleiben, um Gerechtigkeit zu erleben?

Mit gesenktem Kopf erwartete ich das Urteil des Chefredakteurs Lionel Barber. Wir saßen in seinem Büro im ersten Stock des FT-Gebäudes in London, direkt an der Themse mit Blick über die Southwark Bridge. In diesem Raum schwang er anfeuernde Reden oder machte Leute zur Sau. Ich saß mit dem Rücken zum Fluss und blickte auf ein Foto, das Barber mit Imran Khan – einem ehemaligen pakistanischen Profi-Kricketspieler, der zum Politiker mutiert war – beim Kricket zeigte, während ich versuchte, meinen nervös wippenden Fuß unter Kontrolle zu bringen. Barber war ein beliebter und respektierter Journalist und bekannt als Namedropper. Er hatte sich den Spitznamen »Lionel the Movie« erworben, weil er dazu neigte, sich in den Mittelpunkt dramatischer Ereignisse zu stellen. Er war ein geselliger und begeisterungsfähiger Typ, wenn alles gut lief – aber wenn nicht, war er kleinkariert und bissig.

Draußen war es dunkel, der Tag ging zu Ende, die internationale Ausgabe der Zeitung war fast fertig, und Barber hatte Zeit, uns zu treffen. Ich beobachtete ihn in seinem Anzug, mit Krawatte und Joggingschuhen, einer bloßen Andeutung von Grau an den Schläfen und Lesebrille auf der Nasenspitze, während er die Story mit einem Füller redigierte und in strengem Ton Korrekturen und Ergänzungen vorlas. Als er fertig war, hielt er einen Moment inne und wog das Manuskript in seinen Händen.

»Dieser Whistleblower – ich will seinen Namen nicht wissen, aber wer ist er? Er erwartet von mir, dass ich den guten Ruf der *Financial Times* aufs Spiel setze.« Er stieß mit spitzem Finger auf den Text. »Sagen Sie mir, warum ich ihm vertrauen sollte.«

Selbst hier im Allerheiligsten zögerte ich, Details zu nennen. Das Objekt unserer Recherchen war ein renommiertes Tech-Unternehmen, und manch ein Kritiker des Konzerns hatte zu seinem Leidwesen feststellen müssen, dass Hacker seine privaten Textbotschaften und E-Mails im Internet gestreut hatten. In diesem Raum gab es keine Mobiltelefone, eine Vorkehrung gegen elektronische Lauschangriffe. War es möglich, dass der Raum verwanzt sein könnte?

Ich atmete einmal tief durch. »Er ist Anwalt, und er riskiert seine Karriere und seine persönliche Sicherheit, indem er mit uns spricht. Er will das Richtige tun, und ich glaube ihm, aber das Entscheidende ist, dass wir nicht darauf angewiesen sind, ihm zu glauben. Wir haben die Dokumente.« Ich hatte hieb- und stichfeste Beweise für jeden einzelnen Aspekt dieser Story, und so berief ich mich auf die Fakten und zählte Details auf. Barber hörte konzentriert zu.

Zu meiner Linken saß Paul Murphy, ein altgedienter FT-Redakteur, der mich in dieser Sache auf jedem Schritt des Weges begleitet hatte. Was wir vermuteten, aber nicht mit Sicherheit wussten, war, dass Barber seine eigene Uhr ticken hatte. Es waren Gerüchte im Umlauf, dass er kurz davorstand, in den Ruhestand zu gehen; was wir als Nächstes tun würden, konnte sein Vermächtnis krönen – oder es komplett ruinieren, falls wir falschlagen. Als Paul sah, dass Barber mit den Augen rollte, da ich mich wieder einmal allzu sehr in Details verlor, unterbrach er mich und kam direkt zur Sache. »Wissen Sie, selbst die eigenen Anwälte der Firma glauben, dass sie Betrüger sind, ohne Zweifel. Wir haben es schwarz auf weiß.«

Instinktiv vermied er es, den Namen der Firma auszusprechen, als ob dessen Nennung sie plötzlich wie Lord Voldemort erscheinen lassen würde. Es war ein unausgesprochener Aberglaube, dem Murphy und ich uns verschrieben hatten, um nicht eventuellen Lauschern ein Stichwort zu liefern und ihre Aufmerksamkeit zu wecken. Wir sprachen immer nur von »The Company« oder, im Kontext dieser Recherchen, von »Ahab«; ich war der Firma so lange auf den Spuren gewesen, dass sie zu einem Running Gag im Newsroom geworden war – einem großen weißen Wal, den ich nicht entkommen lassen konnte, wie seinerzeit Kapitän Ahab in Herman Melvilles Abenteuerroman *Moby Dick*. Was ich mit Sicherheit wusste, war Folgendes: Die Firma hieß Wirecard. Sie hatte etliche Milliarden Euro an der Börse eingesammelt, als Europas Antwort auf PayPal, ein Bezahldienst, der Provisionen kassiert auf Online-Zahlungen in Höhe von vielen Billionen Euro, die jedes Jahr durchs Netz strömen. Doch die Wahrheit war viel bemerkenswerter: Die Firma war von einem Porno-Magnaten an die Börse gebracht worden und hatte mittlerweile Dutzende von Tochtergesellschaften weltweit, von denen manche gar kein aktives Geschäft zu betreiben schienen; Kritiker der Firma waren von Hackern angegriffen, gestalkt oder körperlich bedroht worden. Überall blinkten rote Alarmsignale, und dennoch schworen viele Aktienanalysten Stein und Bein, dass der Kaiser prächtig gekleidet sei – soeben hatte die Firma am Aktienmarkt sogar die Deutsche Bank überholt. Wirecards milliardenschwerer Vorstandsvorsitzender, neudeutsch CEO, und Hauptaktionär wurde als technologischer Visionär gefeiert, Wegbereiter einer Zukunft, in der es keine Banknoten und Münzen mehr geben und alles Geld digital sein würde.

Am Anfang fiel es mir schwer, dem Anwalt der *Financial Times* zu erklären, was Wirecard eigentlich war, doch im Lauf von fünf Jahren investigativer Recherche wurde mir klar, dass dahinter System steckte. Niemand, weder die Investoren noch die zuständigen Aufsichtsbehörden, verstanden wirklich, was sich in der Firma abspielte. Ich war zu der Überzeugung gelangt, dass Wirecard von österreichischen Gangstern betrieben wurde, die aus unerfindlichen Gründen von deutschen Behörden nicht gestoppt wurden. Sie wateten knietief in einem Sumpf der schlimmsten Formen von Porno, illegalem Glücksspiel und Online-Betrügereien. Ihre hohen Tiere schienen mit Warlords, Spionen und Söldnern unter einer Decke zu stecken. Endlich hatte ich Beweise dafür, dass irgendetwas in der Firma oberfaul war – ein Dokument, das mir den Atem stocken ließ, als ich es zum ersten Mal zu Gesicht bekam. Auf jeder Seite stand oben eine nachdrückliche Warnung: »Rechtlich geschützt und streng vertraulich. An einem geheimen und sicheren Ort aufbewahren. Es ist nicht gestattet, dieses Dokument zu kopieren oder es Dritten zugänglich zu machen.« Es war der kühnste Traum eines jeden Investigativreporters – ich wusste, dass nur wirklich brisante Sachen in den Genuss einer solchen Behandlung kommen. Mit zusammengekniffenen Augen starrte ich auf das Display meines Smartphones und überflog das Inhaltsverzeichnis des Dokuments, abgefasst in Großbuchstaben. Zuerst kam eine Folge von seltsam klingenden Firmennamen, aber dann sprangen einzelne Worte hervor: BILANZBETRUG; FÄLSCHUNG; KORRUPTION; GELDWÄSCHE. Es war unglaublich. Mir wurde schwindelig; seit Monaten hatte ich darauf hingearbeitet, genug Selbstgewissheit aufzubauen, um diese Worte in gedruckter Form zu veröffentlichen.

Ich schlug in die gleiche Kerbe wie Murphy. »Ihr ganzes Geschäft besteht darin, Geld um die Welt zu schicken. Sie haben ihre eigene Bank, die sich ins internationale Finanzsystem eingeschlichen hat. Sie tun so, als ob sie eine blütenweiße Weste hätten.«

Barber nickte. Er drehte sich zur vierten Person am Tisch, Nigel

Hanson, einem spöttischen Anwalt in Hemdsärmeln, der in einem dicken Ordner alles, was gesagt wurde, detailliert notierte. Er hatte die Geschichte mit größter Sorgfalt auf eventuelle juristische Probleme durchkämmt, und bei jedem Durchgang fand er einen neuen Stolperstein, der aus dem Weg geräumt werden musste – ein unbedachtes Wort, das einem der gefürchtetsten juristischen Kettenhunde Londons, der Kanzlei Schillings, etwas gab, woran er sich festbeißen konnte. Hanson wirkte manchmal ein bisschen gequält, wie der heldenhafte Verteidiger der *Financial Times*, und nutzte jede sich bietende Gelegenheit, um allzu kantige Formulierungen ein bisschen zu entschärfen, soweit das möglich war. Barber vertraute ihm. »Wie hoch ist das juristische Risiko?«

Hanson legte seinen Stift beiseite. Ausnahmsweise wirkte er entspannt. »Im Hinblick auf eine Verleumdungsklage haben wir starke Argumente: solide Beweise, ein klares öffentliches Interesse und die begründete Überzeugung, dass das, was wir haben, wahr ist. Aber wir müssen mit der Möglichkeit rechnen, dass sie trotzdem klagen, weil die Geschichte für sie extrem schädlich ist. Sie haben unbegrenzte Ressourcen.«

Das brachte die Entscheidung. Barber sagte erbost: »Ich werde mich nicht einschüchtern lassen. Die Story ist gut. Wenn sie uns verklagen wollen, sollen sie es ruhig versuchen.«

Das war für uns das Signal zu gehen. Angesichts der Aussicht, die Story auf die Öffentlichkeit loszulassen, nachdem ich monatelang daran gearbeitet hatte, fühlte ich eine Mischung aus Hochstimmung und Übelkeit. Ich würde den Informanten das geben, was sie unbedingt erreichen wollten, sie aber auch dem Risiko aussetzen, aufzufliegen. Als wir aufstanden, äußerte Hanson ein letztes Anliegen: »Wenn es okay ist, würde ich gern eine zweite Meinung einholen, nur um auf der sicheren Seite zu sein.«

Tags darauf, am Freitagmorgen, kamen Hanson Zweifel. Als er wie jeden Tag ins Büro radelte, lieferte er ein gedrucktes Exemplar des Manuskripts in der Anwaltskanzlei ab, mit der die FT zusammenarbeitete, da er E-Mails nicht vertraute. Sobald er an seinem Schreibtisch im Newsroom ankam, der unter aufgetürmten Fallakten kaum zu sehen war, wurde er von dem externen Anwalt angerufen. Er meinte, das Problem, das uns Sorgen machen sollte, sei nicht etwa eine Verleumdungsklage, sondern eine einstweilige Verfügung. Wenn wir nicht aufpassten, würde die Firma verhindern können, dass die Story jemals das Licht der Welt erblickte. Es müsste eine dritte Meinung eingeholt werden, und zwar von einem sogenannten Barrister – einem bei den Obergerichten zugelassenen Anwalt, wie ihn die Firma engagieren würde, um ihren Fall vor Gericht zu vertreten, wenn er denn überhaupt so weit kommen würde. Hastig wurde eine Konferenz organisiert.

Um 18.30 Uhr an jenem Abend warteten Hanson und ich vor Barbers Büro, in der sogenannten »Spitzkehre«, dem Korridor der Macht am Ende des Newsrooms, wo die höheren Tiere ihre Büros hatten. Wir waren im Begriff, an einem der teuersten Gespräche teilzunehmen, bei dem ich je dabei war: einem Telefonat mit einem »Silk« (Seidentalar), einer »Queens Counsel« (Kronanwältin), die auf der obersten Stufe der juristischen Karriereleiter angekommen war. Murphy instruierte mich stichwortartig, wie man mit einem so exotischen Biest umzugehen hat. »Sie glauben, Götter zu sein. Kolossale Egos. Ganz egal, wie's läuft, gerate nicht in eine Diskussion. Ein QC ist es gewohnt, die wichtigste Person im Raum zu sein. Wenn du anderer Meinung bist als sie, besteht sie nur noch hartnäckiger auf ihrem Standpunkt.«

Die Dame kam direkt zur Sache. »Ich habe den Bericht des Anwalts und den Entwurf des Berichts überflogen. Würde ich die andere Seite beraten, dann würde ich ihnen empfehlen, eine einstweilige Verfügung zu beantragen.«

Hanson konnte sie dazu bewegen, etwas genauer zu erklären, was sie damit meinte. Die Kanzlei Schillings konnte am Obersten Gerichtshof in London einen Eilantrag stellen und fordern, die Veröffentlichung der Story zu stoppen, wegen eines Bruchs der Vertraulichkeit durch die Weitergabe interner Geschäftsunterlagen. Wir würden vor Gericht erscheinen müssen, zeigen, was wir drucken wollten, und dann versuchen, den Richter zu überzeugen, dass die Veröffentlichung im öffentlichen Interesse sei. Vielleicht würde die Sache sofort entschieden, aber wahrscheinlicher sei, dass das Gericht sich um sechs Wochen vertagen würde, um beiden Seiten genug Zeit zu geben, ihre Argumentation vorzubereiten. In dieser Zeit würden wir den Bericht nicht drucken können, was eine Katastrophe wäre. Wirecard würde sechs Wochen Zeit bekommen, möglicherweise Spuren verwischen und Tarngeschichten erfinden, und es bestand die Gefahr, dass man uns endgültig einen Knebel verpassen würde. Wir würden riskieren, unsere Informanten preiszugeben, ohne damit irgendetwas zu erreichen. Und dann wären da ja auch noch die potenziellen Prozesskosten für beide Seiten, mit Leichtigkeit ein sechsstelliger Betrag.

Der Chefredakteur sagte in wohlerwogenen Worten: »Hier spricht Lionel Barber. Sie sagen mir, wir können die Geschichte nicht drucken. Das kann ich nicht glauben – wir wollen betrügerische Machenschaften bei einem großen, börsennotierten Konzern aufdecken, und Sie sagen mir, das seien Geschäftsgeheimnisse.«

»Meiner Einschätzung nach würden Sie ein hohes Risiko eingehen, dass eine einstweilige Verfügung beantragt und erlassen würde.«

Barber streckte die Arme aus, als ob er gegen die Entscheidung eines Schiedsrichters protestieren wollte. »Und wo bleibt das öffentliche Interesse?«

Es gelang mir nicht, meinen Ärger zu kontrollieren, und ich mischte mich ein: »Wir haben klare Beweise für kriminelles Verhalten. Es liegt doch bestimmt im öffentlichen Interesse, das aufzudecken?«

Sie ließ sich nicht beeindrucken. »Klare Beweise? Es heißt, dies sei lediglich ein Zwischenbericht. Wo sind die endgültigen Ergebnisse der Ermittlungen?«

Ich wollte schreien. »Die Ermittlungen wurden eingestellt. Darum ist der Whistleblower ja überhaupt erst auf uns zugekommen, weil die Sache vertuscht wurde.«

»Und würde diese Person das in einem Gerichtsverfahren bezeugen?«

Rings um den Tisch waren grimmige Gesichter zu sehen; wir alle kannten die Antwort auf diese Frage. Ich hatte lange genug als Journalist gearbeitet, um zu wissen, dass die Londoner Gerichte eine Katastrophe waren, der man lieber aus dem Weg gehen sollte – eine Waffe, die Oligarchen und Despoten einsetzen, um Widersacher einzuschüchtern und offene Rechnungen zu begleichen. Aber dies war ein neuer Tiefpunkt. Als das Telefonat beendet war, hatten wir mehrere Tausend Pfund aus der Kasse der *Financial Times* ausgegeben – und das nur, um jetzt meinen Bericht zu schreddern. Murphy fluchte, wie idiotisch das System sei. Ich stand unter Schock; dies war die beste Chance, die ich je gehabt hatte. Was sollte ich bloß den Whistleblowern sagen?

Barber schickte uns raus in die Dunkelheit: »Dieses Problem werden wir heute Abend nicht mehr lösen, und ich muss meinen Flug nach Tokio kriegen. Ich will, dass wir eine Möglichkeit finden, diese Story zu drucken.«

*

Fünf Tage nachdem die Kronanwältin die Story abgeschossen hatte, klingelte mein Wecker morgens um 5.30 Uhr. Es war Mittwoch, der 30. Januar 2019. Ich hatte schlecht geschlafen in der vorigen Nacht, und sobald ich die Augen öffnete, spürte ich einen Adrenalinschub. Dies war der Moment der Wahrheit. Wir hatten die Story auf das absolute Minimum zusammengestrichen und sie auf einer Präsentation aus meinem Bestand an Dokumenten aufgebaut, in der weder Vertraulichkeit noch das Anwaltsgeheimnis erwähnt waren. Gegen einen Chefbuchhalter im mittleren Management des asiatischen Hauptsitzes des Konzerns war ermittelt worden, weil der Verdacht bestand, er habe die Bücher frisiert.

Doch anstatt suspendiert oder gefeuert zu werden, war er befördert worden.

An diesem Morgen musste ich nur herausfinden, ob das tatsächlich zutraf. In den vergangenen Monaten hatte sich bei meinen Recherchen ein letztes Detail als schwer greifbar erwiesen: Hatte dieser Mensch nach wie vor seinen Job? Falls er gegangen war, hatten wir keine Story. Wir konnten erst im allerletzten Moment Kontakt zu ihm aufnehmen, um unsere Karten nicht zu früh aufzudecken. Wir mussten ihm und der Firma angemessen viel Zeit lassen, um zu reagieren, aber nicht mehr. Das Risiko einer einstweiligen Verfügung schwebte nach wie vor im Raum.

Es war zu früh, um Kaffee zu machen; die Kaffeemühle hätte die Kinder aufgeweckt. Also begnügte ich mich mit Tee, setzte mich in meinem abgetragenen Morgenmantel an den Schreibtisch und bereitete mich darauf vor, ihn unter seiner Büronummer anzurufen. Der Plan war, um 6 Uhr morgens Fragen zu schicken, dann war es früher Nachmittag in Singapur und Arbeitsbeginn in München, das London eine Stunde voraus war. Ich wartete bis 5.53 Uhr und wählte dann seine Nummer.

»Hallo, spreche ich mit Edo?«

»Ja, hallo.«

»Edo Kurniawan?«

»Ja. Kann ich Ihnen helfen?«

»Und Sie sind nach wie vor Chef des Bereichs International Finance?« Ich hörte ein zustimmendes Geräusch. »Prima. Ich heiße Dan McCrum und rufe im Namen der *Financial Times* an, ich bin eine Zeitung.« Nein, ich war keine Zeitung, vielleicht hätte ich doch Kaffee machen sollen. »Pardon, für die Zeitung *Financial Times*. Ich wollte, ähm, ich wollte mit Ihnen über eine Angelegenheit sprechen, hmhmm, über die wir berichtet haben. Ich werde Ihnen nach diesem Telefonat ein paar Fragen schicken und wäre Ihnen sehr verbunden, wenn Sie einmal einen Blick darauf werfen könnten, und zwar relativ bald. Falls Sie dazu Stellung nehmen möchten, müssten Sie das bis heute Abend tun, bis spätestens

21 Uhr Singapur-Zeit. Ja, spätestens heute Abend.« Mein Herz hämmerte. Jetzt kommt's: »Okay. Also, die Hauptsache ist, dass nach meinen Informationen gegen Sie wegen Ihrer Beteiligung an verdächtigen Transaktionen bei Wirecard, Rückdatierung und Fälschung von Dokumenten ermittelt wurde.«

Kurniawan unterbrach mich. »Davon weiß ich nichts. Ich bin im Moment mitten in einem Meeting. Tatsächlich bin ich gerade dabei, die Konzernabschlussprüfung fertigzustellen«, sagte er. Es war klar, dass er höflich, aber möglichst schnell das Telefonat beenden wollte. »Ich danke Ihnen. Auf Wiederhören.« Klack.

Ich warf triumphierend die Arme hoch. Wir waren im Geschäft, die Story war okay. Sie war nur ein winziger Bruchteil dessen, was ich über die Firma wusste, der Fakten, Theorien und Gerüchte, die ich über die Jahre gehört hatte: dass sie Zahlungen für Hardcore-Pornografie abgewickelt habe, mit der Mafia unter einer Decke stecke, Aufsichtsbeamte und Politiker geschmiert habe, angeblich florierende Tochterunternehmen lediglich Scheinfirmen seien, sie vor kaum etwas zurückschrecke, um nicht aufzufliegen. Aber die Story war ein Anfang, ein Signal für den Rest der Welt, dass etwas nicht stimmte. Würde es funktionieren? Die Fragen waren fertig, und ich schickte sie ab. In sieben Stunden würden wir Antworten haben.

1 Qualm im Büro

2003 | Hallbergmoos, Bayern

Im Verlauf von Denis Wagners Bewerbungsgespräch bei Wirecard im Dezember 2003 zeigte sich schnell, wie wenig er über die Abläufe im Zahlungsverkehr wusste. Er war von München aus nach Hallbergmoos gefahren, wo Wirecard in einem weitläufigen, modernen, dreistöckigen Bürogebäude residierte, das in einem Gewerbegebiet direkt neben einer Landebahn des Münchner Flughafens lag. Höflich erklärte er dem Personalchef, dass er nichts wisse über Acquiring, Payment Gateways oder die anderen Fachbegriffe, die zu kennen von einem ernst zu nehmenden Bewerber erwartet werden konnte.

Wagner war Anfang 30 und wollte der Langeweile seines Jobs bei einer Geschäftsbank in München entkommen. Nach seinem Studium hatte er in den Jahren der Dotcom-Blase für ein Start-up gearbeitet und dort versucht, Börsengänge zu revolutionieren: Er wollte es für jeden Normalbürger genauso einfach machen, Aktien zu kaufen, wie Geld auf sein Bankkonto einzuzahlen. Damals hatte sich die deutsche Finanzwirtschaft der Herausforderung gestellt, hochgejubelte Schrottpapiere massenhaft anzukaufen und sie umgehend gutgläubigen Anlegern anzudrehen, mit dem gleichen Eifer wie an der Wall Street und in der City of London. Nach dem Crash der Aktienmärkte hatte Wagner einen Job bei einer Bank gefunden. Wenn er sich ein bisschen Mühe gab, konnte er vielleicht die grundlegende Definition eines »Payments Processor«, eines Zahlungsabwicklers, geben: Das ist eine Firma, die hilft, Zahlungen zwischen Unternehmen und ihren Kunden abzuwickeln. Doch beiden Männern im Raum war klar, dass Wagner nicht qualifiziert war, um Wirecards Banking Relationship Manager zu werden.

Wirecards Finanzchef gab sich ernst, aber freundlich und beschönigte das Desaster. »Denis, Sie sind wirklich ein ehrlicher Mensch, mir gefällt Ihr Mut.« Wagner hatte den Eindruck, umsonst nach Hallbergmoos gefahren zu sein, und so war er ziemlich erstaunt, als er bald darauf von Wirecard angerufen und noch einmal eingeladen wurde, um sich dem Eigentümer der Firma vorzustellen. Und noch mehr staunte er, als er den Mann dann tatsächlich traf.

Paul Bauer-Schlichtegroll sah keineswegs wie der Chef eines Finanzkonzerns aus. Er trug angesagte Sportschuhe und Designerjeans, war um die vierzig Jahre alt, schlank, rötlich braun gebrannt, hatte von der Sonne gesträhntes braunes Haar und eine heisere Stimme, die ihm das Flair eines alternden Rockstars verlieh. Bauer-Schlichtegroll entschuldigte sich für den Zustand seines Büros, wo ein riesiger Aschenbecher mit Zigarettenkippen überquoll. Er schien sich nicht sonderlich für Wagners Berufserfahrungen zu interessieren, sondern fragte ihn, wer er sei und – noch wichtiger – was er wolle. Wagner bewunderte den Mann, dem der Umgang mit Geld im Blut zu liegen schien – es anzuhäufen, es zu zeigen und als Köder zu benutzen –, während das Gespräch sich schnell auf den natürlichen Wunsch des Menschen konzentrierte, viel Geld zu verdienen.

»Okay, dies wäre also das Gehalt, das Sie erwarten können, klar – und was wollen Sie außerdem?«, sagte Bauer-Schlichtegroll, nachdem er einen Betrag genannt hatte, der Wagner die Sprache verschlug. Bauer-Schlichtegroll schien, ohne es zu merken, sich selbst immer höher zu schaukeln: »Sie werden natürlich einen Firmenwagen haben wollen, das notiere ich schon mal. Und dieses Gehalt – soll das fest sein, oder noch was obendrauf?«, fragte er.

»Ja, es wäre vielleicht ganz gut, noch was obendrauf zu haben, das wäre schön«, murmelte Wagner. Er hatte das Gefühl, dass etwas sehr Seltsames passierte. Aber er war sicher, zum richtigen Gebäude zurückgekommen zu sein, er war im richtigen Gespräch – hatte Bauer-Schlichtegroll ihn mit jemand anderem verwechselt?

»Okay, ich werde notieren, 30 Prozent obendrauf«, sagte Bauer-Schlichtegroll. »Und jetzt: Wo wohnen Sie denn? Brauchen Sie etwas Geld, um nach München zu ziehen?«

Wagner verneinte; er lebte bereits in München. Und dann, während ihm noch der Kopf schwirrte und ohne dass ihm tatsächlich ein Job angeboten worden war, wurde er hinauskomplimentiert. Das ganze Gespräch hatte keine zwanzig Minuten gedauert.

Das Nächste, was er hörte, war eine schlechte Nachricht. Der Job als Banking Relationship Manager war an einen internen Bewerber namens Oliver B. gegangen. Die gute Nachricht war aber, dass er noch einmal zu einem Jobinterview für das Vertriebsteam eingeladen wurde. Nach seinem dritten Versuch war Wagner an Bord.

Am 15. Januar 2004 erschien er zu seinem ersten Arbeitstag bei Wirecard. Als er an der Rezeption wartete, während die Personalabteilung angerufen wurde, hörte er ein rhythmisches, scharfes Knallen und drehte sich um. Wagner, der das konservative Ambiente einer Bank gewohnt war, erstarrte vor Schreck, als er eine junge Frau sah, die auf 15 Zentimeter hohen Stöckelabsätzen auf ihn zustolzierte, grell geschminkt und in einem Kleid, das eher für eine bestimmte Art von Bühnenauftritt geeignet schien.

Sein Gaffen wurde durch ein scharfes Räuspern unterbrochen. »Sie müssen Denis sein. Ich hatte Sie eigentlich erst im Februar erwartet.« Von der anderen Seite her war die Personalchefin auf ihn zugekommen. Sie sagte ihm, dass der Vertriebsmanager, der ihm den Job angeboten hatte, nicht mehr bei Wirecard arbeitete. Sie gab ihm ein paar Hochglanzprospekte, die Wirecards Know-how im Zahlungsverkehr anpriesen, damit er etwas zu lesen hatte, während das Durcheinander geklärt wurde. Schließlich wurde er in einen kleinen Raum geleitet, und als die Tür sich öffnete, sah er drei Personen, die inmitten dichter Qualmwolken an ihren Schreibtischen saßen und hektisch telefonierten. Auf der einen Seite des Raums zog ein Mann gierig an seiner Zigarette, während er in den Hörer sprach und eine andere Zigarette, die er angezündet und dann wohl vergessen hatte, in dem vollen Aschenbecher auf seinem Schreibtisch vor sich hin qualmte. Die einzige Frau im Raum lächelte Wagner an und winkte ihm zu, während der Mann mittleren Alters mit beginnender Glatze, der direkt neben der Tür saß, aufstand und ihm mit einem freundlichen Nicken die Hand gab, bevor er sich wieder voll und ganz auf sein Telefonat konzentrierte: »Also Hardcore, sagst du, aber wie Hardcore? Aha – vier Männer und volle Penetration …«.

Wagner musste lachen – wo war er denn hier hineingeraten?

*

Ein Flug von München nach Berlin im Jahr 1997 erwies sich als glücklicher Zufall, als zwei Passagiere sich ganz ungezwungen über Pornografie unterhielten. Paul Bauer-Schlichtegroll verdiente damals viel Geld mit Skating-Klamotten, er war exklusiver Distributor von Vans-Sportschuhen und einigen anderen Bekleidungsmarken für Mitteleuropa. Der neben ihm sitzende redselige Fluggast war Fotograf und arbeitete für den amerikanischen Pornozaren Larry Flynt, dessen ikonisches Männermagazin *Hustler* das Fundament eines Erotikimperiums war. Bauer-Schlichtegroll erfuhr, dass Flynt Videos produzierte, einen Fernsehsender betrieb und eine Reihe von Magazinen verlegte, darunter *Rage*, ein Lifestyle-Journal für Mitglieder der Generation X, das sich mit alternativer Politik beschäftigte, aufgelockert durch Bilder von Frauen, die sich gerade ihrer eigenwillig-urbanen Outfits entledigten. Das ist etwas, was ich verkaufen könnte, dachte Bauer-Schlichtegroll offenbar. Doch dann hörte er, dass Flynt keinen deutschen Verleger hatte, und so ergab es sich, dass Bauer-Schlichtegroll nach Beverly Hills ins Hauptquartier von Flynt Publications eingeladen wurde.

Flynts Büro war riesengroß und ziemlich düster. Auf einem Teppichboden mit in Grüntönen gehaltenem Muster von stilisiertem Laub waren mehrere Sitzgruppen aus goldverzierten französischen Rokokomöbeln arrangiert, komplett mit Tiffany-Lampen und Marmorfiguren. Es wirkte, als habe man Louis XIV. als alternden Sammler von Versailles nach Kalifornien versetzt. Als Bauer-Schlichtegroll den Raum betrat, war Flynt allein und saß in seinem vergoldeten Rollstuhl hinter einem riesigen Mahagoni-Schreibtisch. Bei der dann folgenden Verhandlung sprach er leise, seine Konditionen waren denkbar einfach: Bauer-Schlichtegroll solle auf alles, was er verkaufe, eine Lizenzgebühr zahlen. Sie besiegelten das Geschäft mit einem Handschlag – und schon war Bauer-Schlichtegroll zu einem Pornografen geworden.

Als er wieder in München war, brauchte Bauer-Schlichtegroll nur drei Ausgaben des *Hustler* durchzublättern, bis ihm klar wurde, dass die Ära der Printpublikationen zu Ende ging. Die Zukunft lag im Internet, und er hatte Flynts riesigen Bestand an Material im Rücken – die Frage war, wie er das zu Geld machen konnte. Er gründete eine Firma namens Electronic Billing Systems (EBS) und heuerte vor Ort einen einundzwanzig Jahre alten Programmierer an, der ein bisschen rudimentäre Software zusammenschusterte, mit der Bauer-Schlichtegroll Lastschriften auslösen und sogenannte »Dialler« laufen lassen konnte. Es war die Ära der Modem-Einwahlverbindungen, und wenn ein Kunde Zugang zu Erotikmaterial wollte, konnte er seine Internetverbindung über eine spezielle Einwahlnummer mit hohen Gebühren herstellen, die über seine Telefonrechnung bezahlt wurden. (Wenn er später vergaß, die Verbindung wieder umzustellen und zu exorbitanten Kosten weitersurfte, hatte er Pech gehabt.) Schon bald hatte Bauer-Schlichtegroll in über zwanzig Ländern Dialler laufen, die er über einen Monitor in seinem Münchner Büro überwachte. Die Zahlen, die über seinen Bildschirm flimmerten, waren hypnotisierend – eine Geldflut, die in seine Tasche strömte. Aber damit gab sich Bauer-Schlichtegroll nicht zufrieden. Er kaufte noch einen Zahlungsabwickler, um seine Technologie zu verbessern. Dessen System war nicht viel besser; EBS war kaum in der Lage, Transaktionen abzustimmen, und die Administration der Software war ein Desaster – aber der Internet-Goldrausch war in vollem Gange, und es strömte so viel Geld für alle herein, dass solche Kleinigkeiten keine Rolle spielten.

Was 2001 sein Geschäft von Grund auf veränderte, war der Zusammenbruch eines Konkurrenten am anderen Ende der Stadt. Ein Zahlungsabwickler namens Wirecard war pleitegegangen, weil er seine fehlerhafte Software nicht in den Griff bekam und es nicht schaffte, Großkunden anzuwerben. Für gerade mal 500.000 Euro und die Zusage, keine Beschäftigten zu entlassen, bekam Bauer-Schlichtegroll die Büroausstattung, die Technologie und den Namen. Bald wurde Wirecard zum wertvollsten Teil von EBS, weil die Firma Debit- und Kreditkartentransaktionen verarbeiten konnte. Die Botschaft an neu eingestellte Mitarbeiter war einfach: Es war out, seriöse Großkonzerne als Kunden zu gewinnen. Einer der altgedienten Wirecard-Angestellten, der vorher Sony in Brüssel umworben hatte, saß nun plötzlich an einem Resopal-Küchentisch in irgendeiner Privatwohnung und musste sich mit dem Betreiber von Websites abgeben, die »Rosetten und Armbeugen« gewidmet waren. (Er blieb dann nicht mehr lange.) Andere, die den Wechsel mitgemacht hatten, erinnerten sich, wie die beim Wirecard-Kundendienst eingehenden Anrufe die veränderte Kundschaft reflektierten. »Ich bin seit einer halben Stunde online und hab immer noch keinen Sex gehabt«, beklagte sich etwa ein frustrierter Anrufer, ohne sich dafür zu interessieren, dass die Hotline ausschließlich für Zahlungsprobleme zuständig war. Einige Anrufer waren perplex und wütend – sie hatten auf ihrer Kreditkartenabrechnung lediglich die Einwahlnummer sowie einen mysteriösen Belegtext gesehen.

»Was ist ›2000Charge‹? Von denen hab ich noch nie was gehört.«

»Nun ja, kann es vielleicht sein, dass Sie kürzlich Ihre Kreditkarte genutzt haben, um sich auf bestimmten Websites zu registrieren, und haben diese Websites vielleicht etwas mit Erotik zu tun?«, fragte der Wirecard-Mitarbeiter dann zum Beispiel. Woraufhin der Anrufer am anderen Ende der Leitung typischerweise verstummte. Vielleicht war noch ein gemurmeltes »Ach so …« zu hören, wenn das Gespräch in Regionen vorstieß, die der Anrufer lieber nicht erkunden wollte. Manchmal war gedämpft im Hintergrund zu hören, wie ein halbwüchsiger Sohn verhört wurde.

»Viele unserer Kunden wünschen, dass auf ihrer Abrechnung ein neutraler Verwendungszweck angegeben ist«, pflegte der Wirecard-Mitarbeiter dann zu sagen, falls der Anrufer nicht schon aufgelegt hatte.

*

Als Denis Wagner 2004 in das Vertriebsteam eintrat, war die Atmosphäre bei Wirecard chaotisch. Fristlose Kündigungen hielten die Belegschaft in Atem (auch der Kettenraucher war bald verschwunden), aber die Firma wuchs schnell, und Bauer-Schlichtegroll hatte treue Gefolgsleute in der Belegschaft, die ihn für einen Freund hielten. Der Kollege, mit dem Wagner sich sein Büro teilte, war ein ehemaliger Autoverkäufer, der sich um eine seltsame Gruppierung von Kleinkunden kümmerte. Er hatte Wagner erzählt, dass es seine Ex-Frau war, die dem neuen Kollegen an seinem ersten Arbeitstag die Schamröte ins Gesicht getrieben hatte. Da er Schwierigkeiten hatte, die Unterhaltszahlungen für sie zusammenzukratzen, hatte Bauer-Schlichtegroll ihm ausgeholfen, indem er sie einstellte. Wagner kamen bald Zweifel, ob er in einem so merkwürdigen Laden bleiben wollte, aber als er bei einer anderen Firma nachhakte, bei der er sich ebenfalls beworben hatte, und dabei erwähnte, dass er bei Wirecard angefangen habe, war die Reaktion ziemlich schroff: »Viel Glück und auf Wiederhören.« Da ihm die Alternativen ausgegangen waren, machte er sich an die Arbeit und trat in ein Team ein, das an einem neuen Wirecard-Produkt arbeitete, einer Online-Wallet, einer digitalen Geldbörse, namens Click2Pay. Das brachte ihn in den Dunstkreis von Jan Marsalek.

In der Etage über Wagners Büro arbeitete das Tech-Team, das von Marsalek geleitet wurde. Als vierundzwanzigjähriger Senkrechtstarter aus Wien war er als einer der ersten Angestellten zu Wirecard gekommen. Er brüstete sich damit, die Schule abgebrochen und keinen Führerschein gemacht zu haben, weil er Besseres zu tun gehabt habe. Er hatte eine sportliche Figur, war 1,80 Meter groß, ein Fan der Kampfsportart Jiu-Jitsu, trug das Haar militärisch kurz, hatte braune Augen und konnte durchaus einen gewissen Charme an den Tag legen. Irgendwie besaß Marsalek eine ungewöhnliche Ausstrahlung, dachte Wagner, doch mit seiner zehn Jahre längeren Berufserfahrung entdeckte er bei ihm auch gewisse Anzeichen für Leichtsinn. Abends fuhren sie oft zusammen mit der S-Bahn stadteinwärts. Der Münchner Verkehrsverbund hat keine Zugangsschranken, sondern nur Automaten, um Fahrscheine zu entwerten, und hin und wieder eine Fahrscheinkontrolle durch das Bahnpersonal. Also fuhr Marsalek schwarz. Wenn er erwischt wurde, diskutierte er nicht, zog 40 Euro aus der Gesäßtasche, gab sie dem Kontrolleur, bedankte sich, und am nächsten Tag ging das Spiel von vorn los.

Nach ein paar Monaten änderte sich ihr Arbeitsweg, da Bauer-Schlichtegroll mit seinem Firmenkonglomerat in ein flaches, achteckiges Gebäude in Neukeferloh umzog, einem Gewerbegebiet in Grasbrunn am östlichen Stadtrand Münchens. Rings um die Wände der Lobby zog sich ein schwungvoll im Blau des Firmenlogos gemalter Streifen. Elektronisch gesteuerte Glastüren öffneten sich automatisch, wenn man einen Sensor mit einer Passierkarte berührte. Das Management und die Abteilung für High-Risk Processing (Hochrisikotransaktionen) zogen in den ersten Stock, wo Paul Bauer-Schlichtegroll ein großes Eckbüro für sich beanspruchte, das genug Platz für Meetings mit mehreren Personen bot. Den Raum zierte ein auffälliges Coffee-Table-Book, eine Sonderedition mit Werken von Helmut Newton, meistens aufgeschlagen auf einer Doppelseite mit den atemberaubenden Aktbildern, für die der Fotograf bekannt ist. Marsalek und sein Tech-Team wurden in den Keller verbannt, obwohl er seine Aktivitäten keineswegs auf Softwareentwicklung beschränkte.

Im August 2004 flog einer von Wagners wichtigsten Kunden, der eine Reihe von Online-Casinos betrieb, aus London ein. Sobald Marsalek von dem Besuch Wind bekommen hatte, übernahm er. Er wisse, dass der Mann – nennen wir ihn Jack – ein Pedant sei und wie man mit ihm umgehen müsse, erklärte Marsalek. Bei seinem vorigen Besuch hatte er ihn morgens um vier mit einem Model im Schlepptau in ein Taxi gesetzt. Als sie sich am folgenden Morgen trafen, war Jack so übermüdet und verkatert, dass er kaum die Zahlen erkennen konnte, die zu prüfen er gekommen war; kurz entschlossen nahm er einen frühen Flug zurück nach London.

Dieses Mal kamen Wagner und ein anderer Kollege mit. Das Dinner nahm die Viererrunde in einem Avantgarde-Restaurant ein, das für Gäste mit einem belastbaren Spesenkonto experimentelle Speisen zelebrierte. Es wurde ein deliziöses Mousse serviert, das wie Zahnpasta aus einer Tube gedrückt wurde, verschiedenerlei Gemüse in Süßholzwurzelbrühe sowie ein Steak, das einer Offenbarung gleichkam. Während der Wein in Strömen floss, erzählte Marsalek in epischer Breite seine persönliche Erfolgsgeschichte. Er sei stolz darauf, seine Zeit nicht auf ein Studium verschwendet zu haben, sagte er, sondern sich direkt im Job nach oben gearbeitet zu haben, während seine Altersgenossen in langweiligen Vorlesungen saßen. Von Anfang an grimmig entschlossen, es zu etwas zu bringen, war Marsaleks Business-Held der Österreicher Dietrich Mateschitz, ein Marketinggenie, das 1987 in Europa den Softdrink Red Bull an den Start gebracht hatte. Was Marsalek zutiefst faszinierte, war das immaterielle Wesen der ganzen Unternehmung. Die Firma sei Milliarden wert, so sagte er, doch vom ersten Moment an war alles outgesourct worden – die Produktion, der Vertrieb. »Hinter der Marke steckt nichts als bloße Luft. Ist das nicht genial«, pflegte er begeistert zu erzählen.

Wagner – ein Verkäufer, der sich in den Schatten gestellt sah – hatte die Schnauze voll und wollte gehen, sobald das Dinner beendet war, wurde dann aber zum Ziel einer Charmeoffensive Marsaleks. »Denis, bitte geh nicht, Jack ist doch wegen dir hier. Wir gehen noch ins Pacha, einen Nachtclub. Komm doch mit, wir werden uns köstlich amüsieren!«, versprach Marsalek und zog ihn praktisch mit Gewalt in ein Taxi, das sie zur Partymeile Münchens brachte.

Das Pacha war brechend voll und bot mitten in Bayern ein Ambiente wie ein Club auf der Partyinsel Ibiza. Die Leute, die vor der Tür Schlange standen, waren jung und hip, trugen leger-elegante Outfits und schwankten in der milden Abendluft zwischen gespannter Erwartung und der Befürchtung, abgewiesen zu werden. Die Türsteher, die den Eingang bewachten, waren notorisch kompromisslos und wählerisch. Männer in Designer-T-Shirts und junge Frauen in luftigen Sommerkleidchen gaben diskret Pillen weiter und versuchten einzuschätzen, wie streng die Einlasskontrolle heute sein würde, während vor ihnen die Reichen und Schönen durchgelassen wurden. Marsalek führte die drei Männer direkt zu einem Seiteneingang und durch ein hohes Gittertor, das sich auf einen großen Innenhof öffnete. Von dem Mann, der die VIP-Terrasse bewachte, wurde er wie ein alter Freund begrüßt: »Hallo, Jan, wie schön, dich mal wieder zu sehen! Wo ist denn Markus? Kommt, euer Tisch wartet auf euch.«

Die Terrasse lag ein paar Stufen erhöht, gerade hoch genug, um die tanzende Menge zu überblicken – und in umgekehrter Richtung bewundernde Blicke auf sich zu ziehen. Mit gespielter Bescheidenheit machte Marsalek einen Vorschlag: »Meine Herren, wäre es recht, wenn ich eine Flasche Louis Roederer Cristal bestelle?« Als sich immer mehr leere Champagnerflaschen ansammelten, wurde Wagner klar, dass Marsalek sein Versprechen hielt – sie amüsierten sich in der Tat köstlich. Erst am nächsten Tag, als er sich benommen aus dem Bett quälte, kam ihm der Gedanke, dass womöglich von ihm erwartet wurde, einen Teil der Rechnung zu übernehmen, doch im Büro beruhigte ihn Marsalek: »Keine Sorge, das werde ich schon regeln.«

Unterdessen zeigte der Kunde sich begeistert von dem vergnüglichen Abend. Und als Wagner an der Reihe war, ihn in London zu besuchen, stellte er fest, dass Jack auch mit dem Service von Click2Pay sehr zufrieden war. Jacks Firma kümmerte sich um rechtliche Aspekte, Marketing und Zahlungsabwicklung. »Alles geht durch, wir sehen nur ganz wenige blockierte Transaktionen. Ich hatte echt gedacht, dass wir mehr Ablehnungen sehen würden«, schwärmte Jack.

In Großbritannien war Online-Glücksspiel legal, doch in vielen anderen Ländern der Welt war es verboten oder spielte sich in einer rechtlichen Grauzone ab. In Deutschland zum Beispiel war es nicht reguliert, weil keine Gesetze für diese junge Branche verabschiedet worden waren. Überall auf der Welt weigerten sich manche Banken, für die von ihnen ausgegebenen Debit- und Kreditkarten Zahlungen für Glücksspiel zu autorisieren: Anfrage abgelehnt, die 200 Pfund des Zockers können nicht eingesammelt werden. Um solche Transaktionen zu erkennen und zu blocken, nutzen Banken zwei Schlüsselfelder, die bei jeder über die Visa- und Mastercard-Systeme abgewickelten Zahlung angegeben werden müssen: erstens die eindeutige »Merchant ID« (MID), eine Anbieterkennung, die das Unternehmen identifiziert, das die Zahlung anfordert. Und zweitens der »Merchant Category Code« (MCC), der dessen Branche bezeichnet. Online-Glücksspiel hatte den MCC 7995, und diese vier Ziffern stellten eine hohe Hürde sowohl für die Abwicklung von Zahlungen als auch für das Geschäftsmodell von Wirecard dar. Unter der Leitung von Paul Bauer-Schlichtegroll hatte sich die Firma zum wichtigsten Zahlungsabwickler für Online-Glücksspiel entwickelt, eine Branche, in der bald deutlich höhere Umsätze zu verzeichnen waren als mit Pornoangeboten. Allerdings verlor Wirecard immer mehr Umsatz an Neteller, einen Konkurrenten, der eine elegante Lösung für das Problem blockierter 7995-Transaktionen gefunden hatte: Anstatt seinen Einsatz direkt an ein Online-Casino zu zahlen, überwies der Möchtegernzocker sein Geld an eine Online-Wallet bei Neteller – eine unverdächtige E-Commerce-Transaktion. Dann wurden aus dieser Online-Wallet die Einsätze für digitale Spielautomaten und Blackjack-Runden gezahlt, unter Umgehung des Kreditkartensystems. Für den unwahrscheinlichen Fall, dass irgendjemand sich für solche Vorgänge interessierte, konnte der Zahlungsabwickler sich völlig ahnungslos geben: »Wir sind schockiert, zutiefst schockiert, dass hier gezockt wird!«

Click2Pay war Wirecards Version einer Online-Wallet, und wenn man nach der Reaktion von Jack ging, funktionierte es, wie es sollte. Doch als Denis Wagner auf dem Rückflug nach München daran dachte, welche enormen Zahlungsströme aus Online-Glücksspiel durch Click2Pay flossen, wurde ihm mulmig zumute. Viele Millionen Euro strömten jeden Monat durch das System, codiert als harmlose Transaktionen. Das war gut für Wirecard, weil die Firma eine fette Provision kassierte, und als Vertriebsmann hatte er einen zufriedenen Kunden, der ihn anderen weiterempfehlen würde – aber war das alles einwandfrei?

*

Paul Bauer-Schlichtegroll teilte die ethischen Bedenken Wagners wegen Click2Pay nicht, aber trotzdem begann er, über einen Ausstieg nachzudenken. Er hatte die Firma fast zehn Jahre lang geführt und ein Vermögen verdient, doch inzwischen hatte sie für seinen Geschmack zu viele Angestellte und sinnlose Meetings. Sie an einen Konkurrenten zu verkaufen, kam nicht infrage. Er hatte mehrere davon übernommen, und die ernst zu nehmenden übrig gebliebenen Rivalen waren US-Firmen, die an Wirecards auf Glücksspiel fokussiertem Geschäft anscheinend nicht interessiert waren; jedenfalls hatte er keine ernst zu nehmenden Angebote. Die beste Möglichkeit, um den Wert seiner Anteile zu steigern, schien der Gang an die Börse zu sein. Ein anderer Deal, den er zum Schnäppchenpreis gemacht hatte, ebnete den Weg dafür. Kurz nachdem er Wirecard gerettet hatte, übernahm Bauer-Schlichtegroll das Skelett einer weiteren Firma, die auf dem Weg zur Abdeckerei war. InfoGenie war ein schon so gut wie eingestellter Betreiber von Callcentern, der von Berlin aus operierte und aufgrund von Bilanzierungsproblemen in Schwierigkeiten steckte. Es war eine beinahe wertlose Billigaktie, doch InfoGenie hatte im Oktober 2000 die Kosten eines Börsengangs am Frankfurter Neuen Markt und das damit einhergehende, sogenannte Prüfverfahren hinter sich gebracht: ein letztes Stück Schrott, das der unbedarften Öffentlichkeit kurz vor Platzen der Dotcom-Blase angedreht wurde. Die InfoGenie-Aktie war fast wertlos und wurde kaum gehandelt – aber sie war gelistet. Bauer-Schlichtegroll beschloss, Wirecard an die Börse zu bringen, indem er InfoGenie über ein Verfahren beerdigte, das als »Reverse-Takeover« oder als »Börsenmantel« bekannt ist.

Im Dezember 2004 vollzogen ein paar Anwälte der Kanzlei CMS Legal Services die Operation. Wie ein Parasit, der seinen Wirtsorganismus von innen heraus aussaugt, wurde Wirecard in die Mantelgesellschaft injiziert und konnte so an InfoGenies Stelle am Aktienmarkt auftreten. Dann konnte Bauer-Schlichtegroll seine Anteile nach Belieben zu Geld machen, indem er sie an Aktienanleger verkaufte, wann immer der Kurs ihm hoch genug erschien. Zudem hatte er die Fusion dafür genutzt, sein Geschäft anzukurbeln, indem er über ein Umsatz-für-Aktien-Programm neue Betreiber von Online-Casinos für Click2Pay anwarb: Wann immer sie Transaktionen im Wert von 10 Millionen Euro über Click2Pay abgewickelt hatten, bekamen sie eine Handvoll Aktien.

In Marsaleks Büro gab er Denis Wagner eine weiße Plastikkarte, die auf der einen Seite völlig blanko war und auf der anderen einen Magnetstreifen hatte. Es war eine No-Name-Prepaidkarte. Die Idee war, so Marsalek, solche Karten mit den bei Click2Pay registrierten E-Wallets zu verknüpfen. Solche Karten konnten Online-Zockern per Post zugeschickt werden, die damit an einem beliebigen Geldautomaten ihre Spielgewinne in bar abheben konnten, ohne eine elektronische Spur zu ihrem Bankkonto zu hinterlassen. Wagner äußerte seine Bedenken, doch Marsalek wischte sie beiseite. »Keiner achtet darauf, wir brauchen uns keine Sorgen zu machen.« Er hatte recht – eine formale Verletzung der von Mastercard und Visa aufgestellten Regeln schien etwas zu sein, über das die Kartensysteme keineswegs beunruhigt waren. Auch Wirecard konnte nur mit der Hilfe von Banken operieren, was der Grund dafür war, dass der Zahlungsverkehr-Neuling Wagner den Job im Banking Relationship nicht bekommen hatte. Und der Mann, der einen solchen Job bekommen hatte, nämlich Oliver B., war der Katalysator, durch den sich Wagners Bedenken zuspitzen würden.

B. war eine der ersten Personen, die Paul Bauer-Schlichtegroll für einen Job bei EBS angeheuert hatte. Er war eine blutarme Figur und konnte in einem Geschäftsanzug etwas überfordert aussehen. B. war Spezialist für Banking-Technologien – der »Karten-Flüsterer«. Er sammelte Prepaidkarten wie andere Leute Visitenkarten, fragte bei Meetings ständig nach so einer Karte. Wenn eine Bank sich weigerte, diesem höflichen, aber etwas seltsamen und blassen Besucher eine Kreditlinie zu gewähren, ließ er sich stattdessen oft eine Prepaidkarte geben. Er kannte die Systeme der Banken in- und auswendig, was ihn zu einer Schlüsselfigur machte – obwohl man ihn kaum jemals in der Firma sah, da er ständig durch die Gegend flog, um Banken zu besuchen und sie wohlgesinnt zu stimmen, oft mit Paul Bauer-Schlichtegroll im Schlepptau. Wagner stellte fest, dass B. schwer zu greifen war, was manchmal Ärger verursachte. Eines Tages stürmte ein altgedientes Mitglied des Vertriebsteams wutschnaubend in das Click2Pay-Büro und rief: »Kann mir irgendjemand in dieser Firma sagen, wo ich Oliver B. finde?« Als Antwort kam nur Achselzucken. Als B. schließlich in Grasbrunn ausfindig gemacht wurde, saß er in einem Büro, das mit Kartons und Verpackungsmaterial von kürzlich gelieferten elektronischen Gerätschaften übersät war. Er war entweder am Telefon oder ließ Dampf ab, indem er auf einem großen, an der Wand montierten Fernseher *Call of Duty* spielte.

Dieser Bildschirm erwies sich auch später als nützlich, nachdem die Porno-Website »Live Jasmin« als Kunde gewonnen worden war. Der dafür zuständige Wirecard-Vertriebsmann erzählte B. davon und machte ein bedenkliches Gesicht. »Wir haben gerade diese Webcam-Site an Bord genommen, aber moralisch ist sie nicht ganz einwandfrei. Dort sind den ganzen Tag südamerikanische Menschen zu sehen, die sich vor einer Kamera ausziehen, und andere Leute zahlen dafür, ihnen dabei zuzugucken, und diese Firma bringt sie übers Internet zusammen.« B. fand die Idee großartig, wollte aber nicht glauben, dass sich das alles live abspielte. »Das ist wahrscheinlich fingiert«, sagte er. Sie beschlossen, das herauszufinden, und schnappten sich eine der Prepaidkarten aus der großen Mappe, worin B. sie aufbewahrte. Sie riefen die Website auf und ließen sie auf dem großen Plasmabildschirm anzeigen. Nachdem sie sich registriert und für eine private Sitzung gezahlt hatten, erschien auf dem Bildschirm eine halb nackte Blondine. Als ihm plötzlich bewusst wurde, dass sie sich morgens um 10.30 Uhr in einem geschäftigen Bürogebäude befanden, forderte der Vertriebsmann die blonde Frau auf, mit dem Zeigefinger ihre Nase zu berühren. In diesem Augenblick kam ein anderer junger Bursche in den Raum und sah, wie die beiden feixten und kicherten wie Teenager. »Aha, fleißig bei der Arbeit, was?« Während sie nun zu dritt auf den Bildschirm starrten, gab die Frau ihr Bestes, um diesen seltsamen Fetisch zu befriedigen – und so wurde »Fass dir an die Nase!« rasch zum Running Gag, was Oliver B. später bestritt.

Eines schönen Tages im Frühjahr 2005 schäumte Wagner vor Wut. Ihm schwante, dass seine Zeit bei Wirecard zu Ende ging, da er praktisch aufgefordert worden war, seinen Nachfolger einzuarbeiten. Im Click2Pay-Team waren außer ihm noch vier andere Kollegen, und eines Nachmittags tauchte der Teamleiter mit einem verzweifelten Gesichtsausdruck in Wagners Büro auf. »Dieser B.! Der Mann ist völlig skrupellos!« Ohne zu fragen, welcher Affront diesen Ausbruch provoziert hatte, sprang Wagner auf. »Du hast kein Recht, das über Oliver B. zu sagen!« Er platzte vor Wut, seine Verachtung brach endlich aus ihm heraus. »Niemand, der hier arbeitet, sollte von Moral reden. Wir wissen alle, dass das Erotikgeschäft nicht anständig ist. Auch das Geschäft mit Online-Zockerei ist nicht einwandfrei – die 7995er-MCC-Codes sind nicht korrekt. Wer sind wir denn, von Skrupeln zu reden?« Der Teammanager machte große Augen. Erst wollte er etwas sagen, besann sich aber dann eines Besseren, drehte sich auf dem Absatz um und ging. Letztlich blieb es an Marsalek hängen, Wagner zu sagen, dass er raus war. Marsalek versuchte, cool zu bleiben, konnte aber nicht verhindern, dass er rot wurde – ungeachtet seiner Weltgewandtheit und verantwortungsvollen Stellung war er ja immer noch ein ziemlich junger Mann.

Wagners Abgang war ebenso desorganisiert wie seine Ankunft, was dazu führte, dass seine Einführung in die Welt der Zahlungsabwicklung zumindest ein positives Ergebnis hatte: Er verbrachte die folgenden zwei Jahre damit, eine Kündigungsschutzklage durchzuziehen, die er letzten Endes gewann. Was ihn in die Lage versetzte, die ersten Lebensjahre seiner Tochter auf Wirecards Kosten zu genießen.

2 Der Hochstapler

2008 | New York City

Ich stand in Midtown Manhattan und konnte in nördlicher Richtung Pferdekutschen ausmachen, die am Central Park standen und auf Touristen warteten. Nach Süden erstreckte sich die Avenue of the Americas in die Ferne, eine tiefe Schlucht zwischen Wolkenkratzern. In westlicher Richtung, hinter der imposanten, aber nichtssagenden Fassade des Hilton Hotels, lag das bescheiden möblierte Apartment, das die *Financial Times* mir zur Verfügung gestellt hatte. Das Sofa hatte einen weißen Kunststoffschonbezug, eine Küche war so gut wie nicht vorhanden. Zur anderen Seite lagen der Broadway und die glitzernden Lichter des Times Square. Im Osten war viel Geld, obwohl ich bald erkannte, dass es überall war: Im Umkreis von fünfzehn Gehminuten waren Bankiers zu finden, Corporate Raider, Anwälte, Investoren und diverse Geier in Maßanzügen, die mit Milliarden hantierten. Wenn ich nach oben blickte, konnte ich auf dem Dach des Gebäudes eine FT-Leuchtreklame sehen, eine von gerade mal einer Handvoll, die in einer Stadt erlaubt waren, in der nur Newcomer jemals nach oben sahen. Ich konnte mein Glück kaum fassen; ich hatte erst seit gut anderthalb Jahren als Journalist gearbeitet, und es kam mir vor wie ein Traum.

Im 14. Stock des Gebäudes war der Newsroom mit etwa zwanzig Reportern und Nachrichtenchef Gary Silverman. Er war ein altgedienter Redakteur mit Druckerschwärze im Blut und einem endlosen Fundus an Geschichten über die Figuren an der Wall Street und die Mafia – zwei Kategorien, die nicht immer eindeutig zu trennen waren. In New York war die rosa Zeitung ein verwegenes Start-up, das seinem großen Rivalen *Wall Street Journal* in dessen eigenem Revier Konkurrenz machte. Die FT hatte 1997 eine nordamerikanische Ausgabe an den Start gebracht – zu einer Zeit, als ihr Eigentümer, das britische Medienkonglomerat Pearson, noch als mutig galt. Um für den Launch von FT.com zu werben, wurde im Jahr 2000 der *Ghostbusters*-Star Dan Aykroyd für Fernsehwerbespots engagiert, der in einer Szene mit einem in Lachsrosa gehaltenen Motorroller die 6th Avenue entlangfuhr. Eines der Relikte des damaligen Selbstvertrauens war die sündhaft teure Leuchtreklame hoch oben über der Skyline der Stadt. Dank der weltumspannenden Erscheinungsweise der FT war der Redaktionsschluss sehr eng; die Nachrichtenredakteure sammelten sich um 10 Uhr morgens rings um eine Insel, und Silverman fragte sie in seinem schleppenden Long-Island-Dialekt: »Was habt ihr?« Die einzelnen Beiträge mussten spätestens zwei Stunden darauf abgegeben werden, damit sie es noch rechtzeitig in die Asien-Ausgabe schafften; in Tokio begann der Straßenverkauf im Morgengrauen, wodurch sich im Redaktionsbüro in New York eine hektische Energie entfaltete.

Als ich dort im Juli 2008 anfing, war es mir noch ein ziemliches Rätsel, was genau Reporter eigentlich machten und wo all die Meldungen herkamen. Bis dahin hatte meine Karriere hauptsächlich darin bestanden, langsam weiterzuentwickeln, was ich vorher bei der großen Investmentbank Citi gemacht hatte. Dort hatte ich die meisten meiner Arbeitstage damit verbracht, Recherchen, die andere Leute für das Vertriebsteam angestellt hatten, kurz zusammenzufassen: Kaufe Aktien von dieser Firma, verkaufe die von jener. Als Reporter zu arbeiten, schien mir irgendwie ähnlich zu sein, abgesehen davon, dass jeder Text druckreif sein musste. Der Unterschied bestand hauptsächlich darin, dass ich lernen musste, worauf Chefredakteure allergisch reagieren: Rechtschreibfehler, einen Satz mit dem Wörtchen »Dies« anzufangen oder nebenbei Großkonzerne zu diffamieren. Dies, und einen Text zu spät abzuliefern.

Sechs Monate lang schrieb ich für *Investors' Chronicle*, ein britisches Blatt mit Börsentipps, einer passionierten Leserschaft und einem ausgewiesenen Marxisten als Wirtschaftsexperten. Dann landete ich in einem beängstigenden Job für die Lex-Kolumne, für die ein Redaktionsteam regelmäßig mehrere, etwa dreihundert Wörter lange Kommentare zu Ereignissen in Wirtschaft und Finanzen zu produzieren pflegte, die auf der letzten Seite der *Financial Times* erschienen. Während meiner Zeit als Trainee bei der Bank war mir gesagt worden, ich müsse diese Kolumne unbedingt sorgfältig lesen. An meinem ersten Tag in London wurde ich zum Lunch in das mit vergoldetem Stuck verzierte Büro des CEOs eines FTSE-100-gelisteten Konzerns geschickt; von rechts wurde ein Servierwagen mit Hummer Thermidor herangeschoben, von links ein zweiter mit einer Auswahl an Getränken, während mich das ungute Gefühl beschlich, dass von mir erwartet wurde, etwas mehr über diesen VIP zu wissen als ein paar Stichworte. Was mich rettete, war der Umstand, dass die Lex-Kolumne ohne Nennung des Autors gedruckt wurde. Unser hausinternes Superhirn Patrick Foulis war ein aus Schottland stammender, sehr angesehener Analyst der Telekommunikationsbranche mit einer Vorliebe für obszöne Witze, der an einem Vormittag ein grobes Bewertungsmodell zusammenschustern konnte, wenn ein Stück das erforderte, und damit manches Mal einen verblüfften Kollegen gerettet hatte. Manchmal saßen wir da und hörten zu, wie er einen unglückseligen Bankangestellten inquisitorisch aufspießte und auf dessen Lügen mit dem Satz antwortete: »Das ist aber doch ein sehr zynischer Ansatz, den Sie da vertreten – finden Sie nicht auch?«

Mein Ticket in die USA war die Arbeit des *Wall Street Journal*, das zwei Mitglieder des New Yorker Lex-Teams abgeworben hatte. Ich wurde gebeten, in die Bresche zu springen. Das Gefühl, in einen Orkan geraten zu sein, wurde noch verstärkt durch meine schnelle (und geheime) Heirat, die der Überquerung des Atlantiks vorausging. Kurz bevor ich Citi verließ, hatte ich Charlotte beim Speeddating in einer Bar in der Nähe der Oxford Street getroffen. Es war ungefähr das dreißigste Zwei-Minuten-Gespräch an diesem

Abend, und sobald ich ihr gegenübersaß, war ich gefesselt von den türkisfarbenen Augen und den Sommersprossen dieser Frau, eingerahmt von ihrem dunklen Haar. Wir tanzten durch die Nacht, und am nächsten Tag rief ich sie an, versessen auf noch ein Date und ohne einen blassen Schimmer, wie es mittels Textnachrichten weitergehen sollte. Unsere Romanze war ein minderschwerer Betrug – ich hatte mich als Bankangestellter verkauft, doch sie bekam einen Journalisten –, aber andererseits wollte auch sie sich verändern und zu neuen Horizonten aufbrechen. Charlotte war Anwältin, arbeitete für eine Bank und wollte raus aus diesem Job, sie wollte lieber was mit Werbung machen. Wir würden gemeinsam herausfinden, wie beide Seiten des Medienspiels gespielt werden. Als das Angebot aus New York kam, konnten wir unsere Koffer gar nicht schnell genug packen, unterbrochen nur von einem kurzen Termin auf dem Standesamt, zu dem uns der auf Einwanderungsrecht spezialisierte Anwalt der FT geraten hatte: »Das Ganze wäre wesentlich einfacher, wenn Sie verheiratet wären …« (Ein Jahr später feierten wir dann eine »Hochzeit« mit Freunden und Angehörigen, bei der auch der Pfarrer dabei war. Er wusste, dass wir schon längst verheiratet waren; und ließ diskret ein paar Schlüsselsätze weg.)

Wir verbrachten den Sommer damit, Museen zu besuchen, lange Brunchs zu genießen, am Fluss spazieren zu gehen und mehr oder weniger wahllos Restaurants auszuprobieren. Im Büro tippte ich morgens eine Lex-Meldung zusammen und verbrachte den Rest des Tages damit, Leute zu treffen. Und ich versuchte zu begreifen, wie das Land funktioniert. In London konnten wir anrufen und verlangen, an einen führenden Manager durchgestellt zu werden, aber in den USA hatte kaum jemand außerhalb der Bankenbranche von unserer Kolumne gehört. »Lex wer?« war die typische Reaktion, und in den abgelegeneren Teilen des Landes bekamen wir auch mal die ernüchternde Frage zu hören: »Was ist denn die *Financial Times* – ist das eine Zeitschrift?«

Auf einer Rooftop-Party im August 2008 kam ich mit einem

früheren Assistenten von Dick Fuld, dem CEO von Lehman Brothers, einer der großen Investmentbanken, ins Gespräch. Der Mann suchte einen neuen Job. »Ich bin froh, da weg zu sein, es läuft gar nicht gut. Das nächste Quartal wird katastrophal«, sagte er. »Ja«, nickte ich, »es wird immer schwieriger, nicht wahr?« Ich nahm einen Schluck Bier und überlegte vage, wem ich von dieser Neuigkeit erzählen könnte. Dann nahmen Charlotte und ich gemeinsam mit ein paar Freunden ein gelbes Taxi, um in eine andere Bar zu ziehen, und als wir eine Avenue entlangfuhren und die glitzernden Lichter und das Nachtleben der Stadt bestaunten, verflüchtigte sich der Gedanke.

Als Lehman Brothers ein paar Wochen später Insolvenz beantragte, stand das globale Finanzsystem kurz vor einem Kollaps. Der US-Immobilienmarkt war im freien Fall, und hypothekenbesicherte Finanzprodukte waren zu Zeitbomben mutiert, die in einstmals soliden Institutionen explodierten. Einige Monate sah es so aus, als sei alles möglich – altehrwürdige Banken gerieten in Bedrängnis, vormals grundsolide Institutionen erwiesen sich als leere Mantelfirmen, und die Regierung in Washington schwankte zwischen Nichtstun und groß angelegten Hilfsaktionen, um alles zu retten.

Ich war nur als Zuschauer dabei, versuchte durchzuhalten und produzierte jeden Tag dreihundert Worte von einigermaßen schlüssigen Kommentaren zu allem, was auf meinem Schreibtisch landete. Die Ereignisse überschlugen sich so rapide, dass ich mich meist kaum noch daran erinnern konnte, was ich am Vortag geschrieben hatte. Einige der älteren Kollegen in der Redaktion erkannten allerdings klarer, was sich abspielte; sie wussten, dass die Masse manchmal zu weit in die falsche Richtung rennt.

Der chaotischste Moment kam im Dezember. Es wurde bekannt, dass die von Bernie Madoff geführten Investmentfonds, die angeblich 65 Milliarden Dollar verwalteten, nicht mehr in der Lage waren, Auszahlungen vorzunehmen. Als ehemaliger Vorsitzender der NASDAQ-Börse war Madoff eine graue Eminenz der

Wall Street; er hatte sich in aller Stille einen Ruf als genialer Vermögensverwalter erworben, der Jahr für Jahr unglaublich zuverlässig Renditen produzierte. Im Newsroom hatte kaum jemand von Madoff auch nur gehört, keiner von uns wusste, was er trieb. In diesem Moment marschierte Henny Sender durch die Tür, eine legendäre Reporterin in ihren Fünfzigern, die wie üblich ein Kostüm, Sportschuhe und einen über beide Schultern geschlungenen Rucksack trug. Lionel Barber, der Chefredakteur der FT, hatte sie persönlich vom *Wall Street Journal* abgeworben; sie war gewissermaßen eine Clearingstelle für Informationen, mit sämtlichen Titanen der Finanzwelt per Du. Der Nachrichtenredakteur sah sie und rief: »Hey, Henny, hast du schon mal was von Bernie Madoff gehört?« »Der Ponzi-Typ?«, feuerte sie zurück. »Klar, warum, was ist passiert?« Sender sprach immer in derselben Lautstärke, und an diesem Morgen war sie im ganzen Raum zu hören. »Ich *habe* euch doch *gesagt*, ihr sollt euer Geld *nicht* bei Madoff anlegen ... der Mann ist ein Hochstapler!«

Es hatte sich herausgestellt, dass Madoff nie einen Dollar investiert hatte, sondern das ihm anvertraute Geld einfach ausgab, um sein Leben im Luxus zu finanzieren, zum Beispiel die luxuriöse Motorjacht *Bull*, neben zahlreichen anderen Annehmlichkeiten. Es fühlte sich an, als würden wir in einer verkehrten Welt leben. Wenn ein Betrug dieser Größenordnung vor den Augen der Öffentlichkeit durchgezogen werden konnte, dann konnte auch alles andere gefälscht sein.

3 Blutige Knöchel

2006 | München | Aktienkurs: 4 Euro | Börsenwert: 300 Millionen Euro

Das Mittagessen war – wie so vieles andere im Münchner Hauptquartier der umfunktionierten Firma Wirecard – eine mehr oder weniger improvisierte Angelegenheit. Die Kantine befand sich im Untergeschoss, das Licht kam durch flache Fenster unter der Decke, und das Essen wurde nebenbei von den Frauen, welche die Büroräume reinigten, zubereitet. Sie produzierten Hausmannskost, und das Geschirr war knapp, was konkret bedeutete: Schnitzel an Karotten im Wasserglas.

Dort unten war es, wo die etwa hundertköpfige Belegschaft sich im September 2006 versammelte, um einen Meilenstein zu feiern: Wirecard war in den TecDAX aufgenommen worden, einen von der Deutschen Börse AG in Frankfurt gemanagten Aktienindex, in dem dreißig Technologieunternehmen gelistet waren. Das mochte vielleicht eine eher periphere Errungenschaft gewesen sein, war aber dennoch eine große Sache für eine Firma, die gerade einmal 300 Millionen Euro wert war. Es konnte das Interesse von Investoren wecken, vielleicht sogar von Banken und Analysten, die dann hoffentlich ihren Klienten gegenüber ein rosiges Bild von der glänzenden Zukunft Wirecards malen würden.

Allmählich legte sich das Gemurmel im Publikum, und ein hochgewachsener Österreicher in Schlips und Kragen begann, eine ziemlich gestelzte Rede zu halten. »Ihr wisst, dass wir nicht eine Meile gehen, sondern wir gehen zwei Meilen, wir gehen die Extrameile.« Der Mann, der da sprach, mischte sich kaum unter die Belegschaft, und schon lange hatte Wirecards Vertriebschef sich über das intellektuelle Gehabe des Österreichers recht offen mokiert, wenn sie sich im Flur begegneten. »Hey, Doc! Hi, wie geht's?«[2]

Dennoch war Dr. Markus Braun der richtige Mann am richtigen Platz, als Paul Bauer-Schlichtegroll beschloss, Wirecard an die Börse zu bringen. Bauer-Schlichtegroll war nicht interessiert an gesellschaftlichem Prestige und strebte nicht danach, Vorstandsvorsitzender einer börsengelisteten Firma zu werden. Also griff er auf Braun zurück, den er weiterbeschäftigt hatte, nachdem er Wirecard aus der Insolvenz herausgekauft hatte. Es war Brauns Gesicht mit seinem kurz gestutzten blonden Haar, hoher Stirn und blauen Augen hinter randloser Brille, das im Jahresbericht für Wirecard-Aktionäre abgebildet war, neben inspirierenden Zitaten, die aus dem Videospiel *Call of Duty* hätten stammen können: »Moderner Zahlungsverkehr – heute wie früher – bedeutet vor allem eines: Kommunikation.« Und es war die Unterschrift des Vorstandsvorsitzenden Markus Braun, die unter den Jahresabschlüssen stand.

Braun kam aus der Wiener Mittelschicht, sein Vater leitete eine Volkshochschule, seine Mutter war Lehrerin. Er hatte Wirtschaftsinformatik studiert und war für die Verhältnisse des Technologiesektors ein Spätstarter. Als seine Altersgenossen schon Firmen gründeten und im Boom der Neunziger experimentierten, war Braun noch mit seiner Promotion in Sozial- und Wirtschaftswissenschaften beschäftigt, während er als Management-Consultant bei KPMG Deutschland arbeitete – also in beratender Funktion, nicht als Praktiker. Im Herbst 2000 hatte die angeschlagene Wirecard die Wirtschaftsprüfungsgesellschaft KPMG beauftragt, woraufhin der dreißigjährige Braun mit dem Habitus eines Chirurgen, der entscheiden muss, welche Teile eines absterbenden

---

2 Markus Brauns Anwälte schrieben als Antwort auf diese und andere Fragen: »Die Anschuldigungen/Andeutungen, die in Ihren Fragen enthalten sind oder angedeutet werden, sind vollständig oder in erheblichem Umfang inkorrekt oder unwahr.«

Körpers amputiert werden sollen, in Erscheinung trat. Wirecards Softwareingenieure fanden Braun seelenlos, sie trauten seinem kalten Lächeln nicht, bei dem die Augen nicht mitlächelten, aber bald übernahm er das Ruder und half, die Firma Paul Bauer-Schlichtegroll in die Arme zu treiben. Was Braun in den drei Jahren zwischen der Übernahme und dem Börsengang gemacht hat, ist nicht so ganz klar.

Formal gesehen war er Marsaleks Chef und zuständig für die Informationstechnologie des Konzerns; sein kleines Büro in der Führungsetage hielt er fast völlig frei von Papier. E-Mails verschickte er nur selten; er zog es vor, Leute, mit denen er sprechen wollte, in sein Büro zu zitieren. In Meetings pflegte er sich ein paar Notizen zu machen, aber nur, um sie am Ende zusammenzuknüllen und in den Papierkorb zu werfen, weil er sich anscheinend lieber auf sein Gedächtnis verließ, um wichtige Fakten zu behalten.

Dagegen lässt sich mit Sicherheit sagen, dass Braun ehrgeizig war – und skrupellos. Fünf Tage bevor der Reverse-Merger InfoGenie ausgelöscht hatte, war er in Bauer-Schlichtegrolls Eckbüro aufgetaucht und hatte einen Anteil von 10 Prozent an Wirecard gefordert. Als er wieder ging, hatte er 8 Prozent in der Tasche.[3]

Somit war Braun hinreichend motiviert, um ein Jahr lang einen Deal voranzutreiben, den Bauer-Schlichtegroll sonst aufgegeben hätte. Sie sammelten 28 Millionen Euro an der Börse ein und gaben 18 Millionen davon aus, um damit eine winzige Bank namens XCOM Bank AG zu kaufen. Die Übernahme verschaffte Wirecard gegenüber anderen Zahlungsabwicklern einen Wettbewerbsvorteil. Als Bank konnte Wirecard Debit- und Kreditkarten mit dem Visa- oder Mastercard-Logo ausstellen. Manche externen Beobachter hielten den Kaufpreis für zu hoch, weil sie meinten, es sei schon mit 5 Millionen Euro möglich, eine Bank neu zu gründen, doch firmenintern war man der Auffassung, dass man mög-

---

3 Zum Bestreiten Brauns siehe Anmerkung 2.

lichst schnell Mitglied der Netzwerke von Visa und Mastercard werden müsse: Hätte Wirecard sich den Zugang nicht erkauft, wäre es unwahrscheinlich, dass die Tür sich noch einmal öffnen würde, wenn es nach dem regulären Verfahren eine Banklizenz beantragt hätte.

Doch vielleicht am wichtigsten war, dass die Firma dadurch, dass sie ihre eigene Bank besaß, ein Ausmaß an Kontrolle über ihr Geschäft erlangte, das sie vorher nicht hatte, als sie noch auf andere Institutionen angewiesen war, um Zahlungen abwickeln zu lassen. Eine davon war der israelische Wettbewerber ICC-Cal, eine andere war Deutschlands wichtigster Kreditgeber, die Deutsche Bank. Sie war sowohl Konkurrent als auch Partner, da sie den Wirecard-Rivalen Pago besaß, doch in Wirecards frühen Jahren hatte eine andere Abteilung der Deutschen Bank den Zahlungsverkehr abgewickelt, bis eines Tages jemand in dieser Abteilung beschloss, sämtliche Konten Wirecards einzufrieren.

An einem Freitagmorgen um 9 Uhr betrat Wirecards Anwaltsteam die Bank, bewaffnet mit einer gerichtlichen Anordnung, die Konten wieder freizugeben. Ein Anwalt der Bank tauchte auf, um sie in Empfang zu nehmen, sagte, er werde gleich zurückkehren und verschwand in den Tiefen des Gebäudes. Dann hörte Bauer-Schlichtegroll nichts mehr von der Bank, bis er am Sonntagabend gegen 23 Uhr einen kleinlauten Anruf erhielt: »Wir entschuldigen uns für die Unannehmlichkeiten, Herr Bauer. Morgen früh werden sämtliche Konten wieder freigeschaltet werden.«

Nachdem Braun als Aushängeschild installiert war, zog Bauer-Schlichtegroll sich in den Aufsichtsrat zurück. Als er Ende 2005 jemanden brauchte, der Wirecards Tagesgeschäft führen konnte, sah er sich bei der Deutschen Bank nach geeigneten Kandidaten um. Für den Posten des Geschäftsführers warb er Rüdiger Trautmann ab, den Chef von Pago, der einen großen Teil seines Kundenstamms mitbrachte. Trautmann war der typische deutsche Verkäufer, trug ein Unterhemd unter dem Hemd, einen Anzug von der Stange und brachte einen reichen Fundus an Anekdoten mit.

Er hatte sein Handwerk gelernt, als er bei IBM Softwarelösungen für Banken verkaufte, und während eines Intermezzos bei der Deutschen Telekom weitere Erfahrungen gesammelt. Er hatte das dünkelhafte Auftreten eines Mannes in den besten Jahren, der gewohnt war, mit Kunden zu dinieren und zu trinken, und er neigte dazu, ziellos im Büro herumzuwandern und Kollegen in Gespräche zu verwickeln, sodass manche sich fragten, wann er eigentlich seine Arbeit machte. Andere fanden ihn erfrischend effektiv, wenn auch ein bisschen schroff, so ähnlich wie Paul Bauer-Schlichtegroll.

Eines Tages machten zwei jüngere Vertriebsleute den Fehler, sich auf dem Weg zu einem Gaming-Kongress in London mit Trautmann im Flughafen Heathrow zu verabreden. Zu ihrer großen Überraschung tauchte er mit Bauer-Schlichtegroll auf. Anstatt mit der »Tube« in die Stadt zu fahren, Londons berühmter U-Bahn, quetschten sie sich in ein schwarzes Taxi. Einer der Verkäufer war zwischen seinen Vorgesetzten eingeklemmt, während der andere sich auf einen kleinen Notsitz zum Herunterklappen hockte, wobei seine Knie gegen die des anderen stießen. Und so wurden die beiden Nachwuchskräfte zur einzigen Quelle der Unterhaltung auf einer quälend langen Fahrt durch den berüchtigten Londoner Verkehr, in der eine Reihe von Kolleginnen durchgehechelt wurden

Bauer-Schlichtegroll brauchte auch einen vertrauenerweckenden Zahlenmenschen, und er fand ihn in Burkhard Ley, einem schlaksigen und charismatischen ehemaligen Bankmanager mit dichtem schwarzem Haar und ausdrucksvollen Augenbrauen. Auf Partys pflegte er selbstvergessen mit dem Finanzteam auf der Tanzfläche abzutanzen, während Markus Braun an der Bar Drinks schlürfte und mit gelockertem Schlips Leutseligkeit demonstrierte. Leys wichtigste Aufgabe bestand darin, externe Investoren zu umwerben, und er hatte eine Erfolgsgeschichte zu erzählen. Der Umsatz von Wirecard stieg 2004 bis 2005 von 40 auf 49 Millionen Euro, und für 2006 waren noch deutlich höhere Ergebnisse in Sicht. Es waren fette Gewinne gemacht worden, und zu dem Zeitpunkt, als Braun auf der Betriebsversammlung im September 2006 in der Kantine im Untergeschoss seine Rede hielt, wuchsen sie noch schneller. Braun sagte der Belegschaft, die Wirecard Bank sei die Zukunft, und mit ihr würde das Unternehmen weit kommen. »Der TecDAX ist für uns nur der erste Schritt. Eines Tages wird Wirecard im DAX 30 gelistet werden.«

Einige seiner Zuhörer mussten sich ein Lachen verkneifen. Ja, die Firma schlug sich gut für ein chaotisches Start-up, aber der DAX 30 war immer noch eine ganz andere Liga – eine Kollektion von weltweit bekannten deutschen Großkonzernen, die Zehn- oder gar Hunderttausende Menschen in aller Welt beschäftigten. Freunde und Angehörige der meisten Wirecard-Angestellten wussten kaum, was die Firma eigentlich machte, geschweige denn die breite Öffentlichkeit. Dennoch gab es etwas zu feiern, und es konnte ja nicht schaden, sich große Ziele zu setzen.

Was keiner von ihnen ahnte, war der Umstand, dass wenige Wochen später der Senat der Vereinigten Staaten die Spielregeln von Grund auf ändern würde.

*

Im September 2006 legte sich in Washington die Hektik des politischen Tagesgeschäfts allmählich, und vor den Zwischenwahlen für den Kongress leerte sich die Stadt. Am letzten Sitzungstag des Kongresses eröffnete eine Gesetzesvorlage mit dem Ziel, Containerhäfen vor Terroranschlägen zu schützen, eine Gelegenheit für ein handstreichartiges legislatives Erpressungsmanöver, indem daran ein anderes Gesetz gekoppelt wurde, das damit überhaupt nichts zu tun hatte. Statt eine populäre Maßnahme zu kippen und damit viele Wähler vor den Kopf zu stoßen, die wirkungsvolle Maßnahmen gegen Terroranschläge erwarteten, winkte der Kongress die erweiterte Vorlage durch, und so erblickte der Unlawful Internet Gambling Enforcement Act (UIGEA), ein Gesetz zur Regelung von illegalem Glücksspiel im

Internet, das Licht der Welt, ohne Ankündigung oder Vorwarnung: Am 13. Oktober 2006 wurde es illegal, im Internet Glücksspiel anzubieten.

Zwar wurden den zuständigen US-Behörden ein paar Jahre Zeit gegeben, um die Einzelheiten auszuarbeiten, doch bald gab es erste Hinweise darauf, dass ein hartes Durchgreifen bevorstand. Im Januar 2007 wurden zwei der Gründer der »virtuellen Geldbörse« Neteller verhaftet – einer von ihnen, während er gerade auf den Amerikanischen Jungferninseln Urlaub machte. Ein halbes Jahr später bekannten beide sich der Verabredung zum illegalen Online-Glücksspiel für schuldig.

Nachdem die US-Behörden ihre Sicht der Branche öffentlich gemacht hatten, stürzte der Aktienkurs von Glücksspielanbietern ab. Wirecard erwähnte in seinem Jahresbericht weder das Thema Glücksspiel noch die Auswirkungen des neuen Gesetzes. Doch es eröffneten sich auch neue Chancen, da Poker in eine rechtliche Grauzone rutschte. Anbieter dieses Kartenspiels zählten in den Anfangsjahren des Internets zu den großen Gewinnern, weil sie »Winner-takes-all«-Turniere veranstalteten, an denen jeder gegen Zahlung von ein paar Dollar aus der Deckung des eigenen Schlafzimmers heraus teilnehmen, sich von Tisch zu Tisch hocharbeiten, Chips anhäufen und das Turnier als Millionär beenden konnte.

Da Geschicklichkeitsspiele im UIGEA ausdrücklich ausgenommen sind, argumentierten einige Pokeranbieter, ihre Aktivitäten seien legal. Es würde zwar riskant sein, weiterhin Geld von amerikanischen Spielern anzunehmen, weil das notorisch unerbittliche US-Justizministerium auf der Lauer lag, aber da sich immer mehr Zahlungsabwickler aus genau diesem Grund aus dem Geschäft zurückzogen, konnte es auch außergewöhnlich profitabel sein. Es ist nicht schwer zu erraten, wie die Wirecard-Chefs sich angesichts dieser Gemengelage entschieden: Sie gingen das Risiko ein.

Im Jahr 2007 trafen sich Rüdiger Trautmann und Paul Bauer-

Schlichtegroll mit einem deutschen Konkurrenten namens Dietmar Knöchelmann, der den Zahlungsabwickler G2Pay aus einem Büro in einer bei Junkies beliebten Seitenstraße in Dublin führte. Knöchelmann war ein erfahrener, effizienter und vorsichtiger Geschäftsmann mit Erfahrungen in der Automobilindustrie. G2Pay wurde gut gemanagt und hatte etwa achtzig Beschäftigte, von denen sich die meisten um die IT der Firma in Toronto kümmerten.

In ihrer Anfangszeit hatte G2Pay Zahlungen für Pay-per-View-Videoangebote für Hotelgäste gemanagt, war jedoch inzwischen auf Online-Zahlungen im Allgemeinen (eine Kreuzfahrtreederei in Miami war ein großer Kunde) und Poker im Besonderen spezialisiert. G2Pay hatte ziemlich profitabel den Zahlungsverkehr für drei Anbieter gemanagt: Absolute Poker, Full Tilt Poker und Poker Stars. Bevor das Gesetz geändert wurde, war eine der Optionen von G2Pay, an die Börse zu gehen, aber das war dann vom Tisch.

Knöchelmann hatte Wirecard schon lange beobachtet, mit Neugier, aber auch mit Argwohn. Die Branche der Online-Zahlungsabwickler hatte sich schubweise entwickelt, da die Kreditkartennetzwerke nach und nach Regeln einführten, um die verwerflichsten Praktiken der Branche unter Kontrolle zu bringen. Ein paar Jahre zuvor hatte Visa zu fordern begonnen, dass jeder Zahlungsabwickler jedem Kunden eine Kopie seines Reisepasses abverlangt, weil das Unternehmen wissen wollte, wer genau das Netzwerk eigentlich nutzt. Knöchelmann war ziemlich erstaunt, als er von einigen seiner Kunden hörte, dass Wirecard-Vertriebsleute das etwas anders darstellten: »Nein, nein, diese Vorschrift gilt nicht für alle, die hat Visa nur für G2Pay eingeführt.«

Doch der Preis war gut. Im Oktober gab Wirecard bekannt, dass es für 48 Millionen Euro mehrere europäische Zahlungsabwickler übernehmen werde, darunter auch G2Pay. Knöchelmanns Vertrag wurde um ein Jahr verlängert, damit er sich bei der Integration der Firmen nützlich machen konnte, und er und seine

Miteigentümer feierten das Geschäft, indem sie sich neue Audi-R8-Sportschlitten kauften.

Sobald die Übernahme unter Dach und Fach war, trennte sich Wirecard von G2Pays Wirtschaftsprüfer, der renommierten Beratungsgesellschaft Grant Thornton. Knöchelmann wurde gesagt, das sei eine Frage der Kosten; eine teure Firma mit bekanntem Namen werde nicht mehr gebraucht, da ein Börsengang nicht mehr infrage kam. Wirecard selbst ließ sich nach wie vor von einer relativ kleinen Münchner Kanzlei betreuen, der RP Richter GmbH Wirtschaftsprüfungsgesellschaft.

G2Pay arbeitete viel mit dem israelischen Zahlungsdienstleister ICC-Cal zusammen, um Zahlungen von Kunden abzuwickeln. Sobald G2Pay übernommen war, hätte Wirecard veranlassen können, dass ein Teil dieser Umsätze durch die Wirecard Bank floss, doch stattdessen geschah etwas Seltsames. G2Pay wurde angewiesen, eine große Vorauszahlung an Wirecard zu leisten, als Gegenleistung für einen Rabatt auf die Provisionen, die G2Pay in Zukunft für die Verarbeitung von Zahlungen durch die Wirecard Bank zahlen musste. Im Endeffekt zog Wirecard Geld aus der linken Tasche und steckte es in die rechte. Knöchelmann war kein Controller, aber für ihn sah es so aus, als würden künftige Gewinne vorgezogen, um in der Gegenwart verbucht zu werden.[4] Er nahm sich vor, dass er, solange er auf den Rest seines Geldes wartete, keine weiteren Dokumente von Wirecard unterschreiben würde, ohne sie zuvor von seinem Anwalt prüfen zu lassen – einfach nur, um auf der sicheren Seite zu sein.

Auch Paul Bauer-Schlichtegroll traf Vorsichtsmaßnahmen. Er strich die USA von seiner Liste attraktiver Urlaubsziele, und obwohl er im Aufsichtsrat blieb, weil der Aufsichtsratsvorsitzende ein enger Freund von ihm war, setzte er kein Geld mehr aufs Spiel.

---

4 Zum Bestreiten Brauns siehe Anmerkung 2. Burkhard Ley sagte aus, der Zweck der Vereinbarung sei lediglich gewesen, die Kooperation von G2Pay mit anderen Wirecard-Tochtergesellschaften zu definieren.

Als das Gesetz geändert wurde, gehörten ihm noch 10 Prozent von Wirecard, doch bis Ende 2007 hatte er seine Anteile vollständig verkauft.

*

Als Markus Braun im Juni 2008 in das Münchner Kongresszentrum Haus der Bayerischen Wirtschaft zurückkehrte, um die lästige Pflicht der jährlichen Hauptversammlung hinter sich zu bringen, konnte er eigentlich ein herzliches Willkommen erwarten. Mit der Übernahme von G2Pay war 2007 finanziell gesehen ein triumphales Jahr gewesen. Wirecards Umsätze waren im Vergleich zum Vorjahr um 63 Prozent gestiegen, auf 131 Millionen Euro. Der Betriebsgewinn hatte sich im zweiten Jahr in Folge fast verdoppelt, auf 33 Millionen Euro. Im Lauf des Jahres 2008 stieg der Aktienkurs auf beinahe 11 Euro, woraus sich ein Börsenwert von über einer Milliarde Euro ergab.

Auf der Hauptversammlung – an der jeder Aktionär teilnehmen und das Management zwingen kann, sich seine Sorgen, Vorschläge und Fragen anzuhören – erschienen mehr Aktionäre als in früheren Jahren. Freilich hatten die meisten vernünftigen Leute an einem Dienstag etwas Wichtigeres zu tun und zogen es vor, diese Aufgabe diversen Anlegerverbänden zu überlassen, die sich dafür einsetzen, dass die Rechte von Kleinaktionären gewahrt werden.

Die Versammlung zog sich mit vorhersehbarer Eintönigkeit hin, als plötzlich der Vorsitzende eines dieser Verbände, der Schutzgemeinschaft der Kleinaktionäre (SdK), aufstand und fragte: Wenn das Unternehmen Wirecard hauptsächlich in Deutschland aktiv sei, wieso kämen dann fast alle seine Gewinne aus Gibraltar? Und welchem Zweck würde überhaupt seine obskure Niederlassung auf den Britischen Jungferninseln dienen? War Wirecards Bilanz wirklich aussagekräftig? Markus Braun und Burkhard Ley machten Ausflüchte, und es entstand eine gewisse Unruhe im Saal. Es dauerte zwei Tage, bis diese Bedenken sich bis an die Aktienmärkte herumgesprochen hatten, woraufhin Wirecards Kurs um 42 Prozent abstürzte, auf 6,20 Euro.

Brauns Reaktion auf diesen Einbruch seines persönlichen Vermögens war, in die Offensive zu gehen, indem er einer ungeliebten Minderheit die Schuld gab: den Shortsellern, den Leerverkäufern. Die meisten Anleger verfolgen das Ziel, allmählich Vermögen aufzubauen, aus 100 Euro 110 zu machen, indem sie eine Aktie bei steigendem Kurs kaufen; oder vielleicht Anlagewerte wie Immobilien, Kunstwerke oder Edelmetalle, die im Lauf der Zeit wertvoller werden. So ein Anleger ist langfristig orientiert und hofft, auf der steigenden Flut der Finanzmärkte etwas schneller zu surfen als alle anderen.

Dagegen stellt sich ein Leerverkäufer gegen die Flut. Er wettet darauf, dass es zu einer Katastrophe kommen wird, alle anderen sich irren und die Kurse fallen werden. Um das zu bewerkstelligen, leiht er sich Aktien von einem Long-Investor und verkauft sie, wodurch er dann eine Short-Position hält. Falls der Kurs tatsächlich wie erwartet fällt, kann der Leerverkäufer die Aktien billig zurückkaufen, sie dem Long-Investor zurückgeben und die Kursdifferenz einstreichen. Aufgrund ihrer Strategie, von schlechten Nachrichten zu profitieren, und weil dem schwer zu durchschauenden Verfahren ein Ruch von Trickserei anhaftet, konnten Shortseller leicht zum Sündenbock gemacht werden.

»Die Wirecard AG ist Ziel einer koordinierten Shortseller-Attacke gegen mehrere Hedgefonds«, ließ Braun in einer Wirecard-Pressemitteilung erklären. Die Firma behauptete, Opfer einer Marktmanipulation zu sein, die »offensichtlich von London und Frankfurt aus koordiniert wurde«, wodurch dieser Version der Ereignisse auch noch das Stigma eines angelsächsischen Komplotts angeheftet wurde. Die Bundesanstalt für Finanzdienstleistungsaufsicht (BaFin), das deutsche Pendant der amerikanischen Securities and Exchange Commission (SEC), kündigte rasch an, sie werde Ermittlungen aufnehmen, um der Entwicklung der Kurse auf den Grund zu gehen. Wirecard hatte freilich keineswegs die

Absicht, das den staatlichen Ermittlern zu überlassen. »Gegen die Personen, die vorsätzlich falsche Informationen verbreitet haben, um das Fallen des Aktienkurses auszulösen, wurden Schritte eingeleitet«, lautete Wirecards bösartige Warnung.

Es dauerte nicht lang, bis Wirecard ihre beiden Hauptverdächtigen für den Shortseller-Angriff ausgemacht hatte, gar nicht weit vom Stammsitz der Firma entfernt. Der erste war Tobias Bosler, der leicht reizbare Verfasser eines Börsen-Newsletters mit Sitz in der Münchner Innenstadt; zudem war er ein ehemaliger Funktionär der SdK. Als Wirecard an die Börse ging, hatte er Anlegern kurzzeitig empfohlen, die Aktie zu kaufen, dann aber kaum noch auf deren Kurs geachtet. Sein Interesse wurde geweckt durch eine Anomalie im Wirecard-Abschluss für das erste Quartal 2008. Darin berichtete Wirecard, dass Erlöse und Gewinne wie üblich exorbitant wuchsen, aber dennoch bei Erlösen von 41 Millionen Euro irgendwie Geld aus der Firma *abfloss*: Der Cashflow in diesen drei Monaten belief sich auf minus 22 Millionen Euro. Bosler hatte deswegen recherchiert, aber nichts veröffentlicht. Stattdessen »shortete« er die Wirecard-Aktie, wettete also darauf, dass ihr Kurs fallen würde, und gab seine Erkenntnisse an seinen Freund Markus S. weiter, den stellvertretenden Vorsitzenden der SdK. Und S. informierte seine Kollegen über die Analyse, ohne dabei seine eigene beträchtliche Short-Position gegen Wirecard zu erwähnen.

Ein von Wirecard engagierter Rechtsanwalt führte dann den Gegenangriff. Als erfahrener Jurist, der mit Wirecard zu tun hatte, seit Paul Bauer-Schlichtegroll die Firma übernommen hatte, konnte er bald von indiskreten Börsenmaklern Einzelheiten über die Trades von Bosler und S. in Erfahrung bringen. Als die SdK sich der Auseinandersetzung stellte und am 8. Juli eine Pressemitteilung herausgab, in der sie ihre Befürchtungen erklärte und Anleger vor der Wirecard-Aktie warnte, rief der Anwalt Bosler an. Er sagte ihm, er wisse alles über Boslers Trades, und bat ihn, am 10. Juli in seiner Kanzlei zu erscheinen, um die Sachlage zu erörtern. Eine halbe Stunde vor der vereinbarten Uhrzeit stellte der Anwalt erstaunt fest, dass zwei türkische Boxer vor seiner Tür standen. Einen davon erkannte er: Es war Ahmet Öner, ein Boxpromoter, der von Paul Bauer-Schlichtegroll unterstützt wurde. Öner sagte ihm: »Wir wurden gebeten hierherzukommen.«

Der Anwalt bat die Männer in sein Büro und sagte, er werde gleich zu ihnen kommen. Sobald er die Tür geschlossen hatte, flüsterte er seiner Sekretärin zu: »Sehen Sie zu, dass Sie Bosler erreichen; und sagen Sie das Treffen mit ihm ab. Er darf nicht herkommen. Wenn das erledigt ist, kommen Sie bitte in mein Büro und sagen Sie uns allen, dass *er* angerufen und abgesagt hat.« Während sie damit beschäftigt war, rief er Wirecards CEO an, um eine Erklärung zu fordern. »Markus, was zur Hölle hat das zu bedeuten?«

»Mach dir keine Sorgen, die beiden sind Bekannte von uns. Wir dachten, dass du vielleicht ein bisschen moralische Unterstützung gebrauchen könntest«, erwiderte Braun. Der Anwalt ging zurück zu den beiden Muskelpaketen, die in seinem Büro warteten. Als seine Sekretärin kam, um die »schlechte Nachricht« zu überbringen, brachte das allerdings überhaupt nichts. Öner stand auf und zuckte mit den Schultern. »Wir haben diesen Burschen ausgecheckt, bevor wir hergekommen sind. Sein Büro ist nur zwei Straßenecken entfernt. Vielleicht sollten wir da mal hingehen und uns ein bisschen mit ihm unterhalten.«

Dem Anwalt blieb nichts anderes übrig, als den Männern zu folgen. Da er ziemlich beunruhigt war über den Lauf der Dinge, textete er Bosler eine Warnung: Verschwinden Sie aus Ihrem Büro, Sie bekommen gleich Besuch.

Boslers Büro befand sich im Erdgeschoss und hatte große Fenster, die sich auf einen großen Innenhof öffneten. Ein Kollege von ihm bemerkte das Trio zuerst, das sich schnell näherte, der Anwalt im Anzug, flankiert von den beiden Boxern. Sie waren kräftig gebaut, die schwarzen Hemden nicht ganz zugeknöpft, um ihr üppiges Brusthaar, ihre dicken Muskelpakete und schweren Goldketten zur Schau zu stellen. Bosler ging hinaus auf den Hof und kam ihnen entgegen. »Warum sollte ich aus meinem Büro verschwinden?«, fragte er den Anwalt trotzig, wurde aber sofort von dessen Begleitern unsanft gepackt und an die Hauswand gedrückt.

»Wir wissen alles«, sagte Öner. »Ich bin Anleger und habe wegen deiner Transaktionen einen Haufen Geld verloren. Wir wissen alles über deine Positionen«, sagte er und boxte unmittelbar neben Boslers Kopf immer wieder gegen die Wand, um jeden Punkt zu betonen, bis seine Knöchel bluteten.

Boslers Kollege war ebenfalls vor die Tür gekommen und erstarrte vor Schreck. Er wusste nicht, was er tun sollte. »Ruf die Polizei!«, rief Bosler ihm zu, als er ihn sah, und der Mann lief schnell wieder ins Haus. Der Anwalt machte einen verspäteten Versuch, die Lage zu entschärfen. »Beruhigt euch! Wir werden später darüber reden, damit das hier nicht völlig außer Kontrolle gerät.«

Für Bosler klang das wie eine Drohung, zumal der andere Boxer noch blieb, als der Anwalt und Öner gegangen waren. Er hatte dem zu Tode erschrockenen Spekulanten noch etwas zu sagen: »Es ist besser für dich, wenn du tust, was wir sagen. In der Türkei sterben Leute, wenn sie nicht spuren. Das kostet gerade mal 1000 Euro.« Bosler verstand die Botschaft. Zwei Tage später löste er alle seine Short-Positionen auf.

Der Anwalt hingegen war gar nicht zufrieden. Paul Bauer-Schlichtegroll entschuldigte sich, weil er ihn in diese missliche Lage gebracht hatte, während Markus Braun sich eiskalt zeigte: »Stell dich nicht so mädchenhaft an. Das gehört zum Job, was ist dein Problem?«[5]

Doch bei dem prinzipienfesten Vorsitzenden der SdK zog diese Einschüchterungstaktik nicht – er weigerte sich, klein beizugeben. Am 18. Juli gab die SdK erneut eine Pressemitteilung heraus,

---

5 Zum Bestreiten Brauns siehe Anmerkung 2.

in der sie ankündigte, dass sie Wirecard verklagen und ihren Jahresabschluss anfechten werde. Daraufhin stürzte der Aktienkurs auf den niedrigsten Stand seit zwei Jahren ab, der Tiefstwert lag bei 3,40 Euro. Zum ersten Mal, seit sie an die Börse gegangen war, wurde die Firma ernsthaft unter die Lupe genommen, und durch die Auseinandersetzung geriet die Aufsichtsbehörde unter Druck, aktiv zu werden. Als sie dann tatsächlich aktiv wurde, um diese angebliche Marktmanipulation zu untersuchen, geschah das allerdings aufgrund einer Anzeige, die Wirecards Anwalt bei der Münchner Staatsanwaltschaft eingereicht hatte. Daraufhin durchsuchte die Polizei die privaten Räumlichkeiten und die Büros des (unschuldigen und deshalb nie belangten) SdK-Vorsitzenden, von Tobias Bosler und von Markus S.; der Letztere gab seinen Posten bei der SdK auf.

Mehr als drei Jahre später wurden S. und Bosler wegen Handelsgeschäften mit anderen Aktien verurteilt. Bosler landete im Gefängnis, weil er seinen Newsletter-Lesern mitgeteilt hatte, dass er *möglicherweise* Positionen der fraglichen Aktien halte, anstatt klipp und klar zu sagen, dass dies in der Tat so war. Es war kein Jahrhundertverbrechen, aber seine Verurteilung kam Wirecard gerade recht: Jedem, der auf die alten Bedenken über Wirecards Buchführung zu sprechen kam, konnte man einfach sagen, das sei das Werk krimineller Shortseller gewesen.

4 Falsche Bäume

2010 | New York | Aktienkurs: 8 Euro | Börsenwert: 800 Millionen Euro

Mir war klar, dass ich den schmuddeligen Job eines Reporters lernen musste, indem ich die Ärmel hochkrempelte und mir die Hände schmutzig machte. Im Herbst 2010 schrieb die New Yorker Redaktion der *Financial Times* einen Job aus, der mir wie auf den Leib geschneidert war – es ging darum, über die Investmentbranche zu berichten. Wegen der Sparmaßnahmen nach der Finanzkrise war die Stelle seit einem Jahr nicht besetzt worden, was bedeutete, dass jede Form von Berichterstattung ein Plus sein würde. Hinzu kam, dass das Ressort enorm breit angelegt war, sodass berichtenswerte Ereignisse so gut wie garantiert waren. Stuart Kirk, der Australier, der das US-Lex-Team leitete und kein Blatt vor den Mund nahm, redete mir gut zu: »Da du den Sommer zum größten Teil damit verbracht hast, bis ins letzte Detail zu recherchieren, wie man fachgerecht ein Ferkel am Spieß brät, wird es wohl allmählich Zeit, dass du mal was anderes probierst.«

Ich hatte Glück: Sobald ich den Job angetreten hatte, begannen die Aufsichtsbehörden, hart gegen Insiderhandel durchzugreifen. Preet Bharara, Chefankläger für den Southern District von New York, machte sich daran, sich den Ruf des neuen Sheriffs der Wall Street zu erarbeiten, indem er ein paar Hedgefonds anklagte – anstelle der Bankmanager, die hauptsächlich dafür verantwortlich waren, die Weltwirtschaft ruiniert zu haben. Ein paar Milliardäre wurden angeklagt, weil sie zum Beispiel Ärzte, die bei Klagen gegen Pharmahersteller als Gutachter ausgesagt hatten, bestochen hatten, um das Urteil in Erfahrung zu bringen, bevor es öffentlich wurde, um dann mit diesem Wissen Insidergeschäfte zu machen. (Es gab einige bemerkenswerte Erfolge, etwa die Verurteilung von Rajat Gupta, dem ehemaligen Chef des Beratungsunternehmens McKinsey, aber eine Reihe von anderen Urteilen wurden in Revisionsverfahren gekippt.)

Außerdem gehörte es zu meinem Job, die Meinung professioneller Investoren, etwa Hedgefonds-Milliardären, einzuschätzen. Dabei half mir Gillian Tett, die Starjournalistin der *Financial Times*, die schon früh davor gewarnt hatte, dass sich eine Krise zusammenbraut, was ihr eine wachsende Fangemeinde einbrachte. Sie war Chefin des New Yorker Büros und nahm mich mit zu Meetings mit berühmten Investoren, die großes Interesse an Gillians Meinung zur Entwicklung der Märkte hatten und ihre eigene kundtun wollten. Typischerweise waren bei solchen Meetings außer mir auch ein paar andere niedere Chargen anwesend, die sich oft als gesprächig, clever und nützlich erwiesen. Worauf es uns aber eigentlich ankam, waren die großen Alphatiere, die Hedgefonds-Maestros. Was der Grund dafür war, dass eines Mittwochmorgens im Juni 2011 der Nachrichtenredakteur Gary Silverman zu mir hinüberrief: »Hey, Dan, da ist was über Paulson und eine kanadische Firma über den Ticker gekommen, sieh dir das mal an.«

John Paulson hatte gerade mehrere Milliarden Dollar an der Finanzkrise verdient, und zwar durch den »Big Short«. Er hatte darauf gewettet, dass der Immobilienmarkt implodiert. Sein Büro war ganz in der Nähe, und ab und zu konnte ich ihn sehen, wenn er die 6th Avenue entlangging, in einem dieser weiten Anzüge, wie sie typischerweise im mittleren Management getragen werden. Sein Hedgefonds war der größte Investor eines kanadischen Konzerns, dessen Aktienkurs an jenem Morgen um ein Fünftel gefallen war, bevor der Handel ausgesetzt wurde: Sino-Forest Corporation.

Die Ursache war die Reportage eines Shortsellers, der kaum älter war als ich und Carson Block heißt, ein ehemaliger Anwalt mit undefinierbarem Akzent und einem Anflug von für New Jersey typischer Grobheit, die gut zu seiner kalifornischen Sonnenbräune passte. Er hatte versucht, in Schanghai eine Selfstorage-

Firma namens Love Box aufzubauen, war aber dann so angewidert von der dort grassierenden Korruption, die seinen Plan zunichtemachte, dass er in die USA zurückkehrte und sich einer neuen Aufgabe widmete: chinesische Betrugsmaschen aufzuklären.

Für mich war es eine Offenbarung, Blocks Bericht zu lesen. Darin deckte er schonungslos auf, dass Sino-Forest nichts anderes war als ein seit Jahren laufendes Betrugsmanöver. Den Text hatte er untermauert mit Fotos von angeblichen Kunden der Firma: Einer von ihnen saß in einem verfallenen, von Büschen überwucherten Gebäude, ein anderer in einem heruntergekommenen Wohnblock, dessen Balkone aus Sicherheitsgründen vergittert waren. Die Firma Sino-Forest behauptete, Bäume im Wert von mehreren 100 Millionen Dollar verkauft zu haben, die sie unmöglich gefällt haben konnte. »Um die gefällten Baumstämme aus dieser abgelegenen Gegend abzutransportieren, wären fünfzigtausend Sattelschlepperfuhren über zweispurige Straßen notwendig gewesen, die sich durch bergiges Gelände winden – was extrem unglaubwürdig ist (und sehr wahrscheinlich die Kapazität der dortigen Straßen weit übersteigt)«, schrieb Block. Ich war neidisch und voller Bewunderung. Bis zu diesem Zeitpunkt hatte ich nur versucht, in der Flut von Storys, die aus dem Ticker liefen, den Kopf über Wasser zu halten. War dies nicht genau die Art von Journalismus, die ich machen wollte, wisperte eine nagende Stimme in meinem Hinterkopf.

Abgesehen davon, dass Block mit einer absoluten Gewissheit schrieb, die völlig anders war als alles, was ich aus Zeitungen kannte. Er sagte, Sino-Forest sei vom ersten Tag an eine Betrugsmasche gewesen, also seit die angebliche Firma 1995 mithilfe eines Reverse-Takeovers an der Börse von Toronto gelistet wurde. Und wenn Probleme auftauchten, habe die Firma »schlicht gelogen«. Obwohl ihre Aktiva und der Firmensitz sich in China befanden, wurde sie durch die Wirtschaftsprüfungsgesellschaft Ernst & Young Canada testiert. »Sino-Forests Verwaltungsrat scheint die Altersversorgung für ehemalige Ernst-&-Young-Kom-

pagnons zu sein«, warf Block der Firma vor. Mit der Hilfe von Banken, die weder die Existenz der Bäume noch der Kunden überprüft hätten, habe das Unternehmen drei Milliarden Dollar eingeworben, indem sie Anleihen und Aktien an der Börse platzierte, die jetzt wertlos seien.

Block schrieb solche Reportagen nicht etwa aus Altruismus, um seine Leser aufzuklären (und auch nicht, um Zeitungen zu verkaufen, was allerdings manchmal mit diesem Ziel einhergeht). Er hatte viel Geld darauf gesetzt, dass er recht hatte, und lud alle anderen ein, es ebenso zu machen, wodurch sie nebenbei seinen eigenen Gewinn steigern würden. Und dabei zugleich einen der berühmtesten Investoren der Welt zu demütigen, war für Block nur eine willkommene Begleiterscheinung. Er hatte seinen Bericht so getimt, dass er die maximale Aufmerksamkeit provozieren würde, nämlich kurz bevor Sino-Forests erster Quartalsbericht für 2011 fällig war. Diese Videokonferenz war ein kompletter Flop, die Manager der Firma konnten grundlegende Fragen zu ihrem Geschäft nicht beantworten, und ein paar Monate später war es in sich zusammengebrochen.

Auf einer Reise nach San Francisco trank ich ein paar Bier mit Carson Block. »Wenn du das Management überraschst, haben sie nicht genug Zeit, sich eine plausible Lüge auszudenken«, erzählte er mir. Das war mein erster Eindruck von einer Sicht auf die Welt, die in Blocks Erfahrungen in China begründet war. Er hatte ein Buch zu diesem Thema geschrieben – *Doing Business in China for Dummies* –, aber das war, bevor er es selbst ausprobiert hatte. »Einer meiner ersten Fehler war, Rechnungen tatsächlich zu bezahlen, was sofort als Zeichen von Schwäche ausgelegt wurde. Rechnungen zu bezahlen war der letzte Ausweg. Niemand zahlte die Gasrechnung, weil sie wussten, dass Gas nicht abgestellt wurde, weil die Leute etwas essen mussten. Aber die Stromrechnung wurde bezahlt, weil der Strom tatsächlich abgestellt wurde.«

Die *Financial Times* pflegte eine gesunde Kultur der Skepsis gegenüber der Geschäftswelt. Es ist unmöglich, Zeit in Großunternehmen zu verbringen, ohne das leere Gerede von »Marktkräften« und »Geschäftsdynamiken« zu durchschauen, wenn man immer wieder mit den Fehlern, der Inkompetenz und den Zufällen des Wirtschaftslebens konfrontiert wird. Viele große Branchen werden von einigen wenigen Konzernen dominiert, die versuchen, ihren Marktanteil zu schützen, wobei die Manager sich darauf konzentrieren, ihre Aktienoptionen zu maximieren. Doch Shortseller wie Carson Block sind etwas anderes. Manager sind nicht nur gierig und eigennützig, sondern eine große Minderheit von ihnen ist unverhohlen korrupt; sie manipulieren Regeln, Menschen und Institutionen für ihre eigenen, schändlichen Zwecke. Sie zu erwischen war ein Spiel, das so gut wie niemand spielte. Es gab wesentlich mehr Verdächtigungen und Sackgassen als echte Straftaten, aber die Gerüchte waren wild und unwiderstehlich: Ob ich schon von dem Start-up-Gründer gehört hätte, den jeder Oberkellner in San Francisco wegen seiner hemmungslosen Gelage auf Firmenkosten kannte? Und was war mit dem Pharmariesen, dessen CEO immer wieder mit dem Firmenjet in Gegenden einflog, die eher für ihren Sextourismus bekannt waren als für die Herstellung medizinischer Rohprodukte? Das klang wesentlich interessanter, als fein säuberlich die Meinung sehr reicher Männer über die Richtung künftiger Leitzinsänderungen aufzuschreiben. Ich hatte angebissen.

5 Wer ist Jan Marsalek?

2009 | Dublin | Aktienkurs: 4 Euro | Börsenwert: 325 Millionen Euro

Die echten Probleme fingen 2009 an. Vorher hatte Wirecard nur ein bisschen merkwürdig gewirkt auf den Iren Simon Smaul, der eines Tages überrascht feststellte, dass er das etwas euphemistisch so genannte »Digital-Goods«-Vertriebsteam der Firma leitete. Er hatte Erfahrungen im Bereich Mobiltechnologie und dachte daher, dass er bei »Mobile Payments« arbeiten würde, als er einen Job bei G2Pay annahm.

Als G2Pay dann von Wirecard gekauft wurde, flog er nach München. Dort bot Oliver B. ihm an, ihn in seinem Auto zum Dinner mit seinen neuen Kollegen mitzunehmen. Smaul, ein blonder, lässiger Verkäufertyp mit einem Hang zu Zahlen, war ebenfalls Autofanatiker, und er wusste, dass B.s Audi RS4 einen Achtzylinder mit 420 PS unter der Haube hatte, obwohl er für das ungeübte Auge wie ein ganz normaler Firmenwagen aussah.

Trotzdem klammerte Smaul sich entsetzt am Haltegriff fest und tastete instinktiv mit dem Fuß nach einem Bremspedal, als B. den Wagen zum Überholen abrupt auf die Straßenbahnspur lenkte und mit halsbrecherischen Manövern durch den Verkehr jagte, als ob für ihn die Straßenverkehrsordnung und die Gesetze der Physik nicht gelten würden. Als Smaul – heilfroh, noch am Leben zu sein – völlig benommen aus dem Auto kletterte und ins Restaurant taumelte, brachen Jan Marsalek und das Wirecard-Team in schallendes Gelächter aus: Kannte er Olivers Marotte nicht?

Es wurden diverse Geschichten über B.'s abenteuerlichen Fahrstil erzählt (die er als Gerüchte bezeichnete). Sein Kabinettstückchen war, in voller Rennmontur Kunden vom Flughafen abzuholen, die aufs Oktoberfest wollten, wo alljährlich mit Lederhosen und Wiesnbier gefeiert wird.

Als Smaul zum ersten Mal nach München kam, saß Marsalek noch unten beim Tech-Team im Untergeschoss, als dessen durchaus beliebter Chef. Wenn gegen Abend die Arbeitsmoral sank, pflegte er Pizza für alle zu bestellen oder lud sie in einen Biergarten in der Nähe ein, wo sie Dampf ablassen konnten – er wusste, wann er ihnen zu viel abverlangt hatte. »Das Problem mit uns Österreichern ist«, spielte er manchmal mit einem Grinsen auf Münchens berüchtigtsten Zuwanderer an, »dass wir immer die Weltherrschaft anstreben.«

Alle, die neu bei Wirecard anfingen, wurden ihm vorgestellt, und selbst wenn er Jeans und T-Shirt trug, war seine Autorität klar. Doch er war auch schwer zu fassen. Er nutzte stets eigene Geräte statt die der Firma und zog es vor, mal hier, mal da zu sein, anstatt ein Büro zu beanspruchen. Wenn er angesprochen wurde, hatte er die seltene Gabe, seine gesamte Aufmerksamkeit auf die betreffende Person zu fokussieren. Dann klappte er langsam seinen Laptop zu – stets das neueste und leichteste Modell von Apple –, schloss die Augen und hielt für einen Moment inne, als ob er sich sammeln müsste. Dann wandte er sich mit einem breiten Lächeln der Person zu und öffnete erst dann wieder die Augen, mit einem Ausdruck von echtem Interesse. Ein paar Minuten lang konnte diese Person sich als Mittelpunkt von Marsaleks Welt fühlen, während er von der gemeinsamen Arbeit schwärmte. Erst, wenn sie wieder ging, würde ihr klar werden, dass sie mit drei Fragen zu ihm gekommen war, aber jetzt vier hatte.

Eine bittere Wahrheit war, dass ein von Marsalek geschriebener Programmcode im Jahr 2000 beinahe die Firma zugrunde gerichtet hätte. Wirecards erster CEO Detlev Hoppenrath hatte ihn gefunden, als er noch Teenager war und für ein österreichisches Start-up arbeitete. Der Zweimannbetrieb beschäftigte sich mit dem Softwareprotokoll WAP, das Mobiltelefone damals nutzten, um aufs Internet zuzugreifen. Da er Mobiltechnologie für die Zukunft hielt, hatte Hoppenrath Marsalek (der damals mit einem Ziegenbart herumexperimentierte, um älter zu wirken) als Chief Technology Officer (CTO) eingestellt.

Das erste Alarmsignal kam, als Wirecards Computersysteme abstürzten und die Softwareexperten die Ursache des Problems auf Marsaleks Schreibtisch lokalisierten. »Aus Versehen« hatte er den gesamten Internetverkehr der Firma über seinen eigenen PC geschleust statt über den dafür vorgesehenen Router im Serverraum – ideale Voraussetzungen, um herumzuschnüffeln. Er konnte aber nicht gefeuert werden, weil seine Aufgabe hauptsächlich darin bestand, die Software, mit der Wirecard Zahlungen abwickelte, von Grund auf neu zu entwickeln. Dieses Projekt war viel zu wichtig und zu weit fortgeschritten, um es mit einer anderen Person komplett neu aufzusetzen. Stattdessen behielt Hoppenrath Marsalek im Auge, der aber ausgesprochen kompetent zu sein schien und einen Meilenstein nach dem anderen abhakte.

Da alles nach Plan lief, begann Wirecards Vertriebsteam, seinen Kunden die neue Software anzupreisen. Nach einem Jahr Entwicklungszeit sollte das System sicherer, transparenter und bedienungsfreundlicher sein als das alte. Als Hoppenrath um eine Demo bat, zögerte Marsalek: »Ich bin sicher, dass das nicht nötig ist.« Doch der CEO bestand darauf, und Marsalek machte weitere Ausflüchte. Es sei besser, damit zu warten, bis er der Benutzerschnittstelle den letzten Schliff verpasst habe. Es müssten noch ein paar Fehler ausgebügelt werden, nichts Gravierendes. Er redete immer weiter und protestierte, als ihn sein Chef praktisch aus dem Raum drängte. Peu à peu gab Marsalek zu, dass er mit den verschiedenen Modulen des Systems noch lange nicht so weit war, wie er vorher behauptet hatte – es stand noch eine ganze Menge Arbeit aus. Auf dem Treppenabsatz zwischen zwei Etagen gestand Marsalek schließlich die ganze Wahrheit: Er hatte nichts, was er vorführen konnte; nur einzelne Programmschnipsel, die nicht ordentlich funktionierten. Es war ein Desaster, das die

Firma fast ihre Existenz kostete. Um dieses Problem zu lösen, wurde Markus Braun an Bord geholt.

Unter der Leitung der beiden Österreicher waren Wirecards Systeme ein Sammelsurium von Improvisationen, während die Vertriebsmannschaft eine Etage höher alle möglichen Features verkaufte, die noch nicht marktreif waren. Ein Beispiel war das Projekt einer Hotelkette, die einen je nach Position des Mitarbeiters gestaffelten Zugriff auf die Zahlungsdaten von Kunden ermöglichen wollte. So sollte zum Beispiel eine einfache Rezeptionistin nur die für das eigene Hotel relevanten Transaktionen einsehen können, während der Europachef Zugriff auf sämtliche Daten erhalten sollte, mit diversen Abstufungen dazwischen. Wirecards Techniker mühten sich ein Jahr lang ab, die Software zum Laufen zu bringen, bis der Kunde das Interesse verlor. Da man das System nicht komplett einstampfen wollte, wurde es zum Wirecard Enterprise Portal umgebaut, einer internen Anwendung, um kundenspezifische Transaktionsdaten anzuzeigen.

G2Pays Mitarbeiter in Dublin und Toronto hielten ihre Systeme und Abläufe für besser, und ihr Geschäft war wesentlich stabiler. In seiner Funktion als Vertriebschef kam Simon Smaul schnell darauf, dass der profitable Kern von G2Pays Geschäft falsch codierte Transaktionen waren. Jeden Monat wurden Zahlungen im Wert von Zigmillionen Dollar abgewickelt; zwar waren die meisten davon korrekt codiert, Glücksspieltransaktionen also mit dem Code 7995,[6] aber einige eben nicht. Obwohl das moralisch fragwürdig war, schien Smaul kein großes Problem damit zu haben – er hatte keinen Einfluss darauf und war ausschließlich dafür verantwortlich, neue Kunden zu finden.

Für viele Menschen war Poker ein unverfängliches Laster, und alles spielte sich auf offener Bühne ab. Die Kunden wussten, welches Spiel sie spielten. Eine Menge US-Transaktionen liefen über

6 Zum Beispiel sagten Smaul und andere, Poker Stars habe für sein Geschäft auf korrekt codierten Transaktionen bestanden.

E-Wallets. Alles wurde über Visa abgewickelt, da G2Pay kurz nach der Jahrhundertwende hohe Strafgebühren an Mastercard hatte zahlen müssen und sich daher von Mastercard fernhielt. Der israelische Zahlungsdienstleister ICC-Cal, der die meisten Zahlungen abwickelte, war sich dieses Problems durchaus bewusst und erhielt eine etwas höhere Provision als üblich.

Die Geschäftsführer von Pokeranbietern schienen Profis zu sein, anders als einige der Figuren, denen Smaul auf Gaming-Kongressen begegnet war. In Barcelona hatte er den Chef einer costa-ricanischen Firma getroffen, der sich in der besten Suite des Mandarin Oriental einquartiert hatte. Während sie dicke argentinische Steaks verspeisten, plauderte der Mann von seiner bewegten Vergangenheit als Müllmann, der sich von einem Leben auf der Straße hochgearbeitet hatte. Es wurde schnell klar, dass die wahren Strippenzieher der Firma einige dubiose Figuren in New York waren und dass dieser potenzielle Kunde sich nicht für die technischen Abläufe von Zahlungen, die Software oder ihre Bedienung interessierte – die typischen Themen, nach denen legitime Anbieter fragten. Er wollte sich auf Wetten im US-College-Football konzentrieren, was schlichtweg illegal war, und fragte nur, wie schnell die Spieleinsätze auf seinem Konto gutgeschrieben würden. Zu Smauls Erleichterung konnte G2Pay ihm nichts anbieten – glücklicherweise hatten sie es nicht nötig, solchen Kunden hinterherzulaufen.

Wirecards Geschäft mit Digital Goods war nicht so stabil. Um sich die Zahlen anzusehen, musste Smaul sich in eine andere Datenbank einloggen als jene, die der Vertrieb nutzte, um sein Tagesgeschäft mit Kunden zu managen. Es handelte sich um ein Kundenmanagementsystem, das auf US-Servern lief (und sich somit innerhalb der Reichweite der amerikanischen Justiz befand). Friend Finder Networks, eine Partnerbörse, die von einsamen Herzen Mitgliedsbeiträge kassiert, war einer der zuverlässigeren großen Anbieter. Wirecard wickelte aber auch viele Zahlungen für Glücksspielportale, Fluglinien und Pornoseiten ab, was in der Branche als »high-risk processing«, als Hochrisko-Transaktionen, bekannt ist.

Bei Theatern oder Fluglinien besteht das Risiko, dass sie Tickets für eine *Hamlet*-Aufführung beziehungsweise Flüge verkaufen, die vielleicht nicht stattfinden können; für sämtliche solche Transaktionen müssen Erstattungen gutgeschrieben werden. Bei Porno- und Glücksspielanbietern besteht das Risiko von Kundenbeschwerden: »Ich habe mich nicht auf dieser Seite registriert!« Oder: »Bei diesem Spiel wurde betrogen!« Kreditkartenemittenten wollen, dass ihre Kunden zufrieden sind und ihnen vertrauen, und darum reagieren sie auf Beschwerden, indem sie Erstattungen durchsetzen, die als »Chargebacks«, Rückbuchungen also, bekannt sind.

Manche Beschwerden waren eine Folge von schlechter Organisation. Eine Karriere in der Pornobranche lockt nicht unbedingt begabte Administratoren an, und häufig wurden Pornoseiten schlampig verwaltet, wurden Mitgliedschaften nach erfolgter Kündigung nicht prompt beendet, oder es wurde absichtlich schwer gemacht, eine Mitgliedschaft zu kündigen. Eine hohe Zahl von Rückbuchungen zog dann Strafgebühren von Visa und Mastercard nach sich, und Transaktionen durch die auslösenden Merchant-IDs wurden eingefroren.

Für Wirecard waren Merchant-IDs ein Wettbewerbsvorteil, und sie zuteilen zu können war ein wichtiger Faktor für das schnelle Wachstum der Firma. Visa und Mastercard teilen die Welt in Regionen auf, und Wirecard hatte eine Lizenz, europäische Zahlungen abzuwickeln. Was allerdings ein Unternehmen und ihre Zahlungsströme »europäisch« machte und dadurch Wirecard in die Lage versetzte, es abzuwickeln, war eine eher theoretische Frage, die mit Papierkram beantwortet wurde. Glücksspielanbieter konnten insbesondere dadurch angelockt werden, dass man ihnen eine Merchant-ID in der glücksspielfreundlichen Rechtszuständigkeit Großbritanniens anbot, die an eine dort eingetragene Strohfirma geknüpft war.

Viele dieser Firmen waren eigenartigerweise in der darbenden ehemaligen Stahlstadt Consett registriert, die mit ihren roten Backsteinreihenhäusern in der Grafschaft Durham am Fuß der Pennines liegt. Dort betrieb ein grummeliger, tonnenförmiger sechsundzwanzigjähriger Mann namens Simon Dowson gemeinsam mit einer Handvoll Helfer einen Büroservice, wo sie die Dokumente ausfertigten, die Wirecards Kunden brauchten. Im Angebot war auch eine Briefkastenanschrift in einem Gewerbegebiet vor Ort. Dowsons Firma Brinken Merchant Incorporations warb in den Pubs von Consett Hunderte Einheimische an, um als Direktoren der Scheinfirmen zu fungieren, in vielen Fällen für gerade mal 50 Pfund pro Nase. Sie leiteten eingehende Post weiter, unterschrieben die Formulare, die beim britischen Companies House, dem Handelsregister, hinterlegt werden mussten, und brauchten nicht zu wissen, welche Aktivitäten die Briefkastenfirmen ausübten. Dowson war ein vertrauter Anblick in der Wirecard-Zentrale in Grasbrunn, wo er oft mit Oliver B. *Call of Duty* spielte. Das Wirecard-Vertriebsteam, das ihm die Kunden schickte, hielt seinen Service für nicht weiter bemerkenswert und für völlig legitim.

Aber natürlich war es praktisch, einen Büroservice an der Hand zu haben, wenn ein Kunde mit seiner Merchant-ID Probleme bekam. Zudem wurde die Identität von Wirecards Kunden vor der Öffentlichkeit verschleiert, indem die Dokumente über die Besitzverhältnisse von Consett aus auf die Britischen Jungferninseln verweisen, einem der wichtigsten Anbieter für Verschleierungsmanöver – eine tropische Steueroase, die sich unter Kriminellen, Private-Equity-Fonds und Oligarchen großer Beliebtheit erfreut. Zahlungen an diverse Online-Casinos, Pornoanbieter und Lieferanten von Wunderpillen, die über diese Stationen abgewickelt wurden, landeten dann auf Konten, welche die Wirecard Bank in Deutschland im Namen der Firmen in Consett, die von unsichtbaren Eigentümern kontrolliert wurden, führte – ziemlich viel Aufwand für jemanden, der nichts zu verbergen hat.

*

Rüdiger Trautmann, Wirecards redseliger Chief Operating Officer, war ein regelmäßiger Besucher im Dubliner Büro. Dort gab es hinter der Rezeption einen kleinen Sitzungsraum mit Blick auf einen tristen Parkplatz. Anfang 2009 hatte Smaul den Eindruck, dass Trautmann frustriert war. Er hatte schon immer über Wirecards Mangel an Professionalität geklagt, über die Richtung, in die Braun das Unternehmen führte; jetzt, kurz bevor der Konzernabschluss für 2008 fertig war, musste er befürchten, dass er als Vorstandsmitglied die Bilanz werde unterschreiben müssen.

Als die Zahlen dann veröffentlicht wurden, waren sie in Anbetracht der Finanzkrise, die in mehreren Wellen dem Rest der Welt zu schaffen machten, exzellent. Wirecard berichtete, im Geschäftsjahr 2008 fast 200 Millionen Euro Umsatz erzielt zu haben. Nach Smauls Einschätzung war G2Pay für einen großen Teil der deklarierten 49 Millionen Euro Betriebsgewinn verantwortlich. Doch spätestens seit die Bilanz im April 2009 veröffentlicht wurde, war Smaul und seinen Kollegen in Dublin aufgefallen, dass G2Pays größte Kunden sich merkwürdig verhielten. Sie begannen davon zu reden, ihre Infrastruktur zu überprüfen, oder stellten plötzlich Fragen über längst etablierte Aspekte der Geschäftsbeziehung. Anschließend begann das Volumen der Transaktionen zu schwinden. Als die Zahlen von Monat zu Monat immer schlechter wurden, wurde Smaul klar, dass G2Pays Dukatenesel sich diskret umgesehen, ihre Sachen gepackt und beiläufig angemerkt hatten, dass es hervorragendes Wetter sei, um auf Reisen zu gehen. Langsam, aber sicher verabschiedeten sich einige der besten Kunden von Wirecard.

Die Pokeranbieter konnten freilich nicht von heute auf morgen gehen, weil sie damit riskiert hätten, dass Wirecard einen Geldtopf einbehielt, der »Rolling Reserve« genannt wurde. Dabei handelte es sich um eine Art Pfand für korrektes Verhalten, das zurückgehalten wurde für den Fall, dass Rückbuchungen ausgezahlt werden mussten oder der Anbieter pleiteging. Als der Sommer kam, hatten die Transaktionen immer weiter abgenommen; es zeichnete sich ab, dass Wirecard den Kampf, seine Pokerkunden bei der Stange zu halten, verlieren würde.

Trautmann hatte Smaul ein paarmal nach seinen Zukunftsplänen gefragt. Nicht direkt, nur in beiläufigen Gesprächen bei Betriebsfeiern, für die einer der Gesellschafter eine Rennbahn und ein paar schnelle Autos mietete, für ein bisschen Networking, aber Smaul hatte trotzdem das Gefühl, ausgefragt zu werden. Irgendwann kam eine Einladung. Smaul hatte sich gerade verlobt, und Trautmann schlug ihm vor, das junge Paar könne doch einen Wochenendtrip nach Deutschland machen, für einen Abend bei einem Boxkampf, den Paul Bauer-Schlichtegroll promotete. Es wäre eine Gelegenheit, Bauer-Schlichtegroll kennenzulernen, und Knöchelmann würde ebenfalls da sein. Angesichts der Vorgeschichte wirkte es auf Smaul wie eine Einladung, sich auf Trautmanns Seite zu schlagen und zu gehen.

Smaul unternahm den Wochenendtrip nicht, sondern beschloss, lieber an seiner Meinung zu Wirecard festzuhalten, weil er sie in Anbetracht der wirtschaftlichen Aussichten für wahrscheinlicher hielt: Die Finanzkrise hatte Irland erreicht und legte die verrotteten Fundamente des dortigen Baubooms bloß.

Smaul entwarf einen neuen Geschäftsplan für G2Pay, mit sich selbst an der Spitze. Die Tage der hochprofitablen Zahlungsabwicklung für Online-Glücksspiel seien gezählt, argumentierte er. Deutschland habe es gerade geschafft, die meisten Online-Glücksspiele zu verbieten, und andere Länder stünden bereit, es ebenso zu tun oder solche Portale durch neue Gesetze schärfer zu regeln und zu regulieren. Aus einem sehr riskanten, hochprofitablen Grau würde ein zutiefst gefährliches Schwarz oder ein wenig lukratives Weiß werden.

Im August 2009 hörte Trautmann auf, zur Arbeit zu erscheinen. Stattdessen tauchte Marsalek in einem flotten blauen Anzug und Schlips auf der G2Pay-Vorstandssitzung in Dublin auf. Smauls Plädoyer, die Firma zu einem Abwickler für qualitativ hochwertige Zahlungen zu machen, stieß auf taube Ohren. Wirecard musste nicht nur erreichen, dass G2Pay zu schrumpfen aufhörte, sondern es brauchte die 20 Prozent Wachstum pro Jahr, die von den Aktionären erwartet wurden. Es sei vor allem der Aktienkurs, auf den es ankomme, sagte Marsalek. »Wir müssen das schaffen, für Markus.«

Bald darauf stürmte Paul Bauer-Schlichtegroll aus einer Vorstandssitzung im Hotel Kempinski am Flughafen München. Er war als Aufsichtsratsmitglied an Bord geblieben, nachdem er seine Aktien verkauft hatte, aber eine Serie von Wachstumsprognosen, die Wirecard für seine Investoren erstellt hatte, gab ihm den Rest: Sie zeigten eine in einem 45-Grad-Winkel stetig ansteigende Linie, eine unaufhaltsame Aufwärtsexpansion. »Das kann doch alles nicht wahr sein, diese Prognose ist unmöglich. Mir reicht's, ich bin raus hier.« Wirecards Vorstandsvorsitzender und Bauer-Schlichtegrolls andere noch in der Firma verbliebenen Freunde gingen mit ihm.

So blieben an der Unternehmensspitze nur noch Markus Braun und der Zahlenmensch Burkhard Ley übrig, der jahrelang *über* die Firma gearbeitet hatte, statt *in* ihr. Die beiden präsentierten den Erfolg der Firma und halfen Investoren, sie zu verstehen – aber konnten sie wirklich für sich in Anspruch nehmen, sie geschaffen zu haben? Wirecard hatte zwei Männer mit engen Beziehungen zu den besten Kunden verloren, und einer davon war jetzt ein aktiver Konkurrent. Trautmann war eine Partnerschaft mit Dietmar Knöchelmanns künftiger Frau eingegangen und hatte im Schweizer Kanton Zug den Zahlungsabwickler Inatec gegründet, einen direkten Rivalen – der G2Pays lukrativste Kunden abwarb.

Zu seinem neuen Chief Operating Officer machte Braun jemanden, dem er vertrauen konnte: den neunundzwanzigjährigen Jan Marsalek. Braun war zehn Jahre älter als er und ersetzte ihm womöglich den älteren Bruder, den er niemals hatte. Marsaleks Vater war Tscheche, Arbeiter in einer Linoleumfabrik. »Ein kleiner Mann mit kleinen Ideen«, sagte Marsalek über ihn. Er erzählte, seine Mutter und seinen wesentlich jüngeren Bruder seit vielen

Jahren nicht mehr gesehen zu haben, seit der Anhörung vor dem Familiengericht, bei der die Scheidung seiner Eltern besiegelt wurde. Wann immer Braun ihn anrief – und das war ziemlich häufig –, ließ Marsalek alles andere stehen und liegen. Braun war anscheinend der einzige Mensch, der Marsaleks Aufmerksamkeit halten konnte, und dieser war darauf bedacht, seine Arbeitskollegen wissen zu lassen, was »wichtig für Markus« war.

Marsalek war ganz offensichtlich außergewöhnlich intelligent. Er hatte das Lycée Français in Wien besucht und sprach mehrere Sprachen, doch ihm fehlte eine ordentliche Ausbildung, und er hatte noch nie woanders gearbeitet. Er war schlau, kannte sich mit Technologie aus und konnte mit Menschen umgehen, aber er hatte einfach nicht die Beziehungen und Erfahrungen des Mannes, den er ersetzen sollte. Und er übernahm den Job just zu einer Zeit, da die Welt sich veränderte. Neben der veränderten Haltung gegenüber Glücksspiel brachte das überall kostenlos verfügbare Pornomaterial die wirtschaftlichen Grundlagen der Erotikbranche durcheinander. Zugleich führte der Absturz der Wirtschaft dazu, dass viele Millionen private Kreditkarteninhaber zum ersten Mal seit Jahren ihre Abrechnungen öffneten und gründlich prüften. Viele Buchungen wurden beanstandet; sich zu beschweren wurde zu einer Strategie, um Schulden zu reduzieren. »Da habe ich mich nie registriert!« wurde zu einem Schlachtruf, während immer mehr Verbraucher nicht mehr nur für die Porno- oder Pillenrechnung des vergangenen Monats Erstattungen forderten, sondern gleich fürs ganze Jahr. Unterdessen sahen sich Mastercard und Visa wie alle großen Finanzdienstleister dem wachsenden Druck ausgesetzt, mehr über die Leute in Erfahrung zu bringen, mit denen sie Geschäftsbeziehungen eingingen, da Lehman Brothers und andere Banken aus einem ganz einfachen Grund durch finanzielle Massenvernichtungswaffen in die Luft gegangen waren: Sie hatten sich auf Leute und Anlageprodukte eingelassen, die sie nicht wirklich verstanden.

Marsalek, der aus dem Untergeschoss in die Vorstandsetage

gerufen worden war, musste diese Lektion erst noch lernen. Er brauchte einen großen neuen Kunden, und zwar schnell – und das war genau der Moment, als der Acai-Beeren-König in sein Leben trat.

Martin Osterloh war der Vertriebsmann, den Denis Wagner 2005 als seinen Nachfolger eingearbeitet hatte. Er war im Raum, als Marsalek und ein Kollege vor einem Telefon mit eingeschaltetem Lautsprecher saßen, aus dem die Stimmen von zwei Kanadiern zu hören waren. Der eine spielte den »Good Cop« und stellte in Aussicht, ein beträchtliches Zahlungsvolumen über Wirecard abzuwickeln, für frei verkäufliches Functional Food, sogenannte »Nutraceuticals«, wie Acai-Beeren und Diättee. Der »Bad Cop« äußerte angebliche Bedenken wegen Wirecards begrenzter Möglichkeiten. Ihre Taktik war so offensichtlich, dass Osterloh nicht an sich halten konnte. »Na, das war ja ein Haufen Bullshit«, sagte er, sobald sie aufgelegt hatten.

»Wie meinst du das?«, fragte ihn Marsalek, offensichtlich pikiert. »Sämtliche Gründe, die der Mann genannt hat, um nicht mit uns zu arbeiten, waren falsch, und so blöd können die einfach nicht sein. Das alles hatte mit der Realität nichts zu tun, es war eine einfache psychologische Manipulation, um dich dazu zu bringen, einen Deal zum falschen Preis zu machen«, erklärte Osterloh.

Marsalek sah ihn an, als ob er ein Vollidiot sei. »Nein, das ist ein Riesengeschäft, wir werden 120 Millionen zusätzliches Volumen im Monat machen. Wir werden es machen.«

»Also, ich würde die Sache nicht mit der Feuerzange anfassen«, sagte Osterloh, aber er hatte keine Chance gegen Marsaleks unbeirrbaren Optimismus. Nachdem Marsalek ausgeschieden war, brachte die Angelegenheit Osterloh einen scharfen Tadel vom Vertriebschef ein.

Es war so viel Umsatz, dass Wirecard dadurch wieder auf die Beine kommen, die abgeworbenen Pokerkunden wieder wettmachen konnte. Doch die Sache hatte auch einen persönlichen Aspekt. Zwar hatte Marsalek auch schon den Red-Bull-Erfinder Dietrich Mateschitz idolisiert, doch in Jesse Willms, den »Good Cop« am anderen Ende der Leitung, hatte er sich geradezu verliebt.

Willms, Business-Senkrechtstarter und Schulabbrecher wie Marsalek, kam aus einem Vorort der kanadischen Stadt Edmonton und hatte im zarten Alter von einundzwanzig Jahren schon ein Vermögen gemacht (mit unlizenzierter Software) und es wieder verloren (nach einem Vergleich mit Microsoft musste er seine Lamborghinis abgeben). Er ließ sich im Privatjet durch die Gegend fliegen, fuhr Rennwagen, schmiss rauschende Partys in Las Vegas – ein internationaler »Schlangenölhändler«, der mit weitgehend wirkungslosen Allheilmitteln ein Vermögen zusammengerafft hatte. Die Online-Werbung für seine austauschbaren Handelsmarken waren das Hintergrundrauschen des Lebens im Internet – AcaiBurn, AcaiEdge Max, Ultra AcaiBurn, Detox Acaiburn, Extreme AcaiBurn, AcaiSlim und diverse andere.

Als er Wirecard ins Visier nahm, hatte er bereits von vielen Millionen Verbrauchern Hunderte von Millionen Dollar erbeutet (laut einer von der Federal Trade Commission angestrengten zivilrechtlichen Klage wegen Betrugs, die Willms am Ende beilegen konnte, indem er Immobilien und andere Vermögenswerte abgab und versprach, sich in Zukunft anständig zu benehmen, ohne jedoch die ihm zur Last gelegten Straftaten eingeräumt oder bestritten zu haben). Willms' Masche war, sich Kredit- und Debitkartennummern zu beschaffen, indem er »risikolose« Warenproben anbot und dann dem Kunden hohe Bearbeitungsgebühren aus der Tasche zog, die im Kleingedruckten versteckt und praktisch unmöglich zu stornieren waren. Rückbuchungen waren bei seinem Geschäft kein Risiko, sondern die Grundlage seiner Betrugsmasche, und als er Kontakt zu Wirecard aufnahm, hatte er bereits ICC-Cals Zahlungsabwicklungsgeschäft ruiniert, indem er dem israelischen Zahlungsdienstleister Visa-Strafgebühren in Höhe von mehreren Millionen Dollar eingebrockt hatte.

Marsalek erkannte entweder nicht, worauf Wirecard sich einließ, oder er dachte, er könne die Rückbuchungen mit Tricks managen, die in der Vergangenheit funktioniert hatten. Die Kreditkartennetzwerke erfassen sowohl die prozentuale Rückbuchungsquote als auch deren absolute Zahl, und darum verteilte Marsalek die Abwicklung von Zahlungen für Nutraceuticals auf viele verschiedene Merchant-IDs, um diese Quote unterhalb der kritischen Schwelle zu halten. Außerdem versuchte er, die Quote niedrig zu halten, indem er sogenannte »Friendlies« einsetzte – fingierte Transaktionen, die über von Wirecard ausgestellte Prepaidkarten ausgelöst und durch die betreffenden Merchant-IDs gepumpt wurden, um den Anschein zahlreicher legitimer Umsätze zu erwecken.

Aber die gewohnten Tricks funktionierten nicht mehr. Spätestens seit Oktober 2009 ging Visa aggressiver als zuvor gegen Missbrauch vor und schloss die Konten von Merchant-IDs mit steigenden Rückbuchungen. Also probierte Marsalek etwas Neues aus. Er flog wie Willms im Privatjet durch die Gegend und sagte Wirecards Controllern, sie sollten die Kosten dem neuen Starkunden in Rechnung stellen. Er war auf der Suche nach Partnern, die ihm einen Teil der Nutraceutical-Zahlungsabwicklungen abnehmen konnten. Als Gegenleistung würde Wirecard eine Vermittlungsprovision für die laufenden Umsätze kassieren. Was Marsalek Simon Smaul in Dublin berichtete, waren Variationen des immer gleichen Gesprächs: So gierig ein Bankmanager auf der anderen Seite des Tischs auch sein mochte, über kurz oder lang stellte er unweigerlich die immer gleiche Frage: »Das klingt ja alles sehr interessant, aber bitte sagen Sie mir – warum wickeln Sie diese Zahlungen nicht einfach über Ihre eigene Bank in Deutschland ab?« Da Marsalek nicht sagen konnte, »Die Rückbuchungsquote geht durch die Decke, und wir können die Merchant-IDs nicht offenhalten«, kam er bei solchen Gelegenheiten in Erklärungsnot.

Doch im Dezember feierte Wirecard Weihnachten, als ob alles in Ordnung sei. Für die Belegschaft wurde eine Party veranstaltet, in der obersten Etage des Münchner Bürokomplexes Ten Towers, einer Reihe von fünf Doppeltürmen, die im 15. Stockwerk durch einen verglasten Gang miteinander verbunden sind. In den für diesen Event angemieteten Räumlichkeiten gab es mehrere Bars und Balkone, wo die Leute sich unterhalten konnten. Das Gerede verstummte für ein paar Minuten, als Braun seine kurze Standardansprache über Wirecards glänzende Zukunft hielt, dieses Mal auf Englisch und mit ein paar zusätzlichen Ankündigungen. Jan Marsalek sollte offiziell als Chief Operating Officer in den Vorstand aufrücken. Braun gab außerdem bekannt, dass Wirecard einen Zahlungsabwickler in Singapur kaufen werde. Um Wirecards globalen Ambitionen gerecht zu werden, solle ab sofort der gesamte Betrieb auf Englisch stattfinden.

Smaul war für das Betriebsfest eingeflogen und staunte nicht schlecht über den unbeirrbaren Optimismus, der ihm trotz der sich zusammenbrauenden Krisen entgegenschlug. Er hatte Markus Braun schon immer für oberflächlich gehalten – dieser wechselte gern das Thema, wenn Smaul auf Hochrisiko-Transaktionen zu sprechen kam –, aber er kannte doch wohl die wirkliche Lage der Dinge? Marsalek wurde von zahlreichen Kollegen bedrängt, die ihm gratulieren wollten, aber etwas später am Abend fanden er und Smaul eine Gelegenheit, in einer stillen Balkonecke über die Probleme in Dublin zu sprechen, unter sich die glänzenden Lichter Münchens im Abendnebel. G2Pay verlor nicht nur immer mehr Kunden, sondern hatte auch Probleme, Zahlungen über ICC-Cal abzuwickeln. Der israelische Finanzdienstleister forderte plötzlich zusätzliche Daten zu jeder Merchant-ID und weigerte sich, Zahlungen an ganz normale, korrekt kodierte Anbieter zu verarbeiten, bevor sie Anti-Geldwäsche-Prüfungen ohne Beanstandungen absolviert hatten. »Irgendetwas geht hier vor. Sie müssen nach Tel Aviv fliegen und herausfinden, was es ist, und sich ein Bild von der Lage machen. Ich werde in ein paar Tagen nachkommen. Es gibt ein Problem mit einem Treuhänder, das wir mit ihnen besprechen müssen«, sagte Marsalek.

Es ging um ein paar Millionen Dollar, die verschwunden waren.

In den frühen Nullerjahren hatten Zahlungsabwickler die eingehenden Kundengelder selbst weitergeleitet. Dann änderten sich die Regeln, und diese Zuständigkeit wurde den sogenannten »Acquiring Banks« übertragen. Da ICC-Cals Systeme nicht von heute auf morgen umgestellt werden konnten, flossen diese Gelder übergangsweise auf Bankkonten, die im Namen der einzelnen Zahlungsabwickler von Treuhändern verwaltet wurden, einschließlich des für korrektes Verhalten einbehaltenen Pfands, der »Rolling Reserve«. Eine Zeitarbeitskraft in der israelischen Anwaltskanzlei, die als Wirecard-Treuhänder fungierte, hatte einen ansehnlichen Batzen Geld unterschlagen und war damit verschwunden.

Marsalek hoffte, ICC-Cal überzeugen zu können, den Verlust ganz oder teilweise zu tragen, im Interesse des künftigen Geschäfts mit Wirecard. Doch als Smaul in Israel ankam, war die Lage bei ICC-Cal wesentlich schlimmer, als er gedacht hatte. Der Vertriebsmann, den er persönlich kannte, war praktisch gerade dabei, seine Sachen zu packen. Er meinte, Visa sei stinksauer. Das Einzige, was er mit Sicherheit sagen konnte: »Wir stecken ziemlich tief in der Scheiße.«

Als er wieder im Hotel war, lag Smaul auf seinem Bett und starrte an die Decke, als ein Telefonklingeln die Stille durchbrach. »Hallo, hier ist die Flugsicherung. Sind Sie Herr Smaul? Ich muss mit Ihnen über einen Jan Marsalek sprechen.« Der verblüffte Smaul sollte ein paar barsch gestellte Fragen beantworten: Was war Wirecard? Wer war dieser Marsalek, und was hatte er in diesem Land zu suchen?

Smauls Reise nach Israel hatte ICC-Cal bei der notorisch paranoiden Grenzkontrolle Israels angemeldet, doch Marsalek versuchte unbekümmert, mit einem Jet in einen der am strengsten kontrollierten Lufträume der Welt einzufliegen. Was die Sache auch nicht besser machte, waren seine fluide Planung und seine lockeren Vorstellungen von Pünktlichkeit. Während Smaul zu verhindern versuchte, dass sein Chef vom Himmel geschossen wurde, tröstete er sich immerhin mit Marsaleks Versprechen, ihn nach getaner Arbeit in einem luxuriösen Ambiente hoch über den Wolken nach Dublin mitzunehmen. Außerdem erfuhr Smaul, dass Burkhard Ley einen Linienflug gebucht hatte und in Kürze eintreffen sollte; die fehlenden Millionen waren wichtig genug, um Wirecards Finanzchef aus München nach Israel zu locken.

Zwei Tage nach seinem ersten Besuch bei ICC-Cal saß Smaul in der Sitzecke vor dem Büro des CEOs, während Marsalek und Ley drinnen waren und versuchten, den Mann zu überzeugen. Es war Abend, und im Gebäude war es ruhig. Sie kamen mit aschfahlen Gesichtern wieder heraus. Das Problem war nicht nur, dass die Geschäftsbeziehung tot war, sondern ICC-Cal kurz davorstand, die Lizenz zur Abwicklung internationaler Kreditkartenzahlungen zu verlieren. Visa machte Ernst damit, hart gegen falsche Codierungen durchzugreifen. Die Wirecard-Manager konnten das gestohlene Geld abschreiben: Es war *ihr* Treuhänder und somit *ihr* Problem. Marsalek und Ley mussten direkt nach München zurückfliegen, um Markus Braun darüber zu informieren.[7]

Das Trio kam in den frühen Morgenstunden am Flughafen Ben Gurion an. Smaul war erschöpft und beobachtete neidisch, wie die anderen beiden zum Privatterminal gingen. Er war auf den ersten Linienflug nach Frankfurt gebucht und von dort aus weiter nach Dublin. In der Eile hatte niemand daran gedacht, die Grenzkontrolle zu informieren, und er war nicht im System, was bedeutete, dass dieses Mal er an der Reihe war, als potenzieller Terrorist behandelt zu werden. An der Sicherheitskontrolle wurde ihm sein Laptop abgenommen und in eine spezielle Box eingeschlossen, die im Frachtraum verstaut wurde. Smaul musste sich vor den Grenzsoldaten bis auf die Unterwäsche ausziehen und stand dann vor Kälte zitternd da, bis sie seine Kleidung peinlich genau durchsucht und den Inhalt seiner Taschen kontrolliert hat-

7 Nach Burkhard Leys Erinnerung war Marsalek nicht anwesend, und das Meeting verlief ergebnislos.

ten. Dann eskortierten die jungen Soldaten ihn zum Gate und ließen ihn nicht aus den Augen, bis er sicher an Bord des Flugzeugs war. Als er sich schließlich in seinen Sitz fallen ließ, dachte Smaul im Stillen, dies sei die ereignisreichste Geschäftsreise gewesen, die er jemals erlebt hatte.

6 Das Entertainment-Geschäft

2014 | Honourable Artillery Company Museum, London | Aktienkurs: 33 Euro | Börsenwert: 3,7 Milliarden Euro

Ich sah schon wieder auf meine Armbanduhr in dem unerfreulichen Bewusstsein, dass alle, die sich in das aufblasbare Iglu-Zelt gequetscht hatten, angestrengt versuchten, möglichst diskret zu schwitzen, und der Fluchtweg blockiert war. Blogger, Finanz- und Thinktank-Typen drängten sich direkt hinter dem Eingang in drei Reihen und gaben sich redlich Mühe, einer ernsthaften Diskussion über die Frage zu folgen, ob eine Regierung ihren Bürgern jeden Monat ein bedingungsloses Grundeinkommen zahlen sollte. Das alles fand in einem Raum statt, der ungefähr so groß war wie ein VW Käfer. Es war der heißeste Tag des Jahres 2014, und dieses Iglu war eines von dreien, die am hinteren Ende eines riesigen, drückend schwülen Zelts aufgestellt waren.

Die Sitzung ging dankenswerterweise bald zu Ende, und der Weg nach draußen lichtete sich, da viele der Teilnehmer versuchten, sich vor einer überforderten Klimaanlage etwas Kühlung zu verschaffen, während sie winzige Veranstaltungskalender an orangefarbenen Schlüsselbändern studierten, um ihre Route durch das Chaos der Konferenz zu planen. Ich ging nach draußen und in die Sonne, weil ich hoffte, einen etwas weniger verschlungenen Weg über das Kricketspielfeld zu finden, das wir für diesen Tag gemietet hatten, eine versteckte grüne Oase im Herzen des Londoner Finanzdistrikts. Früher, als die Quadratmeile der City of London von Mauern umgeben und von Wachposten geschützt war, hatte sich hier ein Waffenarsenal befunden; inzwischen wurde das Gelände hauptsächlich für Events genutzt, um Menschen, die sich in den umliegenden Wolkenkratzern abrackerten, eine Gelegenheit zu bieten, kameradschaftliche Gefühle zu entwickeln und Beziehungen zu knüpfen. Während ich an einem Eiswagen und einem Virtual-Reality-Spiel vorbeiging, bei dem die Spieler in einem Raumschiff durchs Universum rasen konnten, um mit Rohstoffen zu handeln, fragte ich mich staunend, wie Paul Murphy es geschafft hatte, die *Financial Times* davon zu überzeugen, ihr kostbares Geld für so eine Veranstaltung auszugeben.

Camp Alphaville war als Mischung aus Finanzkongress und britisch-sommerlichem Musikfestival angepriesen worden. Dahinter steckte die Idee, auf dem Rasen und im Zelt eine Reihe verschiedener Themen zu präsentieren und darüber zu diskutieren – hier wurde der anarchische Geist von *FT Alphaville*, dem Finanzblog der *Financial Times*, zum Leben erweckt. *Alphaville* war schräg, witzig, unstrukturiert – alles das, was die konservative rosafarbene Zeitung nicht sein konnte. Der Blog wurde vom Rest der Organisation in der Regel etwas stiefmütterlich behandelt.

Als ich an Bord kam, konnte ich an der Art, wie er die ständigen Anrufe auf seinem Handy mit einem abrupt gebellten »Murphy!« annahm – ein Relikt eines in einer Ära von Festnetzanschlüssen gelernten Handwerks –, erkennen, dass der Blog von einem Haudegen der alten Schule gemacht wurde. Paul Murphys wichtigste Waffe, um Beziehungen zu Informanten zu pflegen und Reporter zu motivieren, war der ausgedehnte Business-Lunch. Eines seiner bevorzugten Lokale war Sweeting's, gegenüber der *Financial Times* auf der anderen Seite der Themse, eine altehrwürdige Institution der City, die nur mittags öffnete und nur Fisch servierte. Vor dem Essen wurde Brot gereicht, und vielleicht ein Black Velvet, eine Mischung aus Guinness und Sekt in einer Zinnkanne. Anschließend wurde in aller Ruhe das eine oder andere Gläschen Wein genossen. Hin und wieder fragte Murphy beiläufig: »Noch ein Fläschchen?« Und ehe man sich's versah, war die letzte U-Bahn schon weg, während man noch im CellarDoor Cocktails schlürfte, einer ehemaligen öffentlichen Toilette, die auf einer Seite von Covent Garden ein paar Stufen unter der Erde lag und sich zu einem beliebten Treffpunkt der Londoner Drag-Szene gemausert hatte.

Murphys Spezialität waren Fusionen und Übernahmen oder im Business-Slang »Mergers and Acquisitions« (M&A). Gegen Ende der Neunziger hatte er beim *Guardian* als Börsenreporter angefangen, bis er 1998 für den Relaunch des Wirtschaftsblatts *The Sunday Business Post* als M&A-Reporter rekrutiert wurde. Die Barclay Brothers, zwei milliardenschwere Geschäftsmänner, schütteten die Zeitung mit Geld zu, um sie zu einem wöchentlich erscheinenden Rivalen für die *Financial Times* zu machen. Murphy verbrachte ein Jahr damit, sich in luxuriösen Limousinen in Edelrestaurants mitnehmen zu lassen, bis er, völlig ausgelaugt von den mörderischen Deadlines eines Sonntagsblatts, sich nur allzu gern wieder vom *Guardian* anwerben ließ, wo er dann als Chef in den Bereich zurückkehrte, den er als einfacher Reporter verlassen hatte. Als er seine Kündigung einreichte, war das Londoner Börsenmaklerbüro Branston & Gothard gerade pleitegegangen, und einer der dort arbeitenden Makler führte den Niedergang auf einen Streit innerhalb eines Rings von Insiderhändlern in der City zurück; er war mit einer Einkaufstüte voller Dokumente zu Murphy gegangen. Die *Sunday Business Post* wurde von dem angesehenen Chefredakteur Jeff Randall geführt, der Murphy auf keinen Fall mit dieser Tüte gehen lassen wollte.

»Ich weiß, dass du diese Story hast. Ich will sie haben!«, bellte er.

Murphy grinste. »Die können wir nicht drucken. Das werden die Anwälte nicht zulassen, die kriegen einen Herzanfall.«

Randall ließ sich davon nicht beeindrucken. »Du machst diese verdammte Story. Sieh zu, dass du möglichst schnell auf einen Flug nach Monaco kommst.«

Also tat Murphy, was ihm gesagt wurde. Er verbrachte auf Kosten der Barclay Brothers zwei Wochen in Monaco, wo er sich mit so gut wie jedem Trading-Halunken der Stadt traf. Er machte eine ganz andere Geschichte daraus, schmückte sie mit Einzelheiten über Financiers aus, die mit Säcken voller Bargeld Grenzen überqueren. Wie erwartet gaben die Anwälte, als er ihnen die Story zeigte, nur verkrampfte Würgelaute von sich. Der Bericht konnte nicht gedruckt werden. Murphy informierte den zuständigen Aufsichtsbeamten in London über die ganze Sache, aber nichts passierte. Am Ende dachte er sich, wenn er die Banditen schon nicht bloßstellen konnte, dann könnte er ebenso gut Informanten aus ihnen machen.

Eine der ersten Amtshandlungen von Lionel Barber als Chefredakteur der *Financial Times* war, Murphy anzuheuern, der dann 2007 FT *Alphaville* an den Start brachte, in der Blütezeit des Bloggens, bevor Social Media das Feld übernahmen. Jeden Morgen moderierte er live eine Online-Diskussion mit »The Rabble«, dem »Pöbel«, einer anarchischen Gruppe anonymer Hobbyexperten aus seiner Leserschaft, die die Meldungen des Tages aus der Welt der Großkonzerne durchdiskutierten und Gerüchte zu Übernahmeangeboten weitertratschten. Manchmal warf er dieser Runde einen saftigen Brocken hin, den er von seinen Banditen-Informanten aufgeschnappt hatte; solche Informationen stufte er nach ihrer historischen Zuverlässigkeit auf einer Skala von 1 (Goldstandard) bis 10 (extrem gesundheitsgefährdend) ein, und hin und wieder war auch eine exklusive Meldung dabei.

Im Jahr 2008 enthüllte Neil Hume, ein extrem ehrgeiziger Journalist, der damals im Team war, dass der belgische Brauereikonzern Inbev im Begriff stehe, ein geradezu unverschämtes Übernahmeangebot in Höhe von 52 Milliarden Dollar für den Kultstatus genießenden US-Bierbrauer Budweiser abzugeben. Murphy trommelte »The Rabble« für eine Sondersitzung zusammen und sagte ihnen, sie sollten auf ihn warten, bis er die Story über offizielle Kanäle telefonisch abgeklopft habe. Die »Filzkragenquelle«, ein erfahrener PR-Berater, wollte sich nicht festlegen: »Spekulationen an den Märkten kommentiere ich nicht.« Doch als Murphy ihm den Text des vertraulichen Übernahmevertrags Wort für Wort vorlas, begann der Mann zu lachen und sagte: »Ah ja, sehr gut.« Murphy deutete das als Bestätigung des Deals, legte auf, und dann informierten er und Neil den entzückten »Pöbel« entsprechend. Allerdings dachten sie in all der Aufregung nicht daran, den Newsroom bei Laune zu halten; und vergaßen, dort die Geschichte anzukündigen. Der Redakteur, der an jenem Tag verantwortlich war, vertraute *Alphaville* sowieso nicht hundertprozentig, und so wurde eine verwässerte Version der Blockbuster-Schlagzeile ziemlich weit hinten in die Londoner Ausgabe der Zeitung des nächsten Tages geschoben, als wäre die Geschichte zuerst von einem Konkurrenzblatt gebracht worden.

Als ich 2013 dazustieß, war der Blog bereits von M&A abgekommen. Das Nahtoderlebnis des Finanzsystems hatte explosionsartig Interesse von Leuten ausgelöst, die herausfinden wollten, was um alles in der Welt ihr gewohntes Leben so durcheinandergebracht hatte. Das passte gut zu *Alphavilles* bevorzugter Methode: Irgendwas an die Wand werfen und abwarten, was kleben blieb. Ich las den Blog leidenschaftlich gern und wollte mitmachen. Charlotte und ich hatten fünf Jahre in New York gelebt, inzwischen war ein Baby unterwegs, und es wurde Zeit, zurück nach Hause zu ziehen. Erst als ich den Job bekommen hatte, dachte überhaupt jemand daran, zu erwähnen, dass es das erste Mal sei, dass jemand von der Zeitung zu *Alphaville* gekommen war.

Bei meinem ersten Murphy-Lunch erklärte er mir seine Philosophie. Es wird oft gesagt, dass Journalisten schlechte Manager abgeben, aber tatsächlich wird umgekehrt ein Schuh draus: Journalisten sind unmöglich zu managen. Also war der Job ein quasi unbeschriebenes Blatt. »Schreib über alles, was du interessant findest. Wir müssen natürlich zusehen, dass der Blog rundläuft, aber wir sind alle Profis. Wenn du meinst, dass es sich lohnt, über eine Sache zu schreiben, dann mach es – wenn es den Lesern nicht gefällt, werden sie dir das schnell sagen.«

Zwar hatte Murphy sich die Sprache und die Uniform der Finanzbranche zu eigen gemacht – er trug einen dunklen, wenn auch etwas zerknitterten Anzug und ein weißes Hemd –, seinen rebellischen Geist aber nicht verloren. Auf den ersten Blick dachte ich, der silberne Ring an seinem Finger sei ein Siegelring, wie er typischerweise von altem Geldadel getragen wird, doch tatsächlich war es ein Totenkopf, den eine Tochter im Teenageralter gefertigt hatte.

Camp Alphaville begann mit einer für Murphy typischen Aktion: Er hatte ein paar Schauspieler engagiert, die sich als Oligarch und Bodyguards in Szene setzten und einen weiteren Darsteller aus der Halle warfen – ein bisschen Theater, um die Leute aufzuwecken und ihnen Gesprächsstoff zu liefern. »Leute, wir sind im Entertainment-Business«, erinnerte er oft und gern das halbe Dutzend Reporter, die für den Blog schrieben. Ich interessierte mich für dubiose Firmen, was der Grund dafür war, dass ich an jenem heißen Sommertag quer über das Kricketfeld lief, um mich wieder in das Getümmel im großen Hauptzelt der Konferenz zu stürzen. Dort stand John Hempton auf einer winzigen Bühne, die seine ohnehin schon beachtliche Körpergröße um beinahe 30 Zentimeter erhöhte, redete sich warm und legte ein für einen erfolgreichen australischen Hedgefonds-Manager typisches Selbstbewusstsein an den Tag: »Ich habe schon immer gesagt, dass eine Mine sich am besten so beschreiben lässt: ein Loch im Boden, an dem oben ein Lügner steht.«

Hempton, dessen graues Haar seine Erfahrung andeutete, hatte die Ärmel hochgekrempelt und sprach in ein Mikrofon. Er hatte mehrere Monate sehr gründlich über die Aktionen einer kanadischen Silbermine recherchiert, die keinen Sinn ergaben; er war sicher, dass es dort kein Silbererz gab. Er zeigte uns Landkarten mit abgelegenen Bahnstrecken, obskure Zollunterlagen und erklärte das Verfahren, wie erzhaltiges Gestein gebrochen und gemahlen wird, um Edelmetalle zu gewinnen. Der einzige Gleisanschluss in der Nähe der Mine verfügte nicht über das schwere Gerät, das gebraucht wird, um tonnenweise Material zu verladen. Und selbst wenn man es hätte verladen können – warum um alles in der Welt würde man es dann Hunderte von Meilen nach Montana transportieren, um es dort zu verarbeiten? Jeder Schritt zeigte, dass es sich um einen reinen Betrug handeln musste, außer dem letzten. Hempton hatte mit einem Arbeiter aus einem Indianerreservat gesprochen, der tagelang in einem Trupp gearbeitet hatte, der Erde in Säcke füllte und diese dann von Hand auf Güterwaggons wuchtete. Aus betrieblicher Sicht ergab es keinen Sinn, wurde aber trotzdem gemacht. Die Mine war der großartigste Short, den es nie gegeben hatte.

Als ich bald darauf mit Hempton ins Gespräch kam, stellte er mir eine unwiderstehliche Frage: »Wären Sie interessiert an ein paar deutschen Gangstern?« Es ging um das Unternehmen Wirecard, ein Fintech-Start-up, Börsenwert etwa 4 Milliarden Euro. Er hielt es für Betrug, und außerdem habe die Firma Gerüchten zufolge bei sämtlichen anrüchigen Online-Branchen die Finger im Spiel. »Falls Sie dazu recherchieren wollen, seien Sie vorsichtig«, warnte er mich.

Es war Sommerflaute, und jeder Gedanke an Gefahr wirkte lächerlich in der vornehmen Atmosphäre einer Zeitung, deren Reporter eher einen Milliardär auf dessen Jacht interviewen würden als einen Gangster. »Ja, klar«, antwortete ich sorglos, notierte mir den Firmennamen und setzte ein Fragezeichen dahinter.

7 Freunde wie diese

2010 | Manila | Aktienkurs: 10 Euro | Börsenwert: 1 Milliarde Euro

Etwa um die Jahrhundertwende nahm Wirecard Asien ins Visier. Martin Osterloh, der Vertriebsmann in Deutschland, hatte Gelegenheit, das Wirecard-Büro auf den Philippinen zu besuchen, bevor es nach Singapur verlegt wurde. Manila war eine übervölkerte, chaotische Stadt, und im Gebäude selbst ging es auch nicht anders zu – es war ein Sammelsurium von diversen Firmen, darunter auch ein echtes Casino. Wirecard hatte dort einen kleinen Raum, in den provisorisch eine Zwischenebene eingezogen worden war, auf der etwa zwanzig Einheimische dicht an dicht gedrängt saßen; jeder von ihnen hatte etwa so viel Platz wie auf einer Euro-Palette.

Osterloh war ein Gaming-Spezialist, der in der verrückten Atmosphäre von Wirecard aufblühte. Er war auf der Suche nach neuen Kunden zur Asian Internet Gaming Conference angereist. Das stets kostenbewusste Wirecard-Team hatte einen Stand aufbauen lassen, aber nur eine einzige Eintrittskarte für 500 Dollar gekauft. Es wurde nur sporadisch kontrolliert, und so gaben sie das Ticket verdeckt unter einem Stück Papier über den niedrigen Zaun, der das Messegelände abgrenzte, an den nächsten Kollegen weiter. Mit diesem Manöver waren sie keineswegs die Einzigen, und bald wurden sie von einem Vertreter des Veranstalters, der durch die Gänge schlenderte, zur Rede gestellt.

»Meine Herren, was geht hier vor? Sie sind zu dritt, haben zusammen aber nur einen Anstecker«, sagte er streng. Die Messe war keineswegs ausverkauft, und so begann Osterloh zu feilschen. Er bot an, für ein zweites Ticket zu zahlen, und nach längerem Hin und Her gab der Mann es ihnen kostenlos, als Geste des guten Willens.

Am nächsten Tag war der Wirecard-Messestand mit sechs Leuten besetzt. Derselbe Kontrolleur tauchte wieder auf, und da es um die Mittagszeit war, unterhielten er und Osterloh sich über den Kauf von zusätzlichen Tickets, während sie auf dem Weg zum Büfett waren. Die Messe war nichts Besonderes, aber am vorigen Tag war das Büfett hervorragend gewesen, mit einer reichhaltigen Auswahl regionaler Speisen. Als sie im Essbereich ankamen, stellten sie fest, dass sich das anscheinend herumgesprochen hatte. Mindestens ein Dutzend Personen in Poloshirts mit Wirecard-Asia-Logo langten herzhaft zu und aßen sich satt. Auch Osterloh und der Kontrolleur häuften sich eine doppelte Portion auf den Teller, während der Mann sagte: »Martin, so geht das nicht.«

Sobald Osterloh sich kleinlaut mit ihm über den Kauf von zusätzlichen Tickets geeinigt hatte, sprach er den einzigen Europäer unter den Wirecard-Schnorrern an, der unter all den Asiaten auffiel wie ein bunter Hund. Er war ein deutscher Expat mittleren Alters, ziemlich schwabbelig und trug ein Wirecard-Poloshirt, obwohl auf seiner Visitenkarte der Firmenname PayEasy Solutions stand. Er sagte, er arbeite mit Wirecard in einer Art Gemeinschaftsprojekt zwecks Herausgabe einer Zahlungskarte zusammen, blieb aber vage – beinahe ausweichend –, wenn es um Details ging, als wäre es ein Produkt von Dritten. Osterloh wunderte sich, dass er davon noch nichts gehört hatte, doch es war nicht ungewöhnlich, dass Wirecard mit unabhängigen Wiederverkäufern zusammenarbeitete. Er steckte die Visitenkarte ein und hatte die Begegnung bald vergessen; erst einige Jahre später würde er den Namen des Mannes wieder hören: Christopher Bauer.

In München war Osterloh Anfang 2010 allerdings ein Verkäufer, der nichts verkaufen konnte. Ihm war allmählich klar geworden, dass etwas nicht stimmen konnte, als seit etwa sechs Wochen jeder neue Hochrisikokunde, den er gewonnen hatte, vom Compliance-Team abgelehnt worden war. Schließlich stellte er seine Chefin zur Rede und fragte sie ganz direkt, was eigentlich los sei.

»Wir haben ein kleines Problem«, antwortete sie. Mehr wollte sie nicht sagen.

»Das war doch nicht etwa wegen diesem pharmazeutischen Scheiß?«, spekulierte Osterloh – und traf damit den Nagel auf den Kopf.

»Lassen Sie uns nicht darüber reden«, sagte sie etwas empfindlich.

Aber bald ließ sich die Sache nicht mehr totschweigen. Visa lehnte monatelang alle neuen Hochrisikokunden ab und schickte ein Team von der international tätigen Detektei Kroll Inc., um Wirecards Arbeitsabläufe unter die Lupe zu nehmen. Wirecard fragte an, ob sie nur noch anbieten sollten, Zahlungen über Mastercard abzuwickeln, doch die Antwort war: Nein, sie sollten gar nichts mehr verkaufen. Niemand am Aktienmarkt konnte wissen, dass Wirecard von Visa geblockt worden war.

*

Im März 2010 stürzte der Kurs der Wirecard-Aktie tatsächlich ab, aber nicht etwa aufgrund von Problemen mit Visa. Vielmehr war durchgesickert, dass der Secret Service gegen den in Florida lebenden Deutschen Michael Schütt ermittelte, weil er verdächtigt wurde, nicht autorisierte Zahlungen veranlasst zu haben. Schütt hatte über 70 Millionen Dollar von Wirecard-Bankkonten an amerikanische Zocker ausgezahlt; im Grunde genommen hatte sein Job darin bestanden, den ganzen Tag lang Schecks auszustellen und per Post zu verschicken.

Als Einzelheiten der Vorwürfe durchsickerten, fiel Wirecards Aktienkurs vorübergehend von 8 auf 5 Euro, bis die Firma eine Pressemitteilung herausgab, in der sie jede Verbindung zu dem Fall bestritt und rechtliche Schritte androhte. Allerdings hatte die kurze Kontroverse zumindest eine Folge: Sie erregte die Aufmerksamkeit des brasilianischen Hedgefonds-Managers Eduardo Marques in San Francisco. Er hatte das typische Auftreten eines völlig entspannten Surfers und war einige Jahre zuvor Wirecards Mitgründer Paul Bauer-Schlichtegroll vorgestellt worden, an einem Tag in Berlin, an dem es um Investmentmöglichkeiten im Erotiksektor ging. Bauer-Schlichtegroll hatte ihm offen von Wirecards Geschäft erzählt – dass die Firma Zahlungen für Porno-Websites abwickelte, doch der Großteil ihrer Profite aus Glücksspiel stamme. Daraufhin begann Marques, die Aktie zu shorten, weil er meinte, Wirecard würde lügen, sei in Online-Gambling verwickelt und die US-Behörden würden wahrscheinlich gegen das Unternehmen vorgehen.

*

In Dublin ging G2Pay allmählich die Luft aus. Anfang 2010 war es allein dem irischen Finanzamt zu verdanken, dass Simon Smaul noch Gehälter und laufende Kosten zahlen konnte. Der Betriebsgewinn der Firma war in der zweiten Jahreshälfte 2009, als sich ihre großen Pokerkunden aus dem Staub machten, so stark eingebrochen, dass im neuen Jahr eine Steuererstattung einging. Smaul wurde klar, dass es schwierig würde, überhaupt noch schwarze Zahlen zu schreiben. Die Controller von Wirecard in München hatten unmissverständlich klargemacht, dass sie kein Geld übrig hatten. Als die Geschäfte noch gut liefen, hatten sie regelmäßig angerufen und nach einer Dividende aus Dublin gefragt, aber jetzt forderten sie Einsparungen. Smaul sah sich mit der unangenehmen Aufgabe konfrontiert, einen großen Teil seiner Arbeitskollegen zu entlassen.

Inmitten dieser düsteren Stimmung kam Marsalek zu Smaul und machte ihm einen Vorschlag: Er sollte eine neue Firma gründen, um Zahlungen abzuwickeln, die Wirecard nicht bearbeiten konnte. Marsalek versprach, dieser neuen, etwas riskanten Unternehmung Kunden zu schicken, und im Gegenzug sollte Smaul für solche Transaktionen eine Provision an Wirecard zahlen. Er würde als unabhängiger Partner agieren, ohne erkennbare Verbindung zu Wirecard, sodass Smaul auch mit anderen Banken zusammenarbeiten konnte.

Die Idee entstand aus Marsaleks Schwierigkeiten im Vorjahr, die toxischen Neutraceutical-Zahlungsströme an andere Zahlungsabwickler abzuschieben. Mit seinen Erfahrungen im Tech-Business hatte Marsalek auch schon eine Struktur konzipiert: Die neuen Partner würden Software-Lizenzgebühren an Wirecard zahlen, die einfacher abzurechnen seien. Die Software-Entwicklungskosten waren in der Vergangenheit entstanden, sodass sämtliche »Lizenzgebühren« als reiner Profit anfallen würden.

Smaul hatte kaum Alternativen; die irische Wirtschaft war in einem katastrophalen Zustand. Er redete sich ein, dass Marsaleks Plan eine Chance sei, Hochrisikotransaktionen professionell abzuwickeln. G2Pay war dabei, den Bach runterzugehen; also würde er mit einem handverlesenen Team einen neuen Anfang machen. Die neue Firma würde als Dienstleister fungieren, der die Beziehungen zu Händlern und Banken managen, Abrechnungen erstellen und das Risikomanagement übernehmen würde, ohne eine erkennbare Verbindung zu Wirecard zu haben.

Da er befürchtete, die ganze Sache könnte lediglich eine weitere hirnrissige Idee von Marsalek sein, wollten Smaul und ein Kollege von ihm ein Meeting mit den Firmenchefs. Markus Braun hatte angeblich keine Zeit, also trafen sie sich mit Marsalek und Finanzchef Burkhard Ley im Untergeschoss des Münchner Hilton, um den Plan durchzusprechen. Da Ley nun informiert war, meinte Smaul, er habe das Okay, die Sache voranzutreiben. Nach Burkhard Leys Erinnerung war Marsalek bei dem Meeting nicht anwesend. Ley sagte unter anderem, Smaul habe von Plänen berichtet, eine »Independant Sales Operation« (ISO) zu gründen. Er habe wissen wollen, ob Wirecard bereit sei, mit diesem unabhängigen Partner zusammenzuarbeiten. Über Details des Arrangements sei nicht gesprochen worden. Eine Abrechnung von tansaktionsorientierten Gebühren über Softwarelizenzen sei weder vorgeschlagen noch akzeptiert worden.

Wieder in Irland, war eines der letzten Dinge, die er tat, bevor er Ende Juni endgültig ging, eine Botschaft von Marsalek auszurichten: Dieser wollte, dass ihn jemand vom Finanzteam in Dublin anrufe. Die Quartalszahlen würden verheerend ausfallen, auch wegen der Kosten, die es verursachte, fünfzig der siebzig Mitarbeiter von G2Pay zu entlassen, aber Marsalek sagte, er habe einen Geschäftsbereich im Nahen Osten, den sie übernehmen könnten, was helfen könnte. Smaul blieb nicht länger, um mehr über die Details zu erfahren, sondern nahm seinen Mantel und ging.

Smauls neues Unternehmen hieß Sunsont, ein von der Firma, die es ins Handelsregister eingetragen hatte, willkürlich vergebener Name. Es wurde am 6. Juli 2010 gegründet und mietete Büroräume in Sandyford an, einem gut situierten, bei Tech-Start-ups beliebten Vorort im Süden von Dublin. Am Anfang kam Marsalek jeden Monat zu Besuch. Nachmittags nahm er an der Vorstandssitzung in Wirecards Büro im Ulysses House teil, und abends traf er sich mit Smaul, um mit ihm über Sunsont zu sprechen, in einem chinesischen Restaurant in Sandyford bei einer Auswahl traditioneller Spezialitäten aus der Provinz Sichuan, aber mit irischem Touch, etwa kurz gebratenes Rind an einer Sauce von schwarzem Pfeffer und Merlot. Smaul konzentrierte sich jetzt auf die technischen Abläufe und das Management der Beziehungen, die für das ganze Arrangement unentbehrlich waren; viele davon hatte Marsalek ihm telefonisch oder über seine private E-Mail-Adresse vermittelt, um den Namen Wirecard aus der Sache herauszuhalten.

Im November ging Smaul auf seine erste Geschäftsreise als Chef der neuen Firma und verbrachte drei Tage im Peninsula Hotel in Manila, um sich mehrfach mit einem seiner alten Wirecard-Kollegen zu treffen, was ziemlich frustrierend verlief. Der Mann hatte sich ebenfalls als unabhängiger Berater selbstständig gemacht, war tadellos gekleidet, hatte eine junge Freundin im Schlepptau und steuerte vorsichtig, aber beharrlich eine Besprechung bei Drinks an. Smaul hatte das schon frustrierend gefunden, als er noch formal der Chef dieses Mannes gewesen war; aber jetzt, da er nicht mehr bei Wirecard war, hatte er überhaupt keinen Einfluss mehr auf dessen Verhalten.

Während Simon Smaul versuchte, mit Sunsont zu expandieren, war es nicht gerade hilfreich, dass Marsalek auf die aussichtslose Mission fixiert war, das Pokergeschäft von Rüdiger Trautmann bei Inatec zurückzugewinnen. »Wir müssen sie vernichten! Das ist unser Geld, unsere Kundschaft, wir müssen sie zurückholen«, beschwor er Smaul wiederholt und brachte Sunsont damit in die Verlegenheit, zumindest so zu tun, als ob sie es versuchen würden.

Andere von Marsalek vermittelte Kontakte zu potenziellen neuen Anbietern waren nicht besonders vielversprechend. Es gab noch mehr Acai-Beeren-Verkäufer – Schneeballsysteme, die unter der angeblich legitimen Struktur operierten, die als »Multi-Level-Marketing« bekannt ist, sowie Online-Devisenhändler. Da Online-Glücksspiel immer schwieriger wurde, waren Websites aufgetaucht, die Wetten auf die Kursentwicklungen von Finanzmärkten anboten und Riesengewinne bei kleinen Einsätzen versprachen. Die Typen, die hinter solchen Trading-Portalen steckten, waren keineswegs Studienabbrecher, die ein Start-up gründeten, sondern vielmehr sehr ernst zu nehmende Männer mit einer breiten Palette von Geschäftsinteressen; Smaul war zu dem Schluss gekommen, dass es unklug wäre, solche Leute nach näheren Einzelheiten über ihre Aktivitäten zu fragen.

Die Frage, welchen Anbietern man eine Zusammenarbeit in Aussicht stellen sollte, war jedoch ziemlich akademisch, da Banken sich nicht gerade darum rissen, eine Geschäftsbeziehung mit einer völlig unbekannten irischen Firma einzugehen. Anderthalb Jahre lang flog Smaul kreuz und quer durch die Weltgeschichte, nach Panama, Osteuropa, Asien. Er sprach fast nie direkt mit einer Bank, sondern meist mit einem Partner. Die Professionellsten von ihnen waren die zwei, die damals hinter PayEasy steckten:

Christopher Bauer[8] und James Bergman. Vor ihnen brauchte Smaul zumindest keine Angst zu haben. Bergman war ein piekfeiner Engländer, der das, was ihm an Gerissenheit fehlte, durch Liebenswürdigkeit wettmachte. Die Gespräche zwischen Simon Smaul und Christopher Bauer drehten sich zumeist um potenzielle Projekte in Bahrain oder auf den Philippinen, aber ein Geschäft für Sunsont kam nie dabei heraus. Einmal nahmen Smaul und ein Kollege überstürzt einen Flug nach Birmingham, um sich dort in einem Hotel mit Bergman zu treffen. Marsalek hatte Smaul darum gebeten, und Bergman war auf Wunsch von Christopher Bauer gekommen, sodass keiner von ihnen so recht wusste, worum es bei dem Meeting eigentlich gehen sollte. Das Gespräch drehte sich im Kreis.

»Warum verschwenden diese Leute unsere Zeit?«, beschwerte Smaul sich auf dem Rückflug bei seinem Kollegen. Allmählich beschlich ihn das Gefühl, er habe es mit Derek und Rodney Trotter aus der britischen Sitcom *Only Fools and Horses* zu tun, denen ständig versprochen wurde: »Nächstes Jahr um diese Zeit werden wir alle Millionäre sein.« Trafen sich die Leute nur mit ihm, um Marsalek bei Laune zu halten?

Marsalek selbst war in einer manischen Workaholic-Phase. Die Meetings mit ihm wurden seltener und die Telefonate kürzer, typischerweise immer wieder unterbrochen durch ständig eingehende Anrufe oder Textbotschaften, die seine Aufmerksamkeit in Anspruch nahmen. Smaul fiel auf, dass Marsalek häufig vergaß, wem er was gesagt hatte, während er unermüdlich Zuversicht ausstrahlte. »Zumindest Mauritius läuft gut«, sagte er eines Tages, nachdem Smaul ihm eine Woche zuvor berichtet hatte, dass ein Projekt mit einem dortigen Partner nicht vorankam, weil sämtliche notwendigen Dokumente noch fehlten. Es gab kleine Ausrutscher, aber meist waren Marsaleks Eingebungen wirklich großartig.

---

8 Christopher Bauer ist nicht verwandt mit dem Pornografen und Unternehmer Paul Bauer-Schlichtegroll.

Am 15. April 2011 ging der Bundesstaatsanwalt des Southern District von New York mit einer umfangreichen Klage gegen fast ein Dutzend Personen vor, die in Online-Poker verwickelt waren. Es war ein Totengeläut für die Branche, das als »Black Friday« bekannt wurde, und machte unmissverständlich klar, dass falsch codierte Transaktionen für Online-Poker aus Sicht der US-Strafverfolgungsbehörden auf Geldwäsche hinausliefen. Marsaleks erster Impuls war, einem der Beschuldigten einen Job anzubieten: Nelson B. war Pokerveteran und bei Full Tilt Poker in Dublin für die Zahlungsabwicklung zuständig – jedenfalls bis die Website von den US-Behörden zwangsweise geschlossen wurde. Bald darauf wurde klar, dass in der Firma nicht mehr annähernd genug Geld übrig war, um die Guthaben in Höhe von 360 Millionen Dollar zurückzuzahlen, die ihre Pokerspieler dort zu haben glaubten.

»Ich kann ihn nicht bei Wirecard einstellen, du solltest ihn für Sunsont übernehmen«, sagte Marsalek am Telefon.

Smaul schüttelte ungläubig den Kopf. Er war gerade in Singapur und hatte erleichtert aufgeatmet, als er die Nachricht sah.

»Bist du verrückt! Sein Name taucht überall in der Anklageschrift auf. Wir können doch nicht einem Typen, der ganz oben auf der US-Fahndungsliste steht, einen Job geben.«

Marsalek weigerte sich, die Argumentation zu akzeptieren, und fixierte sich auf die positiven Aspekte.

»Nelson kennt jeden in der Branche, er wird mit Sicherheit neue Kunden an Land ziehen. Und denk doch mal an seine Familie, für sie wäre ein Job in Dublin optimal, dann könnten sie dort wohnen bleiben. Erst mal müsstest du gar nicht sagen, was er eigentlich machen soll – Hauptsache, du bringst ihn rein.«

»Hast du 'ne Schraube locker?«

Smaul fragte sich einen Moment, wie es wohl aussehen würde, wenn man auf dem Antrag für ein irisches Arbeitsvisum das Wort »Schneeballsystem« in das Kästchen für »frühere Tätigkeiten« schreiben würde. Marsalek nahm es wie immer nicht persönlich. Smaul war sich nicht sicher, ob solche Diskussionen für Marsalek nur ein Spiel waren, oder ob er das, was er sagte, wirklich glaubte und die andere Person breitschlagen wollte. (Marsalek hatte noch nicht einmal mit Nelson B. gesprochen, der letzten Endes von Rüdiger Trautmann einen Job bei Inatec bekam. Vorher war er nach New York geflogen, um sich zu stellen und sich der Anklagepunkte Verabredung zu Straftaten, Bankbetrug und Geldwäsche in Verbindung mit illegalen Online-Glücksspielangeboten schuldig zu bekennen; er hatte einen Deal mit der Staatsanwaltschaft gemacht und konnte so vermeiden, eine Haftstrafe antreten zu müssen.)

Marsalek und Smaul vollführten einen komplizierten Tanz mit unklar abgegrenzten Zuständigkeiten, Machtbereichen und Motiven. Smaul hatte sich durchgesetzt.

⋆

In München war das Gebäude in Grasbrunn für Wirecard zu klein geworden. Das Tech-Team schmiss eine symbolische Abrissparty, um sich von seiner Kelleretage zu verabschieden. Jeder bekam einen Schutzhelm und als Souvenir einen kleinen Hammer aus gelbem Plastik und Schaumstoff. Der neue Stammsitz war im Einsteinpark, einem unscheinbaren Gebäudekomplex in dem ruhigen Vorort Aschheim etwas außerhalb von München. Wirecard bezog zwei der fünf Bürogebäude, u-förmig angeordneten, miteinander verbundenen Kästen aus grauem Beton und verspiegeltem Glas. An der Gestaltung der Innenräume, die eine Corporate-Identity zur Geltung bringen sollte, war Markus Brauns Frau Sylvia beteiligt. In Anlehnung an den quadratischen Punkt des »i« im Wirecard-Logo waren hellrote »Denkwürfel« als Hocker im Büro verteilt, um spontane Zusammenarbeit zu fördern. Sylvia war nicht die einzige Angestellte, der Braun im Lauf der Jahre den Hof gemacht hatte. Als der Börsenwert der Firma immer weiter stieg – und Brauns Vermögen mit ihm –, witzelte eine andere Dame gern über die steigenden Kosten dafür, dass sie einmal ein Date mit ihm abgelehnt hatte. Die Heirat zwischen Sylvia und ihm hatte sich nur allmählich herumgesprochen, da Braun großen Wert auf seine Privatsphäre legte und sich immer weiter zurückzog. In Aschheim gab es ganz hinten in der Tiefgarage einen Privatlift, zu dem nur er Zugang hatte und der ihn direkt in die oberste Etage beförderte. Oben angekommen, pflegte er Pfefferminztee zu schlürfen, entwarf Pressemitteilungen und checkte ständig auf seinem Handy den Wirecard-Aktienkurs. Er reiste wenig, das Fliegen überließ er oft Finanzchef Burkhard Ley und seinem Protegé Marsalek.

Leys wichtigste Aufgabe war, Analysten und Investoren zu umgarnen, die sich inzwischen wieder für die Aktie begeistern ließen. Von einem Tief von unter 4 Euro im Oktober 2008 war der Kurs auf stolze 13 Euro im Mai 2011 geklettert, was einem Konzernbörsenwert von 1,3 Milliarden Euro entsprach. Was Investoren beeindruckte, war Wirecards unglaubliche finanzielle Performance. Die Sperre durch Visa und die Strafzahlungen in Höhe von mehr als 12 Millionen Euro aufgrund extrem hoher Rückbuchungen beim Neutraceuticals-Geschäft wurden in der Ergebnisrechnung von Wirecard nicht erwähnt. Damals berichtete Braun den Aktionären, Wirecard »hatte einen sehr erfolgreichen Start ins neue Jahr«. Für das Geschäftsjahr 2010 seien die Umsätze um 20 Prozent auf 272 Millionen Euro hochgeschnellt.

Braun blieb ständig im Kontakt mit seiner rechten Hand, doch Marsaleks Büro war räumlich getrennt von seinem eigenen. Brauns Eckbüro lag in der obersten Etage des Gebäudes in der Mitte des U; von dort konnte er zu Marsaleks Räumlichkeiten hinübersehen, die einen großen Teil der Topetage von Wirecards anderem Gebäude einnahmen, auf der linken Seite, neben dem Vertriebsteam.

Marsalek hatte keinen wirklich geregelten Tagesablauf, da er – ungewöhnlich für einen führenden Manager eines Unternehmens mit über fünfhundert Mitarbeitern – kein richtiges Team hatte. Er war überall und nirgends, ständig auf Reisen, meist allein. Seine machohafte Antwort auf die Frage, wann er denn Zeit finde, um zu schlafen, lautete: »Im Flugzeug.« Er hatte den höchsten »HON Circle Status« im Lufthansa-Vielfliegerprogramm erreicht und brüstete sich damit, mehr Meilen zu fliegen als eine typische Flugbegleiterin. Manchmal tauchte er mit seinem Handgepäck in Aschheim auf, kam mit Sunzis Traktat *Die Kunst des Krieges* oder einem Buch über den Starinvestor Warren Buffett unterm Arm direkt vom Flughafen, um sich dann zwei Stunden später wieder auf den Weg zum nächsten Flug zu machen. Das zwei Wochen lange Oktoberfest war ein strapaziöser Marathon – der Champagner floss in Strömen, und Marsalek kam in Lederhosen ins Büro, allzeit bereit, am Abend die nächsten potenziellen Kunden zu beschwatzen. Smauls persönliche Begegnungen mit ihm reduzierten sich auf gehetzte Treffen in Flughafenhotels, wo Marsalek sich ein Club-Sandwich schnappte, über das er mindestens vier Minifläschchen Ketchup ausdrückte. Doch spätestens im Sommer 2011 übernahm Smauls Nachfolgerin als Chefin des Bereichs Digital Sales von Marsalek die Aufgabe, ihm Interessenten zu schicken; auch sie strahlte Erfolg aus, indem sie sich erkennbar eleganter kleidete als zuvor.

Die Zusammenarbeit war holprig, nahm nie richtig an Fahrt auf. Sunsont schaffte es, ein paar Kundenbeziehungen in Asien und Osteuropa aufzubauen, aber Smaul stellte fest, dass die Interessenten, die Wirecard ihm vermittelte, einem vorhersehbaren Muster folgten. Sie waren entweder nicht groß genug, oder sie zogen eine »Schnell-reich-werden-Masche« ab, die aufgrund von Rückbuchungen nicht nachhaltig war. Smaul wusste, dass solche Maschen ein paar Monate lang gute Umsätze brachten, dann aber von immer mehr Beschwerden überflutet wurden, welche eventuelle Gewinne auffraßen – kein brauchbares Geschäftsmodell.

Ab und zu kam ein vielversprechender Interessent, aber die Hochrisiko-Transaktionen waren deutlich schwieriger geworden. Vielleicht würde das Vertriebsteam einer Bank sagen: »Ja klar, wir werden es mit dieser Website versuchen.« Doch sobald die ersten

Zahlungen abgewickelt wurden, zeigte sich schnell, dass es eigentlich »Ja, aber …« hätte heißen müssen: Entweder waren die Transaktionsvolumina von vornherein gedeckelt, oder das als »Rolling Reserve« einbehaltene Pfand war extrem hoch – Einschränkungen, die den potenziellen Kunden dann weiterziehen ließen.

Erneut musste Smaul kämpfen, um die Kosten zu decken, und nach und nach wurden die Interessenten, die Wirecard ihm schickte, immer merkwürdiger. Manche Anbieter reagierten auf Rückschläge mit einem Ausmaß an persönlicher Aggression, das Smaul beunruhigend fand; jedenfalls wollte er nicht in die unangenehme Lage geraten, diesen Leuten Geld zu schulden.

Sunsont hangelte sich bis zum Sommer 2012 durch. Marsalek war immer freundlich, aber Smaul hatte den Eindruck, dass er nicht gern an einen Misserfolg erinnert werden mochte und Wichtigeres zu tun hatte. Wirecard hatte gerade 139 Millionen Euro von Aktionären eingeworben, die über die rasche Expansion der Firma hocherfreut waren: Mit 12 Millionen Euro wurde die Prepaidkarten-Abteilung der Newcastle Building Society, einer britischen Bausparkasse, erworben; mit 47 Millionen die Firma Systems@Work in Singapur und mit 44 Millionen Prima Vista Solusi, ein indonesischer Anbieter von elektronischen Zahlungssystemen. Smaul hatte von alten Arbeitskollegen gehört, dass Wirecard Dublin in Schwierigkeiten sei, doch die finanzielle Performance des Gesamtkonzerns war hervorragend: Für 2012 wurden knapp 400 Millionen Euro Umsatz erwartet und ein Gewinn von 100 Millionen.

Smaul war gerade von einer Urlaubsreise zur Feier eines runden Hochzeitstags zurückgekehrt, als er sah, dass Marsalek ihm ein bedeutendes Angebot geschickt hatte. Es ging um die Zahlungsabwicklung für eine große Sammlung japanischer Websites, doch der Haken an der Sache war, dass Sunsont das im Blindflug tun sollte. Es würde keinen Kontakt zum Kunden geben, und selbst wenn er wüsste, um welche Websites es ging, wäre er nicht in der

Lage, sie zu verstehen; sie konnten für Callgirls, Drogen, eine Geldwaschmaschine der Yakuza oder alles Mögliche sein.

»Kommt schon, ihr braucht was zu tun, das bringt richtig Umsatz«, sagte Marsalek gut gelaunt wie immer und versuchte, Smaul zu überreden, genau die Grenze zu überschreiten, die er ihm am Anfang gesetzt hatte. Der einzige Zweck von Sunsont war, die Kontrolle zu behalten, und Smaul vermutete, dass Marsalek mit seiner Idee überhaupt nur zu ihnen gekommen war, weil es bei Wirecard Probleme mit der Zahlungsabwicklung gab. Im Juli und August diskutierten sie hin und her, bis Smaul so gut wie Nein sagte, und dann verlief das Projekt im Sande. Es kam einfach nicht mehr genug Umsatz, um weiterzumachen.

Mit diesem Projekt starb auch Sunsont. Smaul hatte zwei Jahre seines Lebens damit zugebracht, einem Traum Marsaleks nachzujagen. Er hatte genug gesehen, um zu wissen, dass es für ihn nicht infrage kam, wieder zu Wirecard zurückzukehren. Er wollte aus der Branche der Zahlungsabwickler aussteigen und etwas ganz anderes anfangen. Er verkaufte die Büroausstattung, zahlte die ausstehende Miete und liquidierte die Firma. Marsalek würde sich für seine halbseidenen Anbieter und hirnrissigen Ideen einen anderen Partner suchen müssen.

8 Gespenster in Manama

2014 | London | Aktienkurs: 29 Euro | Börsenwert: 3,6 Milliarden Euro

Als ich eines Tages im September 2014 das Caffè Nero an der U-Bahn-Station Mansion House betrat, war das Einzige, was ich über die Person wusste, die ich dort treffen wollte, dass sie meine Arbeit auf FT *Alphaville* gesehen hatte und sich mit mir unterhalten wollte. Bei einer Tasse Kaffee erfuhr ich, dass Leo Perry in meinem Alter war, Mitte 30 – und ein stiller Bewunderer von Bilanzbetrug. Er zeigte die charakteristischen Merkmale eines englischen Hedgefonds-Managers – beiger Kaschmir-Pullover, Dreitagebart – und die nachdenkliche, fast akademische Ausstrahlung eines professionellen Aktienanlegers. Er lachte leise in sich hinein, als er mir erklärte, wie man Gewinne vortäuschen kann und welche Spuren solche Betrugsmanöver hinterlassen. Aus einer gepflegten schwarzen Mappe nahm er ein paar Blatt Papier mit getippten Notizen und gab sie mir. Was wir hatten, war mehr als ein bloßer Verdacht. Seiner Meinung nach war alles an Wirecard zu schön, um wahr zu sein: Unterlagen, die die Lügen der Firma belegten, waren über halb Asien verstreut.

Sobald ich die Dokumente überflogen hatte, wurde mir klar, was Perry meinte – die Frage war nur, was ich damit machen sollte. Paul Murphy hatte eine einfache Antwort: »Such dir eine dieser Firmen aus, fahr hin und klopf an die Tür.«

Bald darauf beschloss ich, wohin es gehen sollte: nach Bahrain, einem winzigen Emirat im Nahen Osten. »Das ist es, Murph, ich bin ganz sicher, das ist der eindeutige Beweis.« Der Grund war eine Firma namens Ashazi Services. Dieser Name war von einer kleinen Wirtschaftsprüfungsgesellschaft in den Unterlagen einer der Firmen, die Wirecard in Singapur gekauft hatte, hervorgehoben worden. »Ashazi Services wurde ganz bewusst von jemandem markiert. Den Namen eines Kunden trägt man nicht ohne guten Grund in die Buchhaltung ein«, hatte Perry mir gesagt. Angeblich hatte Ashazi Services ab August 2010 pro Jahr 4 Millionen Dollar Software-Lizenzgebühren an Wirecard gezahlt; doch es sah so aus, als sei dieses Geld nie eingegangen. Das spärliche Online-Profil der Firma war voller Lügen – Geschäftsbereiche, die sie nicht hatte, einen Geschäftspartner, der nie von ihr gehört hatte. Dies war der Weg, um an Wirecard ranzukommen, dessen war ich mir sicher.

Eine Woche später landete ich in Bahrain. Offiziell war ich als Unternehmensberater dort, um eine Due-Diligence-Prüfung durchzuführen. Seit der Arabische Frühling den Nahen Osten erfasst hatte, legten die paranoiden lokalen Behörden keinen Wert auf Besuche ausländischer Journalisten. Ich hatte einigen Kollegen angeboten, bei anderen Recherchen zu helfen, während ich dort war, doch es wurde entschieden, dass das ungefähr so wäre, als würde man in Belfast ankommen und sich dort direkt mit Gerry Adams treffen, einer mutmaßlichen Führungsfigur der IRA: ein sicherer Weg, um Aufmerksamkeit zu erregen. Ich war auf dem Flug mit einem schottischen Ingenieur ins Gespräch gekommen, der regelmäßig nach Bahrain reiste und den Auftrag hatte, in der dortigen US-Marinebasis militärische Ausrüstung zu warten. Als wir gelandet waren und an der Passkontrolle Schlange standen, versuchte ich, mich unauffällig unter seine Gruppe zu mischen, doch der Grenzbeamte sagte, ich solle warten, und verschwand mit meinem Pass in einem Nebenraum. Also setzte ich mich auf eine Bank und versuchte mit klopfendem Herzen, möglichst entspannt auszusehen – eine Google-Suche würde reichen, mich auffliegen zu lassen. Zwanzig quälend lange Minuten wartete ich, während alle anderen Passagiere an mir vorbeizogen. Plötzlich tauchte der Beamte wieder auf: »Willkommen in Bahrain, ich wünsche Ihnen einen angenehmen Aufenthalt.«

Also machte ich mich daran, das Büro von Ashazi Services ausfindig zu machen. Ich irrte durch die Hauptstadt Manama, während ich in der glühenden Hitze versuchte, deren bizarre Organisation zu verstehen. Bevor Erdöl gefunden wurde, hatte es dort eigentlich gar keinen richtigen Staat gegeben, und die Hausnummern und Straßen waren völlig willkürlich arrangiert. Ich war auf einer Gespensterjagd, wurde in kleine leere Räume in Wohnblöcken geführt, in einsame Lokalitäten am Ende staubiger Straßen. Ja, dort habe es mal eine Firma gegeben, aber nicht lange. In der Hoffnung, weitere Unterlagen zu finden, versuchte ich es bei der offiziellen Handelsregisterstelle, die sich in dem glitzernden Geschäftsviertel befand. Ich ging einfach hinein und hätte mich direkt an einen der Schreibtische setzen und beliebige Akten durchblättern können. Es gab alle Anzeichen einer dienstbereiten Bürokratie, doch was fehlte, waren die Bürokraten. In meinem Hotel war es genauso. Paul Murphy hatte mir das luxuriöse Intercontinental Bahrain empfohlen, dessen Bar ein beliebter Treffpunkt der dort lebenden Journalisten und Diplomaten war. Die beiden Männer, die ich dort sah, mögen vielleicht die Drahtzieher eines internationalen Komplotts gewesen sein, doch einstweilen konzentrierten sie sich darauf, Karaoke zu singen und Beyoncés Ruf zu ruinieren.

Als ich mich am nächsten Tag auf die Suche nach Ashazi Services' Anwalt machte, irrte ich eine halbe Stunde in der Stadt herum. Das angegebene Gebäude schien es überhaupt nicht zu geben. In dem schmalen Schatten eines Laternenpfahls machte ich einen Moment Pause und versuchte zum siebenundzwanzigsten Mal, mich mithilfe des Stadtplans zu orientieren. Auf der anderen Straßenseite war ein Autohändler, dort musste es sein. Zwischen einer Autovermietung und einem Kentucky Fried Chicken lag eine schmale, ziemlich vermüllte Gasse; an ihrem Ende sah ich eine Öffnung und eine Treppe, die in ein Gebäude führte. Zwei Treppenabsätze höher war ein Anwaltsbüro, kühl und dunkel, mit heruntergelassenen Rollos, um die grelle Sonne draußen zu halten. Ein Mann, der in einem der dahinterliegenden Räume an einem Schreibtisch saß, winkte mich heran. Er schien allein zu sein. Ich fragte ihn nach dem Anwalt, den ich suchte – Kumail Al Alawi.

»Oh, das tut mir leid, der arbeitet nicht mehr hier. Er hat sich selbstständig gemacht. Ich weiß nicht, wo sein Büro ist, aber ich glaube, es ist nicht allzu weit weg. Wenn Sie möchten, rufe ich ihn an. Nehmen Sie einen Moment Platz, möchten Sie einen Tee?«, sagte der Mann, winkte mich herein und wählte schon die Nummer. Jemand nahm ab, und die beiden unterhielten sich eine Weile auf Arabisch, während der Mann beim Sprechen in meine Richtung sah. Dann hielt er mir den Hörer hin: »Hier, er kann Ihnen selbst sagen, wo Sie ihn finden.«

Jedenfalls war er nicht in einem Büro. »Ja, ja, ich bin jetzt hier, wir können uns treffen, aber ich glaube, es wird einfacher sein, wenn ich Sie abhole. Ganz in der Nähe gibt es einen Parkplatz, den Sie eigentlich finden müssten.« Ich notierte mir den Weg und seine Nummer, bedankte mich bei dem Anwalt und machte mich auf den Weg. Ich ging an einer langen Schnellstraße entlang, an den Hinterseiten von Gebäuden vorbei in eine desolate Gegend. Mir war klar, dass ich nicht wirklich wusste, wo ich mich befand, und jemand anderes schon gar nicht. Ich schickte Murphy eine Textbotschaft mit den wenigen Infos, die ich hatte.

Der Parkplatz war klein und ziemlich leer, nur einige wenige Stellplätze waren besetzt. Eine ziemlich verschmutzte schwarze Limousine bog auf den Parkplatz und hupte. Ich stieg ein und stellte mich etwas verlegen vor. Kumail fuhr ein paar hundert Meter weiter und bog dann auf eine Baustelle ab. »An dem Gebäude wird gearbeitet. niemand findet es auf Anhieb«, erklärte er mir. Wir gingen ins Haus und in das allem Anschein nach einzige belegte Büro. Es war ganz offensichtlich neu, hatte weiße Wände und eine spartanische Ausstattung mit billigen Möbeln und zwei großen Topfpflanzen; es wirkte fast so, als sei es hastig als Kulisse für eine täglich ausgestrahlte Soap-Opera aufgebaut worden. Er setzte sich an seinen Schreibtisch, ich davor, und eine Sekretärin servierte uns heißen Pfefferminztee.

»Ashazi ... Ashazi«, murmelte Kumail, als er eine Reihe von Aktenregalen neben seinem Schreibtisch absuchte. Sie standen voll mit dicken Aktenordnern voller Unterlagen, die Namen der Mandanten waren mit schwarzem Filzstift auf die Rücken der Ordner geschrieben. Er zog den einzigen schmalen blauen Ordner aus dem Regal, legte ihn auf den Schreibtisch zwischen uns, öffnete ihn und blätterte halbherzig durch seinen Inhalt. Darin befanden sich lediglich ein Handelsregistereintrag und damit zusammenhängende Dokumente, kaum mehr, als ich online gefunden hatte. Kumail zuckte mit den Schultern. Er empfahl mir, selbst mit der Eigentümerin der Firma zu sprechen, und kritzelte ihre Telefonnummer auf einen Zettel.

Als ich wieder im Hotel war, hinterließ ich mehrere Botschaften für die Dame, die Nasreen Sururi hieß, eine lokale Schauspielerin, Fernsehmoderatorin und Unternehmerin. Ich sah mir das Wenige an, das ich herausgefunden hatte. Ein zweiter Besuch bei der Registerstelle hatte nichts gebracht. Die Rezeptionistin in einem Regus-Bürocenter im Geschäftsviertel konnte sich erinnern, dass Ashazi Services dort für eine Weile eine Bürofläche gemietet hatte, aber sonst wusste sie nichts. Es gab Hinweise, dass eine Website der Firma vorübergehend online war, aber nicht lange. Es schien irgendetwas gegeben zu haben, was aber wohl kaum groß genug war, um Software-Lizenzgebühren in Höhe von 12 Millionen Euro an Wirecard zu zahlen.

Aber ich hatte nichts in der Hand. Ich hatte eine Telefonnummer bekommen und herausgefunden, dass Brogues-Lederschuhe völlig ungeeignet sind, wenn man zu Fuß durch Bahrains Wüstenhitze läuft, um zu recherchieren, aber sonst nicht viel. Für diesen Tag gab ich die Suche auf und dachte mir, ich könnte mir ebenso gut die riesige Shopping-Mall am Stadtrand ansehen, an der ich im Taxi immer wieder vorbeigekommen war.

Die höhlenartigen Einkaufspassagen dort waren angenehm kühl und ruhig. Ich sah mir gerade bei Zara ein paar Klamotten an, als das Handy summte – es war Nasreen Sururi. Während ich mich in eine Nische neben einem Feuerausgang hockte und meinen Notizblock auf einem Knie balancierte, fragte ich sie nach ihrer Firma. Ob sie sich an den Vertrag mit Wirecard Singapur erinnern könne?

»Nein«, sagte sie und überlegte einen Moment. »Nein. Ich kann mich an gar nichts erinnern. Wie man so schön sagt: Ich kann mich noch nicht mal erinnern, was ich zu Mittag gegessen habe. Ich vergesse buchstäblich alles, was in meinen Unterlagen steht.«

Der Vertrag sei mehrere Millionen Euro wert, sagte ich. Daran würde sie sich doch sicher erinnern.

Ihr Geschäftspartner Christopher Bauer habe alle Verträge unterschrieben, antwortete sie. »Ich hab mich in der Firma hauptsächlich um Management und Marketing gekümmert.« Dann beschloss sie, falls ich noch weitere Fragen habe, solle ich sie per E-Mail schicken. Es war nicht viel, aber immerhin ein Anfang.

Als ich wieder in London war, machte ich diesen Christopher Bauer ausfindig. Eine alte Präsentation für PayEasy Solutions – ein anderer Zahlungsabwickler, den er betrieben hatte – flog im Internet herum. Darin hieß es, PayEasy sei ein global agierender Anbieter von Bezahllösungen mit Büros in den USA, Großbritannien, Monaco, Hongkong, Manila, Bahrain, Libanon und Deutschland. Bauer war als CEO aufgeführt, einschließlich seiner persönlichen E-Mail-Adresse. Erstaunlicherweise wollte auch Bauer nichts mit den Verträgen von Ashazi Services zu tun gehabt haben. »Ich habe mich hauptsächlich um PR und Marketing gekümmert«, behauptete er, als ich ihn schließlich Ende Oktober auf den Philippinen erreichte. Nach seiner Version der Ereignisse war Ashazi Services ein Start-up, das versuchte, im Nahen Osten Zahlungen abzuwickeln. »Meist hat Nasreen die Arbeit gemacht.« Irgendwie war eine Lizenzvereinbarung über mehrere Millionen Euro in Erscheinung getreten, ohne dass die Personen, welche die betreffende Firma betrieben, daran beteiligt waren. Kein Wunder, dass das Geld nie eingegangen war.

Aber Bauer kannte den Namen Wirecard. »Ich habe nicht für

Wirecard gearbeitet, nein, aber ich habe schon lange meine Kunden über Bezahllösungen beraten, und Wirecard hat hier in Asien einen sehr guten Ruf. Gute Technologie. Ich habe eine Menge Erfahrung in dieser Branche, also melden Sie sich einfach, wenn Sie mit mir sprechen wollen.«

»Klar, das mach ich, vielen Dank«, sagte ich und legte auf. Es wurde allmählich Zeit, bei Wirecard selbst an die Tür zu klopfen.

9 Das ist alles Bullshit

2014 | London | Aktienkurs: 35 Euro | Börsenwert: 4,2 Milliarden Euro

Zum Auftakt des Tanzes täuschten wir beide höfliches Interesse vor. Ich hatte Wirecards PR-Team angerufen und mein Interesse bekundet, etwas mehr über dieses europäische PayPal in Erfahrung zu bringen. Die PR-Chefin hieß Iris Stöckl; sie hatte bei der Firma gearbeitet, seit diese aus der Insolvenz gerettet worden war. Sie zeigte sich erfreut und höflich, aber natürlich sagte sie, ich müsse einen Monat warten, bis die nächsten Quartalszahlen veröffentlicht seien. Dann sei ich für einen Besuch in München willkommen und könne mich mit einem Produktmanager über Innovationen in der Branche unterhalten. Es war eine ziemlich standardmäßige Abfuhr; ein bisschen seltsam fand ich es allerdings, dass sie von einer relativ kleinen Firma kam, die sich eigentlich um Publicity in der *Financial Times* hätte reißen müssen. Stöckls Ton änderte sich, als ich ihr Fragen über Ashazi Services schickte; daraufhin wollte sie wissen, ob ich korrupt sei oder einfach nur naiv.

»Das einzige echte Problem in diesem Zusammenhang ist, dass offensichtlich ein paar Shortseller – vielleicht Hedgefonds – versuchen, Sie und die *Financial Times* für ihre kurzfristigen spekulativen Interessen einzuspannen. In den letzten drei Monaten haben wir diverse E-Mails von unseren Analysten und einigen Anlegern erhalten, die sagen, sie seien in aggressiver Form von mehreren Hedgefonds kontaktiert worden, die offensichtlich Wirecard geshortet hatten. Da das nicht funktionierte, weil Kenner der Firma sofort sahen, dass die aufgeworfenen Fragen jedweder Grundlage entbehren, sind wir davon überzeugt, dass jetzt Sie ins Visier genommen werden.« Sie sei sicher, dass weder ich noch die *Financial*

Times uns für eine so »dubiose Intrige« missbrauchen lassen wollten. Dann fragte sie, was denn eigentlich mein Interesse geweckt habe und ob ich jemanden kenne, der short sei?

Anscheinend war ich auf der richtigen Spur. Paul Murphy empfahl mir, Stöckl eine knappe Antwort zu schicken. »Ich kann Ihnen nur sagen, dass wir im Zuge unserer journalistischen Arbeit viele verschiedene Unternehmen und Situationen unter die Lupe nehmen«, schrieb ich ihr und verwies sie auf die journalistischen Grundsätze der *Financial Times*. Eine halbe Stunde später meldete Nasreen Sururi sich wieder. Ich hatte nichts mehr von Ashazi Services' Gründerin gehört, seit ich in Bahrain gewesen war. Irgendetwas hatte ihrer Erinnerung auf die Sprünge geholfen, da sie nun plötzlich sagte, der Vertrag mit Wirecard würde doch existieren. »Aber bitte haben Sie Verständnis dafür, dass ich aufgrund einer Vertraulichkeitsvereinbarung nicht über Einzelheiten sprechen kann«, schrieb sie mir.

Inzwischen hatte ich eine wohldurchdachte Theorie. Die Umstände um Ashazi Services ließen vermuten, dass Wirecard einen Teil der Umsätze und Gewinne vortäuschte und dann Akquisitionen asiatischer Firmen nutzte, um diesen Betrug zu verschleiern – was der Grund dafür war, dass die Zahlen von Jahr zu Jahr stiegen.[9] Leo Perry hatte mir die einzelnen Schritte des Manövers erklärt, während er an dem Deckel seines Kaffeebechers herumspielte, als wir an einem Fenstertisch im Caffè Nero saßen.

»Wenn man Umsätze fingiert, hat man am Ende ein Problem mit fingiertem Geld. Am Jahresende erwartet der Wirtschaftsprüfer, einen ausgeglichenen Banksaldo vorzufinden – das ist das Erste, was er prüft. Was man also machen muss, ist, das fiktive Geld für fiktive Vermögenswerte *auszugeben*«, sagte Perry. Stell dir vor, der Wirtschaftsprüfer öffnet die Schatztruhe und stellt fest, dass sie leer ist. Dann sagst du ihm, wir haben die Goldmünzen ausgegeben, um das Gebäude dort drüben auf dem Hügel zu

9 Siehe das Statement von Brauns Anwälten im Epilog.

bauen, und gibst ihm ein Fernrohr. Solange der Bilanzprüfer nicht auf den Hügel steigt (oder nach Bahrain fliegt) und sieht, dass das angebliche Haus nur eine Holzfassade ist, ist alles bestens.

Wirecard pflegte die Übernahmen in Asien immer kurz vor Jahresende bekannt zu geben. Machte das Unternehmen das, weil zu diesem Zeitpunkt klar war, wie viel fiktives Geld verschwinden musste? Wirecard suchte sich Firmen, die Probleme hatten und nicht viel wert waren. Geschah das, um erfundene Profite »auszugeben«? Meine Arbeitshypothese war, dass den Vorbesitzern dieser Firmen entweder genug Geld versprochen wurde, um sie bei Laune zu halten – sagen wir mal, ein paar Millionen Euro –, oder dass Wirecard die Firma zuerst von einem Strohmann kaufen ließ. Dann konnte Markus Braun wirkungsvoll eine Pressekonferenz anberaumen und diesen Verkäufern einen großen Präsentationsscheck über eine Riesensumme überreichen, auf dem an den tatsächlichen Kaufpreis eine oder zwei zusätzliche Nullen angehängt waren.

Die Herausforderung bei solchen Betrugsmanövern besteht darin, dass die Zahlen jedes Jahr steigen, da das Unternehmen wächst; es ist ziemlich witzlos, Anlagebetrug zu begehen, um langweilig und unbemerkt zu bleiben. Von Jahr zu Jahr wurden Wirecards Deals teurer, und der Konzern hatte bereits zweimal zusätzliches Kapital von seinen Aktionären eingefordert, um diese bezahlen zu können. Falls ich recht hatte, war dieses Geld gestohlen worden. Ich behielt auch John Hemptons Silbermine im Hinterkopf; das Leben war seltsamer als ein Roman, und eine Erklärung von einem Topmanager konnte einen großen Unterschied ausmachen. Nachdem ich wochenlang hartnäckig immer wieder um einen Termin gebeten hatte, bekam ich endlich einen, und zwar kurz vor Weihnachten, nämlich am 18. Dezember 2014 um 10 Uhr morgens.

»Guten Morgen, Dan, wie geht es Ihnen? Ich sitze hier mit Markus, darf ich Sie virtuell miteinander bekannt machen?«, sagte Stöckl. Ich saß in einem etwas abgelegenen Besprechungsraum im *Financial-Times*-Gebäude, einem beliebten Platz für heikle Gespräche, deren Inhalte nicht allzu weit zu hören sein sollten. Die Stimme von Markus Braun, die aus der Freisprechanlage zu hören war, klang ausgesprochen gut gelaunt.

»Ja, schön, Sie zu hören. Ich freue mich über dieses Gespräch. Ich habe natürlich schon ein paar Background-Infos gehört, Sie haben ja bereits mit unserer Investorenbetreuung gesprochen. Ich freue mich darauf, von Ihnen gegrillt zu werden.«

Ich lachte ein bisschen in mich hinein, um zu zeigen, dass wir alle Freunde waren, und fing ganz harmlos an: »Was ist Wirecard? Wie können wir unseren Lesern erklären, was das Unternehmen ist und was Sie dort zu erreichen versucht haben? Denn Sie führen Wirecard ja immerhin seit, wie lange war's mal noch – seit zwölf Jahren, richtig?«

»Ja, ich bin Anfang 2002, Ende 2001 in die Firma gekommen. Das heißt, ich habe die Firma übernommen, als jeder aus dem Internet herkam, weil ich ein Verrückter bin«, sagte er und hielt dann einen fünfzehn Minuten langen Vortrag über die Faktoren, die hinter Wirecards Erfolg steckten, der so voller Business-Buzzwords war, dass Teile davon von der Figur Kendall Roy aus der US-Fernsehserie *Succession* hätten stammen können: »Heute ist natürlich unsere wichtigste Prognose, dass Internet-Technologien nicht nur für Online-Transaktionen genutzt werden, sondern dass auch eine Konvergenz stattfinden wird. ... So meinen wir, dass, wenn man in die Zukunft blickt und auf die letzten fünf Jahre, wir fest an eine ›Omni-Channel‹-Strategie für künftige Anbieter glauben, für alle Transaktionen, für eine starke Internetplattform, Online-, Handy- und Point-of-Sale-Verkaufskanäle.«

Jetzt verstand ich, warum Braun nicht allzu oft in den Medien interviewt wurde, obwohl er selbst behauptete, das sei seiner zurückhaltenden Art zu verdanken. »Ich bin kein großer Fan von Firmen, deren CEOs sich ständig in den Medien produzieren. Ich mag solche Starauftritte von CEOs nicht gerade.« Auch Wirecard würde hauptsächlich hinter den Kulissen operieren, diskrete Zahlungen an Anbieter ermöglichen und sich durch Technologie von Konkurrenten abheben, sagte Braun. »Wir sind eine Internetfirma mit einer Bank als Tochter, nicht umgekehrt.«

Ich wartete ab und schrieb pflichtschuldigst die hohlen Phrasen mit. »Warum kaufen Sie kleine Firmen in Asien?«, fragte ich ihn dann.

»Als Zahlungsabwickler erfolgreich zu sein, ist ein bisschen anders, als mit einer McDonald's-Filiale oder einem sozialen Netzwerk Erfolg zu haben. Man braucht eine gute Kombination aus Technologie und lokalem Geschmack, lokalem Verständnis, lokalen Elementen«, sagte Braun und nannte eine lange Liste an Ländern, in denen Wirecard aktiv war.

In der Hoffnung, etwas Zitierfähiges aus ihm herauszuholen, probierte ich es mit einer etwas abwegigen Frage über die geodätische Kuppel des Architekten Buckminster Fuller. Wirecards Jahresbericht 2009 enthielt eine ganze Reihe von Ausführungen zu der Frage, was Fullers Design kugelförmiger Gebäude – bekanntestes Beispiel ist das Epcot Center in Disney World in Florida, das einem Golfball nachempfunden ist – für die praktische Durchführung von Fusionen und Übernahmen bedeutet. Braun schwieg verblüfft, bis Stöckl sagte: »Ich werde ein Exemplar holen. Was sagten Sie, der Jahresbericht 2008?«

Braun, der offenbar keine Ahnung hatte, wovon ich redete, schaltete in seinen Unternehmensberatermodus um; ich schnappte Begriffe auf wie »Lernkurve«, »differenzierende Elemente«, »Philosophie« und »klarer Mehrwert«.

Was wollte er damit überhaupt sagen? Es war an der Zeit, zur Sache zu kommen. »Um noch mal auf Wirecards Akquisitionen in Asien zurückzukommen, die ich mir angesehen habe. Ich finde das Prozedere, wie Sie diese Firmen gekauft haben, in mancherlei Hinsicht etwas ungewöhnlich.«

Doch der Versuch, Braun auf Details festzunageln, war zwecklos. Seine Antworten waren verschlungen und widersprüchlich. Er sprach nur in Verallgemeinerungen, wenn es nicht gerade um die Verzehnfachung von Wirecards Aktienkurs ging. »Wir sind eines der erfolgreichsten Internetunternehmen in Europa. Warum sind Sie so skeptisch?«

Ich hielt inne. Es reichte, ich musste ihn aus der Reserve locken. »Für mich sieht es so aus, als ob es mehrere verschiedene Möglichkeiten gibt, was bei Wirecard tatsächlich passiert. Eine davon ist ganz einfach, dass Ihre Buchhaltung schlampig ist. Eine andere ist, dass diese Firmenkäufe dazu dienen, etwas zu verbergen.«

»Was?«, fiel Braun mir scharf ins Wort, als ich weitersprach. Was ich wirklich wissen wollte, war, ob solche dubiosen Übernahmen kompletter Betrug und fiktive Profite waren oder ob das Geld dafür tatsächlich existierte und er auf diesem Weg auch die Firma ausplünderte: »Diese Deals werden entweder genutzt, um nicht existierendes Geld zu verstecken, oder sie werden genutzt, um tatsächlich existierendes Geld an Dritte zu schicken, oder?«

»Das ist alles Bullshit. Bitte entschuldigen Sie, dass ich das so offen sage, aber Sie müssen eines bedenken: Im Umfeld einer erfolgreichen Firma gibt es immer Menschen, die neidisch und sehr emotional sind. Ich bin absolut sicher, dass Sie mit so einem Menschen gesprochen haben. Ich kann Ihnen nur dringend empfehlen – wir haben 17 Analysten, wir werden von Ernst & Young geprüft. Bevor wir einen Deal abschließen, lassen wir eine Due-Diligence-Prüfung von einem Wirtschaftsprüfer und einer renommierten Anwaltskanzlei durchführen. Bei allem gebotenen Respekt: Es gibt nicht den geringsten Grund für Ihre Unterstellungen. Aus meiner Sicht ist hier das einzig Reale, dass es Menschen gibt, die voller Emotionen sind, voller Missgunst und Neid, vielleicht sind sie von der Konkurrenz oder so, das ist hier aus meiner Sicht das eigentliche Problem. Wirklich, ich denke, im Umfeld von PayPal gibt es solche Leute, im Umfeld von Google gibt es solche Leute, das gehört zum Erfolg, ich kann damit umgehen.« Zum Schluss fragte er mich: »Warum sollte ich so ein Risiko eingehen?«, und das Seltsame war, dass seine Worte wütend waren, aber sein Tonfall nicht. Er hörte sich fast müde an, ungefähr so, als sei er es leid, schon wieder erklären zu müssen, dass er kein Betrüger sei. Dann sagte er ganz beiläufig etwas, als wäre es eine ganz normale Einleitung für ein Interview mit einer Zeitung: »Sie sind intelligent, ich glaube, dass Sie ehrlich sind, und natürlich haben wir uns über Ihren Background informiert.« Damals dachte ich nicht groß darüber nach, weil ich endlich auf das Thema Ashazi Services zu sprechen kommen wollte.[10]

Auch zu diesem Thema schienen dem Wirecard-Firmenchef die Details nicht vertraut. Ich konnte hören, wie er in seinen Unterlagen blätterte. »Ich lese hier, dass wir zwischen 2009 und 2012 eine Geschäftsbeziehung zu dieser Firma hatten. Klar, 2012 fanden in Bahrain die Aktivitäten statt, die der Arabische Frühling ausgelöst hat.« Er sagte, Ashazi Services habe immer alle Rechnungen bezahlt. »Was ist Ihr Problem?«

Ich antwortete: »Ashazi hat nie einen Jahresabschluss in Bahrain eingereicht. Eine Zeit lang, als die Firma angeblich vom Büro ihres Anwalts aus geführt wurde, zahlte sie eine Million Euro pro Monat an Wirecard. Ich war in dem Büro dieses Anwalts, es ist winzig, über einer Autovermietung in einer kleinen Nebenstraße in Bahrain. Andere Beteiligte haben diese Firma als Start-up bezeichnet. Keine der Personen, mit denen ich dort gesprochen habe, konnte sich an den Vertrag erinnern, bevor ich Wirecard kontaktierte – und dann änderten sie plötzlich ihre Geschichte.«

»Ja klar, Sie sind Journalist«, erwiderte er und berief sich dann auf seine Position. »Ich bin der CEO eines im TecDAX gelisteten Unternehmens – was soll ich dazu sagen?«

»Einen Moment, den wichtigsten Teil habe ich vergessen. Ashazi hat behauptet, offizieller Agent für eine respektable Softwarefirma in Sri Lanka zu sein. Ashazi hat entsprechende Pressemitteilungen herausgegeben, und mehrere Mitglieder der Belegschaft haben in Zeitungsartikeln, die in Bahrain erschienen, über diese Geschäftsbeziehung gesprochen. Das stimmt nicht, diese

10 Zum Bestreiten Brauns siehe Anmerkung 2.

Geschäftsbeziehung hat es nie gegeben, Ashazi hat dazu gelogen«, erwiderte ich.

Mein Problem war, dass ich trotz der ganzen Lauferei nur einen Wirecard-Kunden beim Lügen erwischt hatte, nicht aber Wirecard selbst. Braun konterte, dass er nicht für Ashazi Services sprechen könne und Wirecard das fällige Geld erhalten habe. »Ich kann nicht erkennen, warum diese Sache für Sie als *Financial-Times*-Journalisten oder für mich als Chef dieser Firma irgendeine Bedeutung haben sollte«, so Braun.[11]

Stöckl drängte darauf, das Gespräch zu beenden. »Uns läuft die Zeit davon.«

Wenn ich etwas schreiben wolle, müsse ich das vorher Braun vorlegen, damit er dazu Stellung nehmen könne. Ich bot ihm stattdessen eine Zusammenfassung an. Seine Firma würde alle Merkmale für Betrug zeigen: »Sie kam über einen Reverse-Takeover an die Börse; die Firma wird seit sehr langer Zeit von denselben Personen geführt; die Ursprünge der Firma sind nicht zu durchschauen; die Firma hat mehrere Akquisitionen getätigt, die ungewöhnliche Züge zu haben scheinen; und es gibt eine Reihe von Bilanzierungsanomalien, die – wenn man sich zuerst Wirecard Gibraltar ansieht – schon ab 2005/2006 auftraten. Und deswegen sehe ich mir Wirecard genauer an.«

Braun lachte. »Dan, bei allem gebotenen Respekt, könnte es nicht genau umgekehrt sein? Könnte es nicht ein Erfolgsfaktor sein, dass wir Kontinuität im Management haben? Wir haben einen stabilen Netto-Cashflow, wir haben eine Netto-Cash-Position von über 500 Millionen Euro. Könnte es nicht vielmehr so sein, dass Sie ein Vorurteil hatten und versuchen, dieses Vorurteil zu bestätigen, aus welchen Gründen auch immer?« So ging es noch eine Weile weiter, und während ich zuhörte, wurde mir bewusst, dass Braun auffällig oft Fragen mit Gegenfragen beantwor-

11 Ley bestritt, mit der Firma Ashazi Services und deren operativen Geschäft je befasst gewesen zu sein,

tete. »Markus, darf ich Sie darauf hinweisen, dass Sie die schwerwiegenden Vorwürfe, die gerade in den Raum gestellt wurden, nicht bestritten haben?«

»Ich weise diese Vorwürfe komplett zurück«, antwortete er schnell und berief sich erneut auf die professionelle Einschätzung von anderen, die ihm eine reine Weste bescheinigt hatten. »Wir wurden von Ernst & Young geprüft. Die Bank wird außerdem noch zusätzlich geprüft, also – bei allem gebotenen Respekt, das ist einfach nicht wahr. Wir sind ein sehr erfolgreiches Unternehmen.«

Unsere Zeit war um, und wieder taten wir alle so, als seien wir die besten Freunde. Ich dankte ihm für seine Geduld, und Braun ermutigte mich mit einem letzten Wunsch, in Kontakt zu bleiben: »Ich wünsche mir sehr, dass ich Sie als Wirecard-Fan gewinnen kann.«[12]

---

12 Siehe das Statement von Brauns Anwälten im Epilog.

10 Indien in der Mache

2015 | Chennai | Aktienkurs: 35 Euro | Börsenwert: 4,3 Milliarden Euro

Marsalek sollte eigentlich nicht in Indien sein. Offiziell war er am 7. Juli 2015 auf Geschäftsreise in Thailand, doch tatsächlich landete er in Chennai, um sich mit einem seiner wichtigsten Freunde und Geschäftspartner zu treffen: mit Henry O'Sullivan, einem außerordentlich korpulenten Engländer. O'Sullivan hatte lange in Monaco gelebt, wo er sich 2005 niederließ und begann, mit vollen Händen Geld auszugeben. Freunden erzählte er, mit David Vanranen – einem südafrikanischen Unternehmer, der in der Zahlungsabwicklungsbranche reich geworden war – ein Vermögen gemacht zu haben, und dass er jetzt dabei sei, noch eines zu machen, indem er Transaktionen für Porno- und Glücksspiel-Websites abwickelte. Die Jacht, von der aus er wichtige Anrufe beim Wirecard-Vertriebsteam machte, hieß »Sudelan« und war das, was die Einheimischen eine »Tart-Trap« nennen: ein großes, schnelles, offenes Motorboot mit kleiner Besatzung, ideal für den Abstecher nach Saint-Tropez. Er war bekannt für seinen großzügigen Lebenswandel, auch anderen gegenüber: Einmal lud er Wirecards Finanzchef Burkhard Ley zu einem Rennwochenende ein.[13]

Lange Zeit schienen O'Sullivans Geschäfte glänzend zu laufen; ein Freund erinnert sich, dass er eines Tages seine Ankunft in einem Luxushotel im noblen Londoner Stadtteil Mayfair bekannt machte, indem er ins Foyer stürmte, ein Bündel 50-Pfund-Scheine

---

13 Burkhard Ley lässt mitteilen, er sei im Rahmen einer Kunden-/Partnerveranstaltung eingeladen gewesen und damit einer unter vielen Teilnehmern.

auf die Bar knallte und verkündete: »Das Spiel ist aus, ihr Loser, ich hab das ganze Geld.«

An jenem schwülen Monsuntag trafen sich O'Sullivan und Marsalek in einem Hotel, um die letzten Einzelheiten eines Plans abzustimmen, der schon seit Monaten in Vorbereitung war. Sie hatten eine indische Firma gefunden, um sie an Wirecard zu verkaufen. Es handelte sich um eine Kette von Kiosken, die als Smart Shops bekannt waren und eine Stufe unter Internetcafés rangierten. Jeder Shop hatte einen Computer, den der Betreiber hauptsächlich nutzte, um für seine Kunden Bus-, Bahn- und Flugtickets zu buchen. Der Name der Firma reflektierte diesen Service: Hermes i-Tickets. Ihr Geschäftsmodell passte zu einem Leben an den Rändern der Moderne, das zusehends verschwand; durch den Siegeszug billiger Smartphones sank die Zahl der Menschen, die einen Mittelsmann brauchten, der für sie ins Internet ging.

Hätte Wirecard tatsächlich topaktuelle Technologie gehabt, wäre Hermes' Kiosknetz vielleicht ein Weg gewesen, um einer Milliarde potenzieller Kunden Zahlungsdienste anzubieten. Stattdessen war Hermes ein Stück geschliffenes Glas, das als Diamant verkauft werden sollte. Oberflächlich betrachtet war der Plan ganz einfach. Henry O'Sullivan hatte Arrangements getroffen, um Hermes für 36 Millionen Euro zu kaufen. Er und Marsalek hatten die Firma ein bisschen aufpoliert und standen im Begriff, sie mit einem gigantischen Aufschlag an Wirecard weiterzuverkaufen.

Was den Plan kompliziert machte, war die Notwendigkeit, eine plausible Geschichte zu präsentieren, die standhielt, wenn sie von Journalisten, Shortsellern, Wirtschaftsprüfern und Aufsichtsbehörden hinterfragt würde. In dem Konferenzraum des Hotels waren außer O'Sullivan und Marsalek auch ein paar handverlesene indische Strohmänner versammelt. Sie hatten auf Mauritius ein Investmentvehikel mit dem unverfänglichen Namen Emerging Markets Investment Fund 1 A eingerichtet, kurz »1 A«. Dieser Fonds sollte die Smart-Shop-Kette kaufen, um sie dann an Wirecard weiterzureichen. Und für jeden, der Fragen stellte, sollte laut O'Sullivan dieser Fonds ein öffentlichkeitsscheuer Private-Equity-Fonds sein.

Marsalek fungierte als Doppelagent. Bei seiner Ansprache vor den indischen Strohmännern ließ er durchblicken, dass einige oder alle seiner Kollegen im Dunkeln gelassen werden sollten, die bereits im Flieger saßen und am selben Abend mit Flug LH 758 aus Frankfurt ankommen sollten. Fotos der »VIP-Gäste« waren herumgereicht worden, und Marsalek erklärte deren Zuständigkeiten und Erwartungen. Wirecards Finanzvorstand Burkhard Ley war Chef der Delegation, die den Erwerb der Smart-Shop-Kette verhandeln sollte, in Begleitung diverser Wirecard-Mitarbeiter und externer Berater. Marsalek warnte, wer von ihnen sich womöglich etwas sperrig anstellen könnte, und gab Tipps, welche der deutschen Besucher lieber Bier als Wein tranken, sodass beide Seiten einander näherkommen würden.

Zwei Brüder, die anwesend waren und sich das Briefing anhörten, waren zentral für Marsaleks Vorhaben: »The Boys«, wie O'Sullivan sie nannte. Ramu und Palani Ramasamy waren die Gesichter des indischen Unternehmens Hermes; Ramu lachte gern und zeigte sein Pferdegebiss, während Palani etwas zurückhaltender auftrat, eine randlose Brille und einen schmalen Oberlippenbart trug. Sie waren »Serial Entrepreneurs« (Serienunternehmer) und hatten Hermes gegründet. Der Plan sah vor, dass sie als Manager an Bord bleiben würden, nachdem die Firma an Wirecard verkauft war.

Marsalek überließ nichts dem Zufall, ging die Präsentation durch, die Ramu am nächsten Tag halten sollte, und beantwortete vorsorglich alle Fragen, die das Wirecard-Team vermutlich stellen würde. Alle grinsten, und Marsalek war zufrieden. Alle Vorbereitungen waren getroffen – Wirecards bislang größte Firmenübernahme konnte über die Bühne gehen.

*

Die Saat für den Deal war drei Jahre zuvor gelegt worden, als ein Bekannter von Henry O'Sullivan gemeinsam mit Marsalek auf einer Rechercherreise diverse Firmen in Mumbai besuchte. Dabei traf er sich mit einem der Ramasamy-Boys im Orchid, einem Luxushotel am Flughafen, zu einem informellen Gespräch. Das Meeting war freundlich, auf hohem Niveau und kurz. Hermes' Shop-Kette war interessant, aber zu klein für Marsaleks Pläne, sodass er sich schnell verabschiedete und weitersuchte.

Als Marsalek nichts Passendes fand, machte O'Sullivans Bekannter, der den Reiseführer spielte, noch einen Anlauf und begleitete Marsalek zu etlichen Banken in Hyderabad. Dabei kam nichts heraus, aber dann nahm Marsalek ein praktisches kleines Gerät aus seiner Reisetasche, um damit anzugeben: Es war der Prototyp eines Kreditkartenlesers, der sich an ein Smartphone anschließen ließ. Dem Reiseführer ging ein Licht auf – das Ding war perfekt für ein Land, in dem es viele Millionen Kleinhändler gibt. Es war Wirecards Version eines Geräts von Square, einer Firma, die in den USA die Branche der Zahlungsdienste mit einer weißen Plastikbox aufgemischt hatte, die es leicht und billig machte, Kartenzahlungen anzunehmen. »Das Ding würde ich gern hier auf den Markt bringen«, sagte der Mann.

Marsalek zuckte nur mit den Schultern. Klar, sagte er, er wolle mit O'Sullivan darüber reden. Aber der Reiseführer blieb hartnäckig am Ball, und Anfang 2013 fand er eine Bank und ein Taxiunternehmen mit zehntausend Fahrzeugen, die bereit waren, im Rahmen eines Pilotprojekts zusammenzuarbeiten. Das Projekt kam in Gang, und die Firma Bijlipay erblickte das Licht der Welt. Wirecard finanzierte sie über ein Wandeldarlehen in Höhe von 8 Millionen Euro, doch O'Sullivan übernahm die Kontrolle und hielt am Ende drei Viertel der Anteile – im Namen einer Firma in Singapur –, während sein neuer Partner, der indische Reiseführer, den Rest behielt.

O'Sullivan sah genug Potenzial in dem Projekt, um sein gewohntes Umfeld, seine Familie und Entourage, von Monaco nach

Chennai zu verpflanzen, darunter auch einen alten Freund und Consigliere, der als Direktor in die Firma Bijlipay eintrat. Im Juli 2014 war das Produkt endlich einsatzbereit, und Wirecard rührte die Werbetrommel für den Product-Launch, mit einer Pressemitteilung und einer Telefonkonferenz mit potenziellen Investoren.

Es war ein vielversprechendes Entree auf einem riesigen Markt, und das langfristige Potenzial war beträchtlich, *falls* sie es zum Laufen bringen konnten. (Square warb bald darauf Fremdkapital in Höhe von 8 Milliarden Dollar ein, was das Unternehmen deutlich wertvoller als Wirecard machte.) Doch Bijlipays Geschäft entwickelte sich nur langsam, und Geduld zählte nicht gerade zu Marsaleks Stärken. Er wollte, dass Bijlipay sich daranmachte, Konkurrenten aufzukaufen.

Hermes' Kette von Internetkiosken wurde ebenfalls von Chennai aus geführt, und so klopften O'Sullivan und sein indischer Partner bei den Ramasamy-Brüdern an. Eine Fusion ergab Sinn: Die zigtausend Smart Shops konnten den Bijlipay-Kartenleser gut gebrauchen, ihre Technologie weiterentwickeln und die Marke ausbauen. Später konnte das ganze Ding dann an Wirecard verkauft werden. O'Sullivan bot etwa 24 Millionen Euro sowie einen gewinnabhängigen Bonus für Hermes (über Santego Capital, eine Briefkastenfirma in Singapur), aber die Brüder bissen nicht an.

Ein im November gestarteter Versuch, die Verhandlungen mit Hermes wieder aufleben zu lassen, wurde durch einen schlimmen Ausbruch von Denguefieber im Haus eines Beteiligten unterbrochen. Danach hatte Marsalek Wichtigeres zu tun: Er besuchte eine feudale Party, mit der O'Sullivan seinen vierzigsten Geburtstag feierte, und zwar auf Benguerra, einer tropischen Trauminsel vor der Küste von Mosambik. Aus aller Welt flogen Gäste ein, denen gesagt worden war, sie sollten Champagner, Bombay Sapphire Gin und Sky Vodka mitbringen. Marsalek und Freundin kamen übers Wochenende, zusammen mit der Chefin vom Wirecard-

Digital-Sales-Team und ihrem Mann, der im Technologie-Team der Firma arbeitete.

Eine Woche später hieß es dann wieder »back to business«. Am 8. Dezember 2014 schrieb O'Sullivan an die Ramasamy-Brüder: »Wie schade, dass bei unserem Deal nichts herausgekommen ist. Aber so ist das Business nun mal, nichts für ungut.« Stattdessen wurde im Dezember mit einem der Brüder ein Meeting mit Marsalek vereinbart, im Hotel Sacher in Wien, aus dem die berühmteste Torte Österreichs stammt. Als die Gespräche sich bis ins neue Jahr hinzogen, zeichnete sich ab, dass Marsalek und O'Sullivan einen ehrgeizigen Plan für Hermes ausgeheckt hatten.

*

Henry O'Sullivan war ein sehr vorsichtiger Mensch. Wie Jan Marsalek wickelte er wichtige Geschäfte über Telegram ab, die verschlüsselte Messenger-App, die durch Terroristen des Islamischen Staats zu Bekanntheit gelangt war. Es gab Unternehmen, von denen seine Freunde und Bekannten wussten, dass er sie kontrollierte, obwohl die offiziellen Dokumente von Bürgern Singapurs unterschrieben waren. Im Internet waren kaum Spuren des Mannes zu finden. Aber ein Banküberfall und internationale Fusionen und Übernahmen haben eines gemein: Beide erfordern sorgfältige Planung und ein vertrauenswürdiges Team. Für Letzteres gibt es Anwälte, Angestellte und unzählige kleine administrative Aufgaben. Strohmänner müssen genau instruiert werden, wie sie sich zu verhalten haben, und es war unmöglich, ihnen diskret etwas ins Ohr zu flüstern, wenn Singapur, Chennai und Mauritius Tausende von Meilen voneinander entfernt sind. Daher nutzte O'Sullivan einen Messaging- und Filesharing-Service namens Fleep, um die Übernahme von Hermes von den Ramasamy-Brüdern und den Verkauf der Firma an Wirecard zu organisieren. Doch weder O'Sullivan noch Marsalek löschten die digitalen Spuren ihrer Aktivitäten wirkungsvoll. Beispielsweise begann O'Sullivan am Freitag, dem 13. Februar 2015, seinen Tag voller Energie, informierte sein Team über die neuesten Fortschritte und verteilte Komplimente: »Ich bin beeindruckt, wie gut du Fleep schon beherrschst, Amit. Deine Behauptungen, technischer Analphabet zu sein, waren eindeutig übertrieben!«

Der Adressat dieser Schmeicheleien war Amit Shah – der Mann, der den Emerging Markets Investment Fund 1 A, über den der Deal abgewickelt werden sollte, bereitstellte. Shah war ein gewichtiger Mann, sowohl körperlich als auch finanziell. Er war knapp vierzig und Mitgründer der IIFL Wealth Management Ltd., einer international aktiven indischen Vermögensverwaltungsgruppe. Unter Shahs Leitung ließ IIFL den Fonds 1 A aufsetzen und etliche Staatsbürger von Mauritius als Direktoren berufen, die für die Verwaltung des Fonds zuständig waren und den gesamten Schriftverkehr erledigen sollten. Sie waren O'Sullivans Fußvolk und taten, was immer er ihnen auftrug. Doch an jenem unheilvollen Freitag dem 13. war O'Sullivan persönlich beteiligt. Er besuchte die Boys in Chennai mit einem USB-Stick voller Dokumente, die er brauchte, um Hermes von ihnen zu kaufen; ihm lag daran, den Deal voranzutreiben, bevor Ramu Ramasamy sich für eine spirituelle Auszeit in Richtung Himalaja verabschiedete. Am 25. März wurde eine Übertragungsurkunde unterzeichnet, mit der die Holdinggesellschaft der Ramasamy-Brüder 94 Prozent der Hermes-Anteile an den Fonds 1 A verkaufte. Irgendetwas hatte sie umgestimmt und sie bewogen, zu verkaufen.

Am 1. April trieb Jan Marsalek die Dinge in München voran. Die Webseiten von Hermes waren veraltet und drehten sich hauptsächlich um die Reisesparte. Wenn Hermes als glitzerndes und wertvolles Fintech präsentiert werden sollte, musste ein neues Firmenimage her. Marsalek schickte einer vor Ort ansässigen Webdesign-Agentur ein detailliertes Layout für eine schicke neue Website für Hermes; dafür benutzte er ganz ungeniert seine Wirecard-E-Mail-Adresse. An einem Punkt leitete er eine Rückmeldung aus Indien an die Agentur weiter: »Die Boys möchten, dass das neue Firmenlogo in die Banner-Images integriert wird.« Diese Webdesigner arbeiteten regelmäßig für Wirecard und wunderten sich, dass sie plötzlich direkt von einem der Topmanager des Unternehmens beauftragt wurden und die Sache so eilig war. Sie gingen dann einfach davon aus, dass Hermes zum Konzern gehörte, zumal ihre Rechnung über 25.000 Euro von Wirecard beglichen wurde.

Als Nächstes musste geklärt werden, wo ein Treffen zwischen Henry O'Sullivan, Amit Shah und dem »Käufer« Jan Marsalek stattfinden sollte. Shah plädierte für Goa, wo er das Park Hyatt Hotel und das Wetter schätzte, aber letzten Endes einigten sie sich auf Dubai, 16. April 2015.

Dann begann die Arbeit an der Deckgeschichte, dass 1 A ein Kapitalbeteiligungsfonds sei. »Wir wollen zeigen, dass Geld in den Fonds investiert wird, damit es plausibler wirkt«, sagte O'Sullivan dem Team.

Im Mai verursachten die Boys Schwierigkeiten. Im März hatten sie eine Anzahlung von 120 Millionen Rupien erhalten (was damals etwa 1,7 Millionen Euro entsprach). Damit jedoch der Verkauf von Hermes wirksam werden konnte, mussten bestimmte Dokumente vor einem bestimmten Termin beglaubigt werden, da sonst die Zahlung zurückgefordert würde. Einer der Brüder war in Penang in Malaysia und konnte partout keinen Zeugen finden, der willens und in der Lage gewesen wäre, Dokumente für einen Ausländer zu unterschreiben. Der ganze Deal drohte zu platzen, und O'Sullivan war außer sich vor Sorge, dass der indischen Zentralbank, die sämtliche in das Land oder vor allem aus dem Land fließenden Geldströme überwachte, etwas auffallen konnte. Er schlug vor, als Gegenleistung für das Geld die Übertragung einiger weniger Hermes-Anteile zu akzeptieren und den restlichen Papierkram später in Ordnung zu bringen. Dieser Vorschlag veranlasste die Anwältin des Fonds zu intervenieren.

»Rote Linie«, meldete sich Katherine A. zu Wort, eine zierliche M&A-Spezialistin aus O'Sullivans Bekanntenkreis in Monaco. Der Fonds wolle Hermes vollständig kaufen, und ohne die erforderlichen Unterlagen, um die gesamte Transaktion abzuschließen, riskiere er, am Ende mit einem Minderheitsanteil dazustehen, den er nicht verkaufen könne. »Ich vertrete immer noch 1 A, und ich werde mein Mandat niederlegen, wenn diese rote Linie überschritten wird«, sagte sie.

»Ich würde lieber jetzt [1,7 Millionen Euro] verlieren, aber nach wie vor einen Deal haben, als den gesamten Deal platzen zu lassen«, erwiderte O'Sullivan. Doch die Anwältin hielt ihm entgegen, dass der Deal auch platzen würde, wenn das Geld nicht zurückgefordert würde, nur etwas langsamer.

»Ich sehe keinen Ausweg aus einer unmöglichen Situation, die von den Verkäufern wissentlich herbeigeführt wurde«, schrieb sie.

Amit Shah, der notorische Banker, wog die Risiken gegeneinander ab. Der Erlös, den der Fonds einnehmen würde, wenn er Hermes an Wirecard weiterverkaufte, stehe »in keinem Verhältnis« zu der Summe, die der Fonds riskieren würde, sagte er; die Komplikation mit den Papieren sei dagegen ein »formales Problem, das nicht absichtlich herbeigeführt wurde«.

O'Sullivan hatte sich anscheinend davon überzeugen lassen, dass es notwendig war, bei Geschäften mit The Boys vorsichtig zu sein. »Wenn es doch absichtlich war, Amit, haben wir ein Problem. Sie hatten vierundzwanzig Stunden, um einen Zeugen zu finden. Sogar länger.« Er forderte eine »idiotensichere Anleitung«, was unterschrieben werden müsse und wo, und das Team suchte fieberhaft nach einer Lösung.

Shah war gut darin, Probleme zu lösen. Palani Ramasamy kam in Shahs Büro in Singapur, wo die Dokumente dann endlich unterschrieben, bezeugt und abgestempelt wurden. Dann lud Shah ihn zum Lunch ein, um den Abschluss zu feiern. Jetzt gab es kein Zurück mehr. Zwei Tage später informierte Jan Marsalek Burkhard

Ley über die gute Nachricht: Er habe eine tolle neue Firma in Indien gefunden, die Wirecard kaufen könne.

*

Am Morgen des 8. Juli 2015, einem Mittwoch, traf Amit Shah sich mit Wirecards Due-Diligence-Team zum Frühstück in dem Luxushotel Park Hyatt Chennai. Dann begleitete er die Gruppe, die sich Hermes ansehen wollte. Die Büros der Firma befanden sich in einem Gewerbegebiet neben einem großen Highway und wirkten ziemlich schäbig. Die Mitarbeiter saßen dicht gedrängt, ihre Monitore berührten sich fast. Da es keine Kantine gab, aßen sie an ihren Arbeitsplätzen, was der Atmosphäre einen recht strengen Duft verlieh. Auch im Besprechungszimmer herrschte drangvolle Enge, da dort fast zwanzig Personen über etwas diskutierten, das Wirecard »Project Peacock« nannte (»Projekt Pfau«). Die Wände waren dünn und ließen den Verkehrslärm fast ungefiltert durch.

Amit Shah ignorierte die bescheidene Umgebung und zog seine Show ab. Er trat auf wie der Eigentümer der Firma und fing damit an, dass er über 1 A sprach. Er sagte, der Fonds habe eine Vereinbarung, Hermes zu kaufen, aber der Deal sei noch nicht in trockenen Tüchern. Den Kaufpreis erwähnte er nicht. Dann übergab er das Wort an The Boys.

Deren Präsentation war ein oberflächlicher Sprint durch die Wunder der Firma Hermes und ihr Netz von hunderttausend Smart Shops. Es wurden jedoch kaum Details über das Unternehmen selbst erwähnt, nur eine einzige Seite mit Finanzdaten und kühnen Zukunftsprognosen, ausgeschmückt mit irgendwelchem Quatsch über »finanzielle Inklusion« und nichtssagenden Statistiken: »Auf Haushalte in ländlichen Regionen entfallen 83 Prozent aller Überweisungen in Indien, doch es ist zu erwarten, dass der Anteil städtischer Haushalte in den kommenden Jahren auf über 30 Prozent steigen wird«, lautete ein in großer Schrift gesetzter

Aufzählungspunkt.[14] Es gab kaum Interaktion, nur ein paar Fragen von Burkhard Ley.

Nach einem Arbeitsessen ging es auf eine kleine Besichtigungstour, um einige Smart Shops in Aktion zu sehen. Die nagelneuen blau-weißen Werbebanner in englischer Sprache, die vor Ort über die schmutzigen, in Hindi beschrifteten Schilder benachbarter Läden drapiert waren, konnten auf einen zynischen Betrachter verdächtig neu und deplatziert wirken.

Am zweiten Tag ging es in der deutlich ruhigeren Umgebung eines Business-Hotels weiter. Es war an der Zeit, sich die Finanzdaten von Hermes anzusehen, doch der Chief Financial Officer (CFO) der Firma verwendete keinen Laptop. Stattdessen schleppte ein Assistent die diversen Komponenten von dessen PC heran und stöpselte sie auf dem Tisch des Konferenzraums wieder zusammen. Der CFO war ein älterer Herr mit grauen Haaren und dicken Brillengläsern; er blinzelte auf den Bildschirm, auf dem gerade einmal neun Zellen eines riesengroß gezoomten Arbeitsblatts zu sehen waren. In einem rasanten Tempo hielt er einen Vortrag über die wirtschaftlichen Aktivitäten von Hermes. Sein Englisch war wegen eines starken Akzents schwer zu verstehen, sodass einige der Deutschen ihm kaum folgen konnten.

Nach dem Lunch teilte sich die Gesellschaft in kleinere Gruppen auf, um sich die verschiedenen formalen, finanziellen und rechtlichen Aspekte des Deals näher anzusehen, wobei sich KMPG als nützlich erwies. Zwei Partner der Wirtschaftsprüfungsgesellschaft berieten 1 A und hatten für die Akquisition, die der Fonds tätigen wollte, schon eine umfassende Due-Diligence-Prüfung durchgeführt. Da also diese Arbeiten bereits von einer der

14 Der Anwalt der Ramasamys teilte mit, O'Sullivan habe seinen Mandanten gesagt, der Zweck des Meetings sei, über Wirecards Investition in ihr Technologieunternehmen zu sprechen, mit dem Ziel, in Indien eine Zahlungsbank zu etablieren. Kurz vor dem Meeting habe O'Sullivan gesagt, dass auch Repräsentanten von 1 A teilnehmen würden, da er wünsche, dass sie die zuständigen Leute bei Wirecard kennenlernten.

renommiertesten Wirtschaftsprüfungsgesellschaften der Welt erledigt waren, hatten Wirecards reguläre Wirtschaftsprüfer, die Kanzlei Baker Tilly, weitgehend freie Hand, um sich auf expansive Zukunftsprognosen zu konzentrieren. Es hieß, dass 1 A beabsichtige, die Reisesparte von Hermes auszugliedern, die Wirecard nicht haben wollte, wodurch die Bereiche Zahlungsabwicklung, Überweisungen und Technologie zurückbleiben würden.

Das Wirecard-Team war zufrieden mit dem Erreichten, hatte noch einiges zu erledigen und machte sich auf den Weg zurück zum Flughafen. Alles, was jetzt noch gebraucht wurde, war, dass Jan Marsalek den Kaufpreis aushandelte. Die Verkäufer hatten 500 Millionen Dollar gefordert, inklusive Verzinsung des Eigenkapitals, was aufseiten von Wirecard manch ein mildes Lächeln hervorgerufen hatte. Dort hatte man an eine wesentlich realistischere Summe als Startangebot gedacht: höchstens 250 Millionen Euro.

Marsalek führte die Verhandlungen und erhöhte das Angebot nach und nach auf das Maximum, das Wirecard zu zahlen bereit war: 326 Millionen Euro für Hermes, plus eine Kapitalspritze in Höhe von 14 Millionen, einzuschießen in ein angeschlossenes Unternehmen, GI Technology. (Eine Kette von Wechselstuben in Bangalore im Wert von etwa einer Million Euro und ein paar andere Firmen von minimalem Wert waren ebenfalls in den Deal einbezogen.)

Spätestens im Oktober 2015 begannen Jan Marsalek und Henry O'Sullivan, nach vorne zu schauen. Marsalek tauchte wieder in Chennai auf, mit einem alten Freund aus München im Schlepptau, »Colin«, der Bestandteil ihrer Pläne für 1 A war, nachdem Hermes an Wirecard verkauft worden wäre. Colin war ein schlanker und liebenswürdiger Deutscher, dessen Grundstimmung Enthusiasmus war und der in der Tourismusbranche Karriere gemacht hatte. Dennoch war er noch nie in Indien gewesen und zeigte sich begeistert von den intensiven Sinneseindrücken, die dort auf ihn einstürmten, die tropische Hitze und das berauschende Aroma aus Smog, Gewürzen, Benzin und Schweiß, das die Luft erfüllte. Überall herrschte dichtes Gedränge, und Teile der Stadt hatten ein offenes, unfertiges Aussehen; an jeder Straßenecke waren provisorische Rohr- und Stromleitungen zu sehen. Colin staunte über einen Mann, der auf einer Betonplatte am Straßenrand seelenruhig schlief; er hatte sich ein Stück Stoff übers Gesicht gelegt, als wäre er eine Leiche.

Im nächsten Moment wurden sie in das kühle marmorne Foyer eines Luxushotels geführt, wo Marsalek sich nichts dabei dachte, 1000 Dollar für eine Flasche Château Haut-Brion '94 auszugeben, oder für einen anderen exklusiven Wein, der ihm vielleicht gerade aufgefallen war. Marsalek ratterte die Weine auf der Karte herunter, wobei er nicht auf das Bouquet achtete, sondern auf Preis und Wirkung. Er schien sich über den besorgten Gesichtsausdruck eines Gasts in dem kurzen Moment der Ungewissheit, wenn eine monströse Rechnung kam, köstlich zu amüsieren. Je weniger er eine Person mochte, desto länger ließ er sie schwitzen, bevor er ein dickes Bündel Scheine aus der Tasche zog und sagte: »Bitte, wenn Sie gestatten – es wäre mir eine Ehre, das zu übernehmen.«

Colin war angereist, um sich mit O'Sullivan zu treffen, der sich mit seinem ersten Vornamen vorstellte: James. (In manchen Gruppen trat O'Sullivan als Henry auf, in anderen als James.) In diesem kleinen Kreis gab es keinen Versuch zu verschleiern, dass Marsalek und O'Sullivan sich blendend verstanden, als sie ihre Pläne für 1 A erklärten. Da ihnen von Hermes nur der ungewollte Rest der Reisesparte blieb, hatten sie beschlossen, für ein paar Millionen Euro ein anderes Reisebüro namens Orbit zu kaufen und dem daraus entstandenen Konglomerat eine ansehnliche Kapitalspritze zu verpassen. Colin war die Aufgabe zugedacht, dieses neue Unternehmen, das sie Goomo nannten, zu führen. Er zeigte sich durchaus interessiert, doch als sie über Hermes sprachen, kam ihm plötzlich ein Gedanke. »Ihr wollt also für 300 Millionen Euro diese Firma kaufen – aber habt ihr euch eigentlich schon mal einen dieser Smart Shops angesehen?«, fragte er. Marsalek verneinte. Colin sah erst Marsalek und dann O'Sullivan an: »Moment mal, ihr wollt also diese Firma kaufen und dann wieder verkaufen, obwohl ihr noch nie einen ihrer Shops gesehen habt?«

»Okay, das könnte vielleicht ein Problem sein«, sagte Marsalek. Dann sprangen alle drei in Henrys blaues Tuk-Tuk und genossen den Fahrtwind und das ganz neue Fahrgefühl, als sie über staubige Straßen zu einem quirligen Blumenmarkt knatterten. Inmitten des knallbunten Treibens fielen die drei weißen Männer in weißen Designerhemden auf wie Marsmännchen. Sie fanden einen Mann, der unter einem Smart-Shop-Schild vor einem riesigen, uralten Laptop mit 3-G-Internetverbindung saß. Er konnte Geldtransfers machen wie Western Union sowie Bustickets buchen und ausdrucken. Ein paar andere Shops, die sie sich ansahen, zeigten ein ähnliches Bild. Als sie ihre Erkundungsmission beendet hatte, fuhren sie zurück ins Hotel, um sich für ihre Anstrengungen mit Jahrgangschampagner zu belohnen.

Allerdings hatten ihre Bemühungen, den Deal möglichst bald über die Bühne zu bringen, einen gesellschaftlichen Preis: O'Sullivan und Marsalek verpassten einen für das Wochenende geplanten Jagdausflug in Ellingham, einem Dorf an der Küste von Northumberland, zusammen mit einer kleinen Gruppe aus O'Sullivans Freundeskreis.

Am 27. Oktober 2015 kündigte Wirecard an, man werde für 340 Millionen Euro etliche Unternehmen in Indien erwerben. Der Fonds 1 A wurde in der Pressemitteilung nicht erwähnt; es hieß nur, der Kaufpreis werde an The Boys gezahlt, an Ramu und Palani Ramasamy, die als Manager an Bord bleiben würden, sowie an nicht näher bezeichnete »Finanzinvestoren«, und zwar in zwei Raten: erst 230 Millionen Euro, später dann weitere 110 Millionen Euro, je nach Profitabilität.

Innerhalb einer Woche ging eine Anzahlung von 75 Millionen Euro auf dem Bankkonto von 1 A ein, und O'Sullivan konnte es kaum erwarten, dass dieses Geld an seine zwei Briefkastenfirmen in Singapur ausgezahlt wurde, die in den Fonds investiert hatten. »Um Himmels willen, ich hatte darum gebeten, dass das heute bearbeitet und freigegeben wird. Das wird jetzt wirklich sehr frustrierend, könnten Sie BITTE dafür sorgen, dass diese Überweisung heute Abend bearbeitet und freigegeben wird. Ich habe die Schnauze voll«, schrieb er am 4. November.

Am nächsten Morgen ließ er jemanden anders drängeln. »Danke dir, Amit, dass du mit der Frage schneller warst als ich, so langsam hab ich schon angefangen, mir die Haare auszureißen«, antwortete er, und dieses Mal wurde seine Geduld durch die Nachricht belohnt, dass zwei Zahlungen über jeweils 58,9 Millionen und 12,6 Millionen Dollar an die beiden Firmen rausgegangen seien. »Danke, ich werde den Investor bitten, ein Auge darauf zu haben«, sagte Henry.

Dann mussten auch noch die Honorare der Berater von 1 A gezahlt werden, unter anderem an eine der weltweit führenden Anwaltskanzleien. Hugo Stolkin, einer der Gesellschafter von Linklaters LLP in Singapur, schickte eine Rechnung über Beratungshonorare in Höhe von 459.946 Dollar. Die höchste Rechnung kam jedoch von einer Unternehmensberatung in Dubai, die Ramu Ramasamys Schwiegervater Veerappan Narayanan gehörte. An sie wurde zunächst ein »Finderlohn« von 5 Millionen Dollar für den Erwerb von Hermes durch 1 A gezahlt, weitere 2,8 Millionen Euro für den Weiterverkauf an Wirecard, neben einer Beteiligung an zukünftigen Gewinnausschüttungen. War dieses Geld vielleicht eine Erklärung dafür, dass die Brüder bereit waren, ihre gesamten Anteile an Hermes (bis auf einen) an 1 A zu verkaufen und dann an dem Weiterverkauf der Firma an Wirecard zum achtfachen Preis mitzuwirken?[15] Ungeachtet der Kooperationsbereitschaft der

---

15 Der Anwalt der Ramasamys sagte, dass Narayanans für 1 A geleistete Dienste unabhängige wirtschaftliche Arrangements gewesen seien und dass sie sich wegen ihrer fortgesetzten Funktionen bei der Firma Hermes und deren Investition in ihre andere Firma mit Wirecard hätten »befassen« müssen.

Brüder verursachten sie O'Sullivan auch weiterhin Kopfschmerzen. Die Rolle des Fonds 1 A sollte eigentlich vertraulich bleiben, doch die von den Brüdern in Anspruch genommene indische Anwaltskanzlei prahlte gegenüber einem Juristenblättchen damit, Hermes beim Verkauf an 1 A beraten zu haben, was dann zu hektischen Bemühungen führte, die Story aus dem Netz löschen zu lassen.

Da seine Arbeit in Indien so gut wie erledigt war, bereitete O'Sullivan sich darauf vor, nach Singapur umzuziehen, doch vorher waren noch ein paar Dinge zu erledigen, um das Reiseunternehmen Goomo in Gang zu bringen. Colin, der Tourismusexperte, kehrte im Januar 2016 nach Indien zurück, um sich in Mumbai mit Jan Marsalek und Henry O'Sullivan zu treffen. Er versuchte, ihnen auszureden, Orbit zu kaufen – ein Reisebüro, dessen Aufgabe vor allem darin bestand, jedes Jahr eine Gruppe indischer Geschäftsleute auf Veranstaltungen wie die Hannover-Messe zu befördern. Aber es war zu spät. »Der Deal ist unter Dach und Fach«, sagte Marsalek, und das Meeting fand nur statt, um die 3-Millionen-Dollar-Akquisition zum Abschluss zu bringen. KPMG war beauftragt worden, das Reisegeschäft aus Hermes herauszulösen und es in Orbit zu integrieren.

Anschließend zogen sie alle ins Hotel Four Seasons, wo eine pompöse Party stattfand, um den Abschluss zu feiern. Dort lernte Colin The Boys von der Firma Hermes kennen. Einer der Gäste behauptete, etwas mit der Distribution der indischen Version von Viagra zu tun zu haben, und stellte einen großen Karton voller »Vigora«-Pillen auf den Tisch, um den Leuten Gesprächsstoff zu liefern. Das Essen war auf theatralische Weise panasiatisch: Thunfischtatar auf 30 Zentimeter hohen Eiswürfeln; über riesige Frühlingszwiebeln drapiertes Hühnchen Teriyaki. Und das Essen wurde natürlich mit dem Besten, was der Weinkeller hergab, hinuntergespült: einem Château Mouton Rothschild '95 und abermals einem Haut-Brion, dieses Mal aber der Jahrgang '99, den Colin besonders schätzte.

Geld spielte keine Rolle, weder beim Feiern noch beim Anwerben von Personal. Varun Gupta, dem KPMG-Gesellschafter, der für 1A die Due-Diligence-Prüfung bei Hermes beaufsichtigt hatte, wurden ein Antrittsbonus von 100.000 Dollar und ein jährliches Paket von 360.000 Dollar angeboten, um ihn als Finanzchef für Goomo zu gewinnen. Alles, was sie jetzt noch brauchten, war eine passende Basis für Goomos europäischen Hauptsitz, und Marsalek hatte bereits eine angemessen grandiose Adresse im Sinn.

11 Pöbeleien und Streitigkeiten

Mai 2015 | Mansion House, London | Aktienkurs: 41 Euro | Börsenwert: 5 Milliarden Euro

Jetzt war Leo Perry an der Reihe zu glauben, er habe den entscheidenden Beweis. Als ich im Caffè Nero ankam, fand ich den Hedgefonds-Manager auf unserem üblichen Hochsitz am Fenster mit Blick auf das Gewirr von Straßen, die am Mansion House zusammenlaufen. Zwei Tassen Kaffee standen auf dem Tisch bereit, und er lächelte mit einem Blick, der erkennen ließ, dass er etwas gefunden hatte.

»Das ist es, so machen sie es«, sagte er und legte mir ein Blatt Papier vor die Nase, auf dem nur Zahlen standen, keine Worte. Ich hatte ihn eine Woche zuvor nach dem Cashflow von Wirecard gefragt, und hier war die Antwort. Sie sagte mir nichts, und dies wurde auch durch die ersten Erklärungsversuche von Perry nicht viel besser.

Seine Hauptaussage war, dass Wirecard eine Anhäufung vorgetäuschter Umsätze durch eine raffinierte Irreführung verbarg. Da es sich bei dieser Firma um eine ungewöhnliche Kombination aus Technologieunternehmen und Bank handelte, hatte sie seltsame Jahresabschlüsse vorzuweisen. Ein Teil der darin verzeichneten Geldströme bezog sich auf das riesige Zahlungsvolumen, das durch ihre Kanäle von den Kreditkartenausstellern an die Händler floss, während der Rest das eigentliche Geschäft von Wirecard abbildete: die Provision, die es von jeder Transaktion einbehielt, und all die verschiedenen Kosten, Investitionen, Gewinne und andere Details der Tätigkeit eines normalen Unternehmens. Vereinfacht gesagt, legte der Finanzvorstand von Wirecard, Burkhard Ley, den Analysten eine bereinigte Version der Cashflow-Rechnung vor. Es war, als habe er ein Messer genommen und sorgfältig den Motor Wirecard von dem riesigen Schwungrad, das er antrieb, abgetrennt. Was die Investoren interessierte, war der Motor, der die Gewinne generierte.

Leo Perry machte diesen Prozess rückgängig, um sich das Rad anzusehen, und dabei entdeckte er etwas. Dort befand sich, unbemerkt zurückgelassen, ein Stapel unbezahlter Rechnungen. Der Betrag war klein im Verhältnis zum Rad, aber groß im Vergleich zum Motor: Verkäufe im Wert von etwa 250 Millionen Euro, für die das Geld noch nicht eingetroffen war. (Buchhalter nennen das Außenstände.) Wenn er recht hatte, waren so ziemlich alle Gewinne, die Wirecard als börsennotiertes Unternehmen angegeben hatte, gefälscht.[16]

Niemand hatte dies bemerkt, weil der Versuch, das Rad exakt abzubilden, schwindelerregend war. Perry war ungewöhnlich gewissenhaft bei komplexen Bilanzierungsthemen. Er hatte das Glück gehabt, schon früh in seiner Karriere bei einem Hedgefonds, Ennismore, zu landen, der von zwei der Topinvestoren der Neunzigerjahre geleitet wurde. Sie gaben ihm zahlreiche Bücher zu lesen und sagten ihm, er solle fragen, wenn ihm etwas nicht klar sei. Er hatte herausgefunden, dass es im Londoner Börsensegment des Alternative Investment Market (AIM) viele Beispiele für zweifelhafte Bilanzen gab, und er mochte die Gewissheit, die sich aus dieser Entdeckung ergab – ebenso wie die Wahrschein-

---

16 Ley bestritt, die Erstellung betrügerischer Abschlüsse überwacht zu haben. Er sagte, dass in der bereinigten Kapitalflussrechnung aufgrund der Auswirkung von Stichtagen zusätzliche Informationen gegeben worden seien, die in jedem Fall genau dargelegt und begründet worden seien. Ley sagte, dass er weder Kenntnis noch Anhaltspunkte dafür gehabt habe, dass die während seiner Amtszeit veröffentlichten Bilanzen der Wirecard AG auf falschen Finanzdaten erstellt worden seien. Er sagte, dass Grund für die Bereinigung von Cashflow-Rechnungen Stichtagseffekte gewesen seien, dies sei in jedem Bericht genau angegeben und begründet worden. Die nicht bereinigte Kapitalflussrechnung sei in jedem Bericht ebenfalls enthalten gewesen.

lichkeit, dass solche Unternehmen über Nacht zusammenbrechen würden, sobald jemand sie entlarvte. (Deshalb half Perry mir, die Wahrheit über Wirecard herauszufinden.)

Als ich versuchte, den Lesern von FT *Alphaville* diese Theorie zu erläutern, war die Reaktion jedoch ähnlich wie bei der ersten Folge von Blogbeiträgen, die wir in der Reihe *House of Wirecard* veröffentlicht hatten. Das Unternehmen setzte Schillings auf uns an, die aggressive Londoner Anwaltskanzlei, die sich auf die Verteidigung des guten Rufs ihrer Klienten spezialisiert hat. »Herr McCrum deutet nun an, dass es möglicherweise ›tieferliegende Probleme‹ mit dem Geschäft unseres Mandanten gibt oder dass dieser möglicherweise ›frühere Abschlüsse neu erstellen‹ muss. Wie bei all seinen früheren Anschuldigungen beruhen diese Schlussfolgerungen bestenfalls auf einem fundamentalen Missverständnis des Geschäfts unseres Kunden.«

Ich hatte nicht genügend Beweise, um explizit das Wort »Betrug« zu verwenden, und viele Leser waren verwirrt. Einer kommentierte nicht ganz zu Unrecht: »Dieser Artikel könnte einen Absatz gebrauchen, der im Klartext sagt, worauf der Autor hinauswill. Es werden zwar viele Fakten genannt, aber ihre Bedeutung ist mir nicht klar (tut mir leid). Ich fühle mich ein bisschen so, als ob ich gerade einen französischen Film gesehen hätte – ich habe alle Untertitel gelesen, ich habe aufgepasst, aber ich habe keine Ahnung, was das Ende des Films zu bedeuten hat.«

Hedgefonds und Bilanzfreaks schienen sich für meine Informationen zu interessieren, aber die meisten Anleger vertrauten darauf, dass das Unternehmen diese komplizierte Situation erklären werde. Auch stand ich nun unter Zeitdruck, nachdem ich eine Gehaltserhöhung und eine Beförderung erhalten hatte, um ein Team von Marktberichterstattern für das FT-Äquivalent zu den Sportseiten zu leiten: den hinteren Teil unserer Publikation, der die Kursschwankungen von Vermögenswerten und die Leistung der am Handel damit beteiligten Teams verfolgte, garniert mit Expertenmeinungen darüber, was als Nächstes passieren könnte.

Das Ergebnis von einem Jahr Arbeit war, dass der Kurs der Wirecard-Aktie von 41 Euro im April 2015 auf 37 Euro Anfang September sank. Ich hatte den Lesern eine Chance gegeben, das Problem zu verstehen, aber sie wurde nicht genutzt. Nun musste ich mich auch um andere Storys kümmern. Mit Wirecard würde ich mich erst wieder befassen können, sollte es neue und aufsehenerregende Vorfälle geben.

*

Während ich den Sommer damit verbrachte, mit Tabellenkalkulationen herumzuwerkeln, klopfte eine fünfundzwanzigjährige amerikanische Ermittlerin in ihrem ersten Job nach der Universität an die Türen von Wirecard-Büros in ganz Asien – zumindest versuchte Susannah Kroeber es. In Laos fand sie überhaupt nichts, in Kambodscha nur geringfügige Spuren.

In der Wirecard-Niederlassung in Ho-Chi-Minh-Stadt, Vietnam, glich der Empfangsbereich einer Schulkantine; das einzige Mobiliar war ein Picknicktisch für sechs Personen. An einer der Innentüren hing ein offenes Fahrradschloss, eine in jenem Land übliche Sicherheitsmaßnahme, die jedoch in einem Unternehmen, das Besucher erwartet, normalerweise entfernt wird. Als sie durch die Scheiben schaute, sah sie, dass es drinnen düster war und die meisten Lichter ausgeschaltet waren. Nur eine Handvoll Menschen war zu sehen, und viele der Schreibtische leer. Wirecard hatte drei Jahre zuvor 21 Millionen Euro für dieses Unternehmen bezahlt.

In Kuala Lumpur war die Lage ähnlich: weniger als ein Dutzend Menschen in einem riesigen Büro in einer glamourösen Umgebung. Kroeber war sich sicher, dass etwas nicht stimmte, aber da sie auf der Suche nach nicht existierenden Büros an exotischen Orten große Strapazen auf sich genommen hatte, war ihr auch klar geworden, wie das Unternehmen damit durchkommen konnte: Welche Person bei klarem Verstand würde sich solch eine Mühe machen, nur um eine Aktienanlage zu prüfen?

Ihre Fotos von trostlosen Straßen und leeren Räumen wurden von J Capital Research (JCap) veröffentlicht, kurz nachdem Wirecard Ende Oktober seine große indische Übernahme angekündigt hatte. Als ich Kroebers Schnappschüsse sah, musste ich sofort an den Zusammenbruch von Sino-Forest denken. Ich hätte weiterreisen sollen als bloß bis nach Bahrain, fluchte ich. Nur ist es schwer, die Meinung anderer zu ändern, wenn Geld auf dem Spiel steht.

Als Carson Block sich Sino-Forests annahm, rannte er offene Türen ein. Die Investoren hatten bereits ein bestimmtes Bild von China im Kopf, das Klischee der Undurchschaubarkeit in Verbindung mit der augenfälligen Korruption eines Einparteienstaats. Die Forstwirtschaft war eine Branche mit einer langen und bemerkenswerten Geschichte von Betrügereien, so wie die kanadische Investmentbranche im Allgemeinen; Vancouver hatte einst einen Aktienmarkt, der für seine Gaunereien bekannt war. Die Bäume von Sino-Forest gab es buchstäblich überhaupt nicht.

Deutschland war anders. Es war das wohlgeordnete, hochgebildete Produktionszentrum Europas. Seine Koalitionspolitik, die für Außenstehende schwer nachvollziehbar war, ließ auf ein starkes Gewicht der Institutionen schließen. Seine Erfolge bei der Konsensbildung erstreckten sich auch auf die Wirtschaft, mit Gewerkschaften und Unternehmenschefs, die gemeinsam an großen Wohlstandsprojekten arbeiteten. Die deutsche Kultur nüchterner Sparsamkeit war bekannt, und aufgrund der europäischen Schuldenkrise galten deutsche Bundesanleihen als so ziemlich die sicherste Finanzanlage überhaupt. Wenn ein internationaler Investor jemals darüber nachgedacht hätte, hätte er die deutschen Institutionen wahrscheinlich zu den besten der Welt gezählt. Es gab durchaus negative Klischees über die Deutschen, aber das des inkompetenten Gauners gehörte nicht dazu.

Egal, ob es sich nun um eine schwierige Frage der Rechnungslegung oder um ein Foto eines leeren Büros handelte, die Reaktion vieler Anleger und Analysten war dieselbe. Sie wandten sich an

Markus Braun und Burkhard Ley, um sich von ihnen beruhigen zu lassen. Während Braun für den Geschmack der meisten zu esoterisch war, war Ley ein verlässlicher Ansprechpartner, der Auskunft über alle Zahlen und Details geben konnte. Es spielte keine Rolle, wie die Antwort lautete – Wirecard behauptete zum Beispiel, das Kambodscha-Geschäft von Singapur aus zu betreiben –, solange es eine Antwort gab. Kroeber stellte fest, dass potenzielle Kunden von JCap, denen sie die Ergebnisse ihrer Recherchen präsentierte, oft mit blankem Unglauben reagierten. »Das sind doch seriöse Leute, sie haben einen guten Wirtschaftsprüfer, warum sollten sie lügen?«

»Weil viel Geld auf dem Spiel steht ...«, erlaubte sie sich dann zu entgegnen, musste zu ihrer Enttäuschung aber feststellen, dass ihr Gegenüber einfach auf einer anderen Wellenlänge tickte und nach Erklärungen statt nach Verdachtsmomenten suchte. Einige Investoren waren weniger gutgläubig, gingen jedoch darüber hinweg, weil die zweifelhaften Geschäfte für sie nur ein Detail waren, während der Börsenwert von Wirecard mehrere Milliarden betrug und das Wachstum des Unternehmens so rasant war.

Auf einem Wirecard-Treffen für Investoren, das kurz nach der Veröffentlichung von JCap stattfand, hörte Leo Perry, wie ein französischer Fondsmanager den anwesenden Kollegen erklärte, er habe seine Sorgfaltspflicht erfüllt. Er habe gerade seine Sekretärin gebeten, das Wirecard-Büro in Singapur anzurufen, und freue sich, ihnen mitteilen zu können, dass dort jemand den Hörer abgenommen habe.

Wirecard organisierte ohnehin wenig später eine Asienreise für ausgewählte Analysten von Investmentbanken, damit diese sich selbst ein Bild machen konnten, wobei die meisten der von JCap besuchten Standorte vermieden wurden. In Jakarta drängten sich die Mitarbeiter in den Büros, und die Analysten wurden mit Präsentationen aus allen Bereichen des indonesischen Geschäftsbetriebs beglückt, von den Callcentern über die IT-Abteilung bis hin zum Topmanagement: ideal für überarbeitete Analysten. Es blieb viel Zeit zum Fotografieren, um die enthusiastischen Berichte zu illustrieren, in denen die gewonnenen Erkenntnisse für die Kunden in der Heimat zusammengefasst wurden.

Sie legten einen Zwischenstopp im freundlichen Singapur ein, dem asiatischen Hauptsitz von Wirecard, dann ging es weiter nach Chennai, um mehr über die regen Aktivitäten von Hermes zu erfahren (mittlerweile umgezogen in moderne, gut belüftete Räumlichkeiten). Wirecard sagte, der Bericht von JCap sei das Papier nicht wert, auf dem er geschrieben wurde. Und in gewissem Sinne gab es auch nichts zu überprüfen. Das gesamte Geschäft war immateriell, elektronisches Geld, das durch die Luft sauste. Warum sollten sich die Anleger dafür interessieren, wie die Gewinne von Wirecard zustande kamen, solange sie gut waren?

*

Etwas, das durch Wirecards indischen Deal ausgelöst wurde, war ein Treffen Gleichgesinnter in einem Pizza Express hinter Cheapside, der breiten Allee, die von der St.-Pauls-Kathedrale zur Bank of England führt. Zunächst einmal gab es da Matt Earl, einen jungen Mann aus Essex mit einem Gespür für Finanzbetrug. Er hatte in St Andrews Reine Mathematik studiert, wobei er die Logik eleganter Beweise genoss; sein Einstieg ins Bankgeschäft war die Lösung für ein Problem, das mit Geld zu tun hatte, genauer gesagt, mit seinem Mangel daran. Der gelernte Aktienanalyst war in Finanzkreisen bekannt geworden, als er es gewagt hatte, die Buchführung eines Outsourcing-Unternehmens, Connaught, anzugreifen. Im Jahr 2010 beschuldigte ihn diese Firma, von Hedgefonds bezahlt zu werden, bezeichnete seine Arbeit als »eine Meisterleistung der Inkompetenz« und ging dann in Konkurs. Weil er genug davon hatte, dass ihm in einer Investmentbank vorgegeben wurde, was und wie er zu schreiben hatte, machte er sich nun selbstständig. Ein paar Jahre lang genoss er das grüne Surrey, spielte Golf, investierte sein eigenes Geld und veröffentlichte seine Gedanken über verdächtige Unternehmen in seinem Blog »Lordship Trading«.

Im November 2015 bloggte Earl über den von Wirecard getätigten Kauf in Indien und wies auf eine Shortposition hin. Eine schnelle Recherche auf LinkedIn zeigte, dass nur eine Handvoll der angeblichen neunhundert Mitarbeiter dort Profile hatte. Einer von ihnen war ein Personaldirektor, der interessiert daran war, Mitarbeiter mit Kenntnissen aus der Reisebranche einzustellen. »Ich weiß nicht, was der Ticketverkauf, Erfahrungen mit Pauschalreisen und die Einstellung von Arbeitskräften aus dieser Branche mit der elektronischen Zahlungsabwicklung zu tun haben«, schrieb Earl und nannte es »eine völlig merkwürdige Übernahme«. Daraufhin wurde er zu diesem Mittagessen eingeladen, an dem ein Hedgefonds-Typ mit dem Spitznamen »Roddy« und ein ehemaliger Sozialarbeiter namens Fraser Perring teilnahmen.

Earl wusste nicht, was er von Perring halten sollte. Der war ein kahlköpfiger, grinsender, grob rasierter Kauz, der mit einer Krücke herumhumpelte, weil einer seiner Knöchel in einer Plastikschiene steckte. Sich bewusst nie unter Wert verkaufend, behauptete Perring, bei jedem bedeutenden Geschäft auf der richtigen Seite gestanden zu haben, wobei er bei der Aufdeckung von Betrügereien geholfen habe, indem er gelegentlich anonyme Dossiers mit der Post verschickt habe. Seine Augen quollen hinter seiner Brille hervor, wenn er sprach, und seine Äußerungen hatten einen verschwörerischen Unterton, aber seine Begeisterung war ansteckend.

Während sie sich kleine Pizzen schmecken ließen, war Earl beruhigt, dass Roddy mit dabei war. Der lebte in der Nähe von Earl in Surrey und war ein erfahrener Profi, der präzise, bedachtsam und mit Sachkenntnis sprach. Er tat dies mit absichtlich leiser Stimme, als würde er sein Gegenüber in ein wichtiges Geheimnis einweihen.

Roddy war bereits als Kind vom Börsenfieber gepackt worden.

Im Alter von zwölf Jahren wählte er sich drei Aktien zum Kauf aus – Tesco, Simon Engineering und WH Smith – und verfolgte auf den Finanzseiten der *Daily Mail* eifrig deren Entwicklung, bis er seine Investition verkaufen konnte, um damit das Schulgeld zu bezahlen. Er überredete seine Familie, bei den Aktienangeboten in der Privatisierungswelle unter Margaret Thatcher in den Achtzigerjahren zuzugreifen, aber wusste noch gar nicht, dass es einen Beruf gab, in dem man sich ständig mit der Auswahl von Aktien beschäftigen konnte. Er war der Sohn von Einwanderern und sollte eigentlich Arzt werden.

Im Jahr 1991, während eines besonders langweiligen Kurses an der medizinischen Fakultät, vertrieb er sich stattdessen lieber die Zeit in einer Buchhandlung im Londoner Stadtteil Holborn. Auf der Theke lagen zwei Anlageklassiker: *Security Analysis* von Graham und Dodd, mit einem Vorwort des Milliardärs Warren Buffett, und Schwagers *Market Wizards*, eine Reihe von Interviews mit Wirtschaftsgrößen. Sobald er die Bücher in die Hand genommen hatte, um darin herumzublättern, war er von der Thematik fasziniert.

Die Geschichten inspirierten ihn, aber als er daraufhin zur Stellenvermittlung seiner Universität ging, war das einzige Jobangebot eine unbedeutende Position bei einer nicht genannten Investmentfirma. In der Anzeige wurden die Bewerber gebeten, einen selbst verfassten Aufsatz über Wirtschaft zu faxen. Roddy war zunächst entmutigt: Wie sollte er als angehender Arzt über Steuern und Ausgaben Bescheid wissen?

Aber ein paar Wochen später bastelte er zufällig an seinem Computer herum und kaufte sich eine Faxkarte. Die einzige Nummer, die er zum Ausprobieren der neuen Faxfunktion finden konnte, stand in der Stellenanzeige. In aller Eile schrieb er eine Rede, die so klang, als sei er der Finanzminister, der den Haushalt für das kommende Jahr verkündet, und drückte auf Senden.

Bereits am nächsten Tag erhielt Roddy eine Rückmeldung: Er hatte einen Job bei einem der bekannten Hedgefonds bekommen, von denen er gelesen hatte. Ein Broker nannte ihn versehentlich Roderick, was der leitende Aktienhändler des Fonds so lustig fand, dass ihm der Spitzname erhalten blieb. Aber das war ihm egal, weil er nun beruflich auf dem von ihm ersehnten Weg war.

Was Roddy im Pizza Express allerdings nicht erwähnte, war, wie er ursprünglich an Perring geraten war.

*

Perring und Roddy waren beide sich aktiv zu Wort meldende und langjährige Mitglieder von Paul Murphys »The Rabble«, die nicht auf dessen tägliche Marktkommentare verzichten wollten. Sie diskutierten zunächst online, wechselten dann zum Telefon und trafen sich schließlich persönlich beim ersten Camp Alphaville im Juni 2014. Roddy freundete sich mit Perring an und vertraute ihm vorübergehend seinen an diesem Tag mitgebrachten Sohn an, um auf ihn aufzupassen. Die beiden Männer blieben anschließend in Kontakt, unterhielten sich hin und wieder, und im darauffolgenden Juni wollten sie sich unbedingt beim zweiten Camp Alphaville wiedersehen.

Roddy hatte damals gerade eine neue Stelle bei einem Hedgefonds angetreten und schlug vor, sich zuerst dort zu treffen. Perring humpelte durch die Tür und stellte sich allen mit der für ihn typischen Aufschneiderei vor. Er sagte, er habe eine natürliche Begabung für den Handel mit Aktien und das Investieren, die er aber erst spät in seinem Leben entdeckt habe, und er verbringe nun die meiste Zeit damit, das Geld eines Freundes zu verwalten, eines extrem reichen Rohstoffhändlers namens Ian Hollins. Roddy schaffte es schließlich, Perring von dort wegzulocken und mit ihm ins Camp Alphaville zu gelangen, wo ich die beiden nach einer von mir geleiteten Gesprächsrunde zum ersten Mal traf.

In der darauffolgenden Woche stellte Roddy verblüfft fest, dass sein Chef von Perring so beeindruckt war, dass er ihm einen Job anbot. Denn offenbar stammten Roddys beste Investitionsideen von Perring. Roddy sah das anders und kochte innerlich vor Wut, wollte aber nicht mit seinem neuen Chef streiten noch sich durch den Verzicht auf seinen neuen Posten rechtliche Scherereien einhandeln.

Perring schaffte es irgendwie, für sich einen bemerkenswerten Deal auszuhandeln: Er würde ein weitaus höheres Grundgehalt bekommen als alle anderen Mitarbeiter des Fonds, die vor allem in Form von Gewinnbeteiligungen bezahlt wurden, und außerdem eine Monatskarte erster Klasse für die Fahrt von seinem Wohnort in Lincoln, zwei Stunden nördlich von London. Also einigte sich Roddy mit seinem Chef auf einen Kompromiss. Er und Perring würden ein gemeinsames Projekt finden, um ihre Zusammenarbeit zu testen. Die Wahl fiel auf die Aktie von Wirecard.

*

Im Pizza Express vergaß Earl alle Fragen zu Perring, sobald sie sich mit dem Thema Wirecard beschäftigten. Neben der Fährte in Indien interessierte Roddy auch die alte Secret-Service-Anklage in Florida gegen Michael Schütt, der 2010 wegen nicht autorisierter Geldtransfers für Online-Poker verurteilt wurde. Vielleicht steckte da mehr dahinter?

Das Trio beschloss, von nun an seine Ressourcen zu bündeln. Earl war ein Meister der Online-Detektivarbeit, und überall, wo er suchte, fand er weiteres Material, Kaninchenlöcher, in denen man in andere Welten abtauchen konnte. Schon bald verbrachten sie ihre Abende online zusammen, waren über einen Skype-Chat oder telefonisch miteinander verbunden, während sie sich ein Bild von Wirecard und seinen verschiedenen Mitarbeitern, Partnern und ehemaligen Führungskräften machten. Jede neue Entdeckung war für sie ein Endorphinschub, ein weiterer Stein in der Mauer ihres wachsenden Selbstbewusstseins, und sie waren immer mehr besessen von dieser Untersuchung.

Der erneute Blick auf den Schütt-Prozess führte sie zu einem

Unternehmen namens Bluetool, das von Simon Dowsons Papierfabrik in Consett gegründet worden war. Von dort aus wurde über eine organisatorische Verknüpfung ein riesiges Netz von Scheinfirmen aufgebaut: Dowson hatte ein und dieselbe juristische Entität auf den Britischen Jungferninseln, Bournewood, für die gemeinschaftliche Verwaltung von 738 verschiedenen Unternehmen benutzt. Die Sichtung von Unterlagen führte sie auch zu Rüdiger Trautmann, dem Wirecard-Vorstand für das operative Geschäft, der 2009 zu Inatec gewechselt war, dessen Ausscheiden aber erst 2010 bekannt gegeben wurde.

Bald hatten sie die Umrisse einer Theorie: ein Netzwerk von Unternehmen und Einzelpersonen in und um Wirecard, die alle zusammenarbeiteten, um dubiose Zahlungen für Online-Glücksspiele in den USA zu ermöglichen. Falls sie richtiglagen, konnte dem Unternehmen das gleiche Schicksal drohen wie den Pokerfirmen am Schwarzen Freitag: eine dramatische staatsanwaltliche Verfolgung durch die amerikanischen Behörden.

Manchmal widmete das Trio ein ganzes Wochenende dem Brainstorming in Earls Haus in Surrey. »Wo ist der Bentley geblieben?«, fragte dieser, als Perring in einem Mazda auftauchte. Das Fahrzeug von Hollins, das er normalerweise fuhr, sei in der Werkstatt, antwortete Perring. Earl ließ es dabei bewenden, aber andere bizarre Momente blieben für ihn unvergesslich. Von einem Augenblick zum anderen konnte Perring von einer absurden These zur nächsten springen. Weil er aggressiv werden konnte, wenn man seine Behauptungen anzweifelte, neigte Earl dazu, diese Widersprüche zu ignorieren, denn es gab so viel anderes Material, das sie gefunden hatten.

Als das Jahr 2015 zu Ende ging, umfasste das gesamte Dossier etwa dreihundert dicht beschriebene Seiten. Roddy war Zeuge geworden, wie wenig Beachtung der Bericht von JCap über die leeren Büros in Asien erhalten hatte. Die Lehre, die er daraus zog, war, dass ihre Bestandsaufnahme umfassender sein musste; ein unerbittlicher Faktenhagel würde die Aktionäre endlich zur Vernunft bringen. Er verbrachte seine Zeit damit, Perrings gewagteste Spekulationen rauszunehmen, und bestand auf ausführlichen Fußnoten, damit interessierte Leser die Quelle der Informationen selbst überprüfen konnten. Doch die drei Männer hatten unterschiedliche Vorstellungen darüber, was sie mit den Früchten ihrer Arbeit anfangen sollten.

Perring begann, ihnen von einem neuen Job zu erzählen, den er angetreten habe. Er berate nun seit Kurzem das private Investmentbüro eines Milliardärs, ein Team von Investoren, das er als die »Wise Men« bezeichnete. Angeblich hatte sein Engagement die Gewinne dieser »Weisen Männer« bereits in die Höhe getrieben, und sie waren an einer Finanzierung des Wirecard-Berichts interessiert. Als Earl jedoch um ein Treffen mit den »Wise Men« bat, um diese Idee zu besprechen, schob Perring das immer wieder hinaus.

Das Gerede vom Verkauf ihrer Recherchen ließ bei Roddy die Alarmglocken läuten. Die Veröffentlichung einer Short-Attacke war in seinem Geschäftsplan nicht vorgesehen. Als Verwalter eines Hedgefonds-Portfolios hatte er berufliche Verpflichtungen; darunter war die Meldung eines Verdachts auf Geldwäsche an die Aufsichtsbehörden. Er wollte das Dossier zunächst den Behörden übergeben und erst dann an die Öffentlichkeit gehen, wenn diese nichts unternahmen. Er wies seinen Fonds an, den Handel mit Wirecard einzustellen, um spätere Komplikationen zu vermeiden. Als Weihnachten näher rückte, wandte Roddy sich an einen Bekannten, einen hochrangigen Mitarbeiter der Finanzaufsichtsbehörde, und bat ihn um Rat, wie er vorgehen sollte.

»Sie müssen es auf Anhieb richtig machen. Dabei müssen Sie alles offen auf den Tisch legen. Erklären Sie genau, gegen welche Regeln oder Vorschriften verstoßen wurde, und legen Sie die Beweise dafür vor«, empfahl ihm der Bekannte. Roddy war klar, dass ihr Entwurf noch nicht die nötige Reife hierfür besaß, und versprach, sich später wieder zu melden.

Earl sah das Projekt als Chance, die Informationen, die er gefunden hatte, zu veröffentlichen, da er nicht glauben konnte, dass Wirecard so weit gekommen war, ohne entlarvt zu werden. Sobald die Recherchen auf Geldwäsche hindeuteten, gab er die Idee auf, unter seinem eigenen Namen darüber zu schreiben. Aktienbetrügereien von Wirtschaftskriminellen waren eine Sache, aber wer wusste schon, welche Gangster sich aufregen würden, wenn ihr Waschsalon in Schwierigkeiten geriet.

Perring hingegen, der nicht dieselben beruflichen Verpflichtungen wie Roddy hatte, schien vor allem an der geschäftlichen Chance interessiert zu sein. »Das Markenimage, wir schaffen uns eine Marke«, gackerte er und sprach von den Möglichkeiten, mit ihrer Arbeit über Wirecard einen Ruf als Shortseller aufzubauen, der dem von Carson Block Konkurrenz machen würde.

Als die Veröffentlichung im neuen Jahr bevorstand, schlug Earl vor, den Bericht zunächst von einem Anwalt prüfen zu lassen. Perring versicherte ihm, der Text sei in Ordnung und dass er ihn an einen ihm bekannten Harvard-Rechtsprofessor schicken würde.[17] Earl fand es seltsam, dass die Formulierungen sogar noch stärker zurückkamen, als sie sie verfasst hatten, aber er vertraute den Beweisen, die er gefunden hatte.

Perring kümmerte sich auch um die IT, optimierte den Bericht und bereitete eine Website vor, um ihn online zu stellen. Im Februar 2016 rief er Paul Murphy von *Alphaville* an, der sich gerade im Urlaub in Mosambik befand. Murphy hatte sich dort seit Jahren vergeblich für den Bau einer Lodge an einem unberührten Küstenabschnitt eingesetzt, der gelegentlich von Wirbelstürmen heimgesucht wurde. Er schlenderte gerade am Strand entlang und genoss die warme Brise des Indischen Ozeans, als Perring anrief, noch aufgeregter als sonst.

17 Perring sagte, er habe sogar mit einem deutschen Professor gesprochen, dessen Namen er aber nicht nennen wollte, und dass er den Bericht seinem heimischen Anwalt gezeigt habe, der sich unter anderem auch um die Abwicklung seiner Scheidung kümmere.

»Das ist das große Ding, Murphy, es geht um einen 5-Milliarden-Euro-Betrug. Ich habe alle nötigen Beweise. Ich habe die letzten sechs Monate damit verbracht, sie zusammenzusuchen. Sie werden es mir nicht glauben, aber es sind alles öffentliche Informationen, auf die jeder zugreifen kann. Aus irgendeinem Grund hat der Markt die Augen vor der Wahrheit verschlossen.« Als Perring schließlich jedoch den Namen des Unternehmens ausspuckte, war Murphy verblüfft. »Wirecard? Haben Sie nicht gesehen, was Dan darüber geschrieben hat? Ich dachte, alle Fakten seien mittlerweile bekannt. Sie sollten mit ihm reden.«

Einige Tage später ging ich die Stufen zum Kurumaya hinunter, einem Kellerrestaurant in einer der Seitenstraßen in der Nähe des Bahnhofs Cannon Street. Dort gab es eine Bento-Box in verlässlicher Qualität und bezahlbar, die man sich mit dem Spesenbudget der FT leisten konnte; außerdem herrschte in dem Restaurant eine diskrete Atmosphäre, weil es angenehm klein war.

Die Hälfte der Fläche war mit niedrigen, klassisch japanischen Tischen belegt. Earl und Perring hatten sich irgendwie unter einen dieser Tische geklemmt (mitsamt der Knöchelschiene) und strahlten mich an. Sobald wir bestellt hatten und die Kellnerin sich wieder von uns entfernt hatte, reichte mir Earl mit Verschwörermiene eine Tesco-Tüte unter dem Tisch durch. Darin befand sich ein dicker loser Stapel Papier, und Earls Verhalten machte mir klar, dass ich ihn in der Öffentlichkeit nicht herausziehen sollte. Mit der Tragetasche auf meinem Schoß blickte ich auf das oberste Blatt und schaute dann verwundert. »Was ist ›Zatarra Research and Investigations‹?«

»Das sind wir«, sagte Earl und zwinkerte mir zu. »Ich glaube, Sie werden es sehr interessant finden.«

Roddy, der mit anderen Dingen beschäftigt war und nicht ahnte, dass es mit der Veröffentlichung rasch vorangehen sollte, hoffte immer noch, den offiziellen Weg gehen zu können, und sprach deshalb bei einem Frühstück in einem teuren Restaurant in der Nähe der Bank of England mit einem weiteren Bekannten.

Dieser hatte lange mit internationaler Polizeiarbeit zu tun gehabt. Während Roddy erzählte, zog der Mann ein kleines Notizbuch hervor und begann, ihn mit Fragen zu löchern. »Woher wissen Sie diese Dinge? Woher kennen Sie Perring? Und woher kennen Sie Earl?«

Schließlich erklärte Roddy ihm, dass er Wirecard für eine durch und durch korrupte Firma halte, eine Fassade für Geldwäsche, und dass er wissen wolle, wen er alarmieren könne. Der Freund hielt inne und dachte nach. Er legte seinen Stift weg. »Ich habe viele Ermittler für Wirtschaftsbetrug in verschiedenen deutschen Bundesländern geschult. Diese Wirecard-Firma hat ihren Sitz in München, sagten Sie; dann wäre also die bayerische Staatsanwaltschaft zuständig.« Er seufzte. »Es lohnt sich nicht einmal, denen eine Mitteilung zu schicken. Die würden sich mit dem Fax nur den Hintern abwischen.«

12 Die Kulisse gerät ins Wanken

Dezember 2015 | München | Aktienkurs: 45 Euro | Börsenwert: 5,6 Milliarden Euro

Am Dienstag, dem 1. Dezember 2015, stand die bayrische Polizei im Wirecard-Büro in Aschheim auf der Matte. Wenn es denn überhaupt eine Razzia war, dann eine von der behutsamen Sorte – sie hinterließ keinerlei Spuren beim alltäglichen Tratsch im windumtosten Einsteinpark und brachte es noch nicht einmal zu einer Erwähnung in der Lokalpresse. Die Beamten waren bewaffnet mit einem Gerichtsbeschluss, und die digitale Beute, die sie mitnahmen, umfasste die Posteingangsarchive von Jan Marsalek, Rüdiger Trautmann und anderen leitenden Mitarbeitern bis zurück ins Jahr 2007. Das genügte allemal, um die internen Abläufe des Unternehmens für jeden offenzulegen, der genau hinzuschauen bereit war. Die Zeiten der Zahlungsabwicklung im Pokergeschäft schienen die Firma letztlich doch noch einzuholen.

Die Gefahr drohte nicht von Roddy, sondern von jenseits des Atlantiks. Bundesanwälte im Eastern District von New York führten eine Untersuchung über kriminelle Geldwäsche durch. Sie hatten über tausend Beispiele für sogenannte Transaktionswäsche gefunden. Aus dem deutschen Gerichtsbeschluss ging hervor, dass nach der Ablehnung einer Zahlung mit dem Code 7995 durch eine US-Bank Wirecard eine Transaktion über einen nahezu identischen Betrag unter einem anderen Code einreichte, bisweilen nur wenige Sekunden nach dem ersten Versuch. Es war, als würde ein Buchmacher, nachdem er von der Bank abgelehnt wurde, einfach für einen Moment aus dem Blickfeld verschwinden und anschließend mit Mütze und falschem Schnurrbart wieder an die Tür klopfen.

Wirecard wurde beschuldigt, diesen Schwindel in großem Maßstab betrieben zu haben – das Unternehmen soll zwischen 2007 und 2010 illegale Transaktionen im Wert von 1,5 Milliarden Dollar abgewickelt haben. Die US-Staatsanwälte hatten auch eine Reihe von Wirecard-Klienten ausgemacht, über die sie Informationen verlangten, darunter drei Pokerfirmen, die via G2Pay von Dublin aus und via WalPay, einem Zahlungsdienstleister mit Sitz auf der Isle of Man und mit Verbindungen zu Henry O'Sullivan, bedient worden waren. Alles, was es für eine Anklage brauchte, waren Belege aus dem Inneren von Wirecard, und genau diese waren nun zuverlässig in den Händen der bayrischen Behörden. Wenn sie einmal zu graben begannen, konnte niemand sagen, was ein wissbegieriger Beamter wohl zutage fördern würde.[18]

Wirecards unmittelbare Reaktion bestand darin, die Ermittlungen im Rahmen deutscher Gerichtsverfahren zu verschleppen. Die Daten durften auf keinen Fall den Atlantik überqueren.[19] Statt der Daten flogen CFO Burkhard Ley sowie Andrea Görres, die gefürchtete Chefjustiziarin von Wirecard, im Januar nach New York, um Anwälten der Kanzlei Blank Rome bei ihrer Charmeoffensive zur Seite zu stehen.

Die Taktik war die gleiche, die die meisten Finanzinstitute anwenden, wenn sie mit strafrechtlichen Untersuchungen konfron-

---

18 Zum Bestreiten Brauns siehe Anmerkung 2. Ley wies diese Darstellung als falsch zurück und ließ mitteilen, dass die Verantwortung für Erwerb und Führung der Gesellschaft in Irland nie bei ihm gelegen habe. Und die Anwälte von Oliver B. teilten mit: »Unser Mandant hat Wirecard nicht dabei geholfen, falsch codierte 7995-Transaktionen zu ermöglichen. Zu diesem Zeitpunkt arbeitete er für die kartenausgebende Abteilung, was bedeutete, dass er keine Möglichkeit hatte, uncodierte Konten zu erstellen. Er hatte weder das Wissen noch die Macht, dies zu tun.«

19 Leys Anwälte teilten dazu unter anderem mit: »Dass es letztlich nicht zur Weiterleitung der fertiggestellten Unterlagen aus rechtlichen Gründen nach NY kam, war für Herrn Ley nicht abzusehen und daher auch nicht Strategie.«

tiert sind. Ein ehemaliger Staatsanwalt des Justizministeriums, Carlos Ortiz, wurde angeheuert, um Wirecard als »guten Unternehmensbürger« zu präsentieren, untadelig und in der Lage, selbst diese Untersuchungen durchzuführen. Er verfügte über umfangreiche Erfahrungen und war auch in einer Angelegenheit im Zusammenhang mit der FIFA für ein ausländisches Unternehmen tätig.

Wirecard bot an, die komplizierten juristischen Verfahren in München zu umgehen und kurzerhand die Dokumente selbst durchzusehen und alles, was vielleicht relevant sein könnte, den Behörden zu übergeben. Das ganze Spiel beruhte auf dem unangreifbaren Charakter von Rechtsanwälten; ihre Motive, ihre Ehrlichkeit und ihr Verhalten ließen sich zu keinem Zeitpunkt in Zweifel ziehen.

Ihnen sorgfältige Instruktionen zu geben, dafür war Görres zuständig, die sich zu einer ausgebufften Verteidigerin der Interessen ihrer Firma entwickelt hatte. Sie war eine weitere langjährige Mitarbeiterin, Nummer 13, und damals vom ursprünglichen CEO eingestellt worden. Sie hatte sich um einen bescheidenen Job als Assistentin beworben, nachdem sie zuvor am Flughafen für die Lufthansa gearbeitet hatte. Ein Blick in ihren Lebenslauf verriet dem ersten CEO von Wirecard sofort, dass sie über eine juristische Ausbildung verfügte. »Sie sind zu Höherem berufen«, sagte er und entschied, sie anzuheuern und nach Kräften zu fördern. Eineinhalb Jahrzehnte später sollte sie als Leiterin der Rechtsabteilung die US-Anwaltskanzlei von Wirecard instruieren, bestimmte Schlüsselbegriffe – »avoid«, »circumvent«, »disguise«, »hide« – aus der beabsichtigten Durchsuchung der Daten herauszunehmen und stattdessen die wohl weniger verfänglichen Begriffe »cascading« und »recycling« einzusetzen.

Während Wirecard Ressourcen in seine juristische Gegenoffensive steckte, liefen die Geschäfte weiter wie gehabt. Trotz des Anspruchs, als globales Unternehmen aufzutreten, war die Unternehmenskultur durch und durch deutsch. Es gab keinen Helpdesk für die Kunden außerhalb der üblichen Öffnungszeiten, und am Wochenende herrschte im Büro nahezu völlige Stille.

Am Samstag, dem 6. Februar, war ein Techniker in einer Ecke der IT-Abteilung vor Ort und hakte auf einer Liste routinemäßiger Wartungsarbeiten einen Schritt nach dem anderen ab. Kurz nach 14.30 Uhr unterlief ihm ein kleiner, aber folgenschwerer Tippfehler, als er einen Linux-Server außer Betrieb setzte. Er gab den Befehl »rm« ein, bekanntlich eine mächtige Funktion, die mit Vorsicht zu handhaben ist, und er gab den Befehl versehentlich nicht nur für die eine Maschine ein, sondern für alle auf einmal.

Der Techniker bemerkte sofort, was er angerichtet hatte, und versuchte hektisch, die Notbremse zu ziehen, aber es war zu spät: Er hatte den Selbstzerstörungsschalter betätigt. Zahlungsverarbeitungssysteme, Testsysteme, Qualitätssicherungssysteme, Auftragserteilung, Risikobewertung, E-Mail – nichts blieb verschont. Ohne jede Vorankündigung oder Erklärung war Wirecard von einem Moment auf den anderen vom Netz und außer Betrieb.

Diverse Wirecard-Vertriebsmitarbeiter erfreuten sich in aller Ruhe ihres freien Wochenendes. Während sie am Fuß eines Skihangs eine Pause einlegten, ihren Spind im Fitnesscenter öffneten oder nach einer Wanderung in den Wäldern zu ihren Autos zurückkehrten, stellten sie fest, dass ihre Telefone von Anrufen wütender Kunden nur so überquollen.

Die Großkunden hatten keine nennenswerten Probleme; sie verfügten in der Regel über Geschäftsbeziehungen zu unterschiedlichen Zahlungsdienstleistern und konnten einfach umstellen. Die loyalen Einzelhändler, die sich voll und ganz auf Wirecard verließen, saßen dagegen in der Patsche. »Was ist bei euch los?«, schrillte es durchs Telefon, und die Mitarbeiter von Wirecard hatten keine Antwort parat. Zunächst einmal wussten sie von überhaupt nichts und schalteten ihr Telefon einfach ab, um Zeit zu gewinnen. Später durften sie nichts sagen, selbst wenn sie Bescheid wussten.

»Na ja, wir haben da bloß ein paar Problemchen«, wurde einem erschöpften Untergebenen von Markus Braun beschieden, als er fragte, wie er reagieren solle. Während das Notfallteam sich auf den Weg machte, wurde jeder Mitarbeiter mit einer Spur von technischem Know-how nach Aschheim beordert und angewiesen, rund um die Uhr zu ackern und die Server wieder zum Laufen zu bringen – im Hotel gegenüber durften sie sich bestenfalls für ein paar Stunden aufs Ohr hauen.

Es dauerte Tage, bis die wichtigsten Dienste wieder verfügbar waren. Der Montag war beispielsweise der Mond-Neujahrstag in Singapur, und das Personal dort beschwerte sich über fehlende Updates aus München, während sie sich dem Zorn von Restaurantbetreibern ausgesetzt sahen, die Massen von Gästen zu bewirten hatten, die wegen des Systemausfalls nicht per Kreditkarte bezahlen konnten.

Versuche, neue Geschäftsfelder an Land zu ziehen, gingen den Bach runter, während das Vertriebsteam in aller Eile versuchte, die bereits bestehenden Geschäftsbeziehungen zu kitten. Sie besänftigten die Kundschaft mit Rabatten, eine Reduzierung der bei der Zahlungsverarbeitung anfallenden Provision sollte einen Ausgleich für die entgangenen Einnahmen bieten. Trotzdem erinnern sich Mitarbeiter, dass ein signifikanter, wenn auch kleiner Teil des Kundenstamms Wirecard den Rücken kehrte.

Während sich Wirecard im Krisenmodus befand, half es natürlich, dass die Behörden vor Ort offenbar Besseres zu tun hatten, als dem Unternehmen auf die Finger zu schauen. Am 12. Februar konnte Wirecards Anwalt in München von einem informellen Gespräch mit der bayrischen Staatsanwaltschaft berichten, das offenbar gut gelaufen war. Das Ziel, sagte er, sei gewesen, »den (ohnehin mäßigen) Appetit der Staatsanwaltschaft auf die Auswertung der Akten noch weiter zu reduzieren«. Die Kopfschmerzen wegen des Streits um den Transfer der Daten in die USA loszuwerden, wäre auch für den Staatsanwalt angenehm, berichtete der Wirecard-Anwalt, denn, so schrieb er: »Schließlich interessiert sich kein Mensch für den Fall.«

Trotz allem bedrohten die Störungen aufgrund der IT-Krise Wirecards sorgfältig zurechtgelegte juristische Strategie für die USA. Burkhard Ley hatte den US-Juristen Dokumente versprochen, und am späten Abend des 16. Februar stauchte er die Leiterin des digitalen Vertriebs wegen des Versagens zusammen. »Ich weiß auch, was in den letzten 1½ Wochen los war«, schrieb er. Er forderte sie auf, sich dringend dem Thema zuzuwenden, und der normalerweise ruhige CFO warnte, »dass unsere aufgebaute Kulisse droht Schaden zu nehmen«. Und weiter: »Es wird zwar versucht, potentiellen Schaden von allen involvierten fernzuhalten«, doch »schwindet mein gewesener Optimismus leider massiv«.[20]

Der Führungsetage muss es vorgekommen sein, als stünde die Firma unter Belagerung. Eine Woche später, am 24. Februar, erschien der *Zatarra Report*.

20 Ley ließ mitteilen, es sei seine Absicht gewesen, die angekündigten Unterlagen zeitnah an die US-Anwälte zu übermitteln. Er habe kein Verständnis für die Verzögerungen gehabt. Mit »Kulisse« sei nur die mit den US-Rechtsanwälten festgelegte Verfahrensstrategie gemeint gewesen.

13 Im Übereifer

Februar 2016 | London Bridge | Aktienkurs: 43 Euro | Börsenwert: 5,3 Milliarden Euro

An jenem Dienstag genehmigte ich mir Pancakes mit Spiegelei in einem pseudo-amerikanischen Diner am Rand des Londoner Borough Market. Offen gestanden war ich vom Wochenende noch ein wenig durch den Wind. Mit einer kleinen Tochter daheim, die schon bald einen kleinen Bruder bekommen würde, kam ich nicht mehr sehr viel raus, aber es hatte den festlichen Abschied eines alten Freundes gegeben, der dabei war, nach Australien auszuwandern. Nächte durchzufeiern war ich nicht mehr gewohnt. Ich schlürfte schwarzen Kaffee und versuchte, mich auf das zu konzentrieren, was mein Informant zu sagen hatte.

Yousef Majali war Wirtschaftsdetektiv, er sprach schnell und hatte einen neuen Auftraggeber. Ein amerikanischer Hedgefonds, Dialectic Capital, hatte ihn angeheuert, und seine Erkenntnisse lagen auf dem Tisch ausgebreitet, mit einer gründlichen Analyse von GI Retail und der Geschäfte, die Wirecard in Indien aufgekauft hatte.

Majali saß mir gegenüber und erklärte mir, die ganze Sache stinke zum Himmel, aber ich war nur halb bei der Sache. Ich wusste, dass der *Zatarra Report*, vollgepackt mit hochexplosiven Anschuldigungen, vor der Veröffentlichung stand, und wie aufs Stichwort erreichte mich eine Nachricht: Der Bericht sei draußen. »Tut mir leid, ich muss gehen«, sagte ich, steckte mein Handy ein und klaubte hastig den Stapel Geschäftsunterlagen zusammen. »Etwas Großes kommt gerade heraus. Ich vermute, das wird Sie interessieren.«

Am Borough Market war es noch ruhig, zu früh für die Touristen, die sich von dessen vermeintlicher Authentizität anziehen ließen. Ich eilte zurück ins FT-Büro, nahm drei Treppenstufen auf einmal hinauf in den ersten Stock, feuerte meine Tasche in die Ecke und haute eine kurze Geschichte in die Tasten. Das war der Moment, auf den ich gewartet hatte. Endlich, da war ich mir sicher, würde die Wahrheit ans Licht kommen.

Es ging mir nicht vordringlich um die Bilanzfälschung. Das war auch ein Thema, aber vor allem warf Zatarra Wirecard und den Leuten in deren Umfeld die Beteiligung an einer Verabredung zur Geldwäsche in großem Stil vor. Die Vermutungen wurden gleich zu Beginn ausgebreitet: »Wenn Wirecard-Mitarbeiter mutmaßlich Visa Inc. und Mastercard Inc. betrogen, bei der Orchestrierung eines Verstoßes gegen den US Wire Act geholfen und Mindeststandards des sauberen Wirtschaftens missachtet haben, ist stark zu bezweifeln, dass ihnen die Interessen der Wirecard-Anteilseigner sehr viel bedeutet haben.« Die Aktien waren wertlos, hieß es darin. In den paar Tagen, die ich für die Durchsicht des hundertseitigen Berichts hatte, machte die Beweislage einen soliden Eindruck. Ich war überzeugt, danach würden die Behörden bei Wirecard vor der Tür stehen. Vielleicht sogar das mächtige US-Justizministerium.

Ich hinterließ eine Voicemail bei der Pressestelle von Wirecard und bat um Rückruf und eine Stellungnahme zu den Vorwürfen. Dann drängte ich Murphy, meinen Artikel zu lesen und herauszubringen, wohl wissend, dass das Werk von Zatarra unter Börsianern bereits die Runde machte. Ich hatte erwogen, Teile der Recherche aus dem Bericht in meinen Artikel aufzunehmen, hatte mich aber unklugerweise dazu entschlossen, niemanden sonst zu kontaktieren, bevor er online ging. Ich wusste, dass ich keine Story schreiben konnte, ohne ihnen eine Gelegenheit zur Antwort einzuräumen, deshalb hielt ich es für das Vernünftigste, die Aufmerksamkeit auf die offenkundige Attacke eines Shortsellers zu lenken und es den Lesern zu überlassen, ihre eigenen Schlüsse zu ziehen.

Der Blogbeitrag war kaum im Netz, da ging der Wirecard-Aktienkurs in den Keller und radierte über eine Milliarde Euro des Börsenwerts aus.

Mir wurde etwas flau im Magen. Vielleicht war ich ein wenig vorschnell gewesen; denn die Regel ist simpel. Wenn du dich fragst: »Sollten wir das vom Anwalt checken lassen?«, dann kennst du bereits die Antwort.

Bis dahin war jedes Wort, das wir zu Wirecard veröffentlicht hatten, bei Nigel Hanson, dem gewissenhaften Justiziar der FT, zur rechtlichen Prüfung über den Schreibtisch gegangen. Er saß nur wenige Meter entfernt und war Experte darin, Schreiberlingen wie mir Ärger vom Hals zu halten. Er zog die Augenbrauen hoch, als ich ihm eine Kopie des kurzen Posts vorlegte – hinterher, als er schon im Netz stand –, und wies mich sogleich auf die Defizite darin hin.

Ich hatte angenommen, auf der sicheren Seite zu sein, wenn ich die Leser direkt auf den Report verwies, damit sie sich selbst ein Bild machen konnten. Ich hatte nicht daran gedacht, dass die Anonymität von Zatarra einen ganz schlechten Eindruck machen würde, oder daran, die Überfalltaktik solcher Shortseller zu erläutern – ich dachte, Zatarras Ziel, den Wirecard-Aktienkurs abstürzen zu lassen und davon zu profitieren, sei offensichtlich. Wie viel Zeit genau hatte ich dem Unternehmen eingeräumt, zu dem hundertseitigen Bericht Stellung zu nehmen, wollte er wissen.

Eine wutentbrannte Antwort der Wirecard-Anwälte von Schillings ließ nicht lange auf sich warten. Offenbar war der Verlust des Unternehmenswerts – eine Milliarde Euro waren an dem Morgen durch den Kamin gegangen – allein mein Fehler. Die FT habe im Prinzip den *Zatarra Report* veröffentlicht und sei damit in die illegale Manipulation des Wirecard-Aktienkurses verwickelt, und sie könne für jede unvorsichtige Äußerung und jede wilde Anschuldigung zur Rechenschaft gezogen werden, argumentierte Schillings.

Innerhalb weniger Tage war klar, dass wir mit der Gefahr eines ernsthaften Rechtsstreits konfrontiert waren, der sehr rasch sehr teuer werden konnte. Ich hatte Lionel Barbers sorgfältig gepflegte Erfolgsbilanz in Gefahr gebracht. In einem Jahrzehnt unter seiner Führung als Chefredakteur war niemand gegen die FT juristisch vorgegangen. Auch Leser stimmten in die Kritik ein. »Genauigkeit ist der Job des Journalisten und einer seiner meistgeschätzten Werte. Schande über Sie, Dan McCrum.«

Ich wollte zum Angriff übergehen, denn es schien mir wenig wahrscheinlich, dass viele Menschen Zatarras kompakten Report tatsächlich gelesen hatten, zumal die betreffende Website auf mysteriöse Weise immer wieder verschwand, weil sie von Hackern vom Netz genommen wurde. Aber ich hatte mir selbst die Hände gebunden, denn wenn ich nun im Inhalt des Reports wühlte, hätte ich damit eine Klage von Wirecard provoziert. Wir hatten das Dokument an Reynolds Porter Chamberlain (RPC) weitergeleitet, die externe Anwaltskanzlei der FT, um eine zweite Meinung einzuholen, aber auch dort sorgte die Sache für Stirnrunzeln. Anstatt vorsichtig Fragen zu stellen, setzte Zatarra kühn darauf, ein Komplott zu wittern. »So etwas möchte man vor Gericht nur sehr ungern rechtfertigen«, meinte der Rechtsexperte und ergänzte, Wirecard habe ein ganzes Jahr Zeit, um eine Klage einzureichen.

Dank meines Übereifers waren wir als Hauptkritiker im Moment der größten Kontroverse urplötzlich abgetaucht, und dieses Schweigen schien Bände zu sprechen. Mein Blog-Post nach dem Motto »Hey, seht euch das an!« wurde ersetzt durch einen überaus ausgewogenen Artikel, der ausführte, 20 von 26 Analysten von Investmentbanken betrachteten Wirecard als Kaufempfehlung, und dass das Unternehmen schon im Jahr 2008 Ziel einer Shortseller-Attacke geworden war, diese aber unbeschadet überstanden hatte.

Überdies wurde vermerkt, dass der Mann, der damals den Aufruhr angezettelt hatte (Tobias Bosler, der Newsletter-Autor aus München), in Deutschland dafür im Gefängnis gelandet war. Die Andeutung, ein ähnliches Schicksal könne auch den Autoren von

Zatarra blühen, war nicht zu übersehen. Markus Braun meldete sich emphatisch zu Wort: »Wir haben sämtliche Vorwürfe untersucht. Die Anschuldigungen sind in jedem einzelnen Punkt falsch.« Wirecard war aus dem Schneider.

Just als unsere Geschichte in eine Sackgasse geriet, begannen sich hinter den Kulissen merkwürdige Dinge abzuspielen. Bryce Elder, ein zerzauster Veteran des Wirtschaftsjournalismus, hatte von einem Informanten Jan Marsaleks Handynummer bekommen, verbunden mit der Aufforderung, ihn anzurufen und ihn um Bestätigung der Details zu einer Übernahme zu bitten, was den Shortsellern das Wasser abgraben würde: Ingenico, ein biederer Zahlungsdienstleister aus Frankreich, der auf Kartenlesegeräte für den Einzelhandel spezialisiert war, wollte für Wirecard ein Angebot vorlegen.

Elder erreichte Marsalek. Der sagte, er sei in einem Hotelzimmer in Moskau, und lieferte ein komplettes Briefing zu der Transaktion, als sei die Schaffung eines europäischen Machtzentrums auf dem Finanzdienstleistungssektor bereits in trockenen Tüchern. Der Preis läge im Bereich von 60 Euro pro Aktie, fast das Doppelte des Werts, auf den der Wirecard-Kurs abgesackt war.

Die Information kam zwar aus allererster Hand, aber Elder blieb extrem vorsichtig. Er wusste, dass jede Story von uns, dem wichtigsten öffentlichen Gegenspieler von Wirecard, den Preis der Aktie in die Höhe treiben würde. Im Londoner FT-Büro saß Elder mit dem *Alphaville*-Team zusammen, über seinen Schreibtisch verteilt lag ein Durcheinander aus Wegwerfhandys und leeren Cola-light-Dosen, der Hörer des Festnetztelefons lag nur halb auf der Gabel, damit Anrufe direkt auf die Voicemail umgeleitet wurden. Er wandte sich an Murphy. »Okay, gerade ist etwas sehr Seltsames passiert«, meinte er, dann erzählte er von seinem Telefonat mit Marsalek.

Sie beschlossen, der Sache nachzugehen, und waren sprachlos, als der Ingenico-Sprecher gegenüber der FT ein ebenso deutliches wie offizielles Dementi verlauten ließ: »Es gibt keinerlei Gespräche mit Wirecard über Themen wie Fusion oder Übernahme, weder im Anfangsstadium noch im fortgeschrittenen Stadium noch überhaupt irgendetwas in der Art.« Dann begannen Reporter, neue Gerüchte aufzuschnappen, die die Runde machten und behaupteten, die FT stünde kurz davor, eine positive Story über Wirecard mitsamt einer Entschuldigung zu veröffentlichen.

Es war fast zu dreist, um glaubhaft zu sein. Ein Vorstandsmitglied eines großen, börsennotierten Unternehmens in Europa hatte versucht, die FT dazu zu verleiten, eine hochgradig kurssensible Story zu bringen. Spekulationen über eine Übernahme hätten den Aktienkurs in die Höhe schnellen lassen und den Shortsellern mit einem eklatanten Stück Marktmanipulation in die Suppe gespuckt. Wir hatten schon vorher diesbezüglich einen Verdacht gehabt, aber das bestätigte: Wirecard war alles, nur kein normales Unternehmen.

*

Als Überraschungsangriff war der *Zatarra Report* ein voller Erfolg. Der Kurs ging profitabel in den Keller, und wochenlang redeten die Leute von nichts anderem mehr. Aber Matt Earl hoffte, die Aufmerksamkeit der deutschen Behörden auf die Sache lenken zu können, die Reaktion war jedoch nicht gerade das, was er erwartet hatte. Er war eigentlich darauf vorbereitet, die Mengen an gesammeltem Material auszuhändigen, stattdessen bekam er eine E-Mail von der deutschen Finanzaufsichtsbehörde BaFin mit einer eher bürokratischen Anfrage. Die BaFin konnte Zatarra nicht als eingetragenes Unternehmen für Investmentberatung finden.

Earl war sprachlos. Er konnte nicht glauben, dass das alles war, was sie wissen wollte. Zugleich konnte er sich entspannen, was seine eigene Position anging, auch wenn die BaFin rasch wissen ließ, sie wolle der Möglichkeit einer Marktmanipulation auf den Grund gehen. Alles im *Zatarra Report* basierte auf öffentlich zugänglichen Informationen, deshalb war Earl zuversichtlich, dass da keine Insiderinformationen eine Rolle spielten. Es war nach seinem besten Wissen und Gewissen einfach wahr. Earl war sich sicher, die Aufsichtsbehörden würden das auch so sehen, wenn sie den Bericht erst einmal gründlich gelesen hätten, und er und Perring versuchten, auch die Londoner Finanzaufsicht für ihre Arbeit zu interessieren.

Aber die Anonymität war in der öffentlichen Meinung ebenso wenig hilfreich wie die Tatsache, dass die Zatarra-Website aufgrund von DDoS-Attacken immer wieder verschwand. Das zwang Perrings IT-Experten, Cloudflare anzuheuern, eine Firma, die auf die Abwehr derartiger Cyberangriffe spezialisiert war.

Wirecard versuchte, die Diskussion mit Klageandrohungen zu ersticken, und redete viel von seiner Suche nach den Übeltätern, doch auch Versuche, sich in gutem Glauben mit dem *Zatarra Report* zu beschäftigen, stießen aufgrund der Schwächen des Berichts immer wieder auf Probleme. Ein altgedienter Wirecard-Analyst, Jochen Reichert von der Warburg Bank, äußerte sich freimütig zu seinem Vorgehen. Das Compliance-Team seiner Bank regte an, er solle seine Kaufempfehlung aussetzen, aber das »würde nur den Autoren in die Hände spielen«, schrieb er, nachdem er sich zwei Wochen lang mit dem Dokument beschäftigt hatte. »Zatarra nimmt mehrere verschiedene Fakten, wirft sie zusammen in einen Topf und versucht, diese Fakten so miteinander in Verbindung zu bringen, dass es aussieht, als habe Wirecard sämtliche Strippen gezogen. Diese Vorgehensweise macht es (für uns) ziemlich kompliziert, die Beweiskraft der Anschuldigungen von Zatarra zu überprüfen.«

Earl und Perring ließen eine Reihe empörter Gegendarstellungen vom Stapel: Seht her, wir haben Wirecard bei einer Lüge ertappt. Es war die praktische Anwendung der Kakerlakentheorie: Es ist niemals bloß eine einzige Kakerlake in der Küche. Allerdings war Zatarra auf genau die gleiche Weise angreifbar. Wirecard brauchte nur einen einzigen Baustein aus ihrer Mauer an Informationen herauszuschlagen, um Zweifel am ganzen Gebäude hervorzurufen.

Einer dieser Bausteine war die Kirch-Gruppe, ein Medienkonglomerat, das in Insolvenz gegangen war. Burkhard Ley hatte dort gearbeitet, bevor er zu Wirecard kam. Der *Zatarra Report* hatte einige Schwachstellen – warum also sollten Investoren dieser anonymen Attacke Glauben schenken? Wie Reichert schrieb: »Seltsamerweise ist Zatarra der Deckname von Edmond Dantès in dem Film *Der Graf von Monte Christo* aus dem Jahr 2002. Auch das hat vielleicht nichts zu bedeuten, aber wenn man den Report mehrmals gelesen hat, könnte man doch den Eindruck gewinnen, dass es sich hier um einen persönlichen Rachefeldzug gegen Wirecard handelt.«

Die Medien hätten zur Klärung des Bilds beitragen können, aber die FT war auf Tauchstation, und die deutsche Presse übernahm weitgehend die Darstellung des Unternehmens, das einfach nur damit prahlte, wie toll die Geschäfte liefen. Schließlich war es doch eine der großen deutschen Erfolgsgeschichten. In der Darstellung Markus Brauns war das Geschäft von Wirecard stärker als jemals zuvor. Der Umsatz im ersten Quartal 2016 lag um ein Drittel höher als im entsprechenden Vorjahreszeitraum. Die Gewinne wuchsen sogar noch schneller, und Wirecard prognostizierte ein Ergebnis von 300 Millionen Euro EBITDA (Ergebnis vor Zinsen, Steuern und Abschreibungen) für 2016 insgesamt, was eine erneute Erholung des Aktienkurses auslöste.

Perring und Earl riskierten ihre Anonymität, als sie begannen, von der Nutzung ihres selbst so getauften »Bat Phone« zu reden – ein sicheres Handy für Telefonate und den Versand von Nachrichten. Während dieser Gespräche wechselte Perring zu einem bizarren deutschen Akzent, irgendwo zwischen einem Gestapo-Offizier aus englischen Kriegsfilmen und dem Bond-Bösewicht Ernst Stavro Blofeld. Für manche Unterhaltungen verlegte sich Earl auf einen südafrikanischen Tonfall. (Er hätte einen ziemlich überzeugenden Schmuggler von Krügerrand-Münzen zu Zeiten der Apartheid abgegeben.)

Die Kombination konnte vielleicht auch nicht so ganz zur Stärkung ihrer Position beitragen, und Perring war auch nicht immer der beste Fürsprecher seiner eigenen Arbeit. Einmal hinterfragte Earl eine Recherche, die Perring zum Thema Transaktionswäsche geteilt hatte. Der Text war nicht zu beanstanden, aber seine Antworten auf Fragen zum Inhalt waren so konfus, dass man glauben musste, er habe den Text selbst nicht verstanden.

»Sieh mal, Fraser, wo stammt das her? Wer hat dir das gegeben?«, hatte Earl gefragt.

Perring war in der Defensive. »Das kommt alles von mir, alles von mir. Wieso fragst du das?«

»Nun, es muss von jemand anderem kommen, denn du bist nicht in der Lage, es zu erklären. Kann ich bitte mit der Person sprechen, die das geschrieben hat?«

Earl blieb beharrlich, und am Ende gab Perring nach: Es gab noch einen weiteren Mitwirkenden, der seine Erkenntnisse mit Perring ausgetauscht hatte. Dieser vierte Mann hatte online Anzeichen für falsch deklarierte amerikanische Poker-Transaktionen durch Wirecard gefunden – etwa Anweisungen für Mitarbeiter in Callcentern –, was einen Verstoß gegen das diesbezügliche in den USA geltende Verbot darstellte.

Es war einer der »Wise Men«. Er hatte Perring nicht angestellt, die beiden hatten einfach in aller Ruhe über Monate ihre Aufzeichnungen abgeglichen. Nachdem Earl eingeweiht worden war, brauchte er vielleicht dreißig Sekunden, bis er die Sache durchschaut hatte.[21]

*

Im Mai 2016 besuchte Roddy eine ganztägige Wirecard-Präsentation für Investoren in London. Der aktuelle Druck hatte Markus Braun aus seiner Abgeschiedenheit in München herausgelockt.

---

21 Nach Perrings Schilderung hatten sowohl er als auch Earl bei dem nächtlichen Skype-Anruf Schwierigkeiten, die Erklärung der »Weisen Männer zu verstehen.

Die Veranstaltung fand bei FTI Consulting in Cheapside statt, und der Saal der PR-Agentur war voll besetzt mit Investoren aller Art, die meisten davon Unterstützer, und der Österreicher hatte etwas vorbereitet, um seinen Fans den Mund wässrig zu machen.

Er versprach voller Überzeugung eine Verdreifachung von Wirecards Größe bis 2020, bis dahin werde man 160 Milliarden Euro an Zahlungen verarbeiten und 2,1 Milliarden als Gewinn verbuchen können. Mit einer Gewinnmarge von über 30 Prozent sei das Unternehmen dann sogar profitabler als Apple. Es war eine besonders ungewöhnliche Prognose, weil Zahlungsdienstleister in der Regel entweder rasches Wachstum oder hohe Gewinnmargen erzielten, aber nicht beides auf einmal.

Die Erklärung dafür, wie Wirecard dieses Wunder an Produktivität vollbringen wollte, war schier absurd. Einer der drei Stützpfeiler der Braun'schen Strategie war schlicht »Globalisierung«. Ein anderer zentraler Punkt hatte in seiner Mehrdeutigkeit fast schon Zen-Qualität: »Die Zahlung selbst ist der Datenträger.« Alle halbe Stunde wurde die Präsentation für eine kurze Fragerunde unterbrochen. Roddy versuchte, eine gezielte Frage zu stellen, aber sobald die Fragen irgendwie konkret wurden und an die Substanz gingen, funkte die PR-Chefin Iris Stöckl dazwischen und lenkte die Diskussion in die gewünschte Richtung.

Ramu Ramasamy sprach über Hermes und seine Kette mit Smart-Shop-Kiosken, die er neuerdings für Wirecard in Indien betrieb. Er wurde bei jeder Unterbrechung bedrängt, aber Braun sprang ihm jedes Mal zur Seite und kam wieder auf die Attraktionen eines in einem solch raschen Wandel begriffenen Landes zu sprechen, wenn Ramu sich verzettelte.

Während der Mittagspause, als die Aufmerksamkeit vor allem dem Gedränge um Braun galt, als er versuchte, sich aus dem Saal zu zwängen, schlich Roddy aufs Podium. Er zog ein Blatt mit gelben Zatarra-Stickern aus der Tasche und pappte einen an Brauns Namensschild auf dem Tisch – ein kleiner Scherz, um den CEO hochzunehmen. An jenem Nachmittag behielt er Braun im Auge, der irgendwann das gefaltete Namensschild verschob und das aufgeklebte Logo entdeckte.

Dem Österreicher schien für einen Moment sämtliche Farbe aus dem Gesicht zu weichen, er hatte sich aber rasch wieder gefangen. Roddy kicherte still in sich hinein, aber seine Heiterkeit verwandelte sich in Nervosität, als Braun das Publikum misstrauisch beäugte. Er hatte die Vorstellung, Braun würde die Veranstaltung unterbrechen. »Zatarra ist hier, mitten unter uns. Verschließt die Türen, keiner verlässt den Saal.«

Es war völlig irrational, aber unter den Shareholdern herrschte noch immer helle Aufregung. Hatte man ihn bemerkt? Roddy schlich in Richtung Toilette und schloss sich in einer der WC-Kabinen ein. Das Blatt mit den verräterischen Stickern ließ sich nicht hinunterspülen, und einen Spülkasten gab es nicht. Aber es gab eine Trennwand. Er stemmte eines der Paneele einen Spaltbreit auf, schob das Blatt in den Schlitz und seufzte erleichtert auf. Sein Puls beruhigte sich wieder, er ging zurück zur Präsentation und war wieder ein x-beliebiger Hedgefonds-Manager, der sich für die Welt der elektronischen Zahlsysteme interessierte.

Am Ende der Veranstaltung hielt Roddy ein letztes Mal Ausschau nach Ian Hollins, Perrings reichem Mäzen. Perring war sich sicher gewesen, dass er dort war, und Roddy wollte den Namen, über den er so viel gehört hatte, mit einem Gesicht verbinden. Perring hatte ihn nicht vorgestellt oder eine Telefonnummer weitergegeben, er hatte ihm nur gesagt, er solle Ausschau nach jemanden halten, der halb libanesisch aussehe. Roddy musste achselzuckend konstatieren, dass Hollins wohl Besseres zu tun hatte.

Im Juni tauchte ein neues Übernahmegerücht auf. Mit Verweis auf »gut informierte Quellen« vermeldete ein britischer Blog: »Ein mysteriöses chinesisches Unternehmen ist in Gesprächen mit dem deutschen Zahlungsdienstleister Wirecard über den Aufkauf eines signifikanten Anteils am Geschäft oder sogar die Übernahme der gesamten Gruppe.« Der Aktienkurs kletterte um 6 Prozent auf 41 Euro, nicht mehr weit von seinem Höchststand von

47 Euro. Der Zatarra-Effekt hatte sich lediglich als vorübergehend erwiesen.

Dennoch waren Perring und Roddy guter Dinge. Ich traf sie ein paar Wochen später an einem brütend heißen Tag auf dem Kricketfeld beim abschließenden Camp Alphaville. Beim dritten Durchgang hatte die Konferenzveranstaltungsabteilung der Zeitung die Sache in die Hand genommen und das Ganze in »FT Festival of Finance« umgetauft.

Die Cabaret-Tänzerinnen und die schweißtreibenden Iglu-Zelte waren längst verschwunden, aber Carson Block war wieder zurück. Er versuchte, Bilanzprobleme bei der französischen Supermarktkette Casino aufzudecken, musste jedoch feststellen, dass der europäische Markt den in den USA üblichen taktischen Tricks gegenüber weit weniger aufgeschlossen war. Das Pariser Establishment hatte die Reihen hinter dem milliardenschweren Eigentümer der Gruppe fest geschlossen, und die Börsenaufsicht schien sich weit mehr für die Vertrauenswürdigkeit von Blocks eigenem Fonds zu interessieren als für das, was er über das französische Unternehmen zu berichten hatte.

Auf der Bühne plauderten Block und ich in einem weißen Zelt zusammen mit einem Vertreter von J Capital Research über Finanzbetrug. Um das Thema Wirecard machten wir wegen meiner umfangreichen Sammlung an juristischen Drohschreiben einen großen Bogen, obwohl Perring und Roddy, die im Publikum saßen, genau dazu einige drängende Fragen hatten.

Dave, der IT-Experte, war ebenfalls da, und hinterher saß ich mit ihnen bei ein paar Bier in der Sonne (und mit einer Spur Verfolgungswahn gegenüber anderen Konferenzteilnehmern). Als es an der Bar immer voller wurde, rückten wir immer weiter in Richtung Spielfeld, misstrauisch gegenüber unbekannten Gesichtern und unseren Stapel Taschen dezent vor uns herschiebend, damit uns niemand belauschen konnte.

Dennoch waren wir entspannt und fröhlich. Der Tag war gut gelaufen, und Perring erzählte haarsträubende Geschichten über eine luxuriöse Hochzeitsfeier eines Milliardärs in Südafrika, bei der er kürzlich zu Gast gewesen war; Kokain auf Silbertabletts in den Badezimmern, solche Sachen. Es sei nicht sein Ding, versicherte er uns.

Wie auch immer: Wirecard blieb trotz allem unbeirrt auf Kurs, aber wir versicherten uns gegenseitig, alles sei nur eine Frage der Zeit. Die Behörden hatten sich noch nicht zu Wort gemeldet, und wir konnten darauf hoffen, dass sie hinter den Kulissen an der Sache dran waren. Eines Tages würde die Wahrheit schon ans Licht kommen. Wir mussten nur Geduld haben.

14 Freund oder Feind?

März 2016 | München | Aktienkurs: 31 Euro | Börsenwert: 3,8 Milliarden Euro

Jan Marsaleks erste Reaktion auf den *Zatarra Report* bestand darin, einen Dieb zu beauftragen, den Dieb zu fangen – in diesem Fall ein drogensüchtiger Insiderhändler, der einen Shortseller zur Strecke bringen sollte. Er wandte sich an James Harris, einen massiv tätowierten ehemaligen Kleinganoven, der als Mittelsmann in einem Netzwerk von Bankern, Anwälten, Brokern, Kunsthändlern und Oligarchen fungierte, die über zwei Kontinente verteilt waren.

Es war die Gangsterwelt, aus der Murphys geheime Quellen stammten, und während er niemals Namen fallen ließ, waren die Banditen selbst nicht ganz so diskret. Marsalek wollte einen Zugang zur FT finden, wollte selbst Mäuschen spielen, und Harris wusste, bei wem er ansetzen konnte: beim Besitzer des Fabric, einem der größten Londoner Nachtclubs. Er fand ihn gleich neben dem Club im Smiths, bekannt für bestes Fleisch vom Smithfield Market direkt gegenüber, und pappte ein winziges Post-it an seinen Tisch. »Rufen Sie diesen Typen an, da ist 'ne Menge Kohle für Sie drin.«

Gary Kilbey blickte auf die hingekritzelte Nummer. Normalerweise ging er Harris lieber aus dem Weg – der war ein wandelndes Pulverfass, noch dazu heroinabhängig, was ihn am Ende auch das Leben kosten sollte. Kilbey war ein ergrauender Geschäftsmann aus Essex, ein umsichtiger und erfolgreicher noch dazu, aber er war auch ein unermüdlicher Trader. Er hatte einen Bereich der British Telecom vor deren Privatisierung geleitet, danach ein Fuhrunternehmen, das er aber in den Neunzigerjahren verkaufte, nachdem ihm klar geworden war, dass er mit einer einzigen Börsentransaktion mehr Geld verdienen konnte als mit einem ganzen Jahr Arbeit. Er wurde zu einem Experten für Firmensanierungen, kaufte Unternehmen auf, die in Schwierigkeiten steckten, und verkaufte sie mit Gewinn weiter.

Sein großes Laster war das Spreadbetting: Diese Form des Aktienhandels wurde von der britischen Regierung als Glücksspiel eingestuft und deshalb nicht besteuert. Ein Tipp aufs Handy genügte, und die Wette war in Umlauf, und es gab Ganoven überall auf der Welt, die Gerüchte, Vermutungen und Tratsch austauschten und mitunter auch sehr fundierte Informationen über den Börsenhandel. Sie taten sich zusammen und teilten sich Konten, um eine Zeit lang gemeinsam zu traden oder um für einen Anteil am Gewinn Tipps auszutauschen.

Die Frage lautete immer: »Gibt's da eine Marge?«, sprich: Bleibt etwas hängen, um damit den nächsten Trade zu starten? Die Broker waren genauso undichte Stellen, und wenn ein Spreadbetting-Konto richtig heiß wurde, mit einer ganzen Reihe von Gewinnern, hefteten sich schon bald eine Menge Leute an seine Fersen und kopierten einfach jeden seiner Schritte. Von Harris neugierig gemacht, rief Kilbey die Nummer auf der Haftnotiz an.

»Ich habe gehört, Sie sind gut mit Paul Murphy befreundet«, sagte Marsalek. Die FT sei gerade dabei, Wirecards Ruf zu ruinieren, er wolle die Sache richtigstellen und dachte sich, eine freundliche Kontaktaufnahme könne hilfreich sein.

Kilbey war verwirrt, willigte aber ein, es zu versuchen. Er wusste absolut nichts über Wirecard, kannte allerdings ein paar Leute, die auf das Fallen der Aktie gesetzt hatten. Er sprach mit Murphy und berichtete Marsalek von der unverblümten Reaktion: nicht solange Wirecard drohte, die FT zu verklagen.

Ohne die Möglichkeit, selbst aktiv zu werden, aber bewaffnet mit Informationen leitete Marsalek Gegenmaßnahmen ein, die er von seiner neuen persönlichen Operationsbasis aus orchestrierte. In der Wirecard-Zentrale hatte Marsalek drei Räume mit Zugang durch eine einzige Tür, bewacht von seiner Assistentin Sabine. Die meisten Besucher wurden direkt in sein persönliches Konferenzzimmer geführt. Einige wenige durften nach links, wo Marsaleks makelloser Schreibtisch mit gläserner Tischplatte in einem Winkel am hinteren Ende eines großen Raums stand, größer noch als Markus Brauns Büro. Links von der Tür, hinter der Säule, die den Blick darauf verstellte, standen ein paar niedrige Vitrinen mit einer Sammlung russischer Uschanka-Fellmützen, die er von seinen Reisen nach Moskau mitgebracht hatte (wo Wirecard nicht geschäftlich präsent war). Es war eine Art Allerheiligstes, aber nicht privat genug für Marsaleks zunehmende persönliche Interessen.

Mit der Prämie aus dem Mauritius-Fonds 1 A ließ sich Marsalek im P61 nieder, einer eleganten Villa in der Prinzregentenstraße mit Eichenholzböden, weißen Säulen und vier Meter hohen Decken. Die Prinzregentenstraße war eine der prachtvollsten Avenuen im Herzen Münchens, fünfzehn Autominuten vom Wirecard-Campus entfernt. P61 war im Grunde ein kleiner Palast und glich in seiner Pracht dem russischen Konsulat gleich gegenüber, und es war umgeben von hohen Hecken, die Privatsphäre garantierten. Die Miete betrug stolze 680.000 Euro im Jahr, bezahlt wurde das Ganze vom Reiseunternehmen Goomo, das den Standort als Hauptquartier in Europa nutzte.

Colin arbeitete dort, ebenso Marsaleks Privatsekretärin, die ebenfalls Sabine hieß. Wenn es Zufall war, war es immerhin ein nützlicher Zufall. Er konnte seine privaten Geschäfte vor Wirecard-Mitarbeitern diskutieren, und sie glaubten, er habe Sabine in der Zentrale am Telefon, wenngleich seine geschäftlichen und seine außergeschäftlichen Aktivitäten oft miteinander verwoben waren. Er nahm beispielsweise an den Aufsichtsratsmeetings eines Zahlungsdienstleisters in Tripolis teil, den Wirecard in Libyen unterstützte, während er nebenher gemeinsam mit einigen der Geldgeber dieses Unternehmens in mehrere Zementwerke in dem vom Krieg gebeutelten Land investierte. Marsalek bewegte sich nahtlos zwischen Investoren, Oligarchen und Spionen, und im Kampf gegen Zatarra wandte er sich an sein Netzwerk mit Kontakten innerhalb und außerhalb des Apparats der österreichischen Sicherheitsbehörden.

In einem Dokument vom Dienstag, dem 8. März 2016, wurde Marsalek von einer Wiener Sicherheitsfirma eine reichhaltige Auswahl Hacking-Optionen angeboten. Er hatte der Firma meinen Namen genannt, ebenso den eines Londoner Playboys, der angeblich Tage vor der Zatarra-Attacke auf einen sinkenden Wirecard-Aktienkurs gesetzt haben soll. Dabei handelte es sich um Brett Palos, Stiefsohn des Einzelhandelsmilliardärs Philip Green und ein Freund von Matt Earl.

Die Sicherheitsfirma schlug die Nutzung eines sogenannten IMSI-Catchers vor. Dieses Gerät simuliert einen Handymast und kann so die Standorte bestimmter mobiler Endgeräte verfolgen. Die Detektive drängten auch auf die Anschaffung einer Hacker-Ausstattung von der Größe eines Rucksacks, um Informationen aus Mobiltelefonen anzapfen zu können, sowie eines »konspirativen Autos« zur Nutzung in Großbritannien. Es würde zwei Wochen brauchen, bis das Fahrzeug ausgestattet war, warnte die Firma, deshalb wurde Marsalek eine rasche Entscheidung nahegelegt.

Marsalek witterte außerdem eine undichte Stelle, denn für all jene, die Einblick in die Geschichte von Wirecard hatten, war der *Zatarra Report* ein höchst merkwürdiges Dokument. Es gab mit Sicherheit zu viele Verbindungen, zu viele Anzeichen für schmutzige Wäsche auf den Seiten des Berichts, als dass sich dieser allein auf öffentlich zugängliche Informationen stützen konnte, wie die anonymen Verfasser behaupteten. Zugleich war der zentrale Vorwurf des Reports fehlerhaft. Ja, Wirecard hatte Zahlungen für Glücksspiel in den USA über seine Systeme geschaufelt, aber Zatarra ging einen Schritt zu weit: Der Report enthielt falsche Verdächtigungen gegen Rüdiger Trautmann und eine seiner Firmen.

Auf der Suche nach dem Maulwurf legte sich Marsalek zunächst auf jemanden unmittelbar außerhalb des inneren Zirkels fest, einen Kontakt von Henry O'Sullivan, der Wirecards UK-Geschäfte in Newcastle erledigte. Angesichts von dessen Verbindungen zu höchsten Kreisen und zahlreichen Freunden in London ging man davon aus, der Manager habe die Gelegenheit gehabt, mit den hinter Zatarra stehenden Spekulanten zu konspirieren. Der Mann könne innerhalb weniger Tage unter die Lupe genommen werden, meinten die Privatdetektive, wollten aber noch weitere Informationen. Wer sonst noch im Unternehmen könnte ein Motiv haben? Hatte jemand gerade eine teure Scheidung hinter sich, waren ihm Kollegen aufgefallen, die über ihre Verhältnisse lebten?

Am gleichen Tag setzte Markus Braun auch Wirecards Ressourcen für die Jagd ein. Er heuerte die führende Wirtschaftsdetektei Kroll an, um mich, Zatarra und Brett Palos zu durchleuchten. Braun wollte via Kroll auch einen Freund von Palos unter die Lupe nehmen, der ebenfalls per Leerverkauf auf einen fallenden Wirecard-Kurs gesetzt hatte.[22] Es handelte sich um Nick Gold, den schrillen Miteigentümer eines Nachtclubs in Soho namens The Box, bekannt für seine hochkarätige Kundschaft und sein anrüchiges Kabarettprogramm.

Etwa zeitgleich begannen schmutzige Tricks. Eine gefälschte E-Mail mit einer Entschuldigung wurde an Analysten und Investoren verschickt. Die Mail erweckte den Eindruck, von einem Zatarra-Mitarbeiter zu stammen, den sein Gewissen plagte. Die Anschuldigungen gegen Wirecard seien »konstruiert und falsch«, und Zatarras Freunde in den Medien seien Verbrecher. Die E-Mail war ein billiger Schwindel, aber wer auch immer sie verfasst hatte, teilte Brauns und Marsaleks Theorie über die Protagonisten. Es hieß darin, »der innere Zirkel« von Zatarra bestünde aus Palos, Gold und ein paar weiteren Individuen, die »wiederholt Journalisten diverser Zeitungen im Vereinigten Königreich und in den USA bestochen hätten oder versucht hätten, diese zu bestechen«. Der Gegenangriff begann, Gestalt anzunehmen.

---

22 Zum Bestreiten Brauns siehe Anmerkung 2.

Markus Braun verbrachte derweil tatsächlich das Wochenende mit Fusionsgesprächen mit den Franzosen. Die Idee lief unter dem Codenamen »Project Elysium« und sah vor, dass Ingenico quasi im Handstreich Wirecard aufkaufen sollte. Die ersten Anläufe liefen unter wahrhaft bombastischen Tarnnamen: Ingenico war ein Pariser »Zeus«, Wirecard war das bajuwarische Gegenstück namens »Poseidon«. Angesichts des Tempos, mit dem Marsalek die Transaktion am Montagmorgen durchsickern ließ, war jedoch stark anzunehmen, dass es ihm auch darum ging, den Aktienkurs wieder auf Vordermann zu bringen. Zu dem Zeitpunkt, als er Bryce Elder von FT von Moskau aus informierte, als sei bereits alles in trockenen Tüchern, stritten sich die Anwälte von Zeus und Poseidon noch immer über die Vertraulichkeitsvereinbarung, ohne die man gar nicht erst anfangen konnte zu verhandeln.

Wie auch immer: Marsalek hatte anderes im Sinn. Wie wäre es, wenn er Carson Block, den prominenten amerikanischen Shortseller, dafür bezahlen würde, als Unterstützer von Wirecard aufzutreten?[23] Für das Angebot schickte Marsalek einen alten Freund namens Sina Taleb vor, einen Mittelsmann und Dealmaker, der zwischen Paris, dem Nahen Osten und LA pendelte. In San Francisco sagte Carson Block: »Wir nehmen kein Geld. Wenn die Company so blitzsauber ist und es etwas zu tun gibt, dann sehen wir uns das an und schreiben einen Bericht.« Taleb blieb vage, was seine Verbindung zu Wirecard anging. Er ging, und Block hörte nie wieder von ihm.

---

23 Den Kontakt zu Block stellte ein türkischer Geschäftsmann und Börsenhändler mit traumatischer Vergangenheit her. 2015 versuchte er gerade, einen Immobilienstreit in Korsika zu bereinigen, als er von einer in Polizeiuniformen verkleideten Bande aus Algerien entführt und sechs Tage lang in einem Pariser Keller gefangen gehalten wurde. Die Entführer verlangten von ihm, Millionen an sie zu transferieren, indem er ihnen Aktien zum falschen Preis verkaufte. Als die Polizei einen mutmaßlichen Komplizen verhaftete, wurde er an einem Bahnhof freigelassen – blutverschmiert und geschlagen, aber immerhin noch am Leben.

Ein anderer Spezi, der Marsalek seine Hilfe anbot, war der Pornobaron Hamid »Ray« Akhavan, ein im Iran geborener US-Bürger mit einer Schwäche für schnelle Autos, Schusswaffen und Helikopter. Er lebte in Calabasas, einer Stadt am Rande von L.A. in den Santa Monica Mountains, wo er eine komplette Kammer mit automatischen Waffen unterhielt. Er hatte mit hochriskanten Finanztransaktionen ein Vermögen gemacht und war ein langjähriger Wirecard-Kunde – 2013 kontrollierte er beispielsweise fast zweihundert Konten der Wirecard Bank im Namen von Unternehmen aus Consett, Country Durham.

Er bot an, Marsalek den Kontakt zu einem ehemaligen CIA-Mitarbeiter zu vermitteln, der vielleicht bei juristischen Problemen des Unternehmens in den USA behilflich sein könnte, aber ein anderer Freund Akhavans schien wesentlich interessanter – eine bestimmte Führungskraft im Compliance-Team von Mastercard. Akhavan hatte diese Person protegiert, indem er Geschäftspartner mit ihr zusammenbrachte, wenn man in New York um die Häuser zog. Für Leute in der Welt hochriskanter Finanzgeschäfte war ein Freund bei Mastercard, der Einfluss darauf hatte, wie und wann gewisse Vollstreckungsmaßnahmen ergriffen würden, der denkbar beste Verbündete.

Im Mai 2016, nachdem er mit seinen externen Anwälten gesprochen hatte, regte Wirecard-CFO Burkhard Ley an, es könnte hilfreich für Marsalek sein, auf oberster Ebene von Mastercard »Kontakte [zu] aktivieren«.

Fairerweise muss gesagt werden, dass es damals nicht schwer war, Leute zu finden, die Wirecard in höchsten Tönen lobten. Kroll nannte mehrere der größten Wirecard-Fans in einem Update vom Mai zu seinen Recherchen über Zatarra, darunter Antoine Badel von Alken Asset Management, einem wichtigen Anteilseigner. »Badel ist seit unserer Befragung überaus hilfreich; unsere anhaltende Korrespondenz hat unsere Untersuchung neu bestärkt und uns potenzielle Spuren geliefert«, sagte Kroll. Was die heikle Aufgabe der Identifikation der Zatarra-Autoren anging, zogen es Krolls Ermittler vor, das Vorgehen telefonisch zu besprechen.

Wirecards Anwaltskanzlei Schillings strich derweil ebenfalls satte Honorare ein. In einem Investigativbericht für das Unternehmen schrieb die Kanzlei: »Wir konnten in McCrums' Privatleben keine Belege dafür finden, dass er in letzter Zeit nennenswert reicher geworden wäre.«[24] Das Dokument bot drei Optionen zur Auswahl. Die Dritte davon lautete: »In Abhängigkeit von den nächsten von McCrum unternommenen Schritten und/oder irgendwelchen weiteren durchgeführten Recherchen behalten wir uns vor, andere Maßnahmen zu ergreifen, um McCrum/Alphaville von der Veröffentlichung weiterer Artikel dieser Art abzuhalten.«

Fraser Perring hatte die Schnüffler zumindest ein wenig von der Spur abgelenkt. In Krolls Bericht an Wirecard vom 15. Juli hieß es: »Wir haben mit mehreren Leuten geredet, die mit Zatarra gesprochen haben. In einem Fall wurde der Zatarra-Mann als jemand mit Londoner oder britischem Akzent beschrieben, bei anderen Gelegenheiten war von einem europäischen oder osteuropäischen Akzent die Rede.« Aber Kroll kam der Sache näher. Die Detektei hatte den Verdacht, es seien zwei Personen involviert, und sie war in den Besitz einer Aufnahme von einer dieser Unterhaltungen gekommen.

Bis Ende Juli hatte sich Krolls Rechnung für das Wirecard-Projekt auf stolze 379.618 Euro summiert. Aus der Sicht des Auftraggebers war das wohl gut investiertes Geld. Die Ermittler gaben drei Fotos weiter: zwei Aufnahmen mit Teleobjektiv auf einer Straße in Mayfair und eine Nahaufnahme aus der Londoner U-Bahn-Station Victoria. Die abgelichteten Männer trugen Sportjacken und Jeans und unterhielten sich ganz offensichtlich miteinander. Einer hatte

24 Schillings ließ mich wissen, die Kanzlei habe durchweg korrekt gearbeitet, unter Einhaltung sämtlicher rechtlichen und behördlichen Vorgaben und Verpflichtungen.

eine Laptoptasche aus Leder in der Hand, der andere hielt eine kleine Reisetasche in der rechten Hand, die linke hatte er auf eine Krücke gestützt – Matt Earl und Fraser Perring. Noch kannte Kroll die Namen nicht, aber das war nur eine Frage der Zeit.

15 In Panik

2016 | St Albans | Aktienkurs: 45 Euro | Börsenwert: 5,5 Milliarden Euro

Eines Sonntagnachmittags im November 2016 machte ich mir Sorgen um die Überreste unseres Hauses. Der hässliche Backstein-Bungalow aus den Siebzigerjahren am Ende einer Sackgasse war zur Hälfte abgerissen, die Erde davor von schlammigen Gräben durchzogen, als Vorbereitung für die Fundamente des Einfamilienhauses, das wir an gleicher Stelle bauen wollten. Noch in New York hatten wir uns für St Albans entschieden. Wir sahen uns eine Karte mit Pendlerverbindungen nach London an, als Charlotte mit unserer Tochter schwanger war – wir hatten festgestellt, dass eine Rückkehr in die Hauptstadt nach den fünf Jahren nicht möglich war, weil die Immobilienpreise inzwischen völlig durch die Decke gegangen waren. Unser Sohn war im Mai zur Welt gekommen, ein wimmerndes kleines Wunder, das sich zu schlafen weigerte. Wir brauchten mehr Platz, also machten wir uns mit dem verwegenen Optimismus der Unerfahrenen ans Bauen.

Durch einen Glücksfall konnten wir das Haus direkt gegenüber mieten. Ich erkannte rasch, dass dies auch bedeutete, ständig mit den finanziellen Risiken, auf die wir uns eingelassen hatten, und den Launen der Baufirmen, die alles mit Feuereifer abgerissen hatten und sich dann auf einmal nicht mehr blicken ließen, konfrontiert zu sein. Zum Arbeiten hatte ich mir eine kleine Ecke in einem Zimmer im Erdgeschoss eingerichtet, vollgestopft mit Kisten und überzähligem Mobiliar, eine Mischung aus unseren ramponierten Ikea-Möbeln und den Relikten auf Hochglanz polierter französischer Stücke der alten Dame, deren Haus wir gemietet hatten.

An jenem Sonntag versuchte ich, nicht ständig auf die Baustelle zu starren und ein wenig Arbeit nachzuholen. In meinem Posteingang fand ich eine von Nigel Hanson, dem Hausjuristen, weitergeleitete E-Mail mit dem Betreff »FT, Hedgefonds und kriminelle Machenschaften«. Auf den ersten Blick wirkte es bloß wie die nächste mit Tippfehlern gespickte Verschwörungstheorie der Jungs mit der grünen Tinte,[25] aber beim Weiterlesen bekam ich eine Gänsehaut. »Ich denke, Ihr Unternehmen sollte sich einiger der Machenschaften bewusst werden, die zwischen Ihren Journalisten und kriminellen Elementen der internationalen Hedgefonds-Szene ablaufen.« Der Absender hatte im Anhang E-Mails mitgeschickt, die »schlüssige Beweise für eine derartige Zusammenarbeit im Fall der Wirecard AG belegen, einem an der Frankfurter Börse notierten deutschen Unternehmen«.

Ich scrollte ans Ende und staunte nicht schlecht, als ich drei Bilder von Nachrichten sah, die Hedgefonds-Manager gesendet und empfangen hatten. Es waren keine Screenshots, man hatte den Bildschirm abfotografiert. Eine der Mail-Korrespondenzen fand zwischen dem Vorstand von J Capital Research, die den Bericht über Wirecards leere Büroräume veröffentlicht hatten, und jemandem beim Hedgefonds Blue Ridge statt. Darin wurde diskutiert, was ich über Wirecard geschrieben hatte.

Zumindest von der letzten Mail konnte ich die Echtheit bestätigen: Sie stand auch in meinem Posteingang und kam vom Wirtschaftsdetektiv Yousef Majali, gesendet nach unserem Frühstück am Tag der Veröffentlichung des *Zatarra Report*. Sie war an mich sowie an seinen Brötchengeber in New York gerichtet und endete mit einem Witz, der inzwischen auf geradezu spektakuläre Weise unangebracht erschien: »Bitte lassen Sie es mich wissen, wenn Sie etwas veröffentlichen – oder kurz davor!«

Irgendjemand war gehackt worden. War ich es? Angeblich war

25 Vor den Zeiten der E-Mails in Großbuchstaben war grüner Kugelschreiber das Werkzeug der Wahl für Spinner, die an Zeitungen schrieben.

das noch nicht alles: »Ich freue mich, Ihnen weitere Beweise für die Verbindung zwischen einigen Ihrer Journalisten und den dunklen Seiten der Hedgefonds-Szene liefern zu können. Ich werde ein paar weitere Mails für Sie zusammenstellen. xxx« Waren das Küsschen von der Person, die versuchte, mich wegen angeblichen Insiderhandels aufs Kreuz zu legen?

Meine Tochter kam hereingetapst und zeigte mir voller Stolz ein selbst gemaltes Bild von einem Picknick. Ich hob sie auf meinen Schoß, und mich beschlich das paranoide Gefühl, abgehört zu werden. Konnte ich dem Computer vor meinen Augen trauen oder meinem Handy? Belauschte mich jetzt gerade irgendjemand oder beobachtete uns über die Webcam? Das improvisierte Büro hatte ein Panoramafenster, in dem wir von der einsamen Sackgasse aus bestens zu sehen waren. Das Gefühl der Offenheit, das es vermitteln sollte, hatte sich in Exponiertheit verwandelt.

Ich klappte den Laptop zu, lieh mir das Handy meiner Frau und rief Murphy an. Auch er war verunsichert. »Das ist doch glatter Wahnsinn. Wir haben es mit ausgewachsenen, professionellen Geheimagenten zu tun.« Es gebe keinen Grund zur Panik, meinte er. Wir würden uns im Büro neu sortieren, wenn wir unter vier Augen sprechen konnten. Wir mussten eindeutig das Thema Sicherheit überdenken. Wir hatten total unterschätzt, mit wem wir uns da anlegten.

*

Drei Tage später wurde eine Untersuchung von Reuters veröffentlicht, die Simon Dowsons Scheinfirma im County Durham entlarvte. Über vierhundert Einheimische in Consett waren Direktoren für zahllose Pokerunternehmen, für Angebote, die schnellen Reichtum versprachen, und für Internetseiten, die Darmreiniger, Reformkost und allerlei mehr feilboten. »Wir waren alle arbeitslos, und es war leicht verdientes Geld«, erzählte ein ehemaliger Regalauffüller im Supermarkt dem Reuters-Reporter Alasdair Pal.

Der Bericht war eine mittlere Sensation, den ganzen Tag über die Topmeldung in den BBC-Nachrichten. Er zog sogar Fragen im Parlament nach sich, die Lücken und Grauzonen in einem System betreffend, das es zuließ, dass Millionen Pfund durch britische Unternehmen flossen, die als »Verschleierungsinstrument« genutzt wurden. Der britische Insolvency Service hatte eine Handvoll Firmen in dem Netzwerk unter die Lupe genommen und dichtgemacht und dabei große Geldbeträge auf Bankkonten für Unternehmen gefunden, die nur eine minimale Unternehmenstätigkeit versteuert hatten, aber ansonsten geschah kaum etwas. Einige der Consett-Firmen stellten den Betrieb ein, sanktioniert wurde keine einzige. Das Ganze entlarvte aufs Eindrucksvollste die laxe britische Unternehmensgesetzgebung, abgesehen von einer einzigen eklatanten Auslassung: Reuters hatte sich dem juristischen Druck gebeugt und den Namen Wirecard aus der Story herausgenommen.

Die Nachrichtenagentur benannte Dowson als Drahtzieher der ganzen Operation. Oder wie er es durchaus nachvollziehbar ausdrückte: »Sie wollen mir mit meinem mittleren Schulabschluss erzählen, wenn eine börsennotierte und staatlich lizenzierte und regulierte deutsche Bank zu mir kommt und sagt, so wird das gemacht, dann hätte gefälligst ich denen zu sagen, Moment mal, das ist aber nicht in Ordnung? Sie wollen mich wohl auf den Arm nehmen.«

Ansonsten gab es keine weiterreichenden Folgen. Ich war noch immer skeptisch und wollte keine schlafenden Hunde wecken, wegen des Fehlschlags mit Zatarra und des Damoklesschwerts einer möglichen Verleumdungsklage. Wenn ein anderer Medienkanal Wirecard erwähnen wollte, würden dessen Anwälte mit Sicherheit fragen, wieso ihre Reporter ein Risiko eingehen sollten, von dem Reuters lieber die Finger ließ.

Das Schweigen trieb Matt Earl allmählich in den Wahnsinn.

*

Earl wohnte ebenfalls in einer Sackgasse, eine halbe Runde um die M25 von St Albans aus, in Surrey. Dort gab es frei stehende Einfamilienhäuser aus Backstein, breite Zufahrtsstraßen und dazu großartige Natur gleich vor der Haustür. Die Nachbarn waren freundlich, und gegenüber dem offenen Ende der Straße gab es einen anständigen Pub. Es war die Sorte sicherer, komfortabler Wohngegend mit guten Schulen, die von Leuten mit guten Jobs in London gern gewählt wurden. Er arbeitete noch immer von zu Hause aus und plante, mit einem Shortselling-Geschäft an den Start zu gehen, aber er wollte damit größtmöglichen Abstand zu dem unberechenbaren Perring halten. Je mehr er mit dem Exzentriker zusammenarbeitete, desto seltsamer kam ihm sein Verhalten vor. Im Juli war Perring zufällig genau zur Zeit des Putschversuchs gegen Erdoğan im Urlaub in der Türkei. Er war keineswegs in der Nähe des Geschehens, aber Earl sagte ihm, er solle trotzdem vorsichtig sein. Perring hatte geantwortet, er wüsste alles über den Putsch – sein Freund Ian Hollins werde einen Helikopter losschicken, um ihn aus dem Land zu holen.

Auch Perrings Umgang mit Geld passte schwerlich zu den kühnen Behauptungen über seine angebliche Börsenexpertise. Roddy hatte er gesagt, immer wenn er einen Erfolgsmonat im Aktienhandel hinter sich gebracht habe, würde er ein neues Haus kaufen, was ihm ein ausgedehntes Immobilienportfolio verschaffen würde. Als jedoch der Herbst nahte, gerieten sich Perring und Earl wegen der Finanzen in die Haare. Eines Tages tauchte Perring in einem Skype-Chat auf und behauptete, Earl würde ihm rund 100.000 Pfund an Recherchekosten schulden. Earl war perplex. Seiner Einschätzung nach hatte er den größten Teil der Recherchen selbst erledigt, Roddy hatte fast den gesamten Rest beigetragen, und überhaupt waren die meisten Firmenunterlagen, die er gefunden hatte, kostenfrei zugänglich gewesen. Die Aufwendungen, die er sich vorstellen konnte, kamen noch nicht einmal in die Nähe eines fünfstelligen Betrags, von sechsstellig ganz zu schweigen.

Earl sah zu, wie Perring eine Weile zusammenhangloses Zeug faselte und dann Kosten für das Internet-Hosting als den dicksten Brocken ausmachte. Er behauptete, er habe zigtausend Pfund in wenigen Tagen ausgegeben, als er und IT-Dave versucht hatten, die Zatarra-Website gegen die ganzen DDoS-Attacken am Leben zu erhalten. Earl fragte nach Belegen, aber Perring hatte keine vorzuweisen und behauptete, für Amazon Web Services bar gezahlt zu haben, indem er sage und schreibe fünfzig Prepaid-Kreditkarten auf einmal bei der Supermarktkette Sainsbury's gekauft habe. Earl nahm überrascht zur Kenntnis, dass Perring den mysteriösen Ian Hollins zu dem Online-Gespräch eingeladen hatte. Er beobachtete mit wachsendem Erstaunen, wie Perring und sein »Freund« ihn ausschimpften – er kam sich vor wie im Kasperletheater.

»Was soll das heißen, er hat dich nicht bezahlt, das hört sich nach einem richtigen Mistkerl an.«

»Ja, genau wie ich's dir gesagt habe, Ian.«

Earl fiel die Kinnlade runter. Der Typ hat sie nicht mehr alle, dachte er.[26] Aber auch Earl konnte nicht wirklich klar denken. Wirecard nistete sich im Kopf der Leute ein. Ansonsten rationale und profitorientierte Shortseller glaubten, sie könnten sich die Chance nicht entgehen lassen. Die Art und Weise, wie sie jede Kritik und sämtliche Fakten einfach abprallen ließen, war schlicht zu ärgerlich.

Earl probierte es mit zwei separaten Schachzügen. Zuerst veröffentlichte er wieder anonym und versuchte, die Arbeit von Zatarra zu retten. Er gab sich als Wirtschaftsdetektiv aus und schickte am Montag, dem 5. Dezember, jedem, dessen Interesse an Wirecard bekannt war, eine weitere anonyme E-Mail.

»Mir bleibt keine andere Möglichkeit, als die folgende Informa-

---

26 Die Zitate geben Earls Erinnerung an den Skype-Chat wieder. Perring sagte, Ian Hollins sei ein Pseudonym zum Schutz der Identität seines Freunds.

tion öffentlich zu machen. Nachdem ich ursprünglich im Februar 2016 beauftragt worden war, die Arbeiten im Zusammenhang mit Wirecard zu widerlegen, habe ich ernste Bedenken mit Blick auf Anleger angesichts des Mangels an behördlicher Aufsicht, und ich fürchte, dass alle Welt belogen wurde.« Angehängt an diese E-Mail waren Links zu vier VisMas-Dateien (für Visa-Mastercard), verfasst in einem eher zurückhaltenden, technischen Stil, von dem Earl sich ausmalte, er würde auf Analysten und Aufsichtsbehörden glaubwürdiger wirken als der pathetische Tonfall von Zatarra.

Auf die wenigen Leute, die den ursprünglichen *Zatarra Report* von vorne bis hinten gelesen hatten, wirkte diese neueste Veröffentlichung verblüffend. Ich wusste ebenfalls nicht, was ich davon halten sollte. Die VisMas-Dateien verschwanden jedoch spurlos aus der öffentlichen Wahrnehmung.

Am nächsten Morgen veröffentlichte Earl einen Blog über Wirecard unter seinem eigenen Namen, der direkt auf Markus Braun zielte. Anhand von Bloomberg-Daten schätzte Earl, dass Wirecards Oberboss seit 2008 Aktien im Wert von rund 24 Millionen Euro verkauft und für etwa 46 Millionen Euro gekauft hatte – netto hatte er damit ungefähr 22 Millionen investiert. Braun wurde gewiss gut bezahlt, aber nicht *derartig* gut, weshalb Earl die Frage aufwarf, wo dieses Geld wohl herkam. Es war zum Teil ein Bluff. Gewiss würde niemand so dumm sein, die Aufmerksamkeit auf sich selbst zu lenken, während die andere Seite gerade hinter Zatarra her war.

Bald nachdem er den Blog online gestellt hatte, bekam Earl einen Anruf von Perring. Er war fix und fertig, stammelte, war so erschüttert, dass er kaum zu verstehen war. Perring sagte, gerade hätten ihm zwei Schlägertypen aufgelauert. Er hatte seine Tochter in die Schule in Lincoln gebracht und war gerade auf dem Rückweg zu seinem Auto, am Rand eines Supermarktparkplatzes. Als er einstieg, kamen zwei Männer aus entgegengesetzten Richtungen auf das Auto zu. Einer sprang auf den Beifahrersitz neben ihm und schnappte sich die Autoschlüssel, der andere stieg hinten ein und zwängte sich umständlich neben den Kindersitz.

Nach Angaben von Perring waren die zwei Männer ziemliche Schwergewichte, sprachen mit starkem osteuropäischem Akzent und einem bedrohlichen Tonfall. Einer von ihnen hatte einen Camcorder in der Hand und filmte ihn. Er sagte, sie verlangten zu wissen, wer hinter Zatarra steckte, für wen er arbeitete. Sie wussten, wo er wohnte, und zeigten ihm Fotos von seinen Kindern. Perring erzählte Earl, er habe alles abgestritten, und sie hätten ihm zwei Tage Zeit gegeben, sich zu entscheiden: entweder gebrochene Beine oder 100.000 Pfund, wenn er auspacke und die Namen seiner Komplizen nenne. Earl war alarmiert, aber zugleich misstrauisch. »Geh zur Polizei«, sagte Earl zu ihm.

*

An jenem Morgen saß ich mitten im Markets-Team, als ich einen ganz ähnlichen Anruf von Perring bekam. Als das Gespräch zu Ende war, blickten mich fünf Reporter fragend an. »Das war ein Informant. Er wurde soeben bedroht. Ein paar schwere Jungs hätten behauptet, sie hätten seinen Computer gehackt und dabei auch meinen Namen erwähnt. Sie hätten auch meinen Laptop gehackt.« Ich war geschockt, ich konnte es nicht wirklich fassen. Lionel Barber war auf Reisen, also informierte ich Paul Murphy und Nigel Hanson über diese Eskalation, dann ging ich zum FT-Team für Cybersicherheit, um mir Rat zu holen.

Nach der Hacker-E-Mail hatten wir entschieden, abzuwarten, ob mehr kommt, bevor wir handelten. Bei nüchterner Betrachtung kamen Murphy und ich zu dem Schluss, dass mein Posteingang nicht gefährdet gewesen war; gewiss wären mehr E-Mails markiert, wenn es so wäre. Die von einem Computerbildschirm aufgenommenen Fotos der E-Mails legten auch den Schluss nahe, dass vielleicht ein Schnüffler am Werk gewesen war, der kurzzeitig Zugang zu einem fremden Laptop gehabt hatte, aber eben kein

Hacker. Angesichts von Perrings neuerlicher Warnung beschlossen wir, unsere sämtlichen FT-Handys und -Computer auszutauschen, während das IT-Team die Zugriffsprotokolle nach Verdächtigem durchforstete.

Zurück an meinem Schreibtisch, fand ich eine Nachricht vor: Ich solle die Polizei in Lincolnshire anrufen. Der zuständige Beamte fragte sich offenbar, wie es sein konnte, dass Perring für Kriminelle von Interesse sei, weil er irgendetwas über eine deutsche Bank geschrieben hatte, aber er schien die Sache immerhin ernst zu nehmen. Ich fragte noch einmal bei Perring nach, der ein weiteres Detail hinzufügte. Er sagte, ein Handy sei ihm kürzlich abhandengekommen. Er dachte, er habe es verlegt, aber inzwischen hatte er den Verdacht, bei ihm könnte eingebrochen worden sein. Und er fragte auch gleich, ob ich selbst irgendetwas Verdächtiges bei mir zu Hause bemerkt hätte.

Voller Panik machte ich früh Feierabend. Es wurde gerade dunkel, als ich in St Albans ankam. Der Garten unseres gemieteten Hauses grenzte an ein Feld, auf dem Leute ihre Hunde ausführten. Es gab einen Drahtzaun, aber als ich mir zum ersten Mal Gedanken wegen dessen Schutzwirkung machte, fiel mir auf, dass zu beiden Seiten des Zauns Bäume standen, sodass der Zaun für einen Eindringling kein Hindernis darstellen würde. Im Innern des Hauses war seit den Achtzigerjahren nichts verändert worden – gemusterte, langflorige Teppiche, Strukturtapeten und ein leuchtend pinkfarbenes Badezimmer. Unsere Hintertür war aus Holz und Glas und hatte ein altes Schloss – nicht gerade das Modell, das Vertreter von Hausratversicherungen empfehlen würden. Ich beschloss, auch über Nacht den Riegel vorzuschieben. Dann bemerkte ich, dass ich noch nie einen Gedanken an das Wohnzimmer verschwendet hatte. Da es Winter war und der Raum von überzähligem Mobiliar überquoll, hatten wir die Tür zur Veranda noch kein einziges Mal benutzt. Zu meinem Entsetzen ließ sie sich einfach aufschieben. Wenn sie bei unserem Einzug verschlossen gewesen war, war sie es jetzt jedenfalls nicht mehr. War jemand in der Wohnung gewesen? Es gab einen Schlüssel, aber er schien keinerlei Funktion zu haben. Ich schnappte mir eine Taschenlampe und ging über die Straße zum Rohbau unseres neuen Heims und fand dort ein solides Stück Bauholz. Auf die richtige Länge gesägt, passte es perfekt in die Türschiene und hielt diese fest verschlossen. Charlotte kam nach Hause, drückte mir ein Bündel mit unserem sechs Monate alten Sohn darin in den Arm und wunderte sich, was ich da wohl trieb. »Ich checke bloß, ob alles sicher ist, nur für alle Fälle.«

Als ich ihr von Perring erzählte, warf sie mir einen besorgten Blick zu. »Bist du in Gefahr? Sind *wir* in Gefahr?« Ich versuchte, zuversichtlicher zu klingen, als ich in Wirklichkeit war. Einen Journalisten zu bedrohen, würde nur Ärger einbringen und wäre der sicherste Weg, die Aufmerksamkeit der Behörden auf sich zu lenken, sagte ich. Wir kümmerten uns erst einmal darum, die Kinder ins Bett zu bringen, dann wandte ich meine Aufmerksamkeit der Elektronik zu. Mein altes MacBook wanderte in eine Schublade, es war nicht sicher; das Cybersecurity-Team warnte, wenn es manipuliert worden war, konnten Schadprogramme überall versteckt sein, in irgendeinem Foto oder einer normalen Datei. Ich verbrachte eine Stunde damit, den WLAN-Router zurückzusetzen und die Einstellungen zu ändern. Die ganzen ausgeklügelten neuen Passwörter kritzelte ich auf die hinteren Seiten eines Wanderführers für die Schweizer Alpen, eine ambitionierte Anschaffung, die endlich, nach Jahren als bloßer Staubfänger, einer sinnvollen Verwendung zugeführt wurde. Auf den Ratschlag von Sam Jones, dem Korrespondenten der FT für Sicherheitsfragen, versah ich den Netzstecker des Routers mit einem Zeitschalter. Wenn über Nacht das Internet ausgeschaltet war, würde das Möchtegern-Hackern zumindest die Arbeit erschweren.

Endlich schaffte ich es ins Bett. Charlotte und ich waren erschöpft von den immer wieder unterbrochenen Nächten, aber schlafen konnte ich trotzdem nicht. Ich platzierte in Reichweite einen Hammer unter dem Bett, nur für alle Fälle. Mein müdes Hirn ratterte, auf jedes Geräusch achtend. Jedes Mal, wenn ich die Augen schloss, hatte ich Visionen von einer Invasion in unsere vier Wände.

*

Als ich aufwachte, waren Matt Earl und Fraser Perring geoutet worden. Fotos der beiden Männer wurden auf Twitter veröffentlicht, über der ominösen Bildunterschrift »Zatarra RIP«. Perrings Foto stammte aus Facebook, das von Earl war Monate zuvor heimlich vor seiner Haustür aufgenommen worden, der Blüte seiner geliebten Geranien nach zu urteilen. Da waren auch wieder die Fotos von E-Mails, die wir im November gesehen hatten, dazu eine Sammlung von Textnachrichten, E-Mails und Skype-Konversationen, zusammengestellt zu einer riesigen Verschwörung: »Zatarra ist eine Geschichte von Gier, Selbstmitleid und Frustration, von Menschen mit viel Ehrgeiz, aber wenig Fähigkeiten, etwas Produktives zu schaffen, sie können nur zerstören. Es ist die Geschichte von Menschen, die es nicht hinnehmen konnten, sich geirrt zu haben, und die nicht erkennen wollten, dass das, was sie getan haben, falsch war. Aber Zatarra ist auch die Geschichte korrupter Journalisten, eifrig bemüht, sich einen Namen zu machen, ebenso eifrig bemüht, nebenher noch etwas Geld zu machen, enttäuscht von ihrem Leben und verzweifelt auf der Suche nach irgendeiner Story, ganz gleich, ob sie wahr ist oder nicht.« Ich würde in korrupter Weise mit Hedgefonds zusammenarbeiten, gemeinsam mit dem Reuters-Journalisten Alasdair Pal, hieß es da. Allem Anschein nach war Perrings »Bat Phone« gehackt worden, ebenso einige weitere seiner Geräte oder Online-Accounts; es waren lange, weitschweifige Nachrichten zwischen Perring und »Ian Hollins« zu lesen.

Earl war entsetzt. Die E-Mail hatte auf dem Börsenparkett unverzüglich die Runde gemacht, und ihm war klar, was die Leute denken würden: Du lieber Himmel, der Typ muss kriminell sein!

Perrings Geschichte von den Schlägertypen wirkte nun noch bedrohlicher, zumal Earl, als er an jenem Mittwochmorgen aus seinem Vorderfenster sah, ein schwarzes Mercedes Coupé erspähte, das in der Sackgasse geparkt war – ein ungewohnter Anblick zwischen den ganzen Familien-SUVs. Ein paar auffällig große Männer gingen draußen umher. Sie stiegen in den Wagen und saßen einfach da, mit Sicht auf Earls Haus. Es konnte auch Zufall sein, und irgendwann verschwand der Mercedes wieder, aber Earl war beunruhigt.

Er hatte an dem Tag einen Termin in London, ein Treffen in der Anwaltskanzlei Mishcon de Reya zur Besprechung seines neuen Geschäfts, deshalb bat er das Kindermädchen, ihn zum Bahnhof zu fahren. Nachdem sie ihn abgesetzt hatte, bemerkte Earl, dass er seine Brieftasche vergessen hatte. Er wandte sich um, um sie zurückzuwinken, da sah er wieder dieses schwarze Coupé hinter sich. Er erstarrte. Diesmal saß nur ein Mann im Auto, und er konnte nur in eine Richtung fahren, direkt an Earl vorbei. Für einen Moment trafen sich ihre Blicke, der Mann versuchte, so normal wie nur möglich zu wirken, als er mit dem Wagen langsam vorbeifuhr. Er wusste eindeutig nicht, wohin er wollte, denn er fuhr in Richtung Parkplatz, eine Sackgasse. Der Mercedes erreichte den Parkplatz und blieb stehen, mit laufendem Motor. Earl traf eine spontane Entscheidung. Er betrat den Bahnhof, rannte dann schnell den Bahnsteig entlang in der Hoffnung, geschützt vom Zaun einen besseren Blick erhaschen zu können. Das Adrenalin rauschte nur so, er tastete nach seinem Handy, wollte ein Video aufnehmen, aber es war schon zu spät. Der Wagen wendete und raste mit laut aufheulendem Motor davon.

Earl rief das Kindermädchen an; er musste erst einmal wieder nach Hause und sich sammeln. Als sie in seine Straße einbogen, sah er einen grünen Wagen, der vor dem benachbarten Pub geparkt stand. Drinnen saß jemand mit einer Kamera mit Teleobjektiv. Jetzt drehte er fast durch, versuchte aber, cool zu wirken, um das Kindermädchen nicht zu beunruhigen. Sobald sie das

Haus betreten hatten, schloss er die Tür ab. Earl rief als Erstes seinen Anwalt an, um das Meeting abzusagen und um Rat zu fragen. Der Anwalt sagte ihm, er solle die Polizei rufen, und dass der Typ vom privaten Sicherheitsdienst, den die Kanzlei in solchen Fällen einschaltete, sich innerhalb der nächsten zehn Minuten bei ihm melden würde.

»Fühlen Sie sich sicher, ist jemand da draußen?«, fragte der Polizist. Earls Nervenkostüm hatte gelitten, da meldete sich sein typisch englisches Verlangen, sich auf gar keinen Fall grundlos zum Affen zu machen. Jetzt im Moment war er sicher, und auf der Straße vor dem Haus war es ruhig. Keine Spur von einem der verdächtigen Autos. Der Polizist machte sich eine Notiz, weitere derartige Anrufe als dringend zu behandeln, und versprach, eine Patrouille durch die Wohngegend zu schicken. Danach redete Earl mit dem Mann von dem privaten Sicherheitsdienst, der ähnliche Fragen stellte und anbot, jemanden vorbeizuschicken, der in vierzig Minuten dort sein könne.

Earl rief seine Frau Emma bei der Arbeit an, die den gleichen Panikzyklus durchlebte. War sie sicher, waren die Kinder in Sicherheit? Keiner wusste, was er von der Sache halten sollte. Earl wurde eindeutig beobachtet, aber bisher hatte zumindest noch niemand versucht, ihn in den Kofferraum eines Autos zu verfrachten. Hatte jemand so etwas vor? Sie entschieden, dass es übertrieben wäre, einen Bodyguard anzuheuern. Vorerst wollten sie nur in der Schule anrufen, um Kennwörter für das Abholen der Kinder abzusprechen, und ansonsten versuchen, die Ruhe zu bewahren.

Später am gleichen Abend rief Earl seinen Hedgefonds-Kumpel Roddy an, der die Anspannung in Earls Stimme hören konnte. Earl starrte hinaus ins neblige Dunkel und erkannte ein Fahrzeug, genau an der gleichen Stelle wie vorhin, auf dem Parkplatz vor dem Pub. War es derselbe Wagen? Roddy beschloss, hinzufahren und der Sache nachzugehen, aber als er eintraf, war der Wagen weg. Auf dem Weg nach Hause kam er an der Einfahrt eines Golfclubs vorbei, ein geteerter Halbkreis gleich neben der Straße, der normalerweise leer war. Da hielten zwei Autos, eines davon ein schwarzes Mercedes Coupé, und durch den Nebel erkannte Roddy Männer, die zwischen den Fahrzeugen standen und sich unterhielten. Das war so ungewöhnlich, dass er nach ein paar Hundert Metern umkehrte, um noch einmal nachzusehen. Als er wieder dort vorbeifuhr, waren die Autos verschwunden.

Am Donnerstag blieb Earl zu Hause. Er war zu angespannt, um sich schlafen zu legen oder vernünftig zu essen. Er platzierte einen Baseballschläger neben sein Bett. Im Lauf des Freitags begann die Anspannung ein wenig nachzulassen. Am Abend hatte Emma die Kinder ins Bett gebracht und wollte gerade zu einer Nachbarin auf einen Drink gehen, als sie ein Auto schnell aufs Haus zukommen sah. Es blieb direkt vor ihrem Haus stehen, und zwei große Männer stiegen aus. »Matt!«, schrie sie.

Earls Herz schlug wie wild, er spürte das Blut in den Ohren rauschen, als er die Treppe hinunterging und durch den Türspion spähte. Der vernunftgesteuerte Teil seines Hirns sagte ihm, die Wahrscheinlichkeit, umgebracht zu werden oder die Beine gebrochen zu bekommen, sei wirklich sehr gering, aber er hatte Mühe, die panische, eher instinktgesteuerte Seite des Gehirns zu überzeugen. Er legte die altersschwache Sicherungskette in die Schiene, als ob das irgendetwas bringen würde, und öffnete die Tür einen Spalt.

»Sind Sie Matthew Earl?«, fragte ein Mann im Hauseingang. Hinter ihm lauerte ein Komplize mit der Physiognomie eines überfütterten Metzgers.

»Wer sind Sie?«, gab Earl zurück.

»Mein Name ist Ben H., ich arbeite für eine Firma namens Kroll. Ich bin hier, um Ihnen einen ziemlich dringlichen Brief zu übergeben.« Eine sanfte Stimme. Für einen Mann von der Größe besaß H. eine erstaunlich hohe Stimme.

»Worum geht's?«, fragte Earl knapp.

»Um Zatarra«, antwortete er, die Stimme hebend, als sei es eine Frage.

Zum Kampf gerüstet war Earl einsilbig und lugte leicht vorgebeugt durch den Türspalt. »Aus welchem Grund?«

»Das steht in dem Brief. Ich bin nur für den Fall gekommen, dass Sie hinterher mit uns sprechen möchten, nachdem Sie den Brief gelesen haben. Darf ich Ihnen den Brief geben?« H. war von schier gruseliger Höflichkeit.

»Ich nehme den Brief an, ja.« Eine kurze Pause stellte sich ein. Earl knurrte »Okay« und wollte das Gespräch beenden.

H. redete weiter, als er ihm den Brief übergab. »Wir arbeiten zusammen mit einer Kanzlei namens Jones Day, wir arbeiten im Auftrag von Wirecard.«

»Warum?«

»Wir ermitteln wegen der Möglichkeit einer Marktmanipulation.«

»Wann?«

»In einer Veröffentlichung unter dem Namen Zatarra.«

»Okay, gut.«

»Können Sie uns dazu etwas sagen, Matthew?«, fragte H. sanft, als wolle er einem dickköpfigen Kind gut zureden.

»Nein«, antwortete Earl kopfschüttelnd und musste fast lachen über den Vorschlag.

»Sie haben aber ein ziemlich großes Interesse an Wirecard, nicht wahr?«, sagte H., nun selbstbewusster. Das war eine Feststellung, keine Frage.

»Ich habe in meinem Blog darüber geschrieben, ja«, sagte Matt und flüchtete sich in eine Halbwahrheit.

»Haben Sie die Dokumente der Zatarra-Leaks in den vergangenen Tagen gesehen?«, fragte H., einen Moment stotternd.

Das traf einen Nerv. »Ich rufe die Polizei.«

»Das steht Ihnen frei«, kam die Antwort durch die sich schließende Tür. H. und sein Gorilla lungerten vor der Haustür herum, während Earl den Umschlag aufriss. Einige besonders alarmierende Begriffe sprangen ihm beim Überfliegen des Schreibens ins Auge: Verleumdung, geheime Absprache, Konspiration, Marktmanipulation. Himmel noch mal, wo bin ich da hineingeraten, dachte Earl. Er rief seinen Anwalt an, und der war beruhigend direkt: »Sag ihnen, sie sollen sich verpissen, die wollen doch bloß Wirbel machen.«

Earl öffnete neu bestärkt wieder die Tür. »Ich habe Ihnen nichts zu sagen, würden Sie bitte gehen.« Krolls Briefträger, für deren Türschwellenterror ihre Firma mehrere Hundert Pfund pro Stunde in Rechnung stellte, zeigten keinerlei Neigung, sich zu verabschieden. Earl ließ sie einfach stehen. Er hatte geglaubt, die Welt würde sich für ein kriminelles Unternehmen von gigantischer Dimension interessieren. Stattdessen hatte er die »Ressourcen« eines skrupellosen Finanzinstituts nun selbst am Hals.

In den Wochen darauf kam Earl sein Appetit abhanden, und er verlor rasch an Gewicht. Er ging nicht mehr aus. Er zog lange vor der Dämmerung die Vorhänge zu, und er ließ von einem Sicherheitstechniker die Systeme in seinem Haus überprüfen. »Wussten Sie, dass diese Alarmleitung durchgeschnitten war?«, fragte der: »Hey, alles in Ordnung?« Earl war einen Moment leichenblass geworden. »Ja, anscheinend haben die Maler und Tapezierer sie versehentlich gekappt.«

Online stand er unter Dauerfeuer. Alle paar Stunden kam eine neue E-Mail, die irgendeine Falle stellte. Hacker benutzten ihn als Laborratte für heimtückische psychologische Experimente. Einige waren offensichtlich, Kopien von Nachrichten aus LinkedIn oder Google, die ihn auf gefälschte Login-Seiten lotsen sollten. Andere waren sorgfältig zusammengestellt, mit Fotos und Informationen aus den Social-Media-Accounts von Earls Freunden und Familienangehörigen. Es kamen gefälschte Nachrichtenartikel mit Überschriften, die besagten, Markus Braun werde eine Untersuchung der Zatarra-Sache ankündigen. Die Hacker spielten ihre Spielchen auch mit Pornoseiten, homo und hetero, gaben vor, Earl habe betreffende Nischen-Dienstleistungen abonniert. Das bedeutete, dass er seine Kinder von seinen elektronischen Geräten fernhalten musste – ein weiterer Punkt, der zur ermüdenden Abwehr fremden Eindringens in sein vorstädtisches Privatleben dazukam. Auch wenn einige E-Mails offensichtliche Fälschungen waren, erinnerte ihn doch jede einzelne daran, dass man ihn nicht vergessen hatte. Die ständige Paranoia war zudem frustrierend. Earl versuchte gerade, ein neues Geschäft aufzubauen – obwohl ihm bewusst war, dass, wo auch immer er hinging, neue Fotos entstehen würden und ein Besuch einen potenziellen Kunden in das Netz dieses Komplotts hineinziehen könnte.

Ein schwarzer Wagen im Rückspiegel ließ eine plötzliche Unruhe aufkommen, ein paar Sekunden Angst und Wut, gefolgt vom Spott über sich selbst: Das war doch bloß jemand, der sein Kind zur Schule brachte. Earl sah das Coupé nicht wieder, aber eines Nachmittags bemerkte ein Nachbar etwas Eigenartiges. Bei einem Spaziergang am Morgen hatte der Hund des Mannes ein Objekt im Gras aufgespürt. Es sah aus wie eine in den Boden gesteckte kleine Kamera, das Objektiv auf Earls Haus gerichtet. Der Hundebesitzer hatte nicht daran gedacht, das Ding herauszuziehen, und als er zurückging, um es Earl zu zeigen, war es weg. Wer auch immer das Gerät dort platziert hatte, hatte es bereits wieder beseitigt, um Spuren zu verwischen.

Ich war mir meiner eigenen Paranoia ausreichend bewusst, um sie niemandem gegenüber zu erwähnen, während ich still und leise meine Mütze mit Alufolie ausstaffierte. Am Ende unserer Sackgasse stand eine große Hecke. Wenn ich abends nach Hause fuhr, hielt ich im Scheinwerferlicht Ausschau, ob sich ein Kameraobjektiv zwischen den Blättern spiegelte. Die Bauarbeiter waren wundersamerweise zurückgekommen, und Mauern wurden hochgezogen. Jeden Morgen vor der Arbeit ging ich mit einem Tablett mit frischem Tee über die Straße. Im tiefsten Innern rechnete ich nicht damit, dass mich irgendwelche auffälligen Gestalten in einem Auto observierten, aber ich blickte mich trotzdem immer wieder danach um.

Derweil verfolgte mich auf der Arbeit mein Übereifer, etwas über den *Zatarra Report* zu schreiben. Schillings war ebenfalls hinter der »undichten Stelle« her. Von Wirecards Medienanwälten kam ein neuer Brief. Hatte der Chefredakteur Lionel Barber die online verfügbaren Beweise dafür gesehen, dass die ganze Zatarra-Geschichte eine kriminelle Verschwörung war? Und war Dan McCrum Gegenstand einer internen Korruptionsuntersuchung durch die FT?

Es waren ungemütliche Tage. Ich sammelte die ganze Korrespondenz mit allen Beteiligten und stellte mich gleich zweimal einer Überprüfung dessen, was ich gesagt und getan hatte. Zuerst bei Hanson, dann bei Chefredakteur Barber persönlich, in der Höhle des Löwen. »Warum haben Sie diesem Majali nicht direkt per Mail geantwortet und ihm ordentlich Bescheid gesagt?«, fragte Barber und drückte den Finger auf die Seite. Ich hatte ihn angerufen, erläuterte ich schwächlich, ich dachte damals nicht daran, dass ich mit der Mail einen unauslöschlichen Beleg gehabt hätte, den ultimativen Beweis, der den Unvorsichtigen zum Verhängnis wird.

Es war auf schmerzliche Weise offenkundig, dass ich aus den völlig falschen Gründen beim Chefredakteur saß. Ich steckte mitten in einer bizarren Story, fand aber keine Möglichkeit, sie zu Papier zu bringen. Alles in allem gab es da irgendwelche Hacker, deren Identität und Motive wir nicht kannten, einen Privatdetektiv, der einen Brief übergab, und dann diese Geschichte der Einschüchterung von jemandem, der allerdings, wie mir allmählich klar wurde, einen gewissen Hang zur Übertreibung haben könnte. Die zwei separaten Theorien über Wirecard waren ebenfalls schwer auf einen Nenner zu bringen. Wenn es eine riesige Geldwaschanlage war, worin lag dann der Sinn, mit fragwürdigen Deals nicht vorhandene Profite auszuweisen? Beide Theorien waren gründlich abgeklopft worden.

Ich sollte als Nächstes ein Team von Branchenreportern auf der Suche nach brandheißen Enthüllungen über Fremdkapitalaufnahme und Börsengänge oder über die Intrigen von Investmentbankern leiten. Wirecard war zwielichtig, völlig klar, aber ich musste die Finger davon lassen. Es war bloß meine eigene Besessenheit, eine schmerzhafte Nachwirkung aus der Runde davor. Ich hatte nebenher quasi schwarzgearbeitet und musste mich endlich hinter meine Tagesarbeit klemmen.

16 Schwarze Trüffel

2017 | Singapur | Aktienkurs: 46 Euro | Börsenwert: 5,7 Milliarden Euro

Singapur ist ein Nirgendwo. Diskret autoritär regiert, ein Schmelztiegel mit Einwanderern aus Malaysia, Indonesien, China und Indien, ein gefahrloser Standort fürs globale Business. Der Finanzdistrikt der City könnte auch als begrünte und etwas feuchtere Version New Yorks durchgehen, glitzernde Wolkenkratzer, durchwirkt von tropischem Grün. Wo Manhattan die Besucher mit der Freiheitsstatue willkommen heißt, ist die herausragende Architektur Marke Singapur der Casinokomplex Marina Bay Sands, einem Luxusdampfer nachempfunden, den drei gläserne Türme gen Himmel recken. Der riesige Rooftop-Swimmingpool auf der 57. Etage verleiht dem Gast im exklusiven Penthouse-Restaurant Spago das Gefühl zu schweben.

Für jemanden wie Henry O'Sullivan war das unwiderstehlich. Er brachte Freunde, Familie, Geschäftspartner und deren Anhang mit. Dom Pérignon und Kaviar zum Aperitif, dann Steaks und spektakuläre Weine. Als Chef von Goomo war Colin gewohnt, nach Vorstandssitzungen ins Spago zu gehen und mit O'Sullivan das Reisegeschäft zu besprechen, aber im Februar 2017 fand er sich zu seiner Überraschung in einem leeren Restaurant wieder, in der Mitte stand eine für rund ein Dutzend Gäste gedeckte Festtafel.

Sie hatten den Palast ganz für sich allein, und Colin staunte ob des Festschmauses, ein Teller schwarze Trüffel wurde wie Kohlebrocken als Beilage herumgereicht, zarte Steaks, dick wie Telefonbücher. Opus One und andere Spitzenerzeugnisse aus dem Napa Valley flossen reichlich, derweil hielt O'Sullivan Hof in einem lachsfarbenen Blazer, das Kiton-Hemd fast bis zum Nabel aufgeknöpft. Sein Status als hochgeschätzter Gastgeber wurde untermauert, als Wolfgang Puck, der österreichische Promi-Spitzenkoch und Wirt des Spago, höchstpersönlich erschien, um die Gäste zu beköstigen. Colin genoss den Verlauf des Abends enorm und wandte sich irgendwann an Marsalek mit der Frage, was es denn damit auf sich habe und ob es etwas Besonderes zu feiern gäbe. Marsalek lachte: »Weil Dienstag ist.«

O'Sullivan war in Singapur fest verwurzelt und machte sich ein schönes Leben. Zu seinem Anwesen gehörte ein Fischbecken mit Hammerhaien. Er fuhr einen weißen Rolls-Royce, ein ostentativ teures Statussymbol angesichts der happigen Zölle, mit denen Singapur Automobile belegte, und er reiste mit dem Privatjet. Selbst Marsalek schien ihn um sein Büro bei Senjo zu beneiden, einer Fintech-Firma, in der O'Sullivan viel Zeit verbrachte.

Senjo hatte ihren Sitz in der 56. Etage von Raffles Place One, und auch wenn O'Sullivans Führungsrolle nicht klar dokumentiert war, wusste jeder, wer das Sagen hatte. Sein Büro war das größte, mit ausgedehntem Blick über die Bucht und luxuriösem Interieur. Eine eindrucksvolle Kommode, die eine Hälfte im französischen Régence-Stil, die andere skandinavischer Minimalismus, war eines der Design-Highlights. Die gleiche Firma stattete das Goomo-Büro im Stil eines edlen Luxushotels aus, ein opulentes Blau mit großzügig verteilten Akzenten von Messing und Gold. Der Designer hatte auch Kronleuchter in dem kompakten, von Epsilon Investments genutzten Bereich angebracht, einer in Singapur ansässigen Holding, geführt von der Frau, deren Name in den Dokumenten auch als größter offizieller Investor des Mauritius-Fonds 1 A firmierte. Ein glamouröser Touch sollte auch Epsilons kleinen privaten Vorstandssaal in den gespiegelten Trennwänden einhüllen, wie den VIP-Room eines Stripclubs, den Raum selbst zierte eine Tapete in Holzvertäfelungsoptik.

Wenn O'Sullivan jemanden fand, dem er vertraute, griff er immer wieder auf diese Leute zurück. Senjo hatte ein paar Verwaltungsangestellte, regelmäßig präsent im Büro war aber die

Person, die sämtliche offiziellen Unterlagen im Griff hatte: Shanmugaratnam Rajaratnam, den alle als »Shan« kannten, ein kahlköpfiger, leicht fülliger Mann mit schmalem Gesicht. Shan sorgte auch dafür, dass Unternehmen und Direktoren dem Interessengeflecht von O'Sullivan und Marsalek dienlich waren. So diskutierten die beiden Männer beispielsweise, ein Unternehmen für Elektrorikschas, SmartE, mithilfe des Mauritius-Fonds zu unterstützen, und es war Shan, der eine Firma in Singapur gründete, die schließlich das Investment tätigte. Shan war keineswegs introvertiert und auch im Hedgehog involviert, einem kleinen, engen Pub, der auf »Table-Dance« spezialisiert war und in dem junge Frauen in kurzen Röcken so taten, als würden sie Popsongs zum Besten geben. Es war ein weiterer dieser toleranten Orte, an denen O'Sullivan mit seinem exaltierten Gebaren keinen Anstoß erregte.

Zu diesem Zeitpunkt war die innige Männerfreundschaft zwischen Marsalek und O'Sullivan ungebrochen. Eine Zeit lang ließen sich beide Vollbärte stehen – Marsalek sah damit aus wie ein tschetschenischer Freiheitskämpfer, witzelten seine Freunde. Beide erzählten den Leuten, sie hielten Anteile an libyschen Zementfabriken. Goomo finanzierte Marsaleks Villa in München. Marsalek arrangierte einen 7-Millionen-Euro-Kredit für O'Sullivan bei der Wirecard Bank. Doch während sie bei Partys die Korken knallen ließen, als würde das schöne Leben niemals enden, braute sich Ärger zusammen. Ein Whistleblower hatte sie im Visier.

Im Mai 2016 schickte ein Mitarbeiter von Ernst & Young (EY) einen Brief an die Zentrale der Wirtschaftsprüfungsgesellschaft in Stuttgart, in dem behauptet wurde, »das leitende Management von Wirecard Deutschland« hielte direkt oder indirekt Anteile am 1 A-Fonds. Das war ein schwerwiegender Vorwurf: Vorstände steckten Geld in die eigene Tasche, indem sie Vermögenswerte an Wirecard verkauften, und es war ein Vorwurf, der die enormen Profite, die 1 A bei dem Deal einstrich, ins Rampenlicht zu holen drohte. Der besorgte Wirtschaftsprüfer behauptete auch, jemand bei Hermes in Chennai habe EY mit einem Bestechungsversuch dazu bringen wollen, manipulierte Umsatzzahlen abzusegnen, allerdings erfolglos.

Wirecard musste sich bei der jährlichen Bilanzprüfung also nicht nur dem üblichen Duo gutgläubiger Partner von EY stellen. Die Prüfer hatten inzwischen ihr Betrugsbekämpfungsteam darauf angesetzt, einen Blick auf die Firma zu werfen. Unter dem Codenamen »Project Ring« verlangten diese forensischen Buchprüfer Anfang 2017 Dokumente und Antworten. Ihre Recherchen drohten nicht nur, Marsaleks und O'Sullivans Masche in Indien aufzudecken. Im Nachgang des *Zatarra Report* waren viele Investoren noch immer zurückhaltend; wenn EY sich also weigerte, die Bilanzen der Unternehmensgruppe abzuzeichnen, dann würde nicht nur der Aktienkurs in den Keller gehen, es wäre mit Marsaleks Luxusleben ebenso vorbei wie mit der Reputation von Deutschlands spannendstem Tech-Unternehmen. Alles, was nun noch zwischen Marsalek und der Katastrophe stand, war dessen Geheimwaffe: ein dreißigjähriger indonesischer Buchhalter mit dem Namen Edo Kurniawan.

*

Edo war eifrig bemüht, die Wünsche seines Herrn und Meisters zu erfüllen, und er war ehrgeizig, denn er wollte nach oben. Er kam im Oktober 2015 zu Wirecard in Singapur als einfacher Mitarbeiter im Finanzteam. Er war nicht der Hellste, und auch sein Englisch ließ zu wünschen übrig, aber er war ein Problemlöser, der voller Stolz das Chaos aufräumte, das andere angerichtet hatten. Schon bald zog er mit seiner Frau nach München und wurde rasch von der dortigen Kultur indoktriniert. Er ging den Besuch auf dem Oktoberfest wettbewerbsmäßig an, verleibte sich sieben Maß Bier ein und vermerkte auch diese Errungenschaft mit Stolz (ebenso wie den gewaltigen Brummschädel, den er davon bekam), indem er gleich danach dem Bier für den Rest des Lebens abschwor. Nicht minder wettbewerbsbewusst war er bei der Arbeit, machte endlose Überstunden, fest entschlossen, sich anzupassen.

Als der Indien-Deal im Oktober 2015 verkündet wurde, war die Bewertung offenkundig lachhaft. Kurniawan und Matthias Helms, ein Mitglied des M&A-Teams, das mit der Einhaltung der Sorgfaltspflicht zu tun hatte, witzelten darüber in einem Skype-Chat. »Ich wünschte, *ich* könnte eine Firma an Wirecard verkaufen«, meinte Helms. Das Gespräch wandte sich der Prüfung durch Ernst & Young zu, die zu erwarten war, sobald der Deal getätigt sei. Helms sagte, der Finanzchef Burkhard Ley sei bereits an der Sache dran.[27]

»Burkhard ›koordinierte‹ mit EY München, dass es eine Veränderung geben wird, und dass der neue Partner in Indien zu uns nach München kommen wird ... und eine Gehirnwäsche verpasst bekommt«, schrieb er.

»Hahahaha!«, antwortete Kurniawan. Er hatte verstanden, wie bei Wirecard der Hase lief. Unter gar keinen Umständen würde die Firma zugeben, dass irgendwelche Aktiva in ihrer Bilanz weniger wert seien als den Kaufpreis, »nicht einmal im Fall einer Naturkatastrophe«, sagte er.

Helms pflichtete ihm bei: »Du hast es geschnallt, Edo. Absolut qualifiziert für das Team München :-)«

Asien war Marsaleks Zuständigkeitsbereich, und er hatte Kurniawan aufgebaut. Zuerst in kleinen Schritten, wenn er ihn etwa

---

27 Leys Anwälte teilten mit: »Herr Ley war weder Teilnehmer der zitierten Korrespondenz, noch hatte er Kenntnis von dieser oder gar ihrem Inhalt. Er hätte dies nicht geteilt. Herr Ley hat zu keinem Zeitpunkt versucht, Einfluss auf die Entscheidungen der Wirtschaftsprüfer zu nehmen. Sein Verhältnis zu den Wirtschaftsprüfern entsprach einem professionellen, sachlichen und vor allem legalen Umgang. Herr Ley hat keine Erinnerung daran, jemals einen EY-Partner aus Indien getroffen zu haben. Sein Ansprechpartner war der Leiter der Konzernprüfung in Aschheim. Ihre Bewertung (Wirecard took an aggressive approach to its accounting) ist unzutreffend.«

bat, Post in Singapur abzuholen, dann bei immer wichtigeren Themen und Projekten. Andererseits hatte der jüngere Kurniawan als verlässlicher Handlanger Marsaleks dessen Vertrauen gewonnen, und wie viele im Orbit des Chefs versuchte er, seinen Stil mit eleganten Anzügen und schicker Kleidung zu kopieren.

Anfang 2017 war er für eine Beförderung vorgesehen und demonstrierte sein Engagement, indem er kreuz und quer um den Globus jettete, während seine hochschwangere Frau daheim auf ihn wartete: nach Chennai; in die USA, wo Wirecard die Prepaid-Sparte von Citigroup aufkaufte, und nach Singapur, wo Kurniawan schäkerte, die Kosten für ein Hotel könne er sich sparen, wo er doch ohnehin so viel Zeit im Büro verbrächte. Er fand Wege, in ganz Asien Profite zu optimieren und Löcher zu stopfen. Während die Betrugsspezialisten von Ernst & Young nachbohrten, kam Kurniawan genau diese hektische Aktivität zupass. Er war viel zu beschäftigt, um die von EYs Project Ring angeforderten Dokumente bereitstellen zu können.

Anfang März erhielt Marsalek eine Warnung von jemandem bei Ernst & Young: Die Firma habe Zweifel wegen Indien und könne das Testat dort verweigern. Die Beziehungen zu »The Boys« bei Hermes, Ramu und Palani, die Marsalek als Sündenböcke aufstellte, verschlechterten sich: »Wir sollten die Sache so behandeln, als würden wir das Ganze für ein Missverständnis halten oder für irgendeine Verrücktheit der Inder«, schrieb Marsalek an Kurniawan in einer Textnachricht und fügte hinzu, er habe ein Telefonat mit Ramu im Terminkalender stehen, »bei dem ich ihn einfach rausschmeißen werde«.

Nach drei Monaten mit ständigen Verzögerungen und Ausflüchten verlangte Ernst & Youngs Abteilung für Wirtschaftskriminalität Dokumente und Daten bis Ende der Woche. In der für gewöhnlich vornehmen Welt der Wirtschaftsprüfung war das eine Kampfansage. Als Marsalek die unverblümte E-Mail sah, antwortete er: »Hi Edo, hast du das unter Kontrolle? Das sieht ziemlich beunruhigend aus. Grüße, Jan.«

Eine Woche später wurde es richtig brenzlig. Die Konzernabschlussprüfung musste bis Anfang April fertiggestellt sein, aber Ernst & Young hatten eine ganze Latte offener Fragen über die Geschäfte in Indien. Neben dem generellen Mangel an Dokumenten in Indien hinterfragten die Prüfer auch einen Verkauf von Software im Umfang von 7 Millionen Euro, der in letzter Minute zu den Einnahmen in Indien dazugekommen war. Marsalek hatte die Sache so hingestellt, als handele es sich beim Käufer um ein Unternehmen in Pakistan mit Postfachadresse in Dubai. Während die Uhr tickte, arbeitete Kurniawan ohne Pause, selbst die Geburt seines Sohnes konnte ihn kaum aufhalten: Im Unternehmen erzählte man sich, er habe noch aus dem Kreißsaal heraus E-Mails versendet. Die Konferenzräume in der Wirecard-Zentrale waren nach Großstädten benannt, und am 30. März wurde Kurniawan nach »Paris« einbestellt, zu einem Meeting mit Marsalek, Burkhard Ley und beiden Teams von Ernst & Young.[28] In Eile, um einen Flug nach Singapur am nächsten Tag zu erwischen, schickte Kurniawan eine Nachricht an seinen Kumpel im Finanzteam. »Habe den Report gerade an EY-Wirtschaftskriminalitätsabteilung geschickt. Mit Bauchschmerzen.«

Aber Ernst & Young kam immer wieder mit der inzwischen vertrauten Liste von Forderungen. Kurniawan arbeitete am anderen Ende der Welt bis zur Erschöpfung daran, Material herbeizuschaffen, das die Prüfer zufriedenstellen würde. Zwei Tage lang schlief er so gut wie überhaupt nicht, als sich urplötzlich der Knoten löste. Der völlig übernächtigte Kurniawan war so lange im Büro in Singapur geblieben, dass er einen Flug nach Vietnam verpasste. Er konnte die Entscheidung von EY kaum fassen: »Sie spielen echt mit unseren Gefühlen. Urplötzlich können wir die Einnahmen jetzt anerkennen. Das ist echt total krass«, schrieb er seinem Freund in München.

---

28 Ley erinnert sich nicht an die Teilnahme von Edo Kurniawan an dieser Veranstaltung.

Am Ende war es eine Frage von Treu und Glauben. Wirecard lieferte Stellungnahmen von leitenden Führungskräften, die erklärten, was bei ihren Geschäften ablief. Marsalek entwarf einen Text, der besagte, das Unternehmen sei zuversichtlich, Millionen Euro an Außenständen bezahlt zu bekommen. Die Manager bei Hermes wurden außerdem gebeten, Erklärungen zu unterschreiben, die die Stichhaltigkeit der Ernst & Young vorgelegten Zahlen bestätigten. Es war im Bereich Wirtschaftsprüfung das Äquivalent zu einem kräftigen Handschlag. EY verließ sich auf die Einschätzung der Glaubwürdigkeit seiner Gegenüber und beschloss, ihnen zu vertrauen. Die Bilanzen wurden genehmigt und unterzeichnet.

Kurniawan bekam schon bald eine Beförderung und eine neue Aufgabe. Mit nur zweiunddreißig Jahren sollte der frischgebackene Vater zum Leiter des Wirecard-Finanzteams für Asia Pacific aufsteigen, mit Sitz daheim in Singapur. Sein unmittelbarer Vorgesetzter wäre dann Stephan von Erffa, der stellvertretende CFO, und Kurniawan zählte nun fest zum Kreis um Marsalek. Für den Österreicher bedeutete die Entwarnung von Ernst & Young schlicht: zurück zur Tagesordnung.

Henry O'Sullivan wollte sein Imperium erweitern, mithilfe eines Kredits der Wirecard Bank. Laut der Präsentation, die Marsalek seinen Kollegen überreichte und die den Deal beschrieb, wickelte Senjo Zahlungen von über 20 Milliarden Euro jährlich ab, arbeitete mit über hundert verschiedenen Banken zusammen und unterstand der Regulierung in Luxemburg und Litauen. Senjo wollte Kalixa aufkaufen, einen verlustträchtigen europäischen Zahlungsdienstleister, der gerade aus der Kontrolle des Glücksspielkonglomerats GVC ausgelagert wurde. Für einen Teil des Zahlungsdienstleistungsgeschäfts von Kalixa, darunter Schwergewichte wie der Fußballverein Arsenal London und Burger King, lieh Wirecard Senjo 25 Millionen Euro des Kaufpreises von 29 Millionen Euro. Vielleicht als eine Art Insiderwitz kursierte eine kleine Andeutung, wohin das Geld fließen würde: Zur Illustration von »Senjo auf einen Blick« diente ein Schwarzweißfoto von Marina Bay Sands bei Nacht, wo funkelnde Lichter auf die Festivitäten im Spago hindeuteten, im Luxus schwelgend und der Schwerkraft trotzend.

17 Fenstersturz

2017 | London | Aktienkurs: 43 Euro | Börsenwert: 5,4 Milliarden Euro

Der Jahrestag der Zatarra-Attacke war ein bittersüßer Tag für mich. Es gab keine Verleumdungsklage, ich konnte also erst einmal durchatmen. Dann meldete sich – endlich – die deutsche Finanzaufsicht BaFin zu Wort und kündigte die Ergebnisse einer jahrelangen Untersuchung an. Die Vorwürfe wegen Geldwäsche, der Nachweis des Scheinfirmengeflechts in Consett und die Fragen über die Bilanzbuchhaltung von Wirecard: nichts. Stattdessen empfahlen die Behörden in Frankfurt eine strafrechtliche Untersuchung wegen möglicher Marktmanipulation gegen den Wirecard-Aktienkurs. Die Staatsanwaltschaft in München wurde aufgefordert, die Täter zur Rechenschaft zu ziehen.

Eine der wenigen Investmentbanken, die skeptisch blieb, war Macquarie, der Neuling aus Australien. Ihr Analyst Bob Liao lud mich bei einem Lunch mit Sandwiches ein, vor einem Dutzend Fondsmanagern zu sprechen, und ich versuchte ein weiteres Mal, meinen Verdacht zu erläutern, dass es ein riesiges Loch in der Bilanz von Wirecard gebe. Das Publikum war gespalten zwischen wahren Gläubigen und Zynikern, dazu zählte auch der Shortseller Leo Perry. Beim gemeinsamen Plausch versuchte er, die Zuhörerschaft in die richtige Richtung zu schubsen, stellte Fragen, um die Probleme bei der Bilanzierung zu unterstreichen.

Aber Zatarra hatte die Sache verkompliziert. Wenn überhaupt, konnte die Vorstellung, Wirecard würde in rechtlichen Grauzonen operieren, allenfalls erklären, warum die Firma so ungewöhnlich profitabel war. Ich sah, wie Perry das Gesicht verzog, als das Gespräch in diese Richtung abdriftete und nun bei dem bemerkenswerten Wachstum verweilte, das Wirecard fortwährend meldete.

Der Gesamtumsatz im Jahr 2016 hatte die Marke von einer Milliarde Euro übertroffen, aus der Abwicklung von Zahlungen im Gesamtumfang von 62 Milliarden Euro. Die Gewinne waren um ein Drittel gewachsen, auf 307 Millionen Euro (EBITDA). Selbst der Cashflow des Unternehmens verbesserte sich inzwischen, und weiteres Wachstum wurde in Aussicht gestellt.

Perry erwähnte, er habe Mühe, Beispiele für Wirecard-Kunden in freier Wildbahn auszumachen, aber seine Zweifel stießen auf taube Ohren. Vor allem ein Mann schien von den diversen Angriffen überhaupt nichts wissen zu wollen: Antoine Badel von Alken Asset Management. Bis zu diesem Punkt hatte ich angenommen, die Investoren seien nicht bereit, sich wirklich mit den Argumenten auseinanderzusetzen, und dass es einfach darum ging, ihre Aufmerksamkeit zu gewinnen. Doch Badel wusste von Consett, er wusste, dass ein führender Händler von Wirecard in das ganze System von Briefkastenfirmen und Scheindirektoren verwickelt war, das Reuters offengelegt hatte. Er grummelte, er habe vom Unternehmen noch keine vernünftige Erklärung für diese Beziehungen gesehen, als ob es sich um eine Kleinigkeit handele, die sich schon klären lassen werde, und nicht etwa um eine deutlich sichtbare riesige Kakerlake.

Für mich war damals offensichtlich, dass Wirecard ein hoffnungsloser Fall war. Zukunftsträume hatten weit mehr Gewicht als irgendwelche lästigen Bedenken darüber, wo die Profite herkamen. Solche Leute sahen es nicht als ihre Aufgabe, an Wirtschaftsprüfern oder der Polizei zu zweifeln. Für sie ging es darum, auf Gewinner zu setzen, und Wirecard war ein Gewinner.

Ganz im Gegensatz zu mir. Anstatt Storys hinterherzujagen, hechelte ich hinter Baufirmen, Lieferanten und Vertragspartnern her. Mir dämmerte so langsam, dass das Projekt unseres neuen Eigenheimbaus wesentlich länger dauern würde als die sechs Monate, die wir uns in dem Haus gegenüber eingemietet hatten. Wir würden wieder in die Baustelle einziehen müssen. In dem verzweifelten Bemühen, erst einmal wenigstens eine Treppe an Ort und Stelle zu haben, ging ich eines Morgens vor der Arbeit zu einem Handwerksbetrieb am Stadtrand von St Albans, der über gigantische elektronische Drehmaschinen verfügte. Die Luft war voller Sägemehl, und überall stapelte sich Holz, das darauf wartete, zusammengebaut zu werden. Der Inhaber zuckte zusammen, redete von der starken Nachfrage nach Spindeln und dass seine Mitarbeiter auf ihren Urlaub drängen würden. Ich sagte, wir würden es wirklich sehr zu schätzen wissen, wenn wir ein Baby und ein Kind im Krabbelalter nicht die Leiter hochtragen müssten, und er versprach zu sehen, was sich vielleicht machen ließe.

Auf dem Rückweg nach Hause näherte ich mich dem Ende eines Staus, trat auf die Bremse, und das Pedal gab bis zum Anschlag ohne den geringsten Widerstand nach. Einen Moment lang drückte ich panisch auf dem Pedal herum, dann schaltete ich in einen kleineren Gang, rumpelte am Bordstein entlang, zog abrupt die Handbremse an und kam Zentimeter hinter einem Postauto zum Stehen. Der herbeigerufene Kfz-Mechaniker erkannte alsbald das Problem: Aus einem verschlissenen Bauteil, das ersetzt werden musste, war Bremsflüssigkeit ausgelaufen. Derweil sagte ich meine Vormittagstermine ab und kam ein weiteres Mal zu spät zur Arbeit.

Im Mai lud mich Patrick Jenkins zum Kaffee ein, ein leitender Redakteur, der mir schonend beibrachte, Lionel Barber sei dabei, das Markets-Team aufzumischen – mit einer Art Fenstersturz, und zwar meinem. Ich sollte einen freien Platz im Lex-Team einnehmen. So viel zu meinen einst glänzenden Karriereaussichten. Ich ging nicht bloß in die falsche Richtung, ich wurde zurück auf Los geschickt, wo ich zehn Jahre zuvor angefangen hatte.

Völlig überrumpelt versuchte ich, gegenüber dem Chefredakteur ein Plädoyer für mich selbst zu halten. Das lief nicht gut. »Welche Storys haben Sie zuletzt auf die Titelseite gebracht?«, fragte Lionel Barber in einer unerbittlichen Überprüfung meiner Arbeit in der Markets-Redaktion. Die Liste war nicht sehr lang. Außerdem hatte der Mann offensichtlich ein Gedächtnis wie ein

Elefant. Vor Jahren hatte ich ihn zu einem Treffen mit einem prominenten Hedgefonds-Manager in New York mitgenommen, und aus seiner Sicht hatte ich die Story in den Sand gesetzt. Hatte ich überhaupt das Zeug zu einem echten Reporter? Ich bat um mehr Zeit, eine zweite Chance, suchte verzweifelt nach einem Hoffnungsschimmer. Barber lenkte ein. Er sagte, es sei eher unwahrscheinlich, aber er gebe mir die Chance, ihn zu überzeugen.

*

Als Matt Earl erfuhr, dass er und Fraser Perring vor einer Anklage wegen der Autorschaft des *Zatarra Report* standen, dauerte es Wochen, bis ihm die Tragweite der Geschichte klar wurde. Er erwartete noch immer, die BaFin würde sagen, ihr sei ein katastrophaler Fehler unterlaufen. Wie um alles in der Welt konnten sie sich die Anschuldigungen ansehen und dann zu dem Schluss kommen, wir seien hier die Kriminellen, so dachte er. (Die entsprechende britische Aufsichtsbehörde schien die Dinge ähnlich zu sehen wie Earl. Als die BaFin darum ersuchte, die Häuser der Verdächtigen, die Wirecard-Aktien gehandelt hatten, durchsuchen zu lassen, erhielt sie die Antwort, in der Regel müssten dafür erst einmal handfeste Beweise vorliegen.)

Nach der Phase der Verleugnung und Wut wurde Earl von extremen Sorgen gepackt. Er wusste nicht, ob er noch reisen konnte oder ob ein Haftbefehl gegen ihn vorlag. Er fand heraus, dass nach dem deutschen Rechtssystem Verdächtige Akteneinsicht in ihren Fall erhalten können, bevor sie angeklagt werden. Also beauftragte er einen Anwalt vor Ort, Akteneinsicht zu beantragen, und sechs Wochen später lag die Anklageschrift vor. Allzu viel steckte nicht darin. Auf den meisten Seiten ging es schlicht um Berichte über verdächtige Transaktionen, die auflisteten, wer um den Zeitraum der Veröffentlichung herum Trades mit Wirecard-Aktien getätigt hatte. Dann gab es noch einiges an juristischer Korrespondenz und den Bericht der BaFin.

Earls deutscher Anwalt fasste die Vorwürfe zusammen: Die Regulierungsbehörde hatte keine objektiven Unwahrheiten im *Zatarra Report* gefunden. Vielmehr argumentierte sie, er sei in vorsätzlich irreführender Weise formuliert. Alle diese Fußnoten, auf denen Roddy bestanden hatte, damit die Leser sich selbst ein Bild von den Beweisen machen konnten: Von keinem durchschnittlichen Leser könne man erwarten, all diesen Quellenangaben nachzuspüren. Ein Versuch, Burkhard Ley mit dem Zusammenbruch der Kirch-Mediengruppe in Verbindung zu bringen, sei unfair und irreführend. Abgesehen davon blieb nicht viel mehr als eine ähnliche Formalität, die auch zur Verurteilung des Newsletter-Autors Tobias Bosler nach dem Angriff auf Wirecard im Jahr 2008 geführt hatte: Der Bericht von Zatarra wies die Leser warnend darauf hin, die Autoren *könnten* auf Kursverluste von Wirecard gesetzt haben, anstatt explizit mitzuteilen, dass sie genau dies getan hatten.

Die Anklage stand auf schwächlichen Füßen, und Earl wollte die Sache ausfechten. Zwei Wochen nach Eingang der Akte ging er zum Büro seines Anwalts bei Mishcon de Reya, um die Möglichkeiten zu besprechen. Zunächst war er kampfeslustig, aber dann legte sein via Freisprechfunktion zugeschalteter deutscher Anwalt Timo die Optionen in blitzsauberem Englisch dar.

»Nun ja, wenn Sie kämpfen wollen, müssen Sie nach Deutschland kommen. Man wird Sie vermutlich verhaften und ins Gefängnis stecken, weil man von Fluchtgefahr ausgehen wird. Es wird wahrscheinlich ein Jahr dauern, bis die Sache vor Gericht kommt.« Dann führte er aus, der Fall könnte sich bis zum vorletzten, also dem 364. Tag hinziehen, und wenn dann die Staatsanwälte annahmen, im Rechtsstreit zu unterliegen, würden sie die Anklage möglicherweise zurückziehen. »Dann haben Sie eine Million Euro an Verfahrenskosten investiert, die Sie nicht zurückbekommen, und ein Jahr Ihres Lebens verloren.«

Earls Kehle war staubtrocken, er ließ die Schultern hängen, sein Widerstandsgeist war erloschen. Vielleicht lag es auch am

Akzent, aber der Jurist war so direkt und geradeheraus, er klang fast fröhlich. Es gebe noch eine andere Option, sagte er. Er hatte mit den Staatsanwälten gesprochen. Er war der Ansicht, sie würden die Anklage fallen lassen, bräuchten dafür aber eine das Gesicht wahrende Option. »Ich denke, wenn Mr. Earl eine Spende an eine karitative Organisation leistet, wird die Akte geschlossen. Und der Fall kann danach auch nicht neu aufgerollt werden.«

Im Grunde war es Erpressung. »Okay, wenn ich kämpfen will, kostet es mich eine Million Euro und ein Jahr im Knast, ganz gleich, was passiert. Also: Was stellen die sich denn als Spende vor?«, fragte er, aufs Schlimmste gefasst.

»Nun, ich vermute, sie denken an einen Betrag von 50.000 bis 60.000 Euro. Aber ich werde sie herunterhandeln«, sagte der Anwalt, als sei vom Gefeilsche um einen gebrauchten Porsche die Rede.

»Hm, schön. Und wie läuft das ab? Schicken Sie denen eine E-Mail?«, wollte Earl wissen.

»Oh nein, auf keinen Fall, nichts Schriftliches«, konterte der Anwalt diesen naiven Vorschlag. »Wir klären das am Telefon. Sie nennen ihren Betrag, ich nenne meinen Betrag, und darauf einigen wir uns dann. Sie zahlen eine Spende an eine wohltätige Organisation und legen eine entsprechende Quittung vor, und dann werden sie die Akte schließen.«

Earls Londoner Anwältin blickte vollkommen fassungslos drein. Keiner von beiden konnte glauben, was sie da vernahmen. Das klang irgendwie nach Bananenrepublik. Earl war klar, dass er sich darauf einlassen musste. Die Chance, juristisch unbescholten aus der Sache herauszukommen, war für ihn selbst und sein Geschäft einfach zu wichtig. Außerdem war auf den Anwalt tatsächlich Verlass, denn er handelte den Betrag immerhin auf 35.000 Euro herunter, zahlbar an eine Lebensmitteltafel. Im Juli traf der Brief ein. Er war aus dem Schneider. Später wurde das Verfahren eingestellt.

*

Während ich nach Storys Ausschau hielt, um meinen Job zu retten, versuchte Paul Murphy, mit einem kühnen Vorschlag eine Rettungsleine auszuwerfen: ein Umzug nach Mosambik. Er wolle dort für sechs Monate hingehen und online arbeiten. Das bedeutete, ich könnte mich wieder *Alphaville* anschließen und das Team in London im Blick behalten. Ich würde um Lex herumkommen, während Murphy und seine Frau Kate einige Zeit in Mosambik verbrachten, wo erst kürzlich ein tropischer Wirbelsturm gewütet hatte. Sie wollten beim Wiederaufbau helfen und zugleich ihr eigenes Bauprojekt wieder in die Spur bringen. (Nach dem Wirbelsturm mussten die Murphys erkennen, dass ihr Projektpartner vor Ort nicht der gottesfürchtige Familienmensch war, von dem sie ausgegangen waren. Er hatte den Sturm überstanden, indem er sich gemeinsam mit einer neunzehnjährigen Freundin ins einzige Fünfsternehotel der Region zurückzog – er spielte mit Murphys Geld den Sugar Daddy, und die Subunternehmer schauten in die Röhre.)

Zu Murphys großer Überraschung war Lionel Barber einverstanden, dass er für sechs Monate verschwand. Er dachte, manchmal muss man Journalisten eben verwöhnen, irgendwann würden sie das Vertrauen schon zurückzahlen. Er erkannte das journalistische Urgestein in Murphy, diese Schärfe und den Instinkt, die Spürnase für Storys, denen nachzugehen sich lohnte.

Die Intervention rettete meine Haut trotzdem nicht. Barber hatte seinen Entschluss gefasst: Im Lex-Team gab es eine Lücke, die exakt die Größe von McCrum hatte. Allerdings war der Ton bei unserer zweiten Besprechung ein anderer. Er war nachdenklich, diesmal dienten die Sofas in seinem Büro der Therapie, und es fühlte sich an wie eine Erleichterung, aus meinem Elend erlöst zu werden. Was war der richtige Job danach, fragte er sich. Vielleicht irgendwas in Richtung Unternehmensrecherchen. Es war eine Rettungsleine, vielleicht wurde ich ja doch nicht einfach versenkt.

Eine Woche später erfuhr Murphy den Preis für seinen Ausstieg in Richtung Mosambik. Barber wusste, dass ihn die Idee juckte, nach einem Jahrzehnt des ständigen Wechsels zu und von *Alphaville* etwas Neues in Angriff zu nehmen. Mit 54 verspürte Murphy den Druck der Zeit, und er wollte noch einmal etwas Großes anfangen, was auch immer das war. Wir hatten sogar diskutiert, *Alphaville* ganz aus der FT herauszulösen und als eigenes Start-up hochzuziehen, mit etwas von dem weltweit sprudelnden Risikokapital. Barber hatte andere Vorstellungen. Just als er sich 2015 dem Ruhestand näherte, verkaufte Pearson die FT an Nikkei, eine japanische Zeitungsgruppe, die sich im Besitz der Mitarbeiter befand. Die Übernahme brachte ihm ein paar weitere Jahre im Stuhl des Chefredakteurs ein, und er hatte das Vertrauen derer, die das Sagen hatten. Es war eine seltene Situation, die Zeit und Raum für gewisse Risiken ließ: für Enthüllungsstorys, mit denen man bestimmten Leuten richtig auf die Zehen treten konnte. Er rief Murphy zurück, um ihm ein Angebot zu machen, das dieser nicht ablehnen konnte. »Paul, ich möchte, dass du das Investigativteam übernimmst.«

*

Das beanstandungslose Testat durch Ernst & Young im April 2017 war ein Weckruf für Investoren, sodass in jenem Sommer die meisten Shortseller ihre Wunden leckten und gezwungen waren, angesichts des ungebremsten Kursanstiegs der Aktie ihre Wetten gegen Wirecard fallen zu lassen. Einer von ihnen war Oliver Cobb vom Hedgefonds Greenvale Capital. Er war liebenswert und enthusiastisch, aber Cobbs Kopf war eine einzige Pinnwand mit Verschwörungstheorien, lauter Bilder und rote Fäden, was bedeutete, dass er sich praktisch zwangsläufig in Wirecard verhedderte. Das Fieber packte ihn nach dem *Zatarra Report*, er jagte ungeklärten Fragen und Randfiguren hinterher, aber letztlich sagte Greenvale-Gründer Bruce Emery zu Cobb, er solle sich lieber darauf konzentrieren, ein bisschen Geld für die Firma zu verdienen. Deshalb vernahmen beide ein paar Monate später mit Erstaunen, dass Wirecards CFO Burkhard Ley beabsichtigte, den engen Räumlichkeiten ihrer kleinen Firma mit Blick über die Oxford Street, Londons einst glamouröse Shoppingmeile, einen Besuch abzustatten. Cobb und Emery waren noch überraschter, als Ley eintraf. Er sei zusammen mit der PR-Frau Iris Stöckl hereinmarschiert und habe verkündet, warum er gekommen sei: »Ich wollte einfach unseren aggressivsten Shortsellern in die Augen schauen und fragen, was da eigentlich vor sich geht.«[29]

Der anschließende kurze und heftige Meinungsaustausch brachte wenig neue Erkenntnisse, aber Cobb hatte andere Dinge im Kopf: Er würde demnächst heiraten und sich auf Mauritius eine willkommene Auszeit gönnen. Zwei Tage nach seiner Rückkehr kam eine E-Mail mit folgender Betreffzeile: »Amelie Cobb has shared HoNeYmOoN ... <3 with you«. Die Phishing-Mail war voller romantischer Fotos, geplündert vom Instagram-Account seiner Frau. Der Übergriff machte Cobb ausgesprochen wütend. Es war der erste von vielen. Sechs Monate lang wurden die Greenvale-Mitarbeiter von Hackern bombardiert. Greenvale war gezwungen, zweimal sein IT-System komplett neu aufzubauen, nachdem ein zweiter Berater die mangelnde Gründlichkeit der ersten Umstrukturierung kritisiert hatte. Bei einer Durchsuchung der Büroräume nach Wanzen entfernte ein Techniker einen gelben Ziegel aus der Wand, um eine unbekannte Stromquelle zu inspizieren, und das Loch wurde zu einem dauerhaften Mahnmal ihres fruchtlosen Bemühens.

In der Öffentlichkeit sah derweil alles danach aus, als würde Wirecard die Gunst der Stunde nutzen. Es lag etwas in der Luft,

---

29 Die Anwälte von Burkhard Ley teilten mit; »Herr Ley hatte Greenvale, gemeinsam mit Frau Stöckl und ohne ›bank salesperson‹, in deren Büro in London getroffen. Anlass war aber nicht, dass Herr Ley Greenvale treffen wollte, es war genau umgekehrt: Greenvale hatte sich bei Fr. Stöckl gemeldet und ein persönliches Treffen mit Herrn Ley angefragt. An Gesprächsinhalte erinnert sich Herr Ley nicht mehr.«

ein Anflug von Optimismus. Markus Brauns Utopismus wurde zur Standardpose jedes Firmenvorstands, der behaupten konnte, sein Unternehmen würde Technologie nutzen. Die Firmen leisteten nicht mehr nur Dienst am Kunden im Bestreben, ein paar Dollars zu machen, sie waren Disruptoren, die der Gesellschaft eine ganz neue Gestalt gaben. Alles war zu haben, und keine Branche war sicher vor dem neuen Denken, vor einer völligen Neuausrichtung. Für Start-ups standen plötzlich völlig andere Beträge zur Verfügung, und auch die Sprache hatte sich verändert. Privatunternehmen, die mit einer Milliarde Dollar oder mehr bewertet wurden, waren nun »Einhörner«, und die Jagd auf diese Fabelwesen war eine Branche für sich. SoftBank, ein japanisches Konglomerat, kündigte einen »Vision Fund« von 100 Milliarden Dollar an, mit dem man, gründend auf Fantasien von einer weltbeherrschenden Stellung, Privatunternehmen wie den Taxidienstleister Uber und den Büroflächenanbieter WeWork ins Visier zu nehmen gedachte.

Auf dem Börsenparkett wurde Wirecard zum Blickfang. Die Zahlen waren hervorragend, vor allem aber war die Firma global aufgestellt, sie stand an vorderster Front im Bereich Zahlungsdienstleistung. Im März hatte das Unternehmen einen zweiten Deal mit Citigroup angekündigt, der Wirecard in ganz Asien zu einem Begriff machen sollte. Es sollte die Zahlungsabwicklung für zwanzigtausend Händler in insgesamt elf Ländern im asiatisch-pazifischen Raum übernehmen, von Indien bis Neuseeland. Investoren schnappten sich Zettel und kritzelten die Zahlen der Weltbevölkerung darauf, den Wert der Dinge, die sie in Zukunft online kaufen könnten, und verglichen dann diese Fantastilliarden von Dollars mit dem winzigen Anteil am Handel, den Wirecard bislang abwickelte: Das Potenzial war schwindelerregend, jedenfalls in der Theorie. Für die Deutschen war Wirecard ein Eigengewächs in der Technologiebranche. Der einzige andere Softwarekonzern, der dem Silicon Valley das Wasser reichen konnte, war SAP, der auf komplexe Systeme für Hersteller spezialisiert war. Im Sommer 2017 war Wirecard nicht bloß aus dem Schneider, Wirecard war die Zukunft, und im Oktober hatte sich der Aktienkurs auf über 80 Euro verdoppelt, das Unternehmen besaß damit einen Börsenwert von 10 Milliarden Euro.

Für Shortseller, die auf fallende Kurse einer Aktie wetten, ist ein Börsenkurs, der sich verdoppelt, ein ernstes Problem. Angenommen, Sie hätten 100 Euro und verwendeten 2 Euro davon, um Commerzbank-Aktien zu kaufen. Wenn sich der Kurs halbiert, verlieren Sie 1 Euro, und sitzen auf einem Problem im Wert von 1 Euro. Jeder weitere Verlust ist ein immer kleiner werdender Anteil Ihres Investmentportfolios von inzwischen 99 Euro. Nehmen wir im Vergleich dazu an, Sie setzen 2 Euro darauf, dass die Wirecard-Aktie fällt, der Kurs steigt aber um 50 Prozent: Dann haben Sie ebenfalls 1 Euro verloren, aber jetzt sitzen Sie auf einem Problem im Wert von 3 Euro, und wer auch immer für das Risiko-Controlling an Ihrem Trading-Schreibtisch zuständig ist, wird ziemlich laut werden und sagen, Sie sollten gefälligst aufhören, sich wie ein Trottel aufzuführen, und zusehen, dass Sie Ihre Verluste verringern. Die meisten, die sich auf Wirecard eingeschossen hatten, beschlossen einer nach dem anderen, ihre Verluste in den Griff zu bekommen und weiterzuziehen.

Aber nicht alle gaben auf. Einer erzählte mir, er könne nicht ganz davon lassen und werde, wenn der Kurs auch in der Zukunft weiter stark bliebe und wachse, seinen Ruhestand der Aufdeckung des Ganzen widmen. Eduardo Marques von Valiant Capital passte den Umfang seiner Shortselling-Investition zwar an, aber er blieb am Ball. Wirecards Indien-Deal nagte an seinem Vermögen. Er durchforstete die langen Listen jedes einzelnen ausländischen Direktinvestments in Indien. Marques konnte erkennen, dass alles in Indien irgendwie mit Senjo in Singapur zusammenhing, und er hatte sogar eine Arbeitshypothese. Der Bargeldüberschuss, der vom Mauritius-Fonds 1 A erwirtschaftet wurde, war letztlich ein Bilanztrick. Er konnte genutzt werden, um in Firmen zu investieren, die anschließend Dienstleistungen bei Wirecard einkauften.[30] Ende Oktober 2017 hatte Marques alles in einer Präsentation zusammengefasst, die er an andere Investoren weitergab und die auch den Weg zu einigen Journalisten fand.

Ich arbeitete im neuen Jahr gerade an der Story, als ich von Roddy Boyd bei der Southern Investigative Reporting Foundation ausgebremst wurde. Seine Story war die »Great Indian Shareholder Robbery«, und in absoluten Zahlen war sie ein Volltreffer: Innerhalb von ein paar Tagen war der Börsenwert von Wirecard um 1,5 Milliarden Euro geschrumpft – mehr, als der *Zatarra Report* geschafft hatte. Aber zu dem Zeitpunkt war Wirecard fast dreimal größer – der Kurs fiel von 109 Euro auf 99 Euro. Ein Tropfen auf den heißen Stein, nicht viel mehr.[31]

Ein paar Wochen später geschah jedoch etwas Merkwürdiges. Murphy traf sich auf einen schnellen Lunch mit einem seiner regelmäßigen Kontakte bei Signor Sassi, einem schicken Italiener in Knightsbridge, bei dem die Harrods-Kundschaft gern speiste. An den Wänden hingen jede Menge Fotos von Filmstars, und das geschäftige Treiben mit seinem Geplapper im Hintergrund sorgte für eine gefällige Geräuschkulisse, während sich die beiden ihre Linguine mit Hummer schmecken ließen. Nachdem sie sich mit dem üblichen Tratsch über Übernahmeangebote auf den neuesten

---

30 Siehe Statement von Brauns Anwälten im Epilog. Leys Anwälte teilten mit: »Diese Behauptungen und Bewertungen werden zurückgewiesen. Tatsächlich hat Wirecard verschiedene Asset-Käufe vorgenommen. Bei jedem einzelnen waren intern und extern (due diligence) eine Reihe von Experten in die Prüfung der Assets (rechtliche Due Diligence) und deren Wert (Financial Due Diligence und Bewertung durch interne Fachleute) involviert, es gab keinerlei Beanstandungen; auch bei den jeweiligen Jahresabschlussprüfungen ergaben sich durch die beteiligten und eingebundenen Wirtschaftsprüfer diesbezüglich keine kritischen Anmerkungen.«

31 Einen Effekt hatte Boyds Story allerdings doch: Eine Person, die die Geschichte in Indien las und Kenntnisse aus erster Hand über Wirecards Indien-Deal besaß, wurde zum Handeln aufgeschreckt. Sie loggte sich beim Online-Whistleblowing-Portal der BaFin ein und lieferte Details zu den verdächtigen Transaktionen in der Hoffnung, die deutsche Aufsichtsbehörde werde endlich etwas unternehmen.

Stand gebracht hatten, kam das Gespräch auf das Thema Wirecard.

»Wissen Sie, die werden Ihnen gutes Geld bezahlen, wenn Sie aufhören, über sie zu schreiben«, meinte der Kontakt aus der Finanzwelt. Murphy lächelte und wollte von der Idee nichts wissen. »Nein, ganz im Ernst: Die werden richtig gut bezahlen«, beharrte er. »Ich habe etwas von 10 Millionen Dollar läuten hören. Reden Sie mit Gary. Der wird Ihnen helfen.«

Fasziniert von dieser neuesten Wendung traf sich Murphy mit dem Fabric-Eigentümer Gary Kilbey in einer Bar in der Nähe des Clubs, um der Sache auf den Grund zu gehen. Garys Sohn Tom war ein ehemaliger Profifußballer, der in der Reality-TV-Show *The Only Way Is Essex* aufgetreten war. Kilbey junior war zufällig Jan Marsaleks altem Freund Sina Taleb bei einer Party in L.A. begegnet, und der hatte die Idee wiederbelebt, Paul Murphy und Marsalek zusammenzubringen, damit sie das Kriegsbeil begraben. Der Mann von Wirecard kam zum Lunch mit Vater und Sohn Kilbey vorbei zu Estiatorio Milos, einem gediegenen Restaurant in St James's, das seinen Frischfisch direkt aus Griechenland einflog. Die Kilbeys waren geblendet von Marsalek, der überzeugend argumentierte, sämtliche Probleme seines Unternehmens seien Vergangenheit. Im Verlauf dieses Essens fühlte Marsalek bei den Kilbeys vor, ob Murphy oder ich wohl mit einer großzügigen »wohltätigen Spende« zufrieden wären und dann Ruhe geben würden. Kilbey senior meinte, das halte er für unwahrscheinlich, aber Marsalek war noch immer äußerst erpicht darauf, uns zu treffen, und er würde sofort in den Flieger steigen, wenn es sein musste.

»Machen wir's«, sagte Murphy.

Wieder zurück im Büro, versuchten wir uns einen Reim darauf zu machen, was zu dem Angebot geführt hatte. Wenn das Angebot eines Schmiergelds echt war, konnte man von einem Umfang an Ressourcen und einem Willen ausgehen, mit dem wir es nie zuvor zu tun gehabt hatten. Wer würde bei 10 Millionen Dollar nicht schwach werden? Es roch natürlich auch nach einer Falle, einem Schwindel, der demonstrieren sollte, dass ein FT-Journalist korrupt war, aber wenn Marsalek so freigebig war, dann war es eine Chance, ihn zu erwischen. Wir würden das Ganze heimlich überwachen müssen.

Das Lunch mit Murphy und Marsalek wurde verblüffend zügig arrangiert. Am Freitag, dem 6. Februar 2018, trafen Murphy und Gary Kilbey im Cut ein, einem Steakhouse in einem Luxushotel in der Park Lane 45, Wolfgang Pucks erstem Restaurant in Europa. Eine Serie von Lithografien von Damien Hirst zierte die Wände, und der Raum war durchflutet von Licht aus Panoramafenstern mit Blick über den Hyde Park. Die gesalzenen Preise hielten die Massen fern, und eine Playlist mit amerikanischem Softrock sorgte zusätzlich für ein entspanntes Ambiente. Murphy traf Marsalek bereits am Tisch an, augenblicklich zu erkennen an seinem eng geschnittenen blauen Anzug und dem militärischen Igelhaarschnitt, wie man ihn von den Wirecard-Unternehmensfotos kannte. Er sprang auf und setzte sein Millionen-Dollar-Lächeln auf. Da war er also, der großzügige Gastgeber, hocherfreut, endlich dem berühmten Paul Murphy zu begegnen und eine Gelegenheit zu einer kleinen Unterhaltung zu haben. Der Tisch war rund, dunkles Holz, fünf schwere Lederstühle darum gruppiert. Tom Kilbey, im modischen Lotter-Look, kannte Murphy ja bereits. Der mysteriöse Sina Taleb war ebenfalls da. Größer als Marsalek und mit schwarzer Mähne und dunklem Teint, versprühte er den vor Gesundheit strotzenden Glanz der Schwerreichen und war eher vage, was den Grund seiner Anwesenheit oder die Beschäftigung anging, mit der er seinen Lebensunterhalt bestritt.

Murphy schwitzte. Er musste eine Situation schaffen, in der Marsalek ein Schmiergeld anbieten konnte, ohne in die Falle zu tappen, nach einem Schmiergeld zu fragen. Wir hatten nicht geplant, ihn allein hinzuschicken, aber der Ort für das Treffen war in letzter Minute geändert worden. Während er das Cut betrat, konnte er nur noch »45« ans FT-Team texten, das irrigerweise ein Stück die Straße hinauf am Dorchester Grill bereitstand. Er hatte keine Ahnung, ob sie wussten, wo er hingegangen war.

Am Tisch wurden Freundlichkeiten ausgetauscht, während die Herren zwischen Menüs mit Wagyu Beef aus fünf Ländern ihre Auswahl treffen konnten. Marsalek war selbstsicher, saß kerzengerade mit entspannten Schultern und dominierte gelassen die Konversation. Er hatte ausdrucksvolle Hände, nutzte aber, vielleicht weil er stets auf der Hut war, immer nur eine von beiden. Wenn er mit der Rechten gestikulierte, ruhte die Linke in seinem Schoß. Wenn er eine Aussage mit der Linken unterstrich, drückte die Handfläche der Rechten gegen die Tischkante, als ob es darum ginge, die Position zu halten. Wenn er lachte, bewegte sich der ganze Brustkorb. Marsaleks zentrales Thema war, wie sehr man Wirecard missverstanden hatte. Ja, die Firma hatte Zahlungen für Porno- und Glücksspielanbieter abgewickelt, aber das war vorbei, das war Vergangenheit. Sie musste nur besser kommunizieren, wie sehr sich alles verändert hatte. Das Unternehmen war aufgrund der Attacken, die es früher schon hatte aushalten müssen, empfindlich gegenüber unfundierter Kritik.

Während das Personal um den Tisch wuselte, um den ersten Gang zu kredenzen, erhaschte Murphy einen Blick auf drei »Ladies at Lunch«, die an einen Tisch in der Nähe geleitet wurden, und unterdrückte einen Seufzer der Erleichterung. Es waren Cynthia O'Murchu und Sarah O'Connor vom FT-Investigativteam sowie Camila Hodgson, damals Volontärin. Die drei Frauen plauderten und diskutierten, was sie trinken wollten, und ignorierten dabei ostentativ ihre Umgebung, während sie sorgfältig eine Handtasche über eine Stuhllehne hängten. Darin befand sich eine versteckte Kamera, die auf Marsalek gerichtet war.

Einem Bestechungsangebot am nächsten kam Marsalek mit der Aussage, Journalisten würden sich leicht kaufen lassen. Er ging nicht in die Details, sondern behauptete einfach, über Erfahrungen aus erster Hand zu verfügen. Vielleicht war das als Stichwort für Murphy gedacht, aber mit den anderen drei Männern am Tisch erschien es kaum wahrscheinlich, dass es zu schmutzigen Deals kommen würde. Während sie wenig zum Gespräch beitrugen, sich nur gelegentlich zu Wort meldeten, damit Marsalek dazu kam, einen Bissen zu nehmen, war sich Murphy seines Publikums jederzeit bewusst.

Was Marsalek tatsächlich sagte, war, dass ich, wissentlich oder nicht, mit Shortsellern daran arbeitete, dem Aktienkurs von Wirecard zu schaden. Den unwissentlichen Teil räumte er ein, denn er hatte in Erfahrung gebracht, dass Murphy und ich »ein ganz normales Leben führten«. Das war ein, wenngleich indirektes, Eingeständnis, dass jemand uns ausspionierte. »Vielleicht waren das Freunde von mir«, behauptete Marsalek. Und er führte fast schon offenherzig aus, warum das notwendig war: Eine falsch informierende oder böswillige FT-Story stellte eine »existenzielle Bedrohung« für Wirecard dar, das wie jedes andere Finanzinstitut auch auf das Vertrauen derjenigen angewiesen war, mit denen man geschäftliche Beziehungen unterhielt. »Wenn wir unsere entsprechenden Bankenbeziehungen verlieren, würde das Geschäft praktisch über Nacht den Bach runtergehen«, sagte er.

Es war ein Lunch mit Mineralwasser und Cola light, und er dauerte nicht sehr lang. Marsalek hatte größtenteils selbst geredet, und er wollte auf jeden Fall das letzte Wort haben. Zum Begleichen der Rechnung zog er eine neuartige Kreditkarte aus massivem Gold aus der Tasche.

Hinterher traf sich Murphy mit dem FT-Team in einem nahe gelegenen Hotel und war enttäuscht. An einem anderen Tisch hatte ein Mann ganz allein gespeist, und sie hatten den Verdacht, Marsaleks Profis könnten den amateurhaften Geheimoperationen der FT auf die Schliche gekommen sein. Mehr denn je waren wir davon überzeugt, dass an diesem Unternehmen irgendetwas oberfaul war, aber wir hatten nichts in der Hand.

*

Drei Monate später, im Mai 2018, startete Murphy einen neuen Versuch. Diesmal traf er sich allein mit Marsalek, zu einem späten Lunch im The Lanesborough. Das Restaurant war fast leer, abgesehen von den beiden und einem Pianisten, der dezente Hintergrundmusik beisteuerte. Murphy war verkabelt, aber Marsalek verhielt sich so, dass seine Aussagen schwer aufzuzeichnen waren; er platzierte sich nicht genau gegenüber, sondern seitlich von Murphy und redete murmelnd. Solche Gegenmaßnahmen waren gar kein gutes Zeichen. Murphy dachte sich deshalb, um der Sache noch irgendeinen Sinn zu geben, sollte er es vielleicht anders angehen und versuchen, Marsalek als Informanten zu gewinnen.

Man kam sich bei einem Glas Weißwein und einem Gespräch über Marsaleks Rückenprobleme persönlich ein wenig näher; er erzählte von einem Bandscheibenvorfall und dass er alle möglichen Arten von Behandlung in Betracht ziehe, einschließlich einer Immuntherapie. Seine vielen Reisen täten dem Rücken natürlich auch nicht gut, sagte Marsalek. (Er behauptete, größtenteils geschäftlich zu fliegen, allerdings bot er in den Wochen danach Murphy seine Hilfe bei einer Story über laxe Sicherheitskontrollen auf einem britischen Flugplatz an, die russische Privatmaschinen anzogen – Marsalek sagte, er könne einen FT-Reporter an Bord eines Gulfstream-Jets in Moskau lancieren, wenn er wollte. Murphy lehnte dankend ab – diese Form der Zusammenarbeit war ihm dann doch etwas zu mulmig.) Marsalek sprach auch über einige seiner privaten Investments. Er suchte nach einer Möglichkeit zur Unterstützung einer reformierten Cambridge Analytica, der skandalumwitterten Politikberatungsfirma, die dabei ertappt worden war, Facebook-Daten in riesigem Umfang abgeschöpft zu haben. Marsalek hatte auch 7 Millionen Dollar in eine Fundraising-Aktion von Telegram investiert, die Gruppe hinter der verschlüsselten Messaging-App, und er ermutigte Murphy, über das Projekt zu schreiben. (Die US-Behörden zwangen Telegram später zur Rückerstattung der 1,2 Milliarden Dollar, die das Unternehmen insgesamt bei Investoren eingesammelt hatte.)

Murphy und Marsalek schieden in freundschaftlichem Einvernehmen, das Kriegsbeil war begraben. Murphy versicherte ihm, es gebe keinen FT-Rachefeldzug gegen Wirecard, verbunden mit der Warnung, wenn neue Beweise auftauchten, würden wir auch darüber berichten. Marsalek sagte mit einem Lächeln, er würde auch gar nichts anderes erwarten.

Gary und Tom Kilbey hatten das Mittagessen arrangiert und warteten auf Marsalek in der Hotelbar. Er schloss sich ihnen in bester Laune an, und sie feierten die Entspannung der Lage mit mehreren großen Gin Tonic. Die Frage der Entlohnung für ihre Bemühungen um die Public Relations war geregelt: jeweils ein sechsstelliger Betrag für Vater und Sohn. Im weiteren Verlauf des Abends sprach Marsalek über seine Interessen, wie sehr ihn die Themen Technologie und Sicherheit faszinierten, und er ließ auch einige einschlägige Namen fallen. Er hatte Elon Musk getroffen, erzählte er, und er glaube fest an Tesla: »Kauft euch diese Aktie, und hebt sie einfach gut auf«, riet er den beiden.

Marsaleks Vorstellung von Entspannung unterschied sich ein wenig von derjenigen der Kilbeys. »Meine Freizeit ist mehr Arbeit in Libyen.« Er sprach über seine Beteiligung an drei Zementwerken, die früher im Besitz eines österreichischen Konglomerats gewesen, aber nach dem Abgleiten des Landes ins Chaos verkauft worden waren. Er schien es zu genießen, den beiden Männern spannende Geschichten zu präsentieren, erzählte auch von einem Angriff des IS auf eine der Fabriken. Er habe an einem Überwachungsmonitor zugesehen, wie die Attentäter bei einem Luftangriff in tausend Stücke zerfetzt wurden. Marsalek hatte ein Glitzern in den Augen, als er von dem Vorfall erzählte, aber Kilbey senior kam es nicht wie eine Lügengeschichte vor. Mit all dem Gin und nun auch noch Murphy an Bord schien sich Marsalek für unverwundbar zu halten.

18 Die wankelmütige Whistleblowerin

September 2017 | Singapur | Aktienkurs: 76 Euro | Börsenwert: 9,5 Milliarden Euro

Pav Gill war mehr als alles andere ein Produkt der Zielstrebigkeit seiner Mutter. Als Tochter eingewanderter Sikhs in Singapur geboren, wurde sie zuerst Opfer einer arrangierten Ehe, der sie sich später widersetzte. Sie warf ihren versoffenen Ehemann aus der Wohnung, zog ihren Sohn allein in einer Sozialwohnung in Singapur auf und arbeitete nebenher bei einer Bank. Manchmal musste sie ihn auf Geschäftsreisen mitnehmen oder zu Verwandten in England schicken, aber sie legte immer größten Wert auf seine Ausbildung, spornte ihn zu erstklassigen Abschlüssen in den besten Schulen des Stadtstaats an und dazu, sich einen Platz an der dortigen Eliteuni für Rechtswissenschaften zu sichern.

Gill erbte diesen Wesenszug von Arbeitsamkeit und Entschlossenheit, dazu ein auffällig früh ergrautes Haupt, und er schmiedete eine Karriere als Experte für Finanzdienstleistungen bei den Anwaltskanzleien von Magic Circle. Er hatte eine Zeit lang in Dubai gearbeitet, war aber nun zurück in Singapur bei einem Start-up, wo er von Headhuntern abgeworben und als Wirecards erster Justiziar für den asiatisch-pazifischen Raum verpflichtet wurde.

Das Unternehmen flog ihn nach München ein, und sein neuer Boss nahm ihn mit aufs Oktoberfest, auf eine Maß Bier und eine Runde auf dem Riesenrad. Er sollte für das Juristenteam der Firma in Singapur Augen und Ohren offenhalten. Gill war erfreut und beeindruckt, glücklich, für ein solch großes und rasch expandierendes Finanzinstitut arbeiten zu können. Wirecard war in Singapur überall präsent, und die Kreditkartenleser an den Kassen der Geschäfte, auf Restauranttischen und im Taxi sowie der große Deal mit Citigroup sollten für eine vergleichbare Präsenz in ganz Asien sorgen. Gill war gesagt worden, da gebe es einiges zu tun, um Verfahren und Richtlinien an Orten zu etablieren, wo noch immer die Firmenkultur eines Start-ups herrschte, und er freute sich auf die Aufgabe.

Als er dann in der Wirecard-Niederlassung in Singapur über dem Asia Square tatsächlich eintraf, stellte Gill fest, dass er sich ein Büro mit Royston Ng teilte, einem ebenfalls frisch angeheuerten Rechtsanwalt. Ng war ein ehemaliger Staatsanwalt und Richter, ein akribischer Singapurer mit einer Vorliebe für Fliege und Hosenträger, und er arbeitete für das Team, das für den Citi-Deal zuständig war. Seine Aufgabe war der Umgang mit Aufsichtsbehörden, er musste die ganzen Lizenzen beantragen, die Wirecard brauchte, um den Zahlungsdienstleistungssektor von Citi in jedem einzelnen der elf Länder übernehmen zu können.

Als sie sich an die Arbeit machten, fand Gill sein Umfeld ganz freundlich, aber es gab doch einen Zusammenprall der Kulturen. Die Singapurer, die Wirecard einstellte, um die Betriebsabläufe zu professionalisieren, besaßen eine Konzernmentalität. Ng hatte beispielsweise einige Zeit beim US-Riesen General Electric zugebracht, wo man aus dem Management eine Wissenschaft machte. Wirecard wurde weniger wie ein aufstrebendes Start-up geführt, sondern eher wie eine mittelständische Firma unter Kontrolle der Unternehmer, die ihre Firma zuvor an Wirecard verkauft hatten und aus irgendwelchen Gründen immer noch da waren. Geld schien immer knapp zu sein, nicht bloß in Singapur, sondern in diversen Ländern, deren Niederlassungen damit beschäftigt waren, ihr eigenes Ding zum Laufen zu bekommen.

Die Aufsicht über die Finanzen in Asien führte derweil Edo Kurniawan. Gill fand den pummligen jungen Indonesier nach außen hin freundlich und aufgeweckt, aber er hatte doch eine ungewöhnlich große Verantwortung für einen 32-Jährigen mit nicht eben sattelfesten Englischkenntnissen. Für einen Buchhalter flog er eine Menge durch die Welt und klagte darüber, wie oft er in München bei Jan Marsalek und Burkhard Ley, dem CFO, der kurz vor dem Ruhestand war, auf der Matte stehen musste. Es war falsche Bescheidenheit, die seinen Einfluss nur noch betonte, aber Kurniawan war auch ein Ausbund an Rastlosigkeit. Einmal saß Gill neben ihm bei einem Rückflug von Vientiane in Laos und wunderte sich über das unerbittliche Arbeitspensum Kurniawans, als dieser in rasender Geschwindigkeit seine E-Mails durchforstete, und schlug vor, er solle doch mal einen Gang runterschalten. Der Indonesier meinte, dafür habe er keine Zeit, nahm sich aber doch einen Moment, um Dampf abzulassen.

»Ich mache so viel für dieses Unternehmen und werde noch immer nicht so behandelt, wie es sich gehört. Ich weiß nicht, ob sie meine Arbeit zu schätzen wissen, ich verbringe so viel Zeit in Indien und schaffe ihre zahllosen Probleme dort aus der Welt. Jede Woche sitze ich im Flieger; ich reise nach Indonesien, auf die Philippinen. Von denen höre ich immer nur: Mach dies, mach das«, jammerte Kurniawan.

Eine Begebenheit in Singapur hatte bei Ng einigen Argwohn ausgelöst. Der Jurist hatte eine Lizenz zur Ausgabe von Prepaidkarten in Hongkong beantragt, aber die von der Finanzabteilung bereitgestellten Konten wiesen aus, dass die Einheit Verluste machte. Ohne eine gesunde Bilanz würden die Wirtschaftsprüfer den Antrag niemals durchwinken. Kurniawans Reaktion darauf war die Frage nach den Beträgen, die Ng brauchte. Schon bald trafen neue Bilanzzahlen ein – das Hongkong-Geschäft war auf einmal doch profitabel. Das war an sich noch nichts Weltbewegendes – jedes große Unternehmen kann Profite verlagern, wenn es sein muss –, und an Weihnachten unternahm Gill eine weitere Reise nach München und genoss die Firmenweihnachtsfeier dort. Markus Braun platzierte sich auf der Seite des PR-Teams, Jan Marsalek besaß beinahe den Status eines Rockstars, umringt von einer Schar Wirecard-Mitarbeiter, die ihm regelrecht an den Lippen hingen. Gill fühlte sich magisch angezogen und posierte ebenfalls für ein Foto mit diesem Top-Promi des Unternehmens. Mit ihm ging es definitiv bergauf.

*

Im Frühjahr 2018 bat eine Mitarbeiterin von Kurniawans Team um ein Gespräch mit Pav Gill, abseits des Büros. Sie trafen sich am Montagmorgen auf einen Kaffee, und sie war nervös. Es hatte lange gedauert, bis sie sich zu dem Gespräch durchgerungen hatte. Sie wollte nicht die Whistleblowerin spielen, und sie hatte Angst um ihren Job, aber sie hatte das Gefühl, keine andere Wahl zu haben. Sie begann zu erzählen und redete sich alles von der Seele. Gill machte sich Notizen und konnte kaum glauben, was er zu hören bekam.

Zum Jahresanfang hatte Wirecard begonnen, in neue Büroräumlichkeiten umzuziehen, in einem Gebäude, das auch gern von anderen Tech-Unternehmen genutzt wurde. Die große Etage war noch nicht ganz bezogen, überall standen Kisten herum. Kurniawan bestellte ein halbes Dutzend Leute in einen Besprechungsraum ein. Er nahm sich einen Stift, malte Skizzen ans Whiteboard und begann den Leuten beizubringen, wie man die Bilanzen frisierte.

Was Kurniawan da skizzierte, war eine Praxis, die auch als »Roundtripping« bezeichnet wird. Ein Batzen Geld verließ die Bank, die Wirecard in Deutschland besaß, mit Ziel der Niederlassung in Hongkong, die gerade einen Antrag auf die Lizenz für Finanzdienstleistungen gestellt hatte. Das Geld blieb aber nur sehr kurz dort, gerade lange genug, um die Aufsichtsbehörde davon zu überzeugen, dass das Geschäft auf einem soliden finanziellen Fundament stand. Als Nächstes wanderte das Geld für kurze Zeit weiter in die Bilanzen eines externen »Partners« und von dort wieder zurück zu Wirecard in Indien. In jedem einzelnen Land auf dem Trip, den das Geld zurücklegte, sah das Ganze für die örtlichen Aufsichtsbehörden wie ein legitimes Geschäft aus.

In Hongkong war der Partner ein Zulieferer, der bezahlt wurde, in Indien war es ein geschätzter Wirecard-Kunde. In Wirklichkeit drehte sich das Geld einfach nur im Kreis.

Während Kurniawan die Funktionsweise dieses Schemas erläuterte, erwähnte er als Grund für die ganzen Tricks die Verschleierung eines Schlamassels in Indien. Dort braute sich ein Streit mit den Brüdern Ramasamy zusammen, aber »The Boys« loszuwerden hatte sich als schwieriger erwiesen, als Marsalek gedacht hatte. Sie besaßen noch immer einen großen Anteil eines Geschäfts, auf dessen Nutzung Wirecard in Chennai angewiesen war, und sie limitierten den Zugriff auf einen Überziehungskredit.

Zwei Monate lang hatte sich die Whistleblowerin das Ganze mit wachsender Sorge angesehen, während der Plan in die Tat umgesetzt wurde. Sie überreichte Gill einen Stapel Dokumente, und der Jurist ging diese durch. Zuerst dachte er, bei der ganzen Sache müsse es sich um ein Missverständnis handeln. Warum die ganzen Umstände, wenn es doch bloß um einen Betrag von 2 Millionen Euro ging? Das ergab überhaupt keinen Sinn.

Gill vertraute Ng, und gemeinsam begannen die beiden Wirecard-Newcomer in aller Ruhe zu recherchieren. Bald hatten sie noch weitere Gründe gefunden, Kurniawan und seiner Truppe zu misstrauen. Sie fanden heraus, dass Wirecard Singapur mit der Vorlage geprüfter Bilanzen für 2016 über ein Jahr im Rückstand war. Grund dafür war ein Dissens mit der örtlichen Vertretung von Ernst & Young. Derweil hatte ein Wirecard-Geschäft auf den Philippinen nicht genug Geld flüssig, um eine Steuerforderung zu begleichen, deshalb hatte Kurniawan eine weitere Runde suspekter Machenschaften in die Wege geleitet, um das Geld aufzutreiben.

Gill meldete all dies bis hinauf zum Leiter der Compliance-Abteilung von Wirecard in München, Daniel Steinhoff. Der flog im April selbst nach Singapur, um sich vor Ort über die Details unterrichten zu lassen. Es bedurfte einer umfassenden Untersuchung, der ersten unter Steinhoffs Aufsicht. Da Compliance für Wirecard eher ein zweitrangiger Aspekt war, gab es keine präzise Anleitung, wie eine solche Untersuchung abzulaufen hatte – Steinhoff improvisierte. Auf Empfehlung von Royston Ng bestellte er ein Team erfahrener Ermittlungsexperten, ehemalige Ankläger bei der großen asiatischen Anwaltskanzlei Rajah & Tann, für das »Project Tiger«. Ihre Aufgabe sollte es sein, das Geschehen zu beurteilen und zu klären, ob Wirecard mit irgendwelchen rechtlichen Konsequenzen zu rechnen hatte. Dazu brauchten Rajah & Tann Belege, also wies der deutsche Jurist Wirecards IT-Team an, die E-Mail-Postfächer von Kurniawan und zwei Komplizen zu »spiegeln«. Schon bald lasen die Singapurer Anwälte Kurniawans E-Mails.

Was sie dort fanden, war niederschmetternd. Vor den Augen von Pav Gill entfaltete sich gleich eine ganze Betrugsserie. In einer E-Mail schickte ein Mitglied des Finanzteams den Briefkopf eines Unternehmens an sich selbst. In der nächsten hängte er eine Rechnung unter diesen Briefkopf mit Logo, zahlbar durch Wirecard, als Anhang an die Mail – eine amateurhafte Fälschung. Gill spürte rasch eine ganze Reihe verdächtiger Transaktionen auf. Dokumente wurden zurückdatiert, Verträge über Softwarelieferungen wurden abgeschlossen, ohne dass die Vertriebs- oder IT-Teams von Wirecard einbezogen wurden. Die betreffenden Beträge waren nicht riesig, aber diese Art des Frisierens der Bilanzen war offenbar seit Jahren gängige Praxis.

Anfang Mai erlangte »Project Tiger« eine ganz neue Dringlichkeit. Gills Whistleblowerin versorgte ihn weiter mit Informationen, und sie machte ihn auf eine neue Roundtripping-Masche aufmerksam. Diesmal sollte das Geld via Kuala Lumpur nach Indien wandern, wobei Wirecard angeblich 2 Millionen Euro für eine Marktforschungsstudie zu Zahlungsdienstleistungen in Malaysia bezahlte. Der dortige Vorstand des Unternehmens teilte Gill mit, er wisse von nichts dergleichen. Da sich hier 2 Millionen Euro einfach verabschiedeten, nahm das Ganze nun Fahrt auf. Rajah & Tann stellten einen 31 Seiten langen Zwischenbericht über ihre Erkenntnisse zusammen, in dem die mutmaßlichen Verfehlungen detailliert offengelegt und beschrieben wurden. Die Wirecard-Geschäftsführung musste informiert werden, also fasste Royston Ng das Ganze in einer Powerpoint-Präsentation zusammen. Er schickte sie nach München, und die beiden Anwälte in Singapur warteten darauf, dass das Unternehmen in Aktion trat.

Es war ein entscheidender Moment für Wirecard. Eine breite Welle des Enthusiasmus trug Markus Braun in Richtung eines Ziels, das noch milde belächelt worden war, als er es vor vielen Jahren erstmals ausgesprochen hatte, das nun aber eine Aura des Unabwendbaren umgab: die Aufnahme in den DAX, den Deutschen Aktienindex. Das war die Crème de la Crème der deutschen Wirtschaft, die dreißig wertvollsten Aktiengesellschaften. Die Aufnahme in diesen erlesenen Kreis würde Wirecard automatisch zum Investmentziel für Rentenfonds, Stiftungen und private Anleger weltweit machen. Über Nacht würde Braun in die Reihen einer winzigen globalen Elite katapultiert, er wäre er einer der Unternehmer, die mit ihren Heldentaten der Zukunft Gestalt geben. Er war eben erst zum Milliardär geworden und hatte zu Weihnachten einen 150-Millionen-Euro-Kredit bei der Deutschen Bank aufgenommen, mit seinem Aktiendepot als Sicherheit, und nun begann er, diese Rolle auch auszufüllen.

Braun hatte Wirecards PR stets aus dem Hintergrund gelenkt, von Pressemitteilungen war er regelrecht besessen. Mitunter schien es anderen Mitarbeitern, er würde überhaupt nichts anderes machen, und sie wussten nur zu gut, dass man besser auf Distanz zu ihm blieb, wenn der Aktienkurs gerade nach unten zeigte. Als das zunehmende Wachstum Wirecard ins Rampenlicht rückte, trat Braun in dieses Licht, vorzugsweise im schwarzen Rollkragenpulli, ganz im Stil von Steve Jobs. (Da er dabei sein schwarzes Jackett anbehielt, wirkte er allerdings eher wie der aus der Art geschlagene Cousin denn wie der wahre Erbe des visionären Apple-Gründers.) Braun hatte auch ein paar hohle Phrasen in sein rhetorisches Arsenal aufgenommen. Er war ein »pathologischer Optimist«, ließ er Investoren wissen, die das Gerede begierig aufsogen. An jenem Montag im Mai war Wirecard 15 Milliarden Euro wert, der Börsenkurs lag bei 118 Euro, aber dieser Wert stieg täglich, und die Kursentwicklung zeigte unwiderstehlich nach oben. Wenn Wirecard in den DAX Eingang fand, musste ein anderes Mitglied des Clubs weichen. Ein Kandidat, der dafür infrage kam, war die Commerzbank, das solide Kreditinstitut von altem Schrot und Korn. Was könnte als besseres Signal für die Modernisierung der deutschen Wirtschaft dienen als der Abschied vom Alten und die freundliche Begrüßung des Neuen?

Pav Gill hatte erwartet, der Bericht über das »Project Tiger« würde rigorose Maßnahmen auslösen, eine heftige Intervention, um das schlichte Verschwinden von 2 Millionen Euro zu unterbinden, anschließende Suspendierungen bis zum Abschluss einer vollständigen Untersuchung inklusive. Stattdessen nahm man ihm das »Project Tiger« einfach aus der Hand. Das Münchner Juristenteam würde sich von nun an der Sache annehmen, mit Unterstützung von Jan Marsalek, da der ja für Asien verantwortlich war. Royston Ng ging an die Decke. Bei Marsalek stellte sich, um das Mindeste zu sagen, die Frage nach einem Interessenkonflikt, er war Zeuge einiger der anrüchigen Deals, ob seine Beteiligung daran nun wissentlich war oder nicht. Ngs Einwände wurden in München heftig abgeschmettert.

Gill und Ng ließen Daniel Steinhoff via Telegram von ihrem Unbehagen wissen, in einem gemeinsamen Chat, den sie zur Besprechung der Untersuchung nutzten.

»Was läuft da ab?«, schrieb Ng.

Auch Gill meldete sich zu Wort. »Ich verstehe nicht, wie einige Leute mehrfach extrem ernste Finanzkriminalität begehen und unbehelligt damit durchkommen können.«

Steinhoff, gerade im Urlaub auf Bali, antwortete: »Ich denke, Jan versteht sehr gut, was da läuft, aber eine Krähe hackt der anderen kein Auge aus.«

Ng trieb die Frage nach der Verantwortlichkeit um. Nach seiner Einschätzung trugen sie alle Verantwortung dafür, die verdächtigen Transaktionen den zuständigen Behörden zu melden. »Als ehemaliger Staatsanwalt will ich ganz klar sagen: Wir werden persönlich zur Rechenschaft gezogen werden, wenn wir nichts unternehmen.«

Gill kam Shakespeare in den Sinn: »Es scheint heutzutage einfacher zu sein, etwas Falsches zu tun als etwas Richtiges. Mir fällt dazu nur noch der Anfang von *Macbeth* ein – ›Schön ist wüst, und wüst ist schön‹.«

Praktisch unmittelbar danach bemerkte Gill eine Veränderung im Verhalten des Finanzteams. Kurniawan begann, sein Büro abzuschließen, und seine Kumpane zeigten den Juristen die kalte Schulter. Die Whistleblowerin bekam es mit der Angst zu tun, dass man Jagd auf den Maulwurf machen würde, und verweigerte die weitere Zusammenarbeit. Im Juni kamen die Leute von Rajah & Tann, um Befragungen durchzuführen, und die Verdächtigen gaben alles zu. Kurniawan war fast schon arrogant und sagte den Anwälten, sie sollten sich an Marsalek wenden, und dass dieser alles abgesegnet habe. Im August schickte die Anwaltskanzlei eine aktualisierte Fassung ihrer Erkenntnisse direkt nach München. Kurniawan und seine Truppe machten weiter, als sei nichts gewesen.

Gill versuchte sich in seine Arbeit zu stürzen, aber im September war seine Position unhaltbar geworden. Man stellte ihn vor die Wahl: entweder kündigen oder gefeuert werden. Er entschied sich, keinen Wirbel zu machen und lieber selbst den Rückzug anzutreten, aber Wirecard geleitete ihn zumindest nicht auf der Stelle aus der Tür. Gill war überzeugt, dass er eine Rückversicherung brauchte, und kopierte die E-Mail-Archive von »Project Tiger«, insgesamt 70 Gigabyte Daten: die gespiegelten Dateien, die das wahre Gesicht von Wirecard zeigten.

*

Daheim bei seiner Mutter und arbeitslos, versuchte Pav Gill, sich nach einem neuen Job umzusehen. Royston Ng drängte ihn, zu den Behörden in Singapur zu gehen und zu berichten, was geschehen war, aber Gill war unschlüssig. Er glaubte, wenn er zur Polizei ginge, würde alles wie pure Einbildung klingen, und er selbst könnte in die Schusslinie geraten. Er hatte all die gefälschten Dokumente gesehen; was sollte jemanden bei Wirecard daran hindern, weitere Fälschungen über ihn selbst zu produzieren? Er malte sich auch schwierige Fragen aus. »Oh, Sie haben die Beweise? Erzählen Sie uns doch einmal genau, wie Sie in den Besitz dieses Materials gekommen sind, Mr. Gill ...«

Er bewarb sich um Jobs, fiel aber immer wieder im letzten Moment durch. Eines der Vorstellungsgespräche, zu denen er eingeladen wurde, geriet zu einem Verhör: Anstatt um seine berufliche Laufbahn und Qualifikation drehte es sich immer wieder um die Frage, warum er Wirecard verlassen und was er dort gemacht habe, als wolle man seine Einhaltung der vereinbarten Vertraulichkeit auf die Probe stellen.

Nachbarn berichteten, fremde Männer würden Interesse an der Wohnung zeigen, die sich Gill mit seiner Mutter teilte. Beide begannen den Verdacht zu hegen, er werde verfolgt – beim Verlassen des Hauses fielen ihnen immer wieder die gleichen Gesichter auf. Seine Mutter ging mit Freundinnen zu einem Picknick und bemerkte einen Mann, der sich unangenehm nahe bei der Gruppe niedergelassen hatte und anscheinend ihre Unterhaltung zu belauschen versuchte. Gill fragte sich, ob seine Verfolger unfähig waren oder ob gerade die Offensichtlichkeit der Beschattung die Absicht des Ganzen war. War es eine Botschaft?

Er versuchte sich nicht davon beeindrucken zu lassen, ging sogar mit ein paar Wirecard-Problemlösern im Broadside, einer Bar im deutschen Stil, etwas trinken. Bei ein paar Bier erläuterten sie, was dort ihre Aufgabe war: »Ja, das ist ganz üblich in solchen Situationen. Unser Job ist es, mit den Leuten zu reden, um herauszufinden, was sie wollen. Wenn Sie Material mitbringen, finden wir heraus, ob es eine Möglichkeit gibt – ob das Material, sagen wir mal, irgendwie belastend ist –, irgendwie zu einer finanziellen Regelung zu kommen.« Der Mann ließ den umständlichen Wink mit dem Zaunpfahl quasi im Raum stehen. Gill nippte an seinem Lager-Bier, während er sich die Sache durch den Kopf gehen ließ. Er wusste, dass es an der Zeit war, das Gespräch zu beenden, aber er genoss das Essen und die Getränke, derweil der arbeitslose Teil in ihm sich fragte, auf welchen Betrag es im Fall der Fälle wohl hinauslaufen würde. Nachdem er seine Optionen abgewogen hatte, meinte er nur achselzuckend: »Nein. Ich habe nichts dergleichen.«

Am Ende war es Gills Mutter, die die Sache in die Hand nahm. Für sie war jede Story über Wirecards Erfolg ein Affront. In jenem Sommer war der Aktienkurs bis auf 192 Euro geklettert, der Börsenwert kratzte an der Marke von 24 Milliarden Euro, selbst die Deutsche Bank konnte da nicht mehr mithalten. Die Commerzbank wurde im September aus dem DAX gestrichen, und Braun nutzte die Aufmerksamkeit der Medien für immer hanebüchenere Prognosen. Wirecard würde in den nächsten zehn Jahren auf dem Weg zur bargeldlosen Gesellschaft noch schneller wachsen. Bis 2025 würde das Unternehmen laut seiner Prognose über 700 Milliarden Euro jährlich an Zahlungen abwickeln.

Gills Mutter war angewidert, dass ein derart hochfliegendes Unternehmen Kriminelle in den eigenen Reihen hatte. Während Gill Stellenausschreibungen durchforstete, saß sie auf dem Sofa und suchte nach Wegen, Wirecard bloßzustellen. Sie begann auf die Presse zuzugehen, und am Samstag, dem 13. Oktober, schickte sie mir unter Pseudonym eine E-Mail und bot darin »einige hochsensible Informationen« an, »die eine international tätige Finanzgesellschaft entlarven können, die seit vielen Jahren unsaubere Aktivitäten durchführt«. Sie erwähnte nicht den Namen dieses Unternehmens, wies lediglich darauf hin, die ganze Geschichte sei »hochsensibel und von gefährlicher Natur«, und sie müsse absolut sichergehen und sich darauf verlassen können, dass ich meine Quellen schützen würde.

Als Gill davon erfuhr, wurde ihm ganz flau im Magen. »Du meine Güte, Mum, was hast du denn jetzt angestellt?«

19 Notizen aus dem Bunker

Oktober 2018 | Singapur | Aktienkurs: 165 Euro | Börsenwert: 20,4 Milliarden Euro

Das Furama City Centre war ein brauchbares Business-Hotel im Chinatown von Singapur. Eine Rolltreppe am Eingang brachte die Gäste in ein großes Foyer auf der ersten Etage: ein asymmetrischer Innenhof, umrahmt von ausladenden Innenbalkonen. Die ungewöhnlichen Winkel, beigefarbenen Flächen und das Fehlen natürlichen Lichts verliehen dem Ganzen das Flair eines Raumschiffs, wie aus einem Science-Fiction-Film der Siebzigerjahre. Die einzigen Fenster befanden sich am entfernten Ende eines in einem Seitenflügel gelegenen Buffet-Restaurants. Gleich daneben im Foyer befand sich eine Sitzgruppe, umgeben von einem langen weißen Vorhang, hinter dem das Personal verschwand, um Kaffee und Drinks zu holen.

Diesen Ort hatte Pav Gill für unser erstes Treffen um 10 Uhr vormittags ausgewählt. Er erschien im legeren Polohemd und wirkte ein wenig hibbelig und voller nervöser Entschlossenheit, als wir uns bekannt machten. Er war ein paar Jahre jünger als ich, mit sanften Zügen und grauem Haar, das es schwer machte, sein Alter zu schätzen. Gills Augen wirkten müde, und er spielte ständig mit irgendwelchen Dingen auf dem Tisch herum, nahm einen Stift oder ein Zuckertütchen und ließ es von einer Hand zur anderen wandern. Gelegentlich blitzte Verachtung für die Witzfiguren durch, die ihm Unrecht angetan hatten. »Dieser Edo, der Typ kriegt ja keinen geraden englischen Satz auf die Reihe. Mannomann, was zum Henker macht dieser Mensch da als Boss der Finanzabteilung? Ich fasse es nicht.« Zugleich war er überaus geduldig. Jedes Mal, wenn wir auf einen neuen Aspekt des Geschehens zu sprechen kamen, verhedderte ich mich immer wieder in allen möglichen Namen, Ländern und Unternehmen, und wir mussten ständig ganz von vorne anfangen. Ich holte Papier vom Tisch der Rezeption, und er skizzierte Organisationsschemata und Diagramme mit verdächtigen Transaktionen, während ich mir alle Mühe gab, in meinem Notizbuch mit seinem Vortrag über das Innenleben von Wirecard Schritt zu halten.

Zur Mittagszeit kam Gills Mutter dazu, die darauf bestand, mit ihrem Pseudonym »Evelyn« angesprochen zu werden. Sie war Ende 50 und von kleiner Statur, hatte schulterlanges silbernes Haar und ein Funkeln in den Augen. Wir wechselten ein paar Meter weiter zu einem Tisch im Restaurant, und sie übernahm für eine Weile das Kommando, wies mich auf einige der ordentlichen lokalen Spezialitäten auf der sehr vielseitigen Speisekarte hin. Ich traute mich an Huhn mit Sambal, sie entschied sich für Congee, einen Reisbrei, und verwies auf einen Mangel an Energie als Grund für die fade Wahl.

Ihre Ansichten und Überzeugungen waren alles andere als fade, sie waren geradezu in Stein gemeißelt. »Meine liebsten Banker waren immer die Deutschen, sie waren immer sehr nett, sehr professionell und effizient, kein Vergleich mit den Franzosen.« Sie zeigte auch ihren Beschützerinstinkt: »Markus Braun, der ist kein guter Mensch. Ich traue ihm nicht über den Weg, wissen Sie. Das hier ist mein einziges Kind. Ihm darf auf keinen Fall etwas passieren, verstehen Sie das?« Zugleich gab sie die Cheerleaderin für ihren Sohn. »Wissen Sie, mein Lieber, dieses blöde Wirecard sitzt in der Tinte. Sie haben sich mit dem Falschen angelegt«, sagte sie und unterstrich ihre Aussage mit einem ansteckenden Lachen. Ich sagte, wenn wir vor der Wahl stünden, entweder Gill zu schützen oder die Story zu veröffentlichen, dann würden wir das nicht machen, aber in dem Moment erschien die Bedrohung weit weg und abstrakt.

Wir plauderten weiter und warteten aufs Essen, als jemand an unseren Tisch kam und Gill einen Klaps auf die Schulter gab: »Hi,

Pav, ist ja nett, dass ich dich hier treffe! Wie geht's denn so?« So viel zur Abgeschiedenheit unseres Treffpunkts. Peinlich berührt ignorierte Gill einfach meine Anwesenheit und stellte seiner Mutter den Bekannten vor: Es war der Leiter des Teams von Rajah & Tann, einer der ehemaligen Staatsanwälte, die am »Project Tiger« für Wirecard gearbeitet hatten. Still und leise ließ ich mein Notizbuch vom Tisch in meinen Schoß gleiten und hoffte, nicht weiter aufgefallen zu sein. Als der Mann wieder weg war, war Gill ganz ungezwungen. »Machen Sie sich keine Sorgen, ich bin sicher, es ist ihm egal, wenn ich mit einem Journalisten rede, es würde ihn sogar freuen.«

Ich war mir da nicht so sicher, aber wenn das gemeinsame Lunch mit seiner Mutter ein Test war, hatte ich ihn anscheinend bestanden. Als wir beschlossen, dass wir zum Ende kommen sollten – inzwischen waren wir während der zehn Stunden im Hotelfoyer vom Kaffee zum Bier übergegangen –, drehte sich mir alles im Kopf. Gill hatte Dutzende kleiner Geschichten auf Lager, und jede einzelne davon erschien mir schier unfassbar. Beispielsweise ging es doch beim ganzen Geschäft von Wirecard angeblich darum, Geld auf elektronischem Weg von A nach B zu transferieren. Er jedoch hatte herausgefunden, dass Kurniawans Team irgendwann darüber diskutierte, mehrere tausend Dollar in bar von der Bank abzuheben und die Scheine zu einer Wechselstube am Raffles Place zu bringen, weil man dort einen besseren Wechselkurs bekam. So etwas würde man vielleicht von einer kleinen Klitsche erwarten, aber doch nicht von einem Riesen im internationalen Finanzgeschäft.

An meinem zweiten Tag in Singapur schloss sich uns Stefania Palma an, eine zierliche Italienerin mit welligem schwarzen Haar, eine erstklassige Reporterin, die erst seit ein paar Monaten bei der FT war. Ich kannte sie von dem ein oder anderen Fußballspiel mit anderen Schreibern in der freitäglichen Mittagspause in London. Als Expertin für Mandarin war sie zuvor Asien-Redakteurin bei *The Banker* gewesen, einer altehrwürdigen Monatszeitschrift, die auf einer anderen Etage des FT-Gebäudes in der Southwark Bridge Road ihren Stammsitz hatte. Mit erst achtundzwanzig Jahren war Palma gleich ins kalte Wasser geworfen und gerade rechtzeitig nach Singapur geschickt worden, um über das Gipfeltreffen von Donald Trump und Nordkoreas Machthaber Kim Jong-un zu berichten, und seitdem war sie kaum zum Atemholen gekommen.

Palma war es gewesen, die sich als Erste mit Gill und Evelyn am Changi Airport getroffen hatte – sie war gerade auf dem Weg zu einer Konferenz in Sydney. Sie hatte ihnen bei einem vier Stunden langen Gespräch einiges entlockt, ihre erste Erfahrung im Umgang mit Whistleblowern, dann hetzte sie, einen Koffer im Schlepptau, durch die Abflughalle. Sie war kaum dazu gekommen, mich noch vor dem Abflug wissen zu lassen, dass die beiden wirklich ein echter Volltreffer seien, so wartete ich einen quälend langen Tag in London auf weitere Details. Bei der Zusammenarbeit mit ihr fiel mir ihre entwaffnende Angewohnheit auf, den Kopf zwischen die Hände zu stemmen und gleichsam gedankenverloren »allora, allora« vor sich hin zu murmeln. »Warten Sie, Moment mal, ist das Ihr Ernst? Erklären Sie mir das noch mal«, pflegte sie zu sagen, während sie ihren Gesprächspartnern auf subtile Weise Details entlockte und gleich nachprüfte, was ihr da erzählt wurde.

Gill, Palma und ich verbrachten diesen zweiten Tag im Freien, auf der Plaza unterhalb des ehemaligen Wirecard-Gebäudes, in dem noch immer deren Geschäftspartner Citigroup ansässig war. Gill begann, lockerer zu werden, und genoss die spannende Nähe zu seinem Thema. Es schien, als würde die Last seines Wissens von ihm genommen – und auf uns übergehen. Wir saßen in der Nähe eines Springbrunnens, Aluminiumstühle und -tische standen dort überall herum. Das Rauschen des Wassers und das rege Treiben um uns herum würde, so nahmen wir an, jedes Mithören unserer Unterhaltung unmöglich machen. An jenem Abend zeigte uns Gill an einer leeren Hotelbar seine Telegram-Chats, eine weitere Offenbarung. Dass ein behördlich reguliertes Finanzinstitut seinen Mitarbeitern gestattete, offizielle Geschäfte über eine verschlüsselte Messaging-App abzuwickeln, hatte es noch nie gegeben. Bei Wirecard wurde das von den Leuten geradezu erwartet: Es war eine der wenigen Apps, die die Mitarbeiter auf die abgeschirmte Umgebung ihrer Firmenhandys herunterladen durften.

Für unseren letzten Morgen schlugen Stefania und ich einen möglichst abgelegenen Treffpunkt vor, wo wir auch einen Laptop nutzen konnten, ohne belauscht oder beobachtet zu werden. Ich konnte es kaum erwarten, die Beweise in die Hand zu bekommen. Wir verabredeten uns im Beanstro, einem Café mit schwarzen Wänden in der höhlenartigen Shopping-Mall unter dem Marina Bay Sands, dem Hotel mit dem Schiff und dem Luxusrestaurant Spago in der obersten Etage. Der gesamte Komplex war verlassen und anonym, ein Tempel aus Marmor und Gold, in dem Luxusmarken ihre Produkte feilboten; universelle Symbole des Reichtums.

Wir schnappten uns zusammen mit Gill und Evelyn einen Tisch in einer Ecke, gingen erneut durch, was wir bisher erfahren hatten, und versuchten Gill sanft dazu zu bringen, uns die wertvollen Daten auszuhändigen. Es war der letzte, entscheidende Schritt, und er befand sich verständlicherweise in einem Konflikt: Er wollte das Zeug loswerden, sorgte sich aber auch, irgendwie könnten Spuren in den Daten zu ihm zurückverfolgt werden. Wir besprachen Sicherheitsvorkehrungen und einigten uns auf das Pseudonym »Harry«. Sobald wir eine Kopie gezogen hatten, plante Gill, das Ganze auf einem USB-Stick bei seiner Großmutter sicher aufzubewahren, ein Stück Hightech, das sie niemals benutzen würde. Der Codename dafür war »Panjiri«, ein Punjabi-Begriff für die besonders kalorienreiche Nahrung, die Müttern nach der Geburt verabreicht wird. Mit dem Schlimmsten rechnend, was Wirecards Hacker-Kompetenz und die staatliche Überwachung in Singapur anbelangte, war ich mit einer ganzen Liste temporärer Gerätschaften bewaffnet: ein altes iPhone, das vollständig zurückgesetzt und von Daten befreit worden war und das ich nur für diese Reise nutzte; ein dünnes Chromebook, falls ich mich bei meinem E-Mail-Account anmelden musste, mit dem strikten Vorsatz, niemals das Hotel-WLAN zu nutzen, sowie einen schweren Offline-Laptop, auf dem alle Funkverbindungen deaktiviert waren, um auf diesem gegebenenfalls mir übergebene Dokumente ansehen und verschlüsseln zu können. Die Datenmenge war so riesig, dass wir während des Transfers das Mittagessen bestellen konnten. Ich entschied mich für ein Omelett, während unter dem Tisch der Computer leise surrte – das schwächliche Brummen war das einzige Geräusch, das diese digitale Lawine verursachte.

Ich musste einen Umweg von tausend Meilen fliegen und in Brunei umsteigen, um 170 Pfund für die FT einzusparen. Als vor dem Langstreckenflug zurück nach Heathrow das übliche Gebet vor dem Start in der Flugzeugkabine erklang, ließ endlich die Anspannung nach. Zusammen mit der wertvollen Fracht hatte ich auch Erinnerungen an meine Teenagerzeit im Gepäck, als ich meiner Mutter half, die Tageseinnahmen vom Zeitungsladen der Familie zur Bank zu bringen; dicke Bündel mit Geldscheinen, mit Gummibändern zusammengehalten und in eine Einkaufstasche gestopft. Beim Gang durch die Stadt verhielt ich mich möglichst unauffällig und genoss das Geheimnis, während ich die Henkel der Tasche mit verkrampften Fingern umklammerte. Aber was ich da zu meinen Füßen auf dem Flug verstaut hatte, war noch weit kostbarer, da war ich mir sicher, und ich hoffte, irgendwo darin würde ich die Antwort auf die Frage finden, die mich schon in Singapur die ganze Zeit umgetrieben hatte: Warum? Warum all diese kleinlichen Trickserein wegen solch kleiner Beträge?

All dies trat in den Hintergrund, als ich endlich wieder in St Albans war, zur Mittagszeit am Samstag. Ich ging in die Küche und traf auf Charlotte, die gerade eine riesige Torte feurig bunt mit orangefarbener Glasur und Schokoflocken verzierte. In kürzester Zeit war das Haus voller Fünfjähriger. Mein Job spielte sich im

Garten hinter dem Haus zusammen mit einem Nachbarn ab. Bewaffnet mit unseren Handy-Taschenlampen und einem Eimer Sand für den Notfall krochen wir um Leuchtfontänen, Gold- und Silberregen und eine Reihe Feuerwerksraketen, die startklar in leeren Sektflaschen auf den Countdown warteten. Man entzündet das Feuerzeug, hält es an das Zündpapier und kann dann nur noch hoffen und beten, dass das Ganze nicht das Haus abfackelt oder direkt vor der Nase explodiert ...

*

Während Stefania in Singapur und Kuala Lumpur Klinken putzte, verbrachte ich sechs Wochen mit dem Versuch, mich in das Denken von Edo Kurniawan hineinzuversetzen. Ich hatte seinen kompletten Posteingang vor mir, von seinem ersten Tag bei Wirecard im Jahr 2014 bis zur Anfertigung der Archivkopie für das »Project Tiger« im Jahr 2018. Ich konnte durch seinen Terminkalender blättern, seine Chats mit Kollegen, die Erinnerungen, die er an sich selbst geschickt hatte. Sein Genörgel, seine Verwaltungsarbeit, die Rügen, die er erteilte – es war alles da. Er war ganz offenkundig ein Workaholic, der mit einer riesigen Menge Aufgaben und Pflichten jonglierte, mit Hinweisen auf Probleme, die überall verstreut waren. Jahr für Jahr konnte ich verfolgen, wie die Bilanzprüfung ablief, ein hektischer Wettlauf, um die Zahlen zurechtzubiegen. Wirecards Geschäfte in Asien schienen ständig unter Geldmangel zu leiden, was Kurniawan zwang, irgendwie die benötigten Mittel zusammenzukratzen. Es gab Verweise auf interne Rivalitäten, halbe Konversationen und Sackgassen.

Ich arbeitete in einem Zimmer mit vielleicht vier Quadratmetern, und während ich den Threads durch die Mails folgte, druckte ich die interessantesten davon auf einem alten Laserdrucker aus. Der war sicher, weil er nicht mit dem FT-Netz verbunden war und keine winzigen »Mikropunkte« hinterließ, eine Art unsichtbarer Fingerabdruck des Herstellers auf jeder einzelnen Druckseite, der das jeweilige Gerät eindeutig identifiziert.[32] Außerdem war er langsam und lief bei der aufwendigen Aktion immer wieder heiß, während ich mehrere Papierstapel zu unterschiedlichen Themen anhäufte.

An manchen Tagen war es frustrierend: Gerade wenn es richtig spannend wurde, griffen Kurniawan und die anderen lieber zum Telefon oder wechselten zu Telegram. An anderen tanzte ich durch mein Minibüro und feierte das neueste Beweisstück. Was die Wirecard-Anwälte herausgefunden hatten, hatte ich direkt vor mir liegen: Verträge mit Kunden, amateurhaft gefälschte Rechnungen. Mein wichtigster Antrieb war Jan Marsalek. Er stand immer am Rand, mitunter erteilte er selbst Anweisungen, aber meist kamen seine Instruktionen über Mittelsmänner, oder ein Mysterium wurde schlicht durch seine Mitwirkung erklärt; dass es sich eben um eine von »Jans Firmen« handelte. Ich war entschlossen, Marsalek ins Rampenlicht zu holen, diesen Menschen bloßzustellen, dem ich nie begegnet war und mit dem ich nie gesprochen hatte und der seit Jahren aus dem Schatten seinen Kampf gegen uns führte.

Stefania Palma hatte derweil einen neuen Whistleblower aufgetan. Diesem »Jack« hatte es die Sprache verschlagen angesichts dessen, was er in Singapur gesehen hatte. Wirecards Geschäften dort ging für den alltäglichen Betrieb das Geld aus, deshalb hatte er versucht, ein professionelles Inkassounternehmen ins Boot zu holen, das einigen Kunden auf den Zahn fühlen sollte, die seit Jahren im Zahlungsrückstand waren. Dabei ging es um mehrere Millionen Dollar, aber Kurniawan hatte sein Veto eingelegt.

32 Die in Büros üblichen Farblaserdrucker hinterlassen in der Regel mikroskopisch kleine Punkte, und die Technologie ist mindestens seit Mitte der Nullerjahre weitverbreitet. Berichte lassen darauf schließen, dass Hersteller in den Achtzigerjahren vom US Secret Service zur Nutzung von Mikropunkten angehalten wurden aufgrund der Befürchtung, ein genereller Zugang zu Hochleistungsdruckern könne einen Anreiz zur Geldfälschung liefern.

Genau wie bei Gill war auch Jacks Beschreibung der Arbeitsweise des Finanzteams so weit entfernt vom Bild eines globalen Technologieunternehmens, dass man es einfach kaum glauben wollte. Nach seiner Schilderung gab es eine Gruppe junger Frauen im Buchhaltungsteam, die ihre Arbeitstage damit verbrachten, von Hand in Microsoft Word Rechnungen über geringe Dollarbeträge zu erstellen und diese an die Kunden zu schicken.

*

Der 5. Januar 2019 war ein drückend schwüler Tag in Singapur. Evelyn stand auf dem offenen Gang außerhalb ihrer Wohnung. Sie beschloss, nach drinnen zu gehen, um sich abzukühlen. Ihre Hand lag auf dem Türgriff, sie wollte gerade die Wohnungstür öffnen, als sie einen Schwächeanfall erlitt. Sie fiel zu Boden und konnte sich nicht mehr bewegen. Ein paar Sekunden später, und sie wäre im Innern der Wohnung eingeschlossen gewesen, allein. So entdeckte sie ein Nachbar vor der Wohnung liegend, und der Rettungswagen brachte sie mit Verdacht auf Schlaganfall ins Krankenhaus. Die Tests und Scans im Anschluss brachten weitere schlechte Nachrichten. Die Ärzte sahen eine Lungenmasse: ein Tumor, zwar operabel, aber eine OP so kurz nach einem Schlaganfall sei in jedem Fall riskant. Bei der Suche nach einer Verklumpung im Gehirn fanden sie etwas anderes, eine Anomalie. Evelyn erhielt die wahrscheinliche Prognose: Hirntumor, Grad IV. Für Gill brach eine Welt zusammen. Im Krankenhauszimmer schmiedeten die beiden bereits Pläne für die Beerdigung. Evelyn weigerte sich, Trübsal zu blasen – sie sah Rückschläge als Schicksal, etwas, aus dem man eben das Beste machen musste. Im Versuch, seinen Kummer zu verbergen, witzelte Gill, zumindest habe er eine Erbschaft und ein Dach über dem Kopf.

In London wollte ich den Gedanken, diese wunderbare Frau würde die Rehabilitierung ihres Sohnes nicht mehr miterleben, gar nicht an mich heranlassen. Wir mussten die Story an die Öffentlichkeit bringen. Ich versprach auch, etwas für Gill zu tun. Er wollte, dass Pakete mit Dokumenten an die Aufsichtsbehörden mehrerer Länder weitergeleitet werden und auch an die führenden Leute bei Visa, Mastercard, Citigroup und Ernst & Young. Wenn sie einen Poststempel aus Singapur trugen, würde man das Ganze direkt zu ihm zurückverfolgen. Stattdessen sollte ich den – anonymen – Absender spielen. Streng genommen war es nicht meine Aufgabe, hochsensible juristische Dokumente zu überbringen, aber das war einer der Gründe, warum Laptop und Ordner jeden Abend in den Safe wanderten. Mit Latexhandschuhen druckte ich rund hundert Seiten Dokumente für jedes einzelne Paket aus: den Zwischenbericht von Rajah & Tann sowie eine Auswahl an Beweismaterial, das mir für jedwede Gerichtsbarkeit relevant erschien. Ein akribischer Jurist wie Gill hätte den Inhalt der Pakete vermutlich nach Einzelposten aufgegliedert und beschrieben. Unter dem Druck, die Story zum Abschluss zu bringen, entschied ich mich stattdessen für kurze Anmerkungen im Begleitschreiben. In dem Brief an Hubert Barth, den geschäftsführenden Gesellschafter von EY Germany, hieß es schlicht:

Sehr geehrter Herr Barth,

Wirecard hat ihre Wirtschaftsprüfer über Jahre belogen. Bitte sehen Sie sich das beigefügte Dossier mit Beweismaterial für den umfassenden Bilanzbetrug des Unternehmens an.

Ich bin sicher, Sie werden entsprechende Maßnahmen ergreifen.

Ein Whistleblower

Ein Kurierdienst kam für die Zustellung nicht infrage – dabei wäre zu viel rückverfolgbarer Papierkram entstanden. Ich berechnete das internationale Porto für jedes einzelne Päckchen, ging zu einem Postamt in der Nähe der London Bridge, um die erforderlichen Briefmarken zu kaufen – zur Tarnung hatte ich mir eine Baseballkappe tief ins Gesicht gezogen. Als ich drankam, bat der Angestellte hinterm Schalter um die Päckchen. Meine handgeschriebene Liste mit Gewichtsangaben und Ländern genügte ihm nicht. Er konnte nur Etiketten drucken, und dafür musste jedes einzelne Paket auf seiner Waage liegen, damit er die Zieladresse in sein System eintippen konnte. Nach meinem Geschmack war das viel zu leicht zurückzuverfolgen. Unverrichteter Dinge wollte ich schon gehen, als mich der Kollege am Schalter nebenan, ein älterer Mann, zu sich herüberwinkte. »Eigentlich sollen wir das ja gar nicht mehr machen. Sie wollen nicht, dass wir heutzutage noch Briefmarken verkaufen, warum auch immer. Ehrlich gesagt wundert es mich, dass wir überhaupt noch welche hier haben«, sagte er und holte genau das hervor, worauf ich gehofft hatte, einen abgewetzten alten Ordner mit zahlreichen Briefmarkenbogen in allen denkbaren Stückelungen. Sorgfältig stellte er einen kleinen Stapel für jeden der auf meiner Liste genannten Beträge zusammen, dazu ein Blatt mit blauen Luftpostetiketten, und ich überreichte ihm 60 Pfund in bar.

Zurück in meinem Bunker bei der FT, hatte ich schon bald einen Stapel Dossiers vor mir, 30 Zentimeter hoch, fein säuberlich beklebt mit Briefmarken und fertig für die Reise. Nur die Hälfte davon passte in meinen Rucksack, also musste ich zweimal los, um die wertvolle Ware auf rote Briefkästen in anderen Stadtteilen zu verteilen. Das Abschicken war mit ein wenig Nervenkitzel verbunden, und ich fragte mich, ob das wohl alles klappen würde, ob die Päckchen ihre Adressaten in aller Welt überhaupt erreichen würden und ob welche davon ihren Weg auf den Schreibtisch eines Beamten oder Vorstands finden würden, der auch die Befugnis hatte, Nachforschungen anzustellen. Wie auch immer: Selbst wenn das nicht klappte, nahm die Story endlich Gestalt an, und alle Anzeichen sprachen dafür, dass der Chefredakteur uns noch in dieser Woche seinen Segen erteilen würde.

Das Problem war nur, dass am Freitagabend in Lionel Barbers

Büro der Katastrophenfall eintrat: Der Queens Counsel blockierte die Story wegen des Risikos einer einstweiligen Verfügung. Evelyn war noch im Krankenhaus, aber es ging ihr schon gut genug für einen Wutausbruch. Gill war inzwischen am Ende seiner Geduld und drohte, mit der Story woanders hinzugehen, wenn ich sie nicht unterbringen konnte. »Sagen Sie den FT-Leuten, die sollen endlich mal beweisen, dass sie einen Arsch in der Hose haben.«

20 Manipuliert

30 Januar 2019 | London | Aktienkurs: 167 Euro | Börsenwert: 21 Milliarden Euro

Der Mittelpunkt des Newsrooms bei der *Financial Times* war ein Schreibtischoval, um den Nachrichten-Chefredakteur herum angeordnet – ein Maestro, der sein Orchester um sich schart und dirigiert. Über diesem Mittelpunkt hingen mehrere große Fernsehbildschirme, auf denen die verschiedenen durchlaufenden Nachrichtenkanäle zu sehen waren, ohne Ton, es sei denn, es ging gerade um aktuelle Naturkatastrophen oder improvisierte Pressekonferenzen von Donald Trump. Um das Oval herum standen die diversen Schreibtische, die es brauchte, um eine Website zusammenzustellen; Bilder, Grafiken, Statistiken, IT, Video, Eilmeldungen – ein kleines Heer von Redakteuren, die Storys veröffentlichten, die Zeitung aus den vielen Einzelteilen zusammensetzten und die letzte Verteidigungslinie gegen verstümmeltes oder ungenaues Material darstellten. Im Januar 2019 waren die Vorbereitungen für den Umzug in ein neues Gebäude nahe der St.-Pauls-Kathedrale in vollem Gange, und die ganze Etage zeigte Spuren des Verfalls. Der Teppichboden war schmutzig und abgenutzt, nicht selten wurden Mäuse gesichtet, und einige Deckenplatten waren ramponiert und verschoben. Auf den meisten Flächen herrschte ein Durcheinander aus alten Zeitungen, Erinnerungsstücken, Kaffeetassen und Stapeln von Notizbüchern.

Inmitten des Ganzen war ich kurz davor, die größte Story meines Lebens herauszubringen. Das Investigativteam hatte ein halbes Dutzend Plätze in einer Ecke beim Eingang zur »Spitzkehre«, einem exponierten Ort, an dem man immer der Gefahr eines »Ich-wollte-nur-mal-schnell-vorbeischauen« ausgesetzt war:

dem plötzlichen Auftauchen von Chefredakteur Lionel Barber, der gern im Vorübergehen eine Ermutigung oder eine Anweisung fallen ließ. »Gibt's schon was Neues?«, fragte er, wenn er aus dem Korridor der Macht hereinkam und gerade lange genug verweilte, um mich beim nervösen Zeittotschlagen auf Twitter zu ertappen.

»Bis jetzt nichts.« Die Uhren zeigten fünf verschiedene Zeitzonen; es blieb noch eine Stunde, sechs waren bereits vergangen, seit ich mit Edo Kurniawan in Singapur gesprochen und die Wirecard-Zentrale mit Fragen bombardiert hatte. Ich malte mir fast schon aus, wie Nigel Hanson uns eine Aufforderung von Schillings vor den Latz knallte, die Story auf Eis zu legen. Mir war flau im Magen. Ich hatte eine zerknitterte Krawatte in der Schublade liegen, für alle Fälle. »Du drückst auf ›Freigeben‹, dann möchtest du fast kotzen«, beschrieb Paul Murphy diese Momente.

Wir planten, mit der Story während der Börsenhandelszeiten herauszukommen, da eine deutliche Bewegung im Aktienkurs die Aufmerksamkeit verstärken würde – die Nachrichtensender müssten zwangsläufig erklären, was da los war. Ich hatte mich an dem Morgen für eine rote Hose entschieden, ein Stückchen Draufgängertum für die bevorstehende Schlacht. Es war Mittagszeit, aber ich konnte nichts essen. Murphys Strategie sah vor, sich auf der anderen Seite des Flusses bei Sweetings ein frühes Krabbensandwich und ein Glas Wein zu genehmigen. Er war kaum eine halbe Stunde weg gewesen, als er mit hochrotem Kopf wieder ins Büro stürmte. »Scheiße, wir haben eine undichte Stelle.«

Er legte rasch den Mantel ab und erklärte, was passiert war. Er saß gerade auf seinem Barhocker bei Sweetings, als ihn ein Anruf von Gary Kilbey erreichte, dem Nachtclubbesitzer. Der hatte gehört, dass eine Wirecard-Story herauskommen sollte. »Alle reden davon, der ganze Markt weiß Bescheid. Es heißt, um 13 Uhr erscheint eine Story. Weiß auch nicht, vielleicht stecken ja eure Anwälte dahinter.«

Murphy sagte ihm, an dem Gerücht sei nichts dran, ließ sein Sandwich liegen und machte, dass er wieder ins Büro kam. Eine undichte Stelle, wie konnte das sein? Ich war die letzten drei Monate untergetaucht. Die Story stand noch nicht einmal im FT-System.

Sobald wir anfingen, ernsthaft zu überlegen, war uns klar, wer die Quelle war: 13 Uhr war die Frist, die wir Wirecard gesetzt hatten. Es war teuflisch, Marsalek hatte seine Banditen in ganz London ausschwärmen lassen und würde uns die Schuld geben.

Murphy rief den Wirecard-Börsenkurs auf seinem Reuters-Terminal auf, und wir starrten darauf, ob der Verlauf am Bildschirm wohl Rückschlüsse auf Insiderhandel erlauben würde. Der Kurs war den ganzen Vormittag im Minus gewesen, nachdem das Unternehmen am Morgen einige schlagzeilenträchtige Finanzdaten veröffentlicht hatte – der Kurs verharrte im Bereich knapp über 160 Euro. In den letzten dreißig Minuten hatte sich der Kurs langsam, aber sicher nach unten bewegt, und als die Frist näher rückte, konnten wir sehen, dass er unter 160 Euro fiel – Anzeichen für Verkaufsdruck. Um Punkt 13 Uhr blieb der Kurs eine Minute lang auf dem Tagestiefstand, dann begann er wieder zu steigen. Da konnte nicht viel sein, bloß Verwirbelungen im Äther.

13.05 Uhr schickte Schillings eine E-Mail und spielte erst einmal auf Zeit, jedenfalls keine einstweilige Verfügung. Wir boten lediglich weitere fünfundvierzig Minuten für eine Stellungnahme an, sagten im Prinzip: »Ihr solltet lieber davon ausgehen, dass wir es ernst meinen.« Das Schreiben von Schillings traf weitere fünf Minuten nach dieser zusätzlich gewährten Frist ein. Murphy druckte ein paar Kopien davon aus und verteilte sie, während Lionel Barber gerade aus der »Spitzkehre« hereingeschneit kam. »Hier steht nichts«, sagte er und blätterte die Seiten durch, als würde er weitersuchen. Nach Ansicht von Wirecard sei Kurniawans Verhalten untadelig, wir hätten eine böswillige Quelle, die Falschinformationen kolportierte, und ich sei korrupt. Wir hatten bereits über die undichte Stelle diskutiert. Es dauerte ein paar Minuten am Schreibtisch mit Justiziar Hanson, um die Quintessenz ihrer Antwort in die Story einzubeziehen. Barber gab das Kommando: »Veröffentlicht es!«

Im modernen Börsenhandel reagieren die Roboter als Erste auf Schlagzeilen, und in dieser Headline stand auch der Begriff »Bilanzfälschung«. Der Kurs brach um ein Viertel ein, 5 Milliarden Euro Börsenwert von Wirecard gingen gerade über den Jordan.

Ich ignorierte die Hedgefonds und Analysten, die mein Handy zum Blinken brachten. Eine Reihe Feuer-Emojis von Pav Gill sprach mich da schon eher an. Ich rief ihn in Singapur an und erfuhr, dass es einen doppelten Grund zum Feiern gab. Evelyn war wieder daheim, sie war am selben Tag aus dem Krankenhaus entlassen worden. Sie würde in sechs Wochen wiederkommen und sich einer Lungenoperation unterziehen müssen, aber die Sache ließ sich behandeln. Ich war froh, zu hören, dass nach weiteren Scans ihres Schädels ein Hirntumor nun doch ausgeschlossen werden konnte: Die Ärzte führten ihren mysteriösen Anfall auf Stress zurück, und nun war es an den Leuten bei Wirecard, Druck zu verspüren. Nachdem wir uns monatelang gleichsam unter Belagerung von Wirecard gefühlt hatten, genossen wir alle den Gedanken an das Chaos in ihren Büros in Singapur und München, und ich versicherte Gill, dass die Whistleblower-Dossiers abgeschickt worden waren. Evelyn, erleichtert, aber entschlossen wie immer, wollte wissen, ob noch weitere Storys folgen würden. Ich sagte ihr, ich bliebe am Ball, aber das hänge davon ab, wie Wirecard reagieren würde.

Zurück an meinem Schreibtisch sah ich, dass der Aktienkurs sich erholte, und war entzückt, den Grund dafür zu erfahren. Wirecard wehrte sich heftig und hatte eine Stellungnahme veröffentlicht, die den FT-Artikel als »falsch, ungenau, irreführend und verleumderisch« bezeichnete. Murphy saß mir gegenüber, ich stand auf und sah über die Bildschirme hinweg zu ihm hin. »Unserer Geschichte fehlt es an jedweder Substanz und Bedeutung«, sagte ich mit einem Grinsen im Gesicht.

»Es sind Kriminelle. Die wissen einfach nicht, wie man sich als normales Unternehmen verhält«, antwortete er.

Jan Marsalek und seine Truppe besaßen nicht die Fantasie, um einen anderen Kurs einzuschlagen. Wenn sie ein paar schwarzen Schafen in Singapur die Schuld in die Schuhe geschoben und versprochen hätten, die Sache zu bereinigen, dann hätten wir den Sieg verkünden und normal weitermachen können. Das pauschale Dementi bedeutete jedoch, dass die Details, die wir zurückgehalten hatten, nun Trümpfe waren, die wir nach Belieben ausspielen konnten. Selbst ein Richter am High Court mit noch so großen Scheuklappen konnte nicht übersehen, dass das Unternehmen log. Eine Handvoll anonymer Twitter-Bots erwachte zum Leben. »McCrum ist ein Krimineller ... Dannyboy McCRIM wandert IN DEN KNAST!!« Es war witzig, die Art von Gezeter von den Rändern, die ich gewohnt war. Lasst sie nur toben, dachte ich, die Wahrheit wird schon bald auf den Tisch kommen.

*

Am Donnerstag schwebte ich mehr, als dass ich ging. Ich bewunderte das Foto von Edo Kurniawan auf der FT-Titelseite, als ein Nachrichtenredakteur zu mir herüberrief: »Hast du die Commerzbank gesehen? Eine totale Sauerei.« Ich hielt es zuerst für einen Schwindel. Es sah aus wie ein Stück Recherche von der Investmentbank, aber es hieß darin, die Wirecard-Story sei »Fake News«, ich sei ein »Serientäter« und die Investoren sollten die Aktie kaufen: »Wir sorgen uns in Wirklichkeit mehr wegen der offenkundigen aktiven Beteiligung der FT an einer Marktmanipulation als wegen der Anschuldigungen gegen das Unternehmen.« Ich rief die Analystin Heike Pauls an und sagte ihr, da sei wohl ein Witzbold unter ihrem Namen darunter unterwegs, und sie spießte augenblicklich meine Naivität auf. Die Marktmanipulation war offensichtlich, sagte Pauls, blieb zwar vage über ihre Gründe, aber resolut bei ihrem Verdacht. »Wenn es watschelt wie eine Ente, ist es normalerweise eine Ente«, sagte sie und legte auf. Das war bizarr. Dann meldete sich auch noch die Börsenaufsicht in Frankfurt zu Wort. Ein Sprecher der BaFin sagte gegenüber Reuters, die

Behörde werde ermitteln, ob bei dem Absturz des Aktienkurses Marktmanipulation im Spiel sei.

War das Paket an sie mit belastenden Dokumenten in der Post verloren gegangen?

Ich hatte eine Story zu schreiben. Murphy hing am Telefon und versuchte herauszufinden, wer nach dem Leak auf Leerverkäufe gesetzt hatte, und wies den Gedanken von sich, das sei auf unserem Mist gewachsen. Er sprach mit einem Händler einer französischen Bank: »Glauben Sie wirklich, Sie könnten auf dem Markt herumlaufen und so etwas behaupten? Sagen Sie mir, wie schreibt sich Ihr Nachname noch mal genau?« Damit ließ er ihn stehen, und ich machte mich an die Arbeit an der nächsten großen Enthüllung.

Später am Nachmittag ließ sich Sam Jones wieder am Tisch des Investigativteams blicken. Er war der lakonische Charmeur im Team, mit Kontakten zu Geheimdiensten und großem Wissen über russische Literatur. »Hi, ich denke, das solltest du dir ansehen«, sagte er und reichte mir sein Handy.

Auf dem Rückweg vom Fitnessstudio war ihm ein seltsames Pärchen am Themsepfad aufgefallen. Irgendetwas wirkte merkwürdig, als würden sie unabhängig voneinander ganz bestimmte Aufgaben erledigen. Ein Mann mit schütterem Haar in Trainingsanzug und Turnschuhen, darüber ein langer schwarzer, eher formeller Wintermantel, spähte mit dem Fernglas in Richtung des FT-Bürogebäudes, während er an einem elektronischen Gerät hantierte, das auf einem stabilen Stativ montiert war. Er fuhr mit der Hand einen Moment vor dem Gerät hin und her, um festzustellen, ob es aktiviert war. Jones erkannte diese Gerätschaft: Es war ein Lasermikrofon. Wenn man es auf ein Fenster richtete, würde es jedes dahinter gesprochene Wort aufnehmen. Der Abend dämmerte, und die Gestalten im FT-Konferenzraum in der ersten Etage waren hell erleuchtet, während sie die Zeitungsinhalte für den folgenden Tag diskutierten. Ein paar Fenster weiter befand sich Barbers Büro. Hinter dem Mann stand eine Frau, die sich mit einem pinkfarbenen Pelzanorak gegen die Kälte gewappnet hatte und anscheinend Schmiere stand. »Da drüben ist ein Pärchen Billigspione zugange, die wohl einen Lauschangriff versuchen«, sagte er, während ich seine Handyfotos überflog. »Besonders unauffällig stellen sie sich nicht gerade an.«

Unser erster Gedanke war, bessere, druckreife Fotos zu beschaffen. Chris Batson, ein ziemlich nüchterner Londoner von der Fotoredaktion, schnappte seine Kamera und machte sich auf den Weg. Dann wurde uns klar, dass wir wohl der Chefetage Bescheid geben sollten. Murphy und Barber waren außer Haus. Inzwischen umringte uns bereits eine kleine Reportertraube. Wir mussten die stellvertretende Chefredakteurin Roula Khalaf einschalten, aber auch ihr Büro lag unmittelbar an der Flussseite.

»Pssst!« Khalaf saß an ihrem Schreibtisch. Sie blickte verblüfft auf, als wir gestikulierend in ihrem Türeingang standen. Einen Augenblick lang lief eine Art Pantomimenspiel, als wir gleichzeitig versuchten, sie zu uns herüberzuwinken, sie vor dem Treiben vor ihrem Fenster zu warnen und zu signalisieren, dass uns jemand belauschen wollte. Nachdem wir sie aus ihrem Büro gelockt hatten, zogen wir uns gemeinsam in die »Spitzkehre« zurück, und Jones erzählte ihr rasch, worum es ging.

Khalaf war eine überaus erfahrene Redakteurin und Journalistin, die schon einiges hinter sich hatte – von der Bloßstellung des Wolf of Wall Street in New York bis zu angesengtem Schuhleder in den Straßen des Irak –, aber ein stümperhafter Lauschangriff in den Straßen von London war auch für sie Neuland. »Was sollen wir tun? Hat jemand der Security Bescheid gesagt?« Auf dem Korridor zusammengezwängt setzte allenthalben ein drängendes Flüstern ein.

»Wir sollten die Polizei einschalten.«

»999 anrufen? Und was erzählen wir denen: Hallo, Herr Polizist, ich möchte eine Spionageoperation melden?«

»Da ist ein Mann am Ufer, der sich verdächtig verhält.«

»Das klingt nach terroristischer Bedrohung.«

»Wir könnten eine Story daraus machen.«

»Woher wissen wir denn, dass es auch wirklich ein Spion ist? Vielleicht hat der bloß ein seltsames Hobby: Amateur-Landvermesser nach FT-Panik wegen Laserpointer verhaftet.«

»Am Tag nach der Wirecard-Story? Hör mir doch auf.«

Mitten in dieser Versammlung gesellte sich der Sicherheitschef dazu. Er baute sich mit seiner stattlichen Körpergröße vor uns auf und regelte die Angelegenheit. »Ich geh rüber und rede mal ein Wörtchen mit ihm.« Allerdings hatte unser Paparazzo das Pärchen bereits verscheucht. Er hatte erst ein paar heimliche Fotos von dem seltsamen Paar gemacht und sie dann auf Paparazzi-Art geblitzt. Es kam zu einem kurzen, offenen Wortwechsel, dann trollten sich die Spione, ihr schickes Stativ unterm Arm.

*

Am Freitag spielten wir unsere nächste Trumpfkarte aus: die Enthüllung schauriger Details aus den Ermittlungen, die die Anwaltskanzlei über Edo Kurniawan angestellt hatte. Die Börse reagierte brutal, denn für die Investoren, die genau hinschauten, waren zwei Dinge offensichtlich: Wirecard hatte gelogen, und die FT hatte noch mehr Asse im Ärmel. Von 169 Euro am Mittwochmorgen brach der Kurs auf unter 100 Euro ein. Wir hatten über 8 Milliarden Euro vom Börsenwert des Unternehmens gekappt, ein Signal, das die deutschen Behörden unmöglich ignorieren konnten. Auch die Commerzbank ruderte zurück und nahm Heike Pauls Analyse, in der von »Fake News« die Rede gewesen war, vom Netz.

An diesem Abend feierten Charlotte und ich das Ende einer hektischen Woche mit einer Flasche Aldi-Cava in der Küche. Auch sie war bei ihrer PR-Agentur Harper Gray voll im Einsatz, und wir lachten über diese Witzfiguren von Spionen, wer auch immer das gewesen sein mochte. Noch immer verstauten wir unsere Handys in einem anderen Zimmer, wenn wir darüber redeten, aber im

Moment wirkten die finsteren Gestalten, die uns schon so lange Angst eingejagt hatten, doch nicht mehr so gruselig. Nach monatelanger Arbeit fühlte es sich außerdem wunderbar an, endlich etwas Konkretes ins Blatt gebracht zu haben, etwas Reales über diese bizarre Firma, mit der ich Freunde und Nachbarn jahrelang genervt und gelangweilt hatte.

Am Montag, den 4. Februar, bemühten sich Markus Braun und Alexander von Knoop, der neue Finanzchef an seiner Seite, das schwankende Schiff zu stabilisieren. Sie hielten eine Telefonkonferenz ab, um die Singapur-Ermittlungen mit Analysten und Investoren zu besprechen.

Es war ein Klassiker des Genres: ruhig, vernünftig und voll trockener Beschreibungen der Abläufe. Die Zahlen, um die es ging, seien klein, sagte Braun, bei den problematischen Verträgen handele sich lediglich um einen Wert von 13 Millionen Euro, und alles sei in einer Weise untersucht worden, die »perfekte Compliance zeigt«. Pav Gill und ich tauschten Nachrichten aus, schockiert angesichts dieser Chuzpe. Er war so angewidert, dass er sich einen anonymen Twitter-Account zulegte und versuchte, dem Rest der Welt klarzumachen, was hier wirklich abging. Braun beschrieb die Ermittlungen im Rahmen von »Project Tiger« als geringfügige Meinungsverschiedenheit unter Mitarbeitern. »Wo Menschen am Werk sind, herrschen mitunter Emotionen«, sagte er. Alexander von Knoop – vielleicht etwas skeptischer, schließlich war er erst seit etwas mehr als einem Jahr Finanzvorstand – hielt sich an unbedenkliche Fakten und beschrieb, wie das Compliance-Team arbeitete. Die üblichen Fans sogen die Botschaft begierig auf. Es war eine Kaufchance, riet Heike Pauls von der Commerzbank: »Der Pulverdampf wird sich rasch wieder verziehen.«

Hilfreich war auch Brauns Behauptung, auf die Geschäfte von Wirecard habe das Ganze keinerlei negativen Einfluss – ein nützliches Zitat, mit dem man sie konfrontieren konnte, falls sie uns doch irgendwann verklagen sollten, meinte Nigel Hanson. Allerdings war Hanson der einzige Anwalt, den wir hatten, und er war beunruhigt, als Herbert Smith Freehills, ein Schwergewicht auf dem Gebiet komplexer internationaler Rechtsstreitigkeiten, Schillings als die in London ansässige Anwaltskanzlei ersetzte und uns von nun an mit juristischen Drohungen bombardieren würde. Barber sah es anders. »Wisst ihr was, da ist irgendetwas faul, da wette ich. Sonst wäre Schillings doch bei denen an Bord geblieben.«

»Wir wissen, dass sie verzweifelt sind, weil sie versuchen, Charlotte in die Sache hineinzuziehen«, sagte Paul Murphy. Der verschlungene neue Pfad, den Wirecard und seine Armee von Online-Helfershelfern eingeschlagen hatten, lief darauf hinaus, die FT habe sich daraufverlegt, als Wegbereiter für meinen persönlichen Rachefeldzug zu fungieren: Jahre zuvor betreute meine Frau Charlotte die Kommunikation für eine Risikokapitalgesellschaft, die in einen Zahlungsdienstleister investiert hatte, der in Konkurrenz zu Wirecard stand. Wir hatten Jahre damit verbracht, potenzielle Interessenkonflikte zu vermeiden, und das war definitiv keiner davon. (Als wir in New York lebten und sie als Beraterin für Firmenfusionen tätig war, wurde ich schon aus Gründen der Vernunft über ihre Tätigkeit im Dunkeln gelassen – es gibt kaum etwas Schlimmeres als schlagzeilenträchtige Nachrichten, die man nicht ausplaudern darf. Besonders hart war, wenn Charlotte sagte, sie müsse übers Wochenende verreisen und man habe sie extra instruiert, mir nicht zu sagen, wohin, weil es in der betreffenden Stadt im Mittleren Westen nur zwei nennenswerte Unternehmen gebe – und damit läge das Übernahmeziel auf der Hand.) Die Trolle hängten sich trotzdem dran. »Wieso taucht mein Name in Statements von lauter Leuten auf, die behaupten, ich würde für Adyen arbeiten?«, fragte Charlotte und blickte von ihrem Laptop auf. Eine erbärmliche Lüge, aber auch eine weitere überschrittene rote Linie. Wirecard war hinter dem Menschen her, den ich liebte.

*

Singapur handelte am schnellsten. Freitag, der 8. Februar, war der Tag nach dem chinesischen Neujahrsfest, und die Mitarbeiter und Angestellten standen sprachlos in der Gegend herum, als zehn Polizisten von der Abteilung für Wirtschaftskriminalität hereinplatzten und Handys, Laptops und Notizbücher verlangten. Sie befragten leitende Mitarbeiter und karrten kistenweise Dokumente davon. Edo Kurniawan war längst verschwunden und hatte einen fest verschlossenen Rollcontainer unter seinem Schreibtisch zurückgelassen. Da die Polizisten den Container nicht öffnen konnten, nahmen sie ihn ebenfalls mit. Singapur hatte den entscheidenden Schritt zur Untersuchung des Falls unternommen, und es schien fast so, als wollten sie sich damit brüsten.

Ein Mitarbeiter gab uns den Tipp wegen der Razzia, und Stefania Palma war überrascht, von der üblicherweise äußerst wortkargen örtlichen Polizeidirektion dafür eine offizielle Bestätigung zu erhalten. Derweil war Wirecards Abteilung für Tatsachenverzerrung in vollem Einsatz: Das Personal in Singapur habe lediglich einen vorher vereinbarten Termin zum Gespräch mit den Beamten, um diese bei ihren Nachforschungen zu unterstützen, hieß es – der Aktienkurs sprach allerdings dafür, dass Markus Braun seinen Vorrat an Vertrauensvorschuss aufgebraucht hatte. Nach dem beschwichtigenden Gespräch des milliardenschweren CEO mit den Investoren war er immerhin wieder bis auf 136 Euro geklettert. Mit der Polizei vor der Haustür in Singapur stürzte er wieder auf 86 Euro ab, und Braun war kein Milliardär mehr. Bei einer seiner Stippvisiten gab sogar Barber zu, dass auch ihn das Virus angesteckt hatte; wie besessen beäugte auch er nun ständig den Börsenkurs.

In der Theorie sollte Journalismus nicht antagonistisch sein, keine Frage von »Wir gegen die«. Vor allem amerikanische Zeitungen, die sich historisch mit nicht so viel Konkurrenz herumschlagen mussten wie in der chaotischen Fleet Street, befleißigten sich einer leidenschaftslosen Pose der Neutralität, als seien jedes einzelne Wort, jede Schwerpunktsetzung, jede Art der Präsentation nicht schon mit impliziten und expliziten Entscheidungen verbunden. Fairness gegenüber dem Gegenstand der Berichterstattung ist vermutlich ein besserer Ansatz, und neben der Gefahr juristischer Gegenmaßnahmen hatte die FT auch diverse Regeln und Standards, die diese Fairness gewährleisten sollten. Obwohl ich überzeugt war, dass das Unternehmen Lügen verbreitete, musste ich ihnen die Gelegenheit zur Stellungnahme geben, um der Leserschaft ihre Sicht der Dinge mitzuteilen. Ebenso angemessenes wie gründliches Vorgehen sollte die Belastbarkeit dessen untermauern, was bei uns gedruckt wurde.

Was wir jedenfalls alle zu erkennen begannen, war, dass man in Deutschland die Dinge anders sah. Das deutsche Gegenstück zur FT war das *Handelsblatt*, eine großformatige Wirtschaftszeitung, die sich selbst überaus ernst nahm. Sie porträtierte das Geschehen als Kampf zwischen dem Unternehmen und der FT, und das *Handelsblatt* schien sich gern damit zu begnügen, sich das Ganze vom Sofa aus mit einer Tüte Popcorn anzusehen. Unsere Berichterstattung war eine weitere dieser Attacken, die offenbar von Wirecards glanzvollen Geschäftszahlen ablenken sollten. Der Preis für meine Voreiligkeit beim *Zatarra Report* war klar: Was da kam, war nur wieder die gleiche Leier von dem Typen, dem man ohnehin nichts glauben kann.

Ein ehemaliger FT-Kollege, Daniel Schäfer, war inzwischen leitender Wirtschaftsredakteur beim *Handelsblatt*, deshalb ließ ihm Paul Murphy eine Kopie des wichtigsten Dokuments zukommen, des Berichts von Rajah & Tann. Das Resultat war ein ausführliches Interview mit Markus Braun, in dem das *Handelsblatt* Details der internen Untersuchung veröffentlichte und dann den Stenografen spielte, als er die ganze Affäre herunterspielte. Murphy war außer sich. »Er hat mir gesagt, die Leute dort mögen es nicht, wenn die ausländische Presse deutsche Firmen ins Visier nimmt. Es ist einfach nur bizarr.« Ohne den Druck der Öffentlichkeit hatten es die Behörden anscheinend nicht eilig, zur Tat zu schreiten. Die Staatsanwaltschaft in München ließ verlauten, es lägen keine ausreichenden Beweise dafür vor, dass Deutsche gegen deutsche Gesetze verstießen, sodass kein Eingreifen angebracht sei.

Die einseitige Berichterstattung brachte auch Lionel Barber auf die Palme. Er hatte in Oxford Deutsch studiert (und Kafka und solche Sachen im Original gelesen) und einige Jahre im Land gelebt. Um Dampf abzulassen, rief er Mathias Döpfner an, einen alten Freund und früheren Zeitungsredakteur, der zum Leiter des Axel Springer Verlags aufgestiegen war. »Ich kann es nicht glauben, wie wir angegriffen werden, dass man uns unterstellt, mit Marktmanipulatoren gemeinsame Sache zu machen. Glaubt irgendjemand auch nur eine Sekunde, wir würden riskieren, etwas zu schreiben, ohne überzeugt zu sein, dass es wahr ist?«

Döpfner zeigte Verständnis – und hatte einen Ratschlag für Barber parat. »Achtet darauf, daraus keine Attacke des angelsächsischen Kapitalismus werden zu lassen. Lasst es nicht persönlich werden.« Dafür war es zu spät, jedenfalls nach unserer »Fanpost« zu urteilen. Einer der E-Mail-Schreiber beklagte, er habe wegen unserer »Attacken« 60.000 Euro verloren, und regte an: »Wenn Sie ein persönliches Problem mit dem Wirecard-Boss Mr. Braun haben, sollten Sie ihn zum Schwertduell herausfordern, statt so vielen unschuldigen Leuten zu schaden.«

Wie auch immer: »Geschichten erzeugen Geschichten«, sagt der Volksmund. Ich begann, von anderen ehemaligen Wirecard-Mitarbeitern zu hören. Einer beschrieb das Versagen in München und die lässige Extravaganz des Jan Marsalek. Die neue Quelle wusste zu berichten, auf einer Geschäftsreise nach Norditalien seien er und ein führender Wirecard-Mitarbeiter in einem billigen Flughafenhotel abgestiegen. Marsalek habe den verschreckten Neuling zum Lunch in seinem eigenen Logis eingeladen, einer Fünfsterne-Luxusunterkunft am See, in der ein paar kunstvoll arrangierte Salatblättchen für 60 Euro den Teller kredenzt wurden. Möglicherweise inspiriert durch den ausgedehnten Blick aufs Wasser, habe der Österreicher erwähnt, er würde erwägen, seiner Freundin ein Boot zum Geburtstag zu schenken. Der junge Mann habe diesen

Einstieg zur Konversation dankbar aufgenommen und zu einem Vortrag über die Wunder von Amazon und seiner unvorstellbaren Produktbandbreite angehoben. Er meinte, dort hätten sie sicher auch Schlauchboote auf Lager, und ob Jan wohl dort schon nachgeschaut habe? Nein, meinte Marsalek, das sei nicht ganz das, was ihm vorgeschwebt habe. Er glaube nicht, dass der Onlinehändler inzwischen auch schon mit Jachten handeln würde.

Andere Tipps waren abseitiger und beängstigender. Eine Frau irgendwo am anderen Ende der Welt teilte eine Handvoll E-Mails, die sie zufällig bekommen hatte. Sie nutzte ProtonMail, einen verschlüsselten E-Mail-Service, und erhielt im Februar 2018 versehentlich eine Kopie der Korrespondenz eines gewissen »Ray«, der Jan Marsalek seinen »lieben Onkels« vorstellte als »Familie für mich und Waffenbrüder für uns«. Die »Onkels« stellten sich heraus als der prominente ehemalige CIA-Spion Gary Berntsen, der in Afghanistan gegen al-Qaida gekämpft hatte, und ein früherer US-Botschafter in Uruguay, Martin Silverstein.[33] Marsalek hoffte auf die Hilfe der beiden bei einem politischen Projekt. »Er soll es Ihnen selbst sagen, aber im Prinzip versucht er, die österreichische Botschaft nach Jerusalem zu verlegen, und ich hatte ihm von Ihrem Erfolg mit Guatemala erzählt«, schrieb »Ray«. Am Schluss der Mail ermutigte er das Trio, »auch ein Auge auf die finanziellen Chancen zu haben, während ihr alle euer *Game of Thrones* spielt«.

Guatemala war eines der wenigen Länder, die dem Vorbild Donald Trumps gefolgt sind und ihre offizielle diplomatische Vertretung in Israel von Tel Aviv nach Jerusalem verlegt haben, die geteilte Stadt, die eines Tages als Hauptstadt eines künftigen Staates Palästina dienen sollte. Länder dazu zu drängen, ihre Botschaften an einen der sensibelsten Orte der Weltpolitik zu verlegen, an dem Israel eine illegale Besetzung aufrechterhielt, war eine Cause célèbre für Politiker der äußersten Rechten in aller

33 Silverstein behauptete, er habe diese E-Mail nie erhalten und kenne die Adresse nicht.

Welt, Österreich eingeschlossen, wie Marsalek in seiner Antwort ausführte. Er behauptete, enge Verbindungen zur Führung der rechtslastigen nationalistischen Freiheitlichen Partei (FPÖ) zu unterhalten, die eben erst in eine Koalitionsregierung mit der ÖVP eingetreten war. Marsalek beschrieb die »unglückliche Vorgeschichte« der FPÖ »mit Verbindungen zu ultrarechten Organisationen und Individuen und einer belasteten Beziehung zu Teilen der jüdischen Gemeinde Österreichs« und meinte, die Parteiführung »blickte wohlwollend auf eine mögliche Verlegung von Österreichs Botschaft nach Jerusalem, im Rahmen einer breiteren Initiative zur Neugestaltung der EU-Außenpolitik«. Marsalek sondierte informelle Kanäle, um die Haltung der USA zu dieser Frage in Erfahrung zu bringen.

Was für Freunde waren das, mit denen sich Marsalek da umgab? Hatte Wirecard politische Verbindungen? Ein weiterer Tipp unbekannter Herkunft deutete die Diskussion eines Projekts an, via Wien Geld aus Syrien abzuzweigen, einem Kriegsgebiet, dessen Regierung mit internationalen Sanktionen belegt war. Murphy zog mich still beiseite. Wir mussten reden, aber irgendwo möglichst weit weg von jeder Elektronik, wo wir definitiv nicht abgehört werden konnten. Wir fanden einen leeren, innen gelegenen Raum. Leicht beschämt räumte er ein, etwas für sich behalten zu haben.

»Ich wollte dich nicht von der eigentlichen Story ablenken oder dir Angst einjagen. Es gibt hier auch eine Verbindung zu Russland. Marsalek hat das Rezept für das Nervengift, Nowitschok.«

Ich sah Murphy an, als hätte er mir gerade erzählt, Marsalek habe die Mondlandungen vorgetäuscht. »Scheiße, wovon redest du?«

Im Jahr zuvor hatten zwei russische Attentäter versucht, einen ehemaligen Spion in Salisbury mit einem der tödlichsten Nervengifte der Welt umzubringen, das in einem Parfümfläschchen versteckt war. Das geplante Opfer überlebte den Anschlag, aber die weggeworfene Giftflasche tötete eine Frau in einer benachbarten Stadt, nachdem ihr Freund den teuer aussehenden Flakon aus einem Abfallbehälter gefischt und ihr als Geschenk präsentiert hatte. Murphy berichtete, die Organisation für das Verbot chemischer Waffen führte eine Untersuchung durch und erstellte einen streng geheimen Bericht zu der Affäre. Jan Marsalek hatte diese geheimen Dokumente irgendwie in die Finger bekommen, einschließlich der Dementis Russlands gegen die britische Version der Geschichte. Murphy wusste davon, weil Marsalek im Sommer 2018 die Dokumente in London auf dem Schwarzmarkt an kriminelle Spekulanten verticken und mit seinen Verbindungen zu Geheimdiensten Eindruck schinden wollte.

Ich musste mich hinsetzen. Das war nicht mehr witzig.

Es hatte schon davor Zeiten gegeben, in denen ich mich verwundbar fühlte. Diese Fantasien von Einbrüchen in unser Privathaus hatten nach Fraser Perrings Geschichte von den Bedrohungen in Lincoln wochenlang angedauert. Ich wusste, dass das Schwachsinn war, aber wenn ich daheim im Dunkeln lag, liefen in meinem Kopf Szenarien von Männern mit Sturmhauben ab, die durch unser Haus streiften, und nach Murphys Enthüllung war die Schlaflosigkeit wieder da. Diesmal packte mich echte Angst bei der täglichen Fahrt zur Arbeit. Eine investigative Reportage von *BuzzFeed* hatte von einer russischen Attentatskampagne in London berichtet: vierzehn Todesfälle, bei denen die britische Polizei zwar Fremdeinwirkung ausschloss, US-Geheimdienste dagegen den langen Arm des russischen Staats beziehungsweise der russischen Mafia verdächtigten. Ich hielt möglichst großen Abstand von der Bahnsteigkante, aber in St Albans auf dem Fahrradweg nach Hause kam mir jedes Auto, das hinter mir herfuhr, wie eine Bedrohung vor. Ich konnte die Strecke nicht nennenswert variieren, also wählte ich eine, auf der der Verkehr größtenteils zäh floss oder wo ich Seitenstraßen als Abkürzungen nutzte. Ich achtete darauf, zu unterschiedlichen Zeiten unterwegs zu sein, und versuchte, diese Stimme in mir zu unterdrücken, die mir sagte: Wäre es nicht das Bequemste, einfach von einem Lastwagen überfahren zu werden?

*

Zehn Tage nach der Razzia der Singapurer Polizei in den Wirecard-Büros traten endlich die deutschen Behörden in Aktion – und hielten ihre schützende Hand über Wirecard. In Frankfurt verkündete die BaFin ein für zwei Monate gültiges Verbot von Shortselling-Trades mit den Aktien der Firma aufgrund der »wirtschaftlichen Bedeutung des Unternehmens«. Es war die stärkste Waffe, die der Aufsichtsbehörde zur Verfügung stand, ein Spekulationsverbot, das erst ein einziges Mal zur Anwendung gekommen war, inmitten der Finanzkrise von 2008, als elf Banken mit der Gefahr des Kollapses konfrontiert waren. Die übergeordnete Europäische Wertpapier- und Marktaufsichtsbehörde (ESMA) meldete sich ebenfalls zu Wort und erklärte das Verbot für angemessen und verhältnismäßig, da »die gegenwärtigen Umstände im Zusammenhang mit Wirecard unerwünschte Ereignisse oder Entwicklungen bilden, die eine ernste Bedrohung für das Marktvertrauen in Deutschland darstellen«.

Bösartige Spekulanten waren also das Problem, im Verbund mit korrupten Journalisten. Die *Frankfurter Allgemeine Zeitung* brachte die Eilmeldung, ich sei Gegenstand strafrechtlicher Ermittlungen wegen Marktmanipulation. Eine Sprecherin habe der Zeitung gesagt: »Uns liegt eine konkrete Strafanzeige eines Anlegers vor.« Ich begann mich daran zu gewöhnen, auf der falschen Seite zu stehen, aber verwirrend war es trotzdem noch. Da stand ich nun also Schulter an Schulter mit einem Chefredakteur, während der an dem Text hantierte, um das energische Dementi des FT-Sprechers in eine Story darüber einzufügen, wie die Zeitung selbst Gegenstand der Untersuchung wurde. »Sind Sie *sicher*, dass Ihnen da nichts durchgerutscht ist?«, fragte er zum zweiten Mal, im angestrengten Bemühen, auf dem schmalen Grat zwischen Kollegialität und Pflichterfüllung zu wandeln. Es war ein böser Traum. Was um alles in der Welt lief hier ab?

21 Ein Zeuge erzählt

30. Januar 2019 | Smithfields, London | Aktienkurs: 169 Euro | Börsenwert: 21 Milliarden Euro

Das Folgende spielte sich an jenem Mittwoch ab, am Tag unserer Veröffentlichung. Gary Kilbey saß mit einem Geschäftspartner in seinem Büro über dem Fabric. Im Tageslicht war es ein Raum mit Blick über die Straße, eine ganz und gar andere Welt als der grelle Betrieb des Nachtclubs einige Etagen tiefer. Kilbeys Geschäftspartner war da, zusammen mit Kilbeys Schwiegersohn Daniel H., der im Umfeld des Clubs aushalf. Kurz nach 12 Uhr kam ein Broker mit einem heißen Gerücht herein: Es ging um ein paar bestens bekannte Trader und irgendein Spreadbetting-Konto. Der Trader hoffte, Kilbey sei dank seines Drahts zu Murphy in der Lage, diese Gerüchte zu bestätigen. »Die sind wie verrückt am Shortselling gegen Wirecard. Um 13 Uhr heute kommt eine FT-Story heraus.«

Kilbey unterbrach augenblicklich Paul Murphy bei seinem Krabbensandwich in der Hoffnung auf irgendeine Art von Bestätigung. »Macht ihr gerade eine Story über Wirecard? Wenn ja, habt ihr nämlich eine undichte Stelle.« Murphy verneinte, und Kilbey ließ die Finger von dem Trade. Später rief Murphy zurück wegen weiterer Details. Das Spreadbetting-Konto hieß »Bank of Oman« und gehörte einer Firma namens Sigma Trading. Angeblich nutzten es mehrere Personen, und momentan hatte es eine heiße Erfolgssträhne mit fünf oder sechs Gewinnern in Serie zu verzeichnen. Einer der Trader, die das Konto nutzten, war der türkische Geschäftsmann, der versucht hatte, die Verbindung zwischen Jan Marsalek und Carson Block herzustellen. (Der Mann sollte Murphy später erzählen, er sei in Erwartung der Wirecard-Zahlen, die an dem Tag veröffentlicht werden sollten, »short« gewesen, und sein Einsatz sei geringer als üblich gewesen.)

Garys Sohn Tom Kilbey, der frühere Fußballprofi, traf am Nachmittag im Fabric ein. Er hielt regelmäßig via Telegram Kontakt zu Marsalek, der ihn mit dem Versprechen hinhielt, in sein Musikbusiness investieren zu wollen. Der Österreicher war sehr erfreut, von den Vorgängen im Nightclub zu erfahren, und wollte wissen, ob der schwatzhafte Broker, der Gary den Tipp gegeben hatte, mit einer eidesstattlichen Versicherung bestätigen würde, was geschehen war. »Bleiben Sie mir bloß vom Leib mit so einem Scheiß, damit will ich nichts zu tun haben«, war die wohlüberlegte Antwort.

Der Schwiegersohn meldete sich zu Wort. »Ich habe kein Problem mit einer solchen Aussage. Es ist ja wahr, genau das ist passiert.«

Am Tag darauf reichten Wirecards Anwälte eine Anzeige bei der Münchner Staatsanwaltschaft ein und ließen die Behörde wissen, das Unternehmen verfüge über »überzeugende Beweise« dafür, dass der FT-Artikel vor der Veröffentlichung einem Kreis von Investoren zugespielt worden sei.

Inzwischen hatte es sich Daniel H. allerdings anders überlegt. Er hatte schon früher Bekanntschaft mit der Justiz gemacht. In einem Gerichtsverfahren vor dem Old Bailey im Jahr 2017 hatte ihn die Polizei beschuldigt, einen Drogenring zu führen, der versiegelte Kokaintüten, verziert mit dem Union Jack, über Dealer auf Mopeds verteilte, die so taten, als seien sie Taxi-Fahrschüler, die sich gerade die »Kenntnisse« aneigneten, die es für diesen Job brauchte. Ein Geschworenengericht sprach Daniel H. von den schwerwiegendsten Anklagepunkten frei, er wurde dennoch zu zwei Jahren Haft verurteilt, weil er 116.000 Pfund der Drogenbande in Einkaufstüten der Supermarktkette Asda unter dem Bett seiner Tochter versteckt hatte. (Dieses Detail dürfte Marsalek kaum abgeschreckt haben: Wirecard benutzte seit mindestens 2012 regelmäßig Tüten von Aldi und Lidl, um sechsstellige Summen in die Firmenzentrale oder aus ihr heraus zu transportieren. Da die Wirecard Bank keine Filialen hatte, wurde in Aschheim ein großer Safe für Bargeld installiert, deshalb gingen dort regelmäßig beträchtliche Summen ein und aus. Bei einer Gelegenheit bat Marsalek seine Assistentin, dem Pornobaron »Ray« Akhavan 300.000 Euro zum Flughafen zu bringen. In einem anderen Fall trudelten 500.000 Euro ein, als der Safe schon voll war, deshalb musste das Wirecard-Personal die Scheine im Büro verteilt verstecken.)

Daniel H. fragte seinen Schwiegervater um Rat. Sollte er die Erklärung unterschreiben? »Nur wenn Wirecard dich dafür bezahlt, und ich glaube nicht, dass sie dich für so etwas bezahlen werden – wie könnten sie auch?«

Der Valentinstag war ein Donnerstag. Wirecards Anwalt übergab der Staatsanwaltschaft eine für H. vorgefertigte Zeugenaussage, die er aber nicht unterschrieben hatte. Darin wurde zwar enthüllt, dass dessen Schwager Tom Kilbey für Wirecard gearbeitet hatte, von Daniel H.s Verurteilung wurde allerdings nichts erwähnt. Vielmehr beschrieb das Dokument H. als Experten für Spreadbetting mit Erfahrungen in der Vermögensverwaltung. Es hieß darin, dem Broker sei von einem Freund erzählt worden, um 13 Uhr werde eine FT-Story erscheinen. Mit diesem »Beweis« in Händen verfügte die BaFin am Montagmorgen ihr Leerverkaufsverbot.

*

In schickem Anzug, Gelassenheit und Selbstsicherheit ausstrahlend, marschierte Jan Marsalek am Donnerstag, den 21. Februar, kurz nach 12 Uhr ins Büro der Münchner Staatsanwaltschaft. An seiner Seite hatte er Franz Enderle, einen der prominentesten Firmenanwälte Deutschlands. Der Sechzigjährige war neben dem hageren Marsalek eine gewichtige Erscheinung, noch betont durch die dichten Augenbrauen und die unvermeidliche Fliege. Er war vor allem bekannt als unnachgiebiger Advokat bei einer der gefürchtetsten deutschen Anwaltskanzleien, Bub Gauweiler & Partner. Viel von diesem Ruf verdankte er einem Mammutprozess gegen die Deutsche Bank, deren Vorstand im Jahr 2002 eine flapsige Bemerkung im Fernsehen fallen ließ, niemand in der Finanzwelt sei bereit, dem Medienmogul Leo Kirch, dessen Imperium in Schwierigkeiten steckte, Geld zu leihen. Der Banker lag durchaus richtig: Kirch Media ging tatsächlich bankrott, und die Kanzlei beschuldigte die Deutsche Bank, das Unternehmen mit ihren losen Verlautbarungen über die Klippe gestoßen zu haben. Der unerbittliche Enderle verfolgte die Deutsche Bank über ein Jahrzehnt lang durch sämtliche Instanzen, bis diese sich letztlich bereit erklärte, im Rahmen eines Vergleichs Kirchs Erben mit 925 Millionen Euro abzufinden. Der Wirtschaftsanwalt war vielleicht eine etwas seltsame Begleitung für ein Treffen mit Staatsanwälten, aber damals trat Marsalek dort ja nicht als Verdächtiger auf. Er war Zeuge, und er hatte eine Geschichte zu erzählen.

In Erwartung dieser Geschichte lauschte Hildegard Bäumler-Hösl, Mitte 50 mit zurückhaltendem Auftreten und brünettem Pagenkopf. Sie war eine der erfahrensten Ermittlerinnen des Landes und die Oberstaatsanwältin der Abteilung. Ihr oblag die Entscheidung, wer hier mit der vollen Kraft des Gesetzes zu verfolgen sei. Es war noch ein weiterer Staatsanwalt anwesend, der ebenfalls mit der Klage gegen die FT betraut war. Nach dem Austausch kurzer Formalitäten und ein paar Erläuterungen zum Prozessablauf nahm man Platz und lauschte aufmerksam, wie Marsalek die fragliche Angelegenheit darstellte: Sein hauptsächliches Tätigkeitsfeld bei Wirecard sei der Vertrieb, aber seit der Veröffentlichung des *Zatarra Report* im Jahr 2016 habe er sich ins Netzwerk der Spekulanten eingeschmeichelt, die das Unternehmen im Visier hatten. Er nannte das *Feindaufklärung*.

Marsalek sagte, von diesen Kontakten habe er Informationen erhalten, die in gewisser Weise hilfreich gewesen seien, aber das habe Angebote nach sich gezogen, über die er gar nicht glücklich sei. Einen Moment lang war er verschüchtert, ein anständiger Geschäftsmann auf unbekanntem Terrain, dann sammelte er sich wieder und kam direkt auf den Punkt: Es gab, um es konkret auszudrücken, den Versuch einer Erpressung.

Der Übeltäter sei ein gewisser »Ali«, der eine Vorliebe für Ferraris pflegte. Marsalek sagte, Ali sei ihm von einem Freund in London etwa um die Zeit der Veröffentlichung der Zatarra-Attacke vorgestellt worden. Nach der neuesten Serie von FT-Artikeln habe Ali erneut den Kontakt gesucht, über den gleichen Freund, verbunden mit einer Warnung und einem Angebot: Eine negative Story über Wirecard von *Bloomberg* sei in der Mache, aber Ali könne die Geschichte aufhalten und sogar dafür sorgen, dass die Nachrichtenagentur kritische Kommentare über die Berichterstattung der FT bringe, das habe allerdings seinen Preis.

In mehreren Telefonaten – Marsalek behauptete, eines davon aufgenommen zu haben – habe Ali dann die Dringlichkeit der Sache dargelegt: Den mutmaßlich korrupten *Bloomberg*-Mitarbeitern lägen Angebote der Konkurrenz vor. Auch irgendwelche Trader sowie Mitarbeiter der FT hätten ihnen Bargeld dafür angeboten, negative Berichterstattung über Wirecard zu fabrizieren. Für den Fall, dass das Unternehmen sich damit befassen wolle, habe Ali den Vorschlag gemacht, die Zahlungen als Sponsoring für sein Racing-Team zu tarnen, und dieses Geld würde er dann für die Schmiergeldzahlung nutzen. Marsalek zog sein Handy aus der Tasche und leitete freundlicherweise die Rechnung über 2,25 Millionen britische Pfund, die er zu diesem Zweck erhalten hatte, per E-Mail an Bäumler-Hösl weiter.

Zumindest die adleräugige Ermittlerin erkannte sogleich eine Lücke in Marsaleks Geschichte. Wenn er die Rechnung erst in jenem Monat bekommen habe, wieso sei sie dann datiert auf den 28. Mai 2018?

Marsalek wischte diesen Widerspruch einfach beiseite. Er habe das nicht bemerkt, beziehungsweise er habe sich die Rechnung nie wirklich genauer angesehen. Als der andere anwesende Staatsanwalt auf Details dieses Komplotts drängte, konnte Marsalek auch damit leider nicht dienen – er war nicht sicher, ob es die FT, zwielichtige Trader oder eine Kombination aus beidem war, die dem Rivalen pauschale Beträge für *Bloomberg* angeboten hatten. Tatsächlich hegte ja Marsalek selbst einen Verdacht. Er hielt den Teil der Geschichte über die Journalisten, die Bargeld einsteckten, für einen Versuch, Wirecard unter Druck zu setzen, damit die Firma selbst ein möglichst großes Angebot vorlegen würde. Er sagte, der neueste Stand der »Verhandlungen« – die Gänsefüßchen dazu signalisierte er mit den Händen, um seine widerwillige Teilnahme an diesem Spiel zu unterstreichen – seien 4 Millionen Pfund für die Beeinflussung der Berichterstattung und weitere 1,75 Millionen für Informationen über die dahintersteckenden Trader.

War Bäumler-Hösl überzeugt von diesem Bild einer korrupten Londoner Finanzszene, in der Millionen in bar den Besitzer wechselten, nur für ein paar Worte in einer Zeitungsstory? Sie fragte, ob die Verhandlungen noch laufen würden.

Marsalek beschrieb ein Spielchen mit Ali nach dem Motto: »Der Scheck ist auf dem Postweg.« Er sagte, er habe ihm zu verstehen gegeben, die 2,25 Millionen Pfund seien unterwegs, und er bekäme nahezu stündlich Telegram-Nachrichten, die beklagten, das Geld sei immer noch nicht da. Er sagte ihr, er ginge davon aus, ihn bei Bedarf noch eine Woche hinhalten zu können, womit er seine Kenntnis des internationalen Zahlungssystems eindrücklich demonstrierte. Marsalek führte aus, eine Zahlung in Pfund Sterling würde das SWIFT-Netzwerk durchlaufen, er könne also behaupten, eine Korrespondenzbank habe die Transaktion eingefroren und zusätzliche Dokumentation angefordert.

Aufgefordert, weitere Informationen über Ali zu liefern, bot Marsalek einen kleinen Einblick in die Welt der Gangster und Ganoven. Er sagte, nach allem, was er wisse, gebe es da einen kleinen Kreis von Leuten, die aktiv Insiderhandel betrieben. Sie würden sich kennen und die Informationen teilen, die in der Branche die Runde machten. Warum? Nun, er selbst habe zwei Tage im Voraus gehört, dass HSBC in dieser Woche enttäuschende Zahlen vermelden werde. Marsalek sagte, er gehe davon aus, dass Ali einen oder zwei Leute aus diesen Kreisen gut kenne und dass sein Einfluss letztlich keine Frage von Charisma oder Charakter sei; es sei schlicht eine Frage des Geldes.

Marsaleks Auftritt war sorgfältig durchgeplant. Hier war er nun, das wehrhafte Opfer, das sein Bestes tat, um sich einem fremdartigen und ungewöhnlichen Feind zu widersetzen, im Geiste der Kooperation mit den Behörden. Die Gefahr war, dass Bäumler-Hösl sich allzu sehr bei seinen Verbindungen zu den Londoner Trader-Kreisen aufhalten würde, die den Wirecard-Aktienkurs manipulierten, deshalb hatte er bereits einen Bösewicht in petto. Mit der Behauptung, die Informationen habe ihm ein Bekannter zugespielt, der für einen ausländischen Staat arbeitete, heftete er die undichte Stelle der Ermittlungen im Rahmen von »Project Tiger« Royston Ng an, dem früheren Richter, der mit Pav Gill in Singapur zusammenarbeitete. Dieser Ng sei gerade zurückgetreten, sagte Marsalek, und Wirecard habe ihn im Verdacht, einer der Informanten der FT zu sein. Angeblich sei der Jurist von Singapur nach London mit einem von Mark W. bezahlten Ticket geflogen, Mitgründer einer Londoner Investmentfirma. Wie es der Zufall wolle, sei der andere Mitgründer dieser Firma niemand anders als Matt Earl, der Mann hinter Zatarra.

Marsalek sagte nichts weiter, und er brauchte auch gar nicht mehr zu sagen, seine hübsch verpackte Verschwörungstheorie war einigermaßen offensichtlich: Der Angriff auf Wirecard war nichts anderes als ein Aufguss der Aktion von 2016, lanciert von den üblichen Verdächtigen. Zum Ende wurde er so liebenswürdig, wie man ihn kannte: Gewiss mochten Fehler gemacht worden sein, aber die Quelle der Informationen habe sich doch in der Vergangenheit stets als überaus verlässlich erwiesen. Das sei alles, was er zu den Fakten in dieser Sache berichten könne. Sollte es weitere Fragen zu dieser oder anderen Angelegenheiten geben, stünde er den ermittelnden Behörden selbstverständlich zu jeder Zeit zur Verfügung.

Die Staatsanwälte standen vor einer unbequemen Wahl. Sie konnten die Geschichte glauben, dass Journalisten von zwei der weltweit angesehensten Medienunternehmen korrupt waren; dass Berichterstattung gekauft und verkauft wurde und dass eine Gruppe von Spekulanten aus irgendeinem Grund immer wieder diese eine deutsche Firma aus schändlichen Gründen ins Visier nahm. Falls nicht, bestand die Alternative darin, dass ein Vorstandsmitglied eines der größten und meistumjubelten europäischen Technologieunternehmen das Blaue vom Himmel herunterlog, ganz zu schweigen vom konspirativen Bestreben der Firma, einige der renommiertesten Banken und Investmenthäuser zu hintergehen.

Es dauerte drei Tage, bis die Überlegungen der Staatsanwaltschaft ihren Weg ins *Handelsblatt* fanden. »Neue Attacke gegen Wirecard geplant«, dröhnte die Headline. In der Story hieß es, das Leerverkaufsverbot der BaFin sei durch Informationen ausgelöst worden, die das Unternehmen selbst der Staatsanwaltschaft zur Verfügung gestellt hatte, und Bäumler-Hösl wurde persönlich zitiert: »Wir haben … ernst zu nehmende Informationen von Wirecard erhalten, dass eine neue Shortattacke geplant ist und dass mit viel Geld versucht wird, Medienberichterstattung zu beeinflussen«, sagte sie.

22 Der Manila-Umschlag

Februar 2019 | Manila | Aktienkurs: 115 Euro | Börsenwert: 14 Milliarden Euro

Die Philippinen sind kein sicherer Ort für Journalisten. 2009 reiste ein Konvoi aus Anhängern eines Lokalpolitikers durch eine südliche Provinz, um Wahlunterlagen einzureichen. Die Kandidatin war vor einem möglichen Anschlag gewarnt worden und hatte an ihrer Stelle weibliche Familienmitglieder und Anhängerinnen auf die Reise geschickt, die von dreißig lokalen Journalisten begleitet wurden. Einer so großen Gruppe, glaubte sie, würde sicher nichts zustoßen. Aber sie täuschte sich. Bewaffnete Männer überfielen den Konvoi, brachten die Mitglieder zu einem abgelegenen Berghang und eröffneten das Feuer; die 57 Leichen wurden in einem Massengrab verscharrt. Das Komitee zum Schutz von Journalisten (CPJ) bezeichnete den Vorfall als tödlichsten Anschlag auf die Presse, den es jemals aufgezeichnet habe. Seit jenem Massaker sind weitere achtzehn Journalisten in dem Land getötet worden, dessen Präsident Rodrigo Duterte 2016 zum Mord an Drogensüchtigen und Dealern aufgerufen hatte, nachdem er an die Macht gelangt war.

Stefania Palma hatte schon früher aus Manila berichtet, und sie wusste, dass sie diese Reise nicht allein antreten sollte. Wir wollten, dass sie bei Wirecards Geschäftspartnern anklopfte, und wir wussten nicht, wen oder was sie dabei vorfinden würde. Sie landete am Abend des 24. Februar, einem Sonntag, und nahm sich ein Hotel im Hauptgeschäftsviertel, das uns ein anderer Korrespondent als bewährt und sicher empfohlen hatte. Früh am folgenden Morgen lernte sie ihre Begleitpersonen kennen: Die »Fixerin«, eine junge Frau im selben Alter wie Palma, welche die Landessprache beherrschte und wusste, wie man hier Dinge geregelt bekam, den Fotografen Jilson, einen hageren jungen Mann Anfang 20, dessen Kameratasche schon bessere Tage gesehen hatte, und den Fahrer, über den niemand etwas wusste.

Um die Stadt zu verlassen, mussten sie sich als Erstes durch den berüchtigten Verkehr kämpfen, ein wirres Knäuel aus Autos, Lastwagen, Bussen und Kleintransportern. An ihrer Aufgabe war rein gar nichts einfach. Sie sorgte sich um alle denkbaren Aspekte und stand unter großem Druck, weil sie unbedingt Erfolg haben musste: Die Philippinen waren ein enorm wichtiges Puzzleteil, und sie wollte auf keinen Fall nach Singapur zurückkehren, ohne die Geschichte aufgeklärt zu haben. Sie versuchte, der Fixerin einen groben Überblick über die Situation zu geben, war sich dabei aber ständig bewusst, dass auch der Mann am Steuer jedes Wort hören konnte. Die Adresse, zu der sie unterwegs waren, sollte angeblich der Standort eines internationalen Zahlungsabwicklungsunternehmens sein; es war mit einer deutschen Firma verbunden, für die sich die FT interessierte.

Nach drei Stunden Fahrt erstreckten sich um sie herum zu allen Seiten Reisfelder in die Ferne. Endlich erreichten sie den Rand der Stadt Cabanatuan, und der Wagen hielt auf einer asphaltierten Wohnstraße vor einer gepflegten, von Mauern umgebenen Villa. Das Mauerwerk war orange verputzt und von scharfkantigen, weiß gestrichenen Eisengeländern gekrönt. Stefania Palma erkannte das Haus von dem Google-Street-View-Foto wieder, das die Reise überhaupt erst veranlasst hatte. Eines der Unternehmen, das »Jack«, der Whistleblower, wegen unbezahlter Rechnungen verfolgen wollte, hieß ConePay; die Firma schuldete Wirecard Singapur seit Jahren Provisionszahlungen in Höhe von ein paar Millionen Dollar. Die Website von ConePay war seriös aufgemacht, erwähnte aber keinen einzigen Mitarbeiter namentlich, und seine Kontaktadresse befand sich irgendwo am Ende der Welt.

Palma klopfte an das Metalltor. Ihre größte Angst war, dass niemand aufmachen würde, denn dann wäre der ganze Tag verschwendet gewesen. Sie konnte auch nicht ausschließen, dass sie gleich ein paar Gangster aufstören würde. Die interne Erklärung, die Wirecard-Mitarbeiter bezüglich dieser speziellen Partner bekamen, lautete, dass sie Zahlungen abwickelten, die zu unappetitlich seien, um von Wirecard direkt bearbeitet zu werden. Stattdessen verwies die Firma solche Kunden an ihre Freunde und bekam im Gegenzug bei jeder Transaktion eine lukrative Provision. Wir wussten nicht genau, um welche Art von Zahlungen es sich dabei handeln könnte, aber es gab beunruhigende Gerüchte dazu, da die Philippinen ein bekanntes Ziel für Sextourismus darstellten, in dem das Alter für sexuelle Mündigkeit bei zwölf Jahren lag.

Die Tür zum Anwesen wurde von einem Teenager geöffnet. Stefania Palma betrat einen von Palmen beschatteten Innenhof, wo ein paar Männer mittleren Alters mit elektrischen Schermaschinen das Fell eines weißen Pudels auf einem Glastisch stutzten. Ein flauschiger brauner Zwergspitz umsprang kläffend ihre Beine. An aufgespannten Wäscheleinen hingen Kleidungsstücke und Laken. Auf einer überdachten Veranda vor dem Haus parkte ein Motorrad, und überall lagen unordentlich verstreut die Requisiten eines ganz normalen Familienalltags herum. Dass auf einmal eine weiße Frau in ihrer Mitte stand, war eindeutig das Interessanteste, was an diesem Morgen bisher passiert war. Ein paar Kleinkinder blieben stehen und starrten uns an. Bald war Palma von etwa einem Dutzend Menschen unterschiedlichen Alters umgeben, die nur rudimentäres Englisch sprachen.

Ein alter Mann kam aus dem Haus, und die kleine Menschenmenge teilte sich, um ihn durchzulassen. Er wirkte entspannt und freute sich darüber, sich mit dieser seltsamen Besucherin unterhalten zu können, deren Fragen die Fixerin übersetzte. Er wirkte weder besonders interessiert noch verärgert. Seine Antworten lauteten allesamt »Nein«. Er hatte noch nie von einem Zahlungsunternehmen gehört. Der Patriarch war ein pensionierter Seemann, ihm gehörte das Haus, und seine Familie lebte seit einem halben Jahrhundert hier. Palma begann zu verzweifeln. War dies eine Sackgasse? Dann ging eine der Töchter, die uns beobachtet hatte, kurz ins Haus und kam mit einem weißen Umschlag zurück. »Oh ja, das hatte ich vergessen. Der kam hier an, und wir hatten keine Ahnung, wofür er war«, sagte der alte Mann und reichte den Umschlag an Palma weiter.

Sie erstarrte. Er war an ConePay International adressiert. Einen Moment lang wusste sie nicht, ob sie laut schreien oder in Ohnmacht fallen sollte. »Darf ich ihn öffnen?« Der Mann zuckte mit den Achseln. Für ihn war das Ding nur ein Stück wertlose Junk-Mail, kein unbezahlbares Beweisstück.

Mit zitternden Händen riss Palma den Umschlag vorsichtig auf und zog den Inhalt heraus. Es war ein Kontoauszug der Wirecard Bank, der Konten in mehreren Währungen zeigte, die alle kein Guthaben aufwiesen. Es war ein vernichtendes Beweisstück. Sowohl Wirecard als auch das Zahlungsunternehmen nutzten diese Adresse, als sei sie der Hauptsitz eines echten Unternehmens, das Wirecard Millionen Euro schuldete. Aber hier gab es keine Spur davon, die angebliche Firma hatte ihre Rechnungen nie bezahlt, und auf ihren Bankkonten befand sich kein Geld. ConePay war ein Potemkinsches Dorf.

Palma, die versuchte, einen kühlen Kopf zu bewahren, fragte, ob sie Fotos machen dürfe. »Mir egal, machen Sie, was Sie wollen«, antwortete der Mann. Sobald sie wieder auf der Straße stand, schickte Palma mir die Fotos, damit sie nicht die einzigen Kopien hatte. Es war 4 Uhr morgens in London, zu früh zum Reden. Die Fixerin schlug vor, zum Barangay-Haus der Stadt zu fahren, dem Sitz der Regionalverwaltung, wo sich jedes Unternehmen im Bezirk für eine Betriebserlaubnis registrieren lassen musste. Das Büro war zwar geöffnet, aber leer, also setzten sie sich zum Warten auf eine Bank. Irgendwann kam jemand herein. Er selbst arbeite nicht hier, aber die Beamtin wohne nur zwei Häuser weiter, sagte er, sie sollten es dort versuchen.

Die Fixerin klopfte an die Tür des beschriebenen Hauses, und man sagte ihr, die Frau werde gleich kommen. Die beiden suchten sich einen Schattenplatz und warteten weiter. Die Luft war heiß und still, und streunende Hunde streiften durch die stille Straße. Nach ungefähr einer Stunde eilte die Verwaltungsangestellte lächelnd ins Zimmer. Es gab keine Einträge über ConePay, und auch sonst über keine Firma, die ein Zahlungs- oder Technologieunternehmen sein könnte. »Die meisten Unternehmen, die wir hier haben, sind kleine Läden wie die Geschäfte dort drüben«, sagte sie und deutete auf einen Stand an der Ecke, an dem Taschentücher und andere Gegenstände des täglichen Bedarfs verkauft wurden. »Das größte Geschäft, das wir hier haben, ist die Tankstelle.«

Stefania Palma und ihr Team drängten sich wieder ins Auto. Alles schien in dieselbe Richtung zu weisen: Wirecards Einnahmen von ConePay waren nicht real, weil ConePay nicht existierte. Als sich das Auto den Außenbezirken von Manila näherte, klingelte Palmas Telefon, und sie ging lachend dran: »Oh, mein Gott, Dan, du wirst das nicht glauben ...«

*

In London war ich von einer deutsch-italienischen Pferdezüchterin aus San Marino abgelenkt worden, die mir einen Whistleblower angeboten hatte. Sie stellte sich als Mitarbeiterin einer israelischen Wirtschaftsdetektei vor, die auf das Auffinden, Verfolgen und Überprüfen von Unternehmensinsidern spezialisiert war. Sie sagte, ihr Mann könne erklären, wie Wirecard in der Vergangenheit zwielichtige Zahlungen verarbeitet hatte, inzwischen aber sauber geworden sei – Jan Marsaleks alte Leier. Als sie den Namen des Whistleblowers nannte, wusste ich genau, um wen es sich handelte: ein britischer ehemaliger Wirecard-Mitarbeiter, der in den Neunzigerjahren in einen Heroinschmuggelskandal verwickelt gewesen war. Nach drei Jahren in einem thailändischen Gefängnis wurde er von der Anklage des illegalen Handels mit Betäubungsmitteln freigesprochen. Seine Begleiterin erhielt eine fünfundzwanzigjährige Haftstrafe. Nach diesem Zusammenstoß mit dem Gesetz war er in die seriöse Welt der Zahlungsabwicklungen eingestiegen. Den E-Mails, die mir vorlagen, konnte ich entnehmen, dass Edo Kurniawan, Wirecards Bilanzfälscher in Singapur, regelmäßig die Beratungshonorare des Mannes genehmigt hatte. Das kam mir nicht ganz koscher vor.

Ich kehrte zurück zu meinen Akten im Bunker und machte eine weitere Entdeckung. Auch der Mann, dessen Spuren ich in Bahrain nachverfolgt hatte, war in die Sache verwickelt: Christopher Bauer. Er besaß zwei verschiedene Zahlungsunternehmen, die von derselben Adresse in einem Einkaufszentrum in Manila aus operierten. Eines schuldete Wirecard Singapur Ende 2016 Provisionszahlungen in Höhe von 3 Millionen Euro. Das andere hieß PayEasy und schuldete Wirecard 123 Millionen Euro, einen dicken Batzen Geld. Stefania Palmas nächste Aufgabe stand fest: Sie musste Christopher Bauer aufspüren.

*

Die knallgelben Reisebusse von Christopher Bauer waren ein gewohnter Anblick auf den Straßen Manilas. Der Betriebssitz von Froehlich Tours befand sich in einem Innenhof zwischen zwei Bürogebäuden, die mit einem Einkaufszentrum verbunden waren. Es diente gleichzeitig als Büro für PayEasy, sein internationales Zahlungsunternehmen. Die Logos beider Firmen waren auf den Fenstern aufgeklebt, und innen prangten überall noch weitere Logos. An der Wand hing ein Schwarzes Brett mit Personalmitteilungen. Neben der Bitte an die Mitarbeiter, keine lauten Klingeltöne zu verwenden, befand sich ein von Bauer und seiner Frau unterzeichnetes Memo darüber, dass sich das Datum der Gehaltsabrechnungen ändern würde. Neben der Tafel hing ein gerahmtes Fußballtrikot von Thomas Dooley, einem bekannten deutschamerikanischen Fußballspieler, der die philippinische Nationalmannschaft gecoacht hatte. Es herrschte reger Betrieb, Busfahrer kamen und gingen. Als Stefania Palma darum bat, mit Bauer sprechen zu dürfen, blockte die Empfangsdame ab. Er komme nur selten hierher, sagte sie. Irgendwann gab sie Stefania schließlich eine andere Adresse und versicherte ihr, dass »Herr Bauer die ganze Zeit dort ist«.

Am Ende einer unbefestigten, von Schuppen und eingezäunten Grundstücken gesäumten Straße fand Palma ein überdachtes Busdepot voller gelber Reisebusse, denen dort der Dreck von Manila von der Karosserie gekärchert wurde. Innen gab es ein karges Büro. Dort saßen nur ein paar Männer in alten, zerschlissenen Hemden. Fahrdienstleiter, die die Busse im Auge behielten. Sie fragte, ob Christopher Bauer in der Nähe sei.

»Nein«, sagte einer der Männer mit einer gewissen Verachtung. »Er ist nie hier. Ich habe Herrn Bauer schon seit wer weiß wie lange nicht mehr gesehen.« Während sie miteinander sprachen, schlich ein streunender Hund zur Tür herein, ein knorpliger, brauner Mischling, der hinter Palma am Boden schnüffelte. Sie merkte es nicht und stieß versehentlich gegen ihn. Der Köter drehte durch und stürzte sich auf sie und den Fotografen. Es folgten zehn Sekunden unglaublich lauter Tumult, als die beiden Männer sich auf den wütend bellenden Hund warfen und ihn wegzerrten. Mit panisch rasendem Herzen schüttelte Palma den Kopf. Wie absurd das alles war. Wir hatten uns die ganze Zeit Sorgen wegen Gangstern gemacht, und jetzt wäre sie beinahe einem Hund zum Opfer gefallen.

Über einem anderen Einkaufszentrum hatte sie mehr Glück. Der Aufzug beförderte sie und die Fixerin direkt in den Empfangsbereich einer Firma, die Busse verkaufte. »Ich möchte mit der Person sprechen, die hier das Sagen hat«, bat Palma die Damen an der Rezeption. Wieder wurde sie abgeblockt, aber sie beschloss, sich einfach hinzusetzen und zu warten. Auf einmal kam ein älterer Herr in Anzug und Krawatte aus einem Büro und ging zum Fahrstuhl. Er sah wichtig aus, also schnappte sich Palma die Fixerin, und sie stürmten hinter ihm her.

»Halten Sie bitte die Tür auf! Hallo, hallo, Entschuldigung, danke. Sind Sie zufällig der CEO?«

»Ja?«, sagte der Mann und zog fragend die Augenbrauen hoch.

»Perfekt!«, rief Palma. Sie erklärte, wer sie war, und löcherte ihn dann mit Fragen. »Kennen Sie ein Unternehmen namens PayEasy?«

Der Geschäftsmann war völlig überrumpelt, sagte aber, sie könnten sich auf dem Weg zu seinem Auto unterhalten. Als sie die Bordsteinkante erreicht hatten, hatte Palma, was sie brauchte: Er hatte keine Ahnung, was das Logo seines Unternehmens auf der PayEasy-Website zu suchen hatte. Seine Firma nutzte überhaupt keinen Zahlungsabwickler.

Palmas Tage in Manila begannen, sich nach einem bestimmten Muster abzuspielen. Morgens drängten sie und ihr Team sich ins Auto und verbrachten Stunden im Verkehr, um zu den Adressen zu gelangen, die ich ihr zur Überprüfung gegeben hatte. Sie nutzten die Zeit, um im Internet zu recherchieren, und fanden in einem langen Stau die Facebook-Profile von Bauers Frau und Tochter. Die Social-Media-Plattform war auf den Philippinen sehr beliebt, und viele Profile waren komplett öffentlich. Palma konnte sehen, auf welche Schule die Tochter ging, was gleichzeitig eine Chance wie auch ein moralisches Dilemma darstellte: Wenn sie vor der Schule wartete, erwischte sie vielleicht einen der Bauers, wenn diese ihr Kind abholten. Aber sollte sie das wirklich machen? Die Zeit wurde allmählich knapp, und sie rief mich an. Sie erwischte mich beim Frühstück, ich würde gleich meine eigene Tochter zur Schule bringen. Ich überlegte kurz, wie ich mich fühlen würde, wenn mir dort jemand am Straßenrand auflauern würde. Erfreut wäre ich darüber nicht gerade, aber wir wollten Bauer ja schließlich auch dazu befragen, ob er an einem ziemlich schwerwiegenden Betrug beteiligt war. Er würde so oder so nicht besonders erfreut auf uns reagieren. Ich sagte, sie solle es versuchen, aber auf jeden Fall nur mit den Erwachsenen reden.

Vor der Schule befand sich ein weitläufiger, offener Parkplatz. Als die Kinder aus dem Schulgebäude strömten, versuchten Palma und die Fixerin immer wieder, das richtige Kind den Facebook-Fotos zuzuordnen. Die Fixerin packte Stefania Palma am Ellbogen.

»Da, ich glaube, das ist sie.« Das Mädchen ging auf ein Auto zu. Ihnen blieben nur Sekunden, um zu entscheiden, was sie tun sollten.

»Warte, es ist nur ein Fahrer«, sagte Palma mit einer Mischung aus Enttäuschung und Erleichterung. Die Bauers waren nicht gekommen.

»Okay, sollen wir ihm folgen?«, fragte die Fixerin.

Ihre Tatkraft und Entschlussfreudigkeit hatte sich bisher schon oft als unglaublich nützlich erwiesen, aber Palma lehnte ab. Dies war die Grenze. Ein Kind durch die Stadt zu verfolgen, würde zu weit gehen.

Im Laufe der Woche verlor Palma zunehmend die Nerven. Ihre Anwesenheit war nicht mehr zu verheimlichen. Sie war gerade dabei, schlafende Hunde zu wecken, und irgendwann würden sie aufwachen. Tagsüber hatte sie die anderen bei sich. Wenn sie nachts allein im Hotel ihre Notizen aufschrieb, ließ sie jedes Geräusch von draußen ängstlich zur Tür blicken. Dies weckte Erinnerungen an ihr Training in »Schutz und Verhalten in Krisenregionen« in ihr. Den größten Teil der Woche hatten sie im Seminarraum verbracht, aber am letzten Tag waren sie nach draußen in die dichten Wälder gezogen. Sie simulierten eine Situation, in der zehn Reporter versuchten, die Grenze zwischen Syrien und der Türkei zu überqueren. Ausgestattet mit Helmen und schusssicheren Westen, drängten sie sich in klapprige Jeeps. Auf einem schmalen Waldweg stürmten plötzlich dreißig Schauspieler mit täuschend echt aussehenden Waffen aus dem Unterholz. Sie zerrten die Teilnehmer grob aus den Fahrzeugen, zogen ihnen die Schuhe aus, stülpten ihnen Säcke über den Kopf und zwangen sie in Stresspositionen. Sie wurden aufgefordert, ihren Anführer zu identifizieren. Palma wurde von den anderen getrennt, tiefer in den Wald gezerrt, musste einen orangefarbenen Overall anziehen und ein Geständnisvideo aufnehmen, während ein Mann mit einer großen Machete hinter ihr stand. Und das war erst der Anfang des sechsstündigen Praxisteils. Ein nützlicher Tipp war, dass sich eine Tür mit einem kleinen Keil, der von innen daruntergeschoben wird, sehr effektiv sichern lässt. Der Tipp wäre zumindest nützlich gewesen, wenn sie so ein Ding dabeigehabt hätte. Stattdessen stapelte sie ein paar Habseligkeiten hinter der Tür. Die würden einen entschlossenen Eindringling zwar nicht aufhalten können, aber zumindest so viel Lärm machen, dass sie davon aufwachen würde.

Dass ein schlafender Hund aufgewacht war, merkte sie schließlich an einem Telefonanruf. »Warum kommen Sie in meine Büros und löchern meine Mitarbeiter?«, fragte Christopher Bauer nervös und wütend. Palma sagte, sie interessiere sich für seine Zahlungsunternehmen und dafür, ob diese ihre Rechnungen von Wirecard bezahlten. Bauer versuchte, sich zu distanzieren, genau wie er es getan hatte, als ich ihn in Bahrain nach Ashazi fragte. Er sei nur ein Investor, er leite PayEasy nicht. Wütend brüllte er ins Telefon, er werde die Namen der Verantwortlichen nicht herausgeben, nur damit Palma sie mit ihren lächerlichen Fragen belästigen könne. Dies war das letzte Beweisstück, das wir gebraucht hatten. Es wurde Zeit für Palma, die Stadt zu verlassen.

*

»Weiß jemand, wo Nigel ist?«

Es war Paul Murphy. Einen Monat nach Stefania Palmas Reise wollten wir gerade die Beweisfotos zur Story über die vorgetäuschte Firma veröffentlichen, die sie auf den Philippinen gemacht hatte, und jetzt war unser Anwalt nirgends zu finden. Ich stand im zweiten Stock des FT-Gebäudes in der *Big-Read*-Redaktion und half gerade, die Bildunterschriften zu optimieren, als Murphy zu uns kam. »Ich hoffe, Sie haben einen Plan B«, sagte er fröhlich zu Geoff Dyer, dem Redakteur, der für den wichtigsten

Artikel verantwortlich ist, den die Zeitung jeden Tag veröffentlicht: »Wirecard verklagt uns.«

»Was, echt? Davon habe ich noch gar nichts mitbekommen«, sagte Dyer. Ich hatte mein Telefon unten gelassen, ein Nachteil meiner ständigen Sicherheitsparanoia.

»Sie haben noch nicht geantwortet. Es ist ein Spoiler, bevor die Story erscheint. Die Pressestelle bekommt schon Anrufe«, erklärte Murphy.

Wir überließen Geoff seinem Schicksal und eilten zurück nach unten, wo wir feststellten, dass wir in Deutschland gerade Pressegeschichte schrieben. Wirecard hatte angekündigt, die FT wegen der unerlaubten Nutzung von Geschäftsgeheimnissen zu verklagen, und beabsichtigte, eine Entschädigung für die Aktionäre zu fordern – ein ganz neuartiges juristisches Manöver. Angesichts des milliardenschweren Wertverlusts des Unternehmens würde das eine ziemlich gepfefferte Schadensersatzrechnung werden, ein Vielfaches dessen, was Nikkei vor ein paar Jahren für uns bezahlt hatte. Ich sollte Nigel Hanson fragen, wie viel davon die Versicherung übernehmen würde, dachte ich, als ich meine E-Mails durchging. Eine fiel mir ins Auge. »Oh Scheiße. Selbstmord.« Murphy sprang schockiert von seinem Sitz auf. »Sorry! Personenschaden auf dem Gleis. Nigel steckt irgendwo vor Reading auf der West Coast Main Line fest. Er wird erst in ein paar Stunden hier sein.«

Wirecard verriet uns nicht, worum es in der Klage ging. Diese zu begründen, würde rechtlich gesehen schwer werden, aber taktisch betrachtet war es eine Meisterleistung. Das Unternehmen hatte in München Klage eingereicht und würde deren Inhalt dann bis zum richtigen Moment verschweigen – zu dem es damit unsere große Story über die Philippinen untergraben konnte. Als der Artikel am nächsten Morgen, Freitag, den 29. März, erschien, wimmelte es in deutschen Zeitungen von Berichten über die Klage. Der Aktienkurs fiel um weitere 10 Prozent auf 112 Euro, lag damit aber deutlich innerhalb des jüngsten Kursbereichs. Unser Corpus Delicti war nur ein erstes Schmankerl; wir würden unsere Ansicht nicht ändern. Da es Freitagnachmittag war, verzogen Murphy und ich uns auf ein Gläschen in den Keller einer Weinbar am Borough Market. »Jetzt ist es ein Nahkampf«, sagte er. »Du musst diesem Biest einen Pflock durchs Herz treiben.« Die Ermutigung tat mir gut, aber die Frage nach dem Wie blieb. Was mussten wir tun, um die Wahrheit ans Licht zu bringen?

*

Stefania Palmas Tour hatte sie nach Jakarta geführt, wo sie am 17. April in das Chaos der Präsidentschaftswahlen geriet. Sie sprang in einen Taxi-Scooter und rieb sich die Müdigkeit aus den Augen, während sie versuchte, das nächste improvisierte Wahlkampfevent zu erreichen. In der vergangenen Nacht hatte sie dabei zugesehen, wie sich hunderttausend Menschen in ein Stadion quetschten und dort bis 3 Uhr morgens an einer radikalislamischen Kundgebung teilnahmen. Jetzt musste sie zum Privathaus eines ehemaligen Generals gelangen, dem ein beängstigender Ruf vorauseilte. Sie schaffte es gerade noch rechtzeitig und kämpfte sich zu der Pressemeute vor, die gegen die Tore gedrückt wurde, die sich erst im letzten Moment öffneten. Bald würden 260 Millionen Menschen zur Wahl gehen, und der General würde wahrscheinlich verlieren, woran auch seine Rede unter der Flutlichtanlage nichts mehr ändern dürfte.

Danach beschloss Palma, dass sie für heute mehr als genug Lokalkolorit erlebt hatte, und ging mit einer Freundin vom *Economist* zum Abendessen ins erstbeste Restaurant, das sie entdeckten. Es war weit nach Mitternacht, als sie fertig waren und wieder auf dem Gehweg standen. Palma warf einen Blick auf ihr Telefon, um sich bei der Nachrichtenredaktion zu melden, und sah eine Reihe von E-Mails zwischen verschiedenen Redakteuren, die über den Entwurf einer Story diskutierten: »BaFin erstattet Strafanzeige gegen zwei FT-Journalisten«.

Die deutsche Finanzmarktaufsichtsbehörde hatte die Staatsanwaltschaft damit beauftragt, gegen mich, sie und zehn namentlich nicht genannte Spekulanten wegen Marktmanipulation zu ermitteln. Palma rief mich an. Sie war sich zwar bewusst, dass die Person neben ihr ebenfalls Journalistin war, aber sie überfiel mich trotzdem mit einem Schwall Fragen, die sie sofort beantwortet haben wollte: Wer, was, wie, warum, echt jetzt? Ich fing an zu erklären, hielt dann aber verblüfft inne: »Warte mal eine Sekunde. Du wusstest bisher nichts davon?« Ich brach in Gelächter aus, weil das Ganze so bizarr war. *Der Spiegel* hatte am Nachmittag die Story veröffentlicht: Palma und ich waren die Verbrecher hier. Die Welt stand kopf.

23 SoftBank, der Retter in der Not

April 2019 | München | Aktienkurs: 108 Euro | Börsenwert: 13 Milliarden Euro

Die Wochenenden waren Wien vorbehalten. Markus Braun verbrachte sie mit seiner Frau und seiner Tochter und genoss dazu auch mal ein wenig Gesellschaft der Adelsszene, wo er ein Hecht im Karpfenteich war. Abendessen bei Fabios, einem todschicken Italiener mit weißen Tischdecken, oder beim Wiener Opernball huldvoll die Ehrerbietung der anderen entgegennehmen. Manchmal fanden prächtige Veranstaltungen in einem Schloss statt, die von seinem Freund Alexander Schütz ausgerichtet wurden. Der Wiener Geldverwalter beaufsichtigte als Mitglied des Aufsichtsrats die Deutsche Bank, den Atlas, der das deutsche Finanzsystem auf seinen Schultern trug.

In dieser Szene glaubten viele, Braun habe noch ein zweites Vermögen in der Hinterhand, da er etwas von IT verstand und deshalb früh in die großen Technologieaktien wie Apple und Google eingestiegen war. Er spendete recht großzügig an die Politik und unterstützte die Mitte-rechts-Partei ÖVP, deren Regierung von der rechtsextremen FPÖ gestützt wurde. Im Sommer 2017 trat Braun bei einer Wahlkampfveranstaltung mit Bundeskanzler Sebastian Kurz auf, verkehrte als Mitglied eines parteinahen Thinktanks sowie als Wirtschaftsführer in einflussreichen Kreisen und wurde zu intimem Privatdinners mit dem österreichischen Ministerpräsidenten und seiner Frau eingeladen. Brauns Freunde zweifelten also nicht an ihm, als sich die Kontroversen wie dunkle Gewitterwolken um seinen Kopf zusammenzubrauen begannen.

»Ich habe in der FT gelesen, was für ein unartiger Junge du bist;-)«, schrieb Schütz in einer E-Mail vom Februar 2019, in der es hauptsächlich um ihre Urlaubspläne in Südfrankreich in jenem

Sommer ging. Er habe in der Vorwoche Aktien von Wirecard gekauft, sagte er. »Mach diese Zeitung fertig!! :-)«, forderte er.

Während der Arbeitswoche lebte Braun in einer von Bäumen gesäumten Allee mit eleganten Wohnhäusern aus dem 19. Jahrhundert in Bogenhausen, einem wohlhabenden Stadtteil von München. Bei wenig Verkehr dauerte die Fahrt nach Aschheim in seinem Maybach, einem schwarzen Luxus-Mercedes, mit Chauffeur nur eine Viertelstunde. Der Wagen war ein vertrauter Anblick in der Nachbarschaft, und eines Abends Anfang April, etwa eine Woche nach der Veröffentlichung der FT-Story über die Philippinen, registrierte ein Nachbar erstaunt, dass fünf Männer vor dem Haus auf Brauns Rückkehr warteten. Sie waren untersetzt und trugen billige Anzüge, und er bat sie nicht herein. Stattdessen führten sie auf der Straße ein ernsthaftes Gespräch, das einige Zeit dauerte. Der Nachbar hielt die Männer dem Aussehen nach für Polizeibeamte, aber die Münchner Staatsanwaltschaft bestritt jegliche Kenntnis, als Journalisten danach fragten.

In der Zentrale konzentrierte sich Braun auf die Öffentlichkeitsarbeit, zumindest seinem E-Mail-Verkehr nach zu urteilen. Er überarbeitete Pressemitteilungen und verlangte frisches Material für seinen Twitter-Feed. In diesem April hatte er jedoch noch eine viel wichtigere Aufgabe: Er musste einige der mächtigsten Investoren der Welt davon überzeugen, dass er ihr Geld weder wolle noch brauche. Er war von SoftBank angesprochen worden, dem japanischen Mischkonzern, dessen 100 Milliarden Euro schwerer Vision Fund Technologieinvestitionen schon allein dadurch grundlegend verändert hatte, dass er den Einsatz für alle Beteiligten deutlich erhöhte.

Der Fonds verteilte Milliarden an ausgewählte Unternehmen wie WeWork und ermutigte sie, das Geld dazu zu verwenden, ihre Konkurrenten zu zerschlagen. Akshay Naheta, ehemals Händler der Deutschen Bank und inzwischen Investor bei SoftBank, witterte eine Chance bei Wirecard. Er setzte darauf, dass die Aktie günstig war, ungeachtet aller Bilanzierungsprobleme. Die Unterstützung von SoftBank hätte die Reputation von Wirecard über Nacht wiederhergestellt. Und wenn alle Mitglieder der SoftBank-Unternehmensfamilie fortan Wirecard für ihre Zahlungsabwicklung verwendeten, würde diese Flut von neuen Geschäften alle alten Probleme einfach wegspülen. Mit der Unterstützung von SoftBank könnte Wirecard auf Einkaufstour gehen und seine Konkurrenten zu einem riesigen Unternehmen unter sich zusammenführen. Naheta und die anderen Deutsche-Bank-Flüchtlinge, die den Vision Fund von einem historischen Townhouse in Mayfair aus leiteten, waren ebenfalls Experten für die Strukturierung komplexer Handelsgeschäfte. Diese Finanzzauberer hätten Wirecard eine Milliarde Dollar zuwerfen können, ohne dabei ein nennenswertes finanzielles Risiko einzugehen.

Um den Deal zu vermitteln, wendete sich Akshay Naheta an Christian Angermayer, ein Business-Wunderkind mit einer durchwachsenen Bilanz und einem sehr ausgeprägten Talent, auf Modetrends aufzuspringen. Eine Zeit lang war es Afrika, wo er sich mit dem Präsidenten von Ruanda anfreundete, dann Bitcoin und schließlich Psychedelika. Im Jahr 2015 probierte er in der Karibik (wo dies legal war) Zauberpilze – und der lebenslange Abstinenzler kehrte als bekehrter Missionar zurück. Fortan unterstützte er ein Unternehmen, das auf Psilocybin basierende Behandlungen für Depressionen erforschte, und ein weiteres, das sich auf spekulative Wissenschaft zur Verlängerung des »gesunden Alterns« konzentrierte. Er versuchte sich auch als Filmproduzent in Hollywood. Als charmanter und attraktiver Netzwerker ging Angermayer auch auf die Partys seines sehr guten Freundes Alexander Schütz, den er 2017 dabei unterstützt hatte, in den Vorstand der Deutschen Bank zu gelangen.

Akshay Naheta von SoftBank nahm schon bald Kontakt zu Markus Braun von Wirecard auf, die Umrisse eines Deals begannen, sichtbar zu werden. SoftBank würde Wirecard 900 Millionen Euro (damals umgerechnet eine Milliarde US-Dollar) in Form einer Wandelanleihe leihen, also Schulden, die später mit Wirecard-Aktien beglichen werden konnten. Die vorgeschlagenen finanziellen Bedingungen waren so einseitig formuliert, dass dieser Deal praktisch ein Geschenk an SoftBank als Dank für ihre Unterstützung darstellte, also mussten die Aktionäre ihn auf der Jahresversammlung im Sommer erst genehmigen. Wenn Braun über den Deal sprach, wiederholte er im Grunde genommen immer dasselbe in unterschiedlichen Versionen: »Das Geld brauche ich nicht, SoftBank ist eine gute Marke, ich will nur das Geschäft.«

Christian Angermayer wurde derweil eine bescheidene Vermittlungsprovision zugesagt: 1,25 Prozent der 900 Millionen Euro, was sich auf 11 Millionen Euro belief. Jetzt musste nur noch Ernst & Young die Konten von Wirecard anerkennen, damit das Geheimnis im Kern des Geschäfts endlich aus dem Zentrum der Aufmerksamkeit rücken konnte.

*

Das Apartment, das Oliver B. sein Zuhause nannte, lag im unteren Drittel des höchsten Gebäudes der Welt, des Burj Khalifa, das über dem weitläufigen Ballungsraum von Dubai in die Wolken ragte. Hier führte er ein kultiviertes Leben fernab von Wirecard, was allen Beteiligten durchaus recht zu sein schien, da andere Mitarbeiter der Firma B., seine politische Einstellung und seine Geschäfte lieber aus der Distanz goutierten.

Auf einer Konferenz in London stand der Wirecard-Verkäufer Martin Osterloh in einer Networking-Pause neben B., zwischen ihnen ein Teller mit Keksen, der auf einem dieser kleinen Stehtische stand, die zur Interaktion anregen sollen. Hunderte Menschen aus der Gaming-Welt kamen bei einem Kaffee miteinander ins Gespräch, und ein anderer Teilnehmer, ein Schwarzer, schlenderte lächelnd auf ihren Tisch zu. »Kann ich mir so einen nehmen?«, fragte er und zeigte auf die Kekse. »2 Euro!«, sagte B. Die Männer schmunzelten über den lahmen Eisbrecher, aber B. setzte noch einen drauf. Er deutete auf einen Schokoladenkeks. »Aber diese hier sind billiger. Die kosten nur einen Euro.« Wahrscheinlich völlig überrumpelt und zu höflich, um in einem professionellen Umfeld eine Szene zu machen, nahm der Mann einen Keks und machte gute Miene zum bösen Spiel. »Oliver, du wirst die Nacht im Gefängnis verbringen, wenn er mit der Polizei spricht«, warnte Osterloh, nachdem der Mann gegangen war. B. quittierte das mit einem Achselzucken.[34]

Er bestritt immer, ein Rassist zu sein. Osterloh und andere Mitarbeiter von Wirecard schienen sein Verhalten auch nicht auf Bigotterie, sondern auf einen Hang zu Grenzüberschreitungen zurückzuführen, etwa als B. bei Treffen mit Unternehmen aus Tel Aviv sinnierte: »Deutsche und Israelis, wir sind uns in vielerlei Hinsicht so ähnlich.« Einige Kollegen sagten, B. möge Menschen im Allgemeinen nicht, und beschrieben ihn als einen mitfühlenden Freund, der viel Geld spendete, um Orang-Utans und Gorillas zu unterstützen.

Manche Geschäfte, die B. leitete, wollte der Rest des Unternehmens lieber nicht genauer unter die Lupe nehmen. Kollegen scherzten mit gespieltem Entsetzen, dass sie gar nicht wissen wollten, was er machte. CardSystems Middle East war seit seinen Tagen als »Kartenflüsterer« weit gekommen. Die leeren Blanko-Zahlungskarten von Click2Pay waren schon lange Geschichte. Stattdessen managte B. die Beziehungen von Wirecard zu einigen wichtigen Partnern, ein Aspekt der Geschäftstätigkeit, der intern als »Third Party Acquiring« (TPA), die Zahlungsabwicklung über Drittanbieter, bekannt ist. Es war ein ähnliches Geschäftsmodell, wie Marsalek es bereits vor zehn Jahren mit Simon Smaul in Dublin etablieren wollte: ein unabhängiger externer Partner, der die Zahlungen für Kunden mit hohem Risiko abwickelt und als Dan-

---

34 Oliver B. ließ über seine Anwälte mitteilen, er sei kein Rassist und dass das Vorkommnis bewusst missinterpretiert worden sei und auf Hörensagen basiere.

keschön für jede Transaktion eine dicke Provision an Wirecard zurückschickt.

Christopher Bauers PayEasy in Manila war ein solcher Partner, so auch Henry O'Sullivans Senjo in Singapur. Dritter und wichtigster Teil des Trios war Al Alam Solutions, das im 19. Stockwerk einer Nachbildung des legendären New Yorker Chrysler Buildings in Dubai ansässig ist. Im Büro von Al Alam gab es gerade mal genug Platz für ein Dutzend Leute und einen Weinkühlschrank, scherzte der australische Wirecard-Manager Dashiell Lipscomb. Er leitete das andere Geschäft von Wirecard in Dubai, ein Servicezentrum voller indischer ITler, das den Maschinenraum des Unternehmens darstellte. Als Lipscomb der Platz ausging, brachte Al Alam vorübergehend ein paar Wirecard-Mitarbeiter in seinem Büro unter. Er fragte B. nach diesem Partner, und der sagte, die Struktur sei ein Feigenblatt, um Wirecard nicht mit den Zahlungen in Verbindung zu bringen. Die Angestellten dort nannte er »Affen in Anzügen«, die taten, was ihnen gesagt wurde.[35]

Anfang 2019 wuchs das Interesse innerhalb und außerhalb von Wirecard daran, wie genau diese Beziehung funktionierte und was B. mit Partnern wie Al Alam Solutions machte, weil die Zahlen inzwischen zu groß geworden waren, um sie zu ignorieren. 2018 verbuchte CardSystems rund 600 Millionen Euro an Provisionen von Partnern, wovon rund 300 Millionen Euro Gewinn waren – mehr als die Hälfte der Einnahmen der gesamten Gruppe. Nur eine Handvoll Mitarbeiter war direkt an diesem Geschäft beteiligt, es war Jan Marsaleks Domäne. Dies warf die Frage auf, wofür genau dann die anderen sechstausend Wirecard-Mitarbeiter gebraucht wurden, wenn dieses Grüppchen mit so wenig Unterstützung ein Vermögen einbringen konnte. Es gab auch ganz praktische Fragen: Wie überwachte Wirecard die Zahlungsvolumen, und wie wurde überprüft, ob die Provisionen auch in voller Höhe gezahlt wurden? Welche Verpflichtungen hatte die Firma

---

35 Siehe dazu B.s Stellungnahme in Anmerkung 34.

diesen Partnern gegenüber, und was würde passieren, wenn einer von ihnen pleiteging? Das interne Auditteam von Wirecard in München versuchte im Januar 2019, eine Prüfung des »Third Party Acquiring« zu starten, aber B. blockierte das. Er behauptete, dafür fehlten die Ressourcen und die Arbeit mit Ernst & Young sei schon belastend genug. Es ergebe keinen Sinn, die Arbeit der externen Prüfer noch einmal zu machen, sagte er.

Ernst & Young war die einzige Aufsichtsinstanz, da es vor Ort keine Wirtschaftsprüfungsgesellschaft gab, die die Bilanzen für CardSystems erstellte. Wirecard umging sein eigenes, in Dubai beheimatetes Finanzteam, ließ die Zahlen in München zusammenstellen und übergab sie an EY. In der Vergangenheit hatten sich die Wirtschaftsprüfer für Al Alam Solutions interessiert, dessen Büro in Dubai einer Überprüfung unterzogen und dabei festgestellt, dass es voll besetzt war. Im März 2019 flog erneut eine Delegation dorthin, um mit B. zu sprechen. Sie interessierten sich für einige von CardSystems unterstützte Händler und die Art und Weise, wie diese auf Probleme, etwa mögliche Warnzeichen für Geldwäsche, überprüft wurden. Die Bedenken von EY wurden durchaus ernst genommen: B. sagte in Absprache mit Marsalek zu, in der nächsten Abrechnungsperiode Änderungen vorzunehmen und ein eigenes Projekt zur Verbesserung der Datenqualität aufzustellen.

Ernst & Young passte in jenem Jahr besonders scharf auf. Da Wirecard so viel Aufmerksamkeit auf sich gezogen hatte, interessierten sich nun auch verschiedene andere Abteilungen von EY für die Abschlussprüfung, darunter auch hochrangige Manager aus den USA. Hinzu kamen die Auswirkungen des anonymen Pakets voller Dokumente, das im Februar eingetroffen war. Nachdem es forensisch auf Fingerabdrücke untersucht worden war, warf das Dossier eine Reihe von Fragen auf, die auf eine organisierte Bilanzmanipulationen in Singapur hinwiesen.

Was Jan Marsalek bei der Beantwortung dieser Fragen half, war die Ausgangsposition von Ernst & Young: Die Wirtschaftsprüfer steckten bis zum Hals im Treibsand. Die Firmenpartner hatten die Bilanzen von Wirecard gegen alle Warnungen von innen und außen fast ein Jahrzehnt lang anerkannt, was bedeutete, dass auch der Ruf von EY auf dem Spiel stand. Das galt auch für den für die Prüfung verantwortlichen EY-Partner Martin Dahmen, einen Controller mit zwanzigjähriger Berufserfahrung, blauen Augen und hellbraunem Haar. Er war zum ersten Mal für den Gesamtprozess verantwortlich, aber er gehörte schon seit Jahren zum EY-Team bei Wirecard, hatte sich eine enorme Expertise über das Geschäftsmodell und die Finanzen der Firma angeeignet und nutzte diese auch. Wenn irgendjemand außerhalb des Unternehmens wirklich glaubte und behaupten konnte, Wirecards Innenleben zu verstehen, dann war er es. Schließlich sind die Konten einer Firmengruppe mit Niederlassungen in mehr als vierzig Ländern und zweihundertfünfzigtausend Kunden ein sehr formalisiertes, künstliches Konstrukt.

Dahmen fing nicht bei null an, denn EY benutzte die Vorjahreszahlen als Referenz. Die großen Entscheidungen, all diese Interpretations- und Grundsatzfragen, wann etwa ein Umsatz oder ein Aufwand zu erfassen ist, waren bereits getroffen. Die Partner im »Third-Party-Acquiring-Geschäft« wie Al Alam und Senjo wurden beispielsweise als Erweiterungen des Kerngeschäfts von Wirecard behandelt, als bloße Subunternehmer, die das taten, was ihnen gesagt wurde.

Die Sache mit Singapur war anders. Dies waren neue Probleme, und das dortige Team von Ernst & Young hatte schon jahrelang über diese Konten gestritten. Die Anwälte von Rajah & Tann sollten die Arbeit beenden, die sie mit »Project Tiger« begonnen hatten. Die Lösung, die Marsalek für dieses Problem anwandte, bestand darin, dafür zu sorgen, dass jeder Einzelne eine Augenbinde trug. Niemand durfte zurücktreten und den ganzen Elefanten betrachten. Für die Untersuchungen von Rajah & Tann bedeutete das, den Informationsfluss einzuschränken. Eine Beratungsgruppe namens Control Risks wurde damit beauftragt, sich mit den Bilanzierungsproblemen zu befassen, die durch die ursprüngliche R-&-T-Untersuchung aufgeworfen worden waren. Ihre Berater wurden häppchenweise mit Informationen gefüttert, bevor sie ihre Schlussfolgerungen nach oben an R & T weitergaben. Anhand der Fotos, die das linke Bein und den Rüssel des Elefanten zeigten, schien das Tier gesund zu sein.[36] Die ehemaligen Staatsanwälte scheinen ihr Bestes getan zu haben und kamen zu dem Schluss, dass verschiedene Gesetze von Singapur missachtet worden seien, aber dass sie keine Beweise dafür hätten, dass die Bilanzierung signifikant überarbeitet werden müsse. Basierend auf der Beschreibung der Fotos, die ihnen zur Verfügung gestellt worden waren, schienen ein paar kleine Dellen in einem Stoßzahn zu sehen zu sein, aber es war unmöglich, auf dieser Grundlage eine Aussage über den Zustand der Ohren und des Schwanzes zu treffen.

Ernst & Young war in diesem Jahr schwieriger zufriedenzustellen, und auch Marsalek wurde von Aufsichtsratsmitgliedern interviewt, aber wieder übernahm niemand die Verantwortung dafür, die Augenbinde abzureißen. EYs Aufgabe war es, Kästchen anzukreuzen. Die in Singapur angesprochenen Probleme und das Dokumentenpaket wurden in eine lange Liste von Einzelfragen zerlegt, die offenbar isoliert angesprochen wurden. Zu diesem Zweck beauftragte Marsalek noch mehr Anwälte.

Er begann, mit Kritin Sundaram zusammenzuarbeiten, einem Partner bei Fieldfisher in London.[37] Marsalek schien ihm zu vertrauen, weil er Wirecard zuvor bei einigen Fragen zum Umgang mit The Boys in Indien beraten hatte. Fieldfisher führte noch mehr Interviews und sichtete noch mehr von Wirecard bereitgestelltes Material. Im allerletzten Moment, am 23. April, erhielt Ernst &

---

36 Control Risks machte aus Gründen der Vertraulichkeit keine Angaben, sagte aber, sollten ihre Berichte als Teil des Gerichtsverfahrens untersucht werden, werde die Integrität und Nützlichkeit ihrer Arbeit genauerer Überprüfung standhalten.

37 Sundaram lehnte eine Aussage aus Gründen der Vertraulichkeit ab.

Young ein ausführliches Schreiben von Fieldfisher, in dem die meisten der noch offenen Fragen »basierend auf Interviews und den bereitgestellten Dokumenten« beantwortet wurden. Beruhend auf Marsaleks Auswahl, war es ein weiteres Ausschnittfoto, eine Nahaufnahme von grauer, faltiger Haut. Martin Dahmen und Andreas Budde von EY unterzeichneten die Bilanz.

Am nächsten Tag wurde die Entscheidung von SoftBank bekannt gegeben, Wirecard eine Milliarde Dollar zur Verfügung zu stellen und eine strategische Zusammenarbeit mit der Gruppe zu beginnen – ein Vertrauensvotum, das den Aktienkurs vorübergehend bis auf 142 Euro schnellen ließ. Am 25. April folgten die vollständigen Ergebnisse von Wirecard. CNBC führte ein Interview mit Markus Braun – der einen goldenen Kopfhörer im Ohr trug – per Videolink in München. Statt des üblichen schwarzen Rollkragenpullovers trug er ein weißes, am Kragen offenes Hemd. Er schien zu frösteln, und sein schütteres Haar war etwas länger als sonst. Er blinzelte unaufhörlich, als er die Finanzergebnisse von Wirecard sehr zahlenlastig rezitierte: Die Einnahmen für 2018 betrugen 2 Milliarden Euro, das EBITDA 560 Millionen Euro, beides lag mehr als ein Drittel über der Leistung von 2017. »Wir sind sehr enthusiastisch und beginnen das Jahr sehr stark und robust«, schloss er.

Die Moderatorin, eine Amerikanerin, brachte mit eindringlichem, den Morgennachrichten angemessenem Ton die Sache auf den Punkt: »Beginnen wir mit den Bilanzierungsvorwürfen, denn viele Investoren versuchen immer noch herauszufinden, woher genau diese Einnahmen kommen. In den letzten vierundzwanzig Stunden gab es einen neuen Bericht der FT, in dem davon gesprochen wird, dass die Hälfte Ihres weltweiten Umsatzes und fast alle Ihrer ausgewiesenen Gewinne der vergangenen Jahre von drei undurchsichtigen Partnerunternehmen stammen. Das behauptet zumindest die FT. Was sagen Sie dazu, zu den Einnahme- und Gewinnquellen?«

»Ja. Ich denke, es gibt drei Punkte in diesem letzten Bericht. Es gab einen Punkt damit, dass eine Tochtergesellschaft nicht auditiert wurde. Es gab diesen Punkt, dass drei Partner den Großteil der Gewinne erwirtschaften. Und es gab noch einen dritten Punkt mit einem Mitarbeiter, der auch für einen Partner arbeitet. Alle drei sind nicht wahr«, sagte Braun und blinzelte mit Höchstgeschwindigkeit, als er die heiklen Aspekte ansprach. Dann verschanzte er sich hinter Ernst & Young. »Wir wollen das alles hinter uns lassen, wir sehen das ein bisschen als Marktspekulation, und alle Vorwürfe, die vorgebracht wurden, waren Teil des Prüfungsprozesses. Also denke ich, dass man den heutigen Tag wirklich als Wendepunkt bezeichnen kann.«

»Aber Sie können es nicht wirklich hinter sich lassen, Markus. Guten Morgen!«, mischte sich ein Engländer der CNBC-Redaktion ein. »Weil Sie schließlich den Leerverkäufern und der *Financial Times* den Kampf angesagt haben, insbesondere Dan McCrum, dem Journalisten, der Ihr Unternehmen verfolgt.« Er kniete sich in die Kontroverse und erklärte den Zuschauern, wie sich das Unternehmen mithilfe der Münchner Gerichte wehrte. »Der Kampf ist eröffnet, richtig?«

Es war das erste Mal im Interview, dass Braun lächelte. »Ich konzentriere mich auf Innovationen und ein starkes Geschäft. All das hier überlasse ich den Institutionen und den Anwälten«, sagte er. Während er sprach, tauchte auf dem Bildschirm eine Bauchbinde auf, die die Empfehlungen von Finanzanalysten zusammenfasste: Zwanzig rieten zum Kauf, vier hielten sich zurück, und nur zwei rieten ihren Kunden dazu, zu verkaufen.

24 Leere Stühle und leere Tische

April 2019 | London | Aktienkurs: 134 Euro | Börsenwert: 17 Milliarden Euro

Die *Financial Times* packte langsam für den Umzug zusammen. Nikkei hatte die Organisation gekauft, nicht das Gebäude, und uns dann eine neue Bleibe gefunden. Aufkleber markierten die Aktenschränke, in denen nicht länger die Akten längst vergangener Reportagen lagerten, und ungelesene, optimistisch als Spenden deklarierte Wirtschaftsbücher stapelten sich in großen Kisten. Paul Murphy kam in heiterer Stimmung in der Investigativredaktion an und umrundete die Plastikboxen, die überall herumstanden. »Du weißt bestimmt, dass die Softie-Bank gerade eine Milliarde Dollar darauf gesetzt hat, dass du dich irrst.«

Manchmal nützt auch der beste Plan nichts. Ich hatte Wirecards Abhängigkeit von seinen drei seltsamen Partnern aufdecken wollen, bevor die Prüfung abgeschlossen war, aber das Leben hatte andere Pläne. Nach Monaten von Arbeit unter höchstem Druck hatten wir alle eine Pause gebraucht. Charlotte und ich flogen mit den Kindern nach Lanzarote und dachten ausnahmsweise einmal nur an Sonnenhüte und Eiscreme, während wir im Pool planschten und die Stunden zwischen den Mahlzeiten an einem extravagant abwechslungsreichen Buffet verbrachten.

Als Murphy und ich, der Anwalt Nigel Hanson und Lionel Barber wieder alle versammelt waren und den Gegenangriff gegen Wirecard starten konnten, war es bereits zu spät: Die Prüfung war abgeschlossen, und die Softie-Bank war auf der Bildfläche erschienen. Die Details waren unklar, aber unter dem Strich schien ein renommierter Technologieinvestor bereit zu sein, 5,6 Prozent von Wirecard zu kaufen. Wen kümmerte es da noch, was auf den rosa Seiten der FT stand? Markus Braun sagte, es sei falsch, gestützt von einer renommierten Wirtschaftsprüfungsgesellschaft einerseits und jetzt noch der SoftBank andererseits.

Ich packte meine riesige Sammlung Wirecard-Akten ein, und wir verabschiedeten uns von der alten Heimat. Barber stand in der Mitte des Newsrooms und hielt eine emotionale Rede vor der versammelten FT-Belegschaft, den aus Tokio eingeflogenen Nikkei-Führungskräften und den Kameras der PR-Abteilung. Danach verschwanden die altgedienten Redakteure, um miteinander zu plaudern, und wir kleinen Lichter eilten in ein nahe gelegenes Alkoholgeschäft und trafen uns in der leeren Cafeteria im obersten Stock zu einer ordentlichen Abschiedsfeier. Die Mitbringsel türmten sich bald auf wie bei einer Studi-WG-Party, als wir verschiedene Flaschen obskurer Spirituosen, die in irgendwelchen Schubladen entdeckt worden waren, leerten. Rauchschwaden füllten den Raum, Anekdoten aus der guten alten Zeit wurden ausgetauscht, und wir alle spekulierten darüber, wie lange Barber wohl noch das Sagen haben und wer das Rennen gewinnen würde, ihn zu ersetzen.

Jenseits des Flusses stellte der Einzug ins neue Gebäude eine Art Heimkehr dar. Bracken House war in den Fünfzigerjahren speziell für die FT am Rande des alten Finanzviertels gebaut worden, eine halbe Meile vom Ende der Fleet Street entfernt und direkt gegenüber der St.-Pauls-Kathedrale. Die Zeitung war Ende der Achtzigerjahre dort ausgezogen, und für unseren Wiedereinzug war das Gebäude umfassend entkernt und modernisiert worden; ein Symbol für unsere ureigene japanische Geldspritze sowie des Selbstvertrauens einer Organisation mit einer Million Lesern. Drinnen erinnerten die Stockwerke an offen gestaltete Donuts, durch deren Löcher gläserne Aufzüge liefen, was die um sie herum arrangierten Büros und Konferenzzimmer wie Goldfischgläser wirken ließ. Es gab reichlich nackten Beton und Stahl, und es dauerte eine Weile, bis man sich daran gewöhnt hatte, dass ein Kollege aus allen Richtungen auftauchen konnte. Die Kopiernischen waren für diskrete Gespräche nicht mehr geeignet, denn es stellte sich bald heraus, dass die eigenartige Akustik jedes Gespräch über die Biegung eines nahe gelegenen Korridors zu den in den Seitenflügeln angeordneten Schreibtischen hinübertrug. Zukunftssicher lag die Investigativredaktion nur wenige Schritte von Hansons Büro entfernt, was die Klärung rechtlicher Fragen erleichterte. Außerdem hatten wir jetzt einen echten Bunker, tief in einem der Untergeschosse versteckt, wo heikle Arbeiten durchgeführt werden konnten.

Lionel Barbers neues Büro war eine prächtigere, größere Version des alten, mit schwarzen Leder- und Chromsofas für seine Besprechungen und einer langen Fensterfront. Es fehlte die diskrete Zugangsmöglichkeit der »Spitzkehre«, also wurde vor seinem Büro eine Art Bushaltestelle aufgebaut, um den dort Wartenden zumindest ein bisschen Privatsphäre zu bieten. Barber unterhielt sich gerade drinnen mit einem der leitenden Redakteure, als der Chefjustiziar der FT an die Tür klopfte – ein ungewöhnliches Ereignis. Wie bei den meisten Zeitungen gab es auch bei uns eine strikte Trennung zwischen Kirche und Staat oder vielmehr der kommerziellen und der redaktionellen Seite der Organisation, um zu verhindern, dass Werbekunden oder schwachsinnige Geschäftsinteressen die Berichterstattung der Zeitung beeinflussten.

»Was ist das Problem?«, fragte Barber überrascht über die Unterbrechung.

Der sanftmütige Papierschieber begann zu erklären: »Nun, es geht um diese Geschichte in Manila und die Bestechungsvorwürfe.«

Laut einem Bericht in einer philippinischen Zeitung, dem *Manila Standard*, hatte ein Geschäftspartner von Wirecard bei der Staatsanwaltschaft der Stadt Cabanatuan eine Art »Cyber-Verleumdungsklage« gegen Stefania Palma und mich eingereicht. Angeblich hatte der alte Seemann in der Villa 100.000 Pesos (2000 Dollar) erhalten, um Palma gefälschte Dokumente zu übergeben, als sie unangekündigt aufgetaucht war. Das ergab keinen Sinn, aber das hatte die Pro-Wirecard-Meute auf Twitter nicht davon abgehalten, es als neuen Beweis für Korruption bei der FT hochzuhalten. Die anderen Anschuldigungen kamen von Christopher Bauer, der behauptete, ich hätte versucht, die Regierung zu bestechen, um Beamte dazu zu bringen, mir Finanzunterlagen für eines seiner Zahlungsunternehmen zu überlassen, und dass Palma die Mitarbeiter seines Busunternehmens bedroht habe, als sei sie eine Art Mafiabraut. (Das brachte ihr im Büro den Spitznamen Donna Stefania ein, während ich fortan meist fröhlich mit der Frage begrüßt wurde: »Wieso bist du noch nicht verhaftet worden?«)

Der Anwalt hatte Barber blöderweise überrumpelt, und das auch noch vor Publikum. »Du sagst mir allen Ernstes, dass ich irgendwas darauf geben soll, was eine beschissene korrupte Zeitung aus Manila schreibt? Und verdächtigst auch noch unsere Reporter? Bist du noch ganz bei Trost?«

Der Justiziar der FT versuchte zu erklären, dass die Bestimmungen des britischen Antikorruptionsgesetzes besonders lästig seien, da Unternehmen mit unbegrenzt hohen Geldstrafen rechnen müssten, wenn sie für schuldig erklärt würden, und dass die FT als verantwortungsbewusste Organisation dazu verpflichtet sei, alle Anschuldigungen zumindest zu prüfen. Aber nach allem, was seine Zeitung gerade von außen abbekam, hatte Barber nicht die geringste Lust, sich mit quasi-rechtlichen Bedenken aus seinem eigenen Haus auseinanderzusetzen: »Auf keinen Fall, du spinnst wohl. Ich mache gar nichts, und dieses Meeting ist beendet.«

*

Außerhalb der FT führten andere den Kampf fort. Matthew Earl shortete Wirecard-Aktien nicht mehr, weil es den Ärger nicht wert war, aber es ging auch nicht mehr nur um Geld. 2016 hatte er einige Male mit dem Compliance-Team von Mastercard gesprochen. Dieses schien an seinen Informationen interessiert zu sein, und einer der Männer, mit denen er telefonierte, sagte ihm, Mastercard habe Wirecard in der Vergangenheit hohe Bußgelder aufgebrummt, was aber keine öffentlichen Konsequenzen nach sich gezogen habe.

Nachdem Earl im Sommer 2017 die deutsche Strafsache mit einem Vergleich beigelegt hatte, versuchte er es bei der Metropolitan Police in London. Er traf sich mit zwei Kriminalkommissaren aus der Abteilung für Cyberkriminalität und erklärte ihnen, wie seiner Meinung nach die Geldwäscheoperationen von Wirecard funktionierten. Nach drei Stunden lautete die Antwort der Beamten: »Richtig, okay, ähm, ja.« Sie verfügten nicht über die erforderlichen Ressourcen für ein Verfahren, also würden sie die Informationen an das FBI weiterleiten.

Die amerikanischen Behörden riefen ein Jahr später an. In einem Verhörraum im Keller unter den Hochsicherheitsbüros des Justizministeriums für den Southern District of New York saß Earl zwei Bundesermittlern gegenüber, die sich auf die Hackerangriffe gegen Wirecard-Kritiker konzentrierten.

Darin war Earl Experte, weil die Phishing-Mails nie aufhörten, sondern sich nur in Hinsicht auf Intensität, Einfallsreichtum und Aufwand unterschieden, als würde er als ungelöstes Projekt durch die Hacking-Organisation gereicht. Earl schickte alle Mails an das Citizen Lab der Universität von Toronto, einer Gruppe von »White-Hat-Hackern«, die Online-Überwachung in all ihren unangenehmen Formen untersuchten und manchmal öffentlich machten. Earl und ich hatten zusammen mit anderen Opfern der Wirecard-Hacker vereinbart, über die US-Untersuchung Stillschweigen zu bewahren, weil wir hofften, dass sie in eine Strafverfolgung der Beteiligten münden würde. Ein Versprechen, das wir zu bereuen begannen, als ewig nichts passierte und der Kampf in Deutschland heftiger wurde.

2019 versuchte es Earl zum dritten Mal. Es half seinem Nervenkostüm nicht gerade, dass ein Mitpassagier auf dem Flug nach München einen Herzinfarkt erlitt, was das Flugzeug in einen abrupten und scharfen Sinkflug zum Flughafen zwang.

Am folgenden Morgen traf Earl schließlich seinen deutschen Anwalt Timo, der für seinen Trip aus Düsseldorf ein schwarzes Samtjackett und ein Halstuch ausgewählt hatte. Es war eine Art Joe-Pesci-Look. »Oh Gott, ich habe Vetter Winnie als Anwalt«, dachte Earl, als er Timo sagte, er habe die Einladung der Staatsanwälte angenommen, weil er ihnen die Beweise vorlegen wollte, die er vorbereitet hatte. »Oh, ich glaube nicht, dass die sich dafür interessieren werden. Das Einzige, was sie wollen, sind Informationen über den bösen, bösen Dan McCrum und diesen Fall«, sagte Timo.

Das Treffen fand in einem tristen Raum statt. Anwesend waren Oberstaatsanwältin Hildegard Bäumler-Hösl, ihr mit den Ermittlungen gegen mich beauftragter Mitarbeiter, Earls Geschäftspartner bei Shadowfall Research sowie ein Kriminalbeamter und ein Dolmetscher. Dessen Übersetzung ließ das Verfahren anfangs sehr langsam und extrem förmlich wirken. Der jüngere Staatsanwalt begann damit, Earl nach seiner Beziehung zu mir zu fragen. Wir aßen gelegentlich zusammen zu Mittag und unterhielten uns über Märkte, sagte Earl.

»Waren Ihnen die in diesem Jahr veröffentlichten Artikel über Wirecard vor der Veröffentlichung bekannt?«

»Dan war wie vom Erdboden verschwunden, ich hatte ungefähr sechs Monate lang nichts von ihm gehört«, antwortete Earl.

Der Staatsanwalt änderte die Richtung: »Haben Sie die Reise des Wirecard-Mitarbeiters Royston Ng von Singapur nach Großbritannien bezahlt?«

»Nein«, sagte Earl. Er fand die Frage bizarr, aber der Staatsanwalt hakte noch einmal nach: »Sind Sie sicher?«

»Ja. Ich glaube, daran würde ich mich erinnern«, sagte Earl und fragte sich, was in aller Welt das alles sollte.

Es gab eine Pause. Die Fragen schienen nicht weiterzuführen, also fragte Earl, ob er jetzt über die Geldwäsche reden dürfte, da er doch extra angereist war. Bäumler-Hösl stimmte zu. Earl klappte seinen Laptop auf, und bald änderte sich die Stimmung im Raum von Grund auf, als er die beste Zusammenfassung von Wirecards Machenschaften ablieferte, die ihm je gelungen war. Er erklärte Schritt für Schritt, wie Wirecard das Geld amerikanischer Glücksspieler kassiert und über Briefkastenfirmen in Consett, County Durham, an Unternehmen auf den Jungferninseln weitergeleitet hatte. Sein Publikum begriff bald, wie der Hase lief, und es dauerte nicht lange, bis der deutsche Kriminalbeamte Earls Sätze beenden konnte. »Und raten Sie mal, wem diese Firma gehört ...«

»Fermoya!«, antwortete der Beamte so erfreut, als habe er einen Preis gewonnen. Bäumler-Hösl war wesentlich zugänglicher geworden und stellte mit großem Interesse vertiefende Fragen. Das Problem an dem System – oder das Geniale, von Wirecards Standpunkt aus – war, dass es sich über verschiedene juristische Zuständigkeitsbereiche erstreckte. Keine Behörde bekam jemals das Ganze zu Gesicht. Aber möglicherweise ging es im Kern um einen ganz simplen Betrug: Transaktionen waren Mastercard und Visa nicht ordnungsgemäß gemeldet worden. Bäumler-Hösl wollte die genauen Eckdaten wissen und rechnete aus, wie viel Zeit inzwischen verstrichen war. Earls Beispiele seien größtenteils bereits verjährt, sagte sie.

»Nun, dies alles war viel aktueller, als ich vor drei Jahren versucht habe, die BaFin darauf aufmerksam zu machen«, machte Earl deutlich. Bäumler-Hösl murmelte düster etwas vor sich hin, was der Übersetzer nicht weitergab.

*

Eduardo Marques, der Brasilianer vom Hedgefonds Valiant Capital, war immer noch short, als SoftBank auf der Bildfläche erschien. »Ach du Scheiße, wir sind total am Arsch«, war seine erste Reaktion. Danach schrieb er allen, die er in London kannte, eine Nachricht, um herauszufinden, wer hinter dem Deal steckte, weil er annahm, dass die armen Teufel keine Ahnung hatten, worauf sie sich da eingelassen hatten. Er ließ Akshay Naheta eine Präsentation zuschicken. Die zentrale Botschaft war simpel und beruhte auf Marques' langjähriger Erfahrung mit Wirecard: Es ging nicht um die Summen oder die Details, sondern um das Geschäftsgebaren. Warum um alles in der Welt war Edo Kurniawan nicht gefeuert worden? Marques fragte den SoftBank-Mitarbeiter, ob das Unternehmen einen vollständigen Due-Diligence-Prozess durchgeführt habe. Er bekam die Antwort: »Nein, wir sind stolz auf unsere Geschwindigkeit.«

Während Marques in der Stadt war, traf ich ihn auf einen Kaffee vor dem Caffè Nero beim Mansion House, wo vor fünf Jahren alles mit dem Shortseller Leo Perry begonnen hatte. Die Sonne schien, und wir blieben eine Weile sitzen und dachten darüber nach, was für ein paar verrückte Monate hinter uns lagen. »Ich weiß auch nicht, Mann. Ich müsste Markus Braun auf einer Party von Harvey Weinstein mit einer Minderjährigen erwischen, damit irgendjemand sich für die Sache interessiert«, sagte er.

Marques hatte jahrelang an jedem losen Faden gezogen, den er bei Wirecard finden konnte, und allmählich gingen ihm die Ideen aus. Aber er erwähnte etwas, was mich aufhorchen ließ. Im Mai 2019 hatte die Federal Trade Commission (FTC) einen Vergleich mit Allied Wallet, einem kalifornischen und britischen Zahlungsunternehmen, ohne Eingeständnis eines Fehlverhaltens geschlossen, weil es einer Gruppe von Betrügern geholfen haben sollte, Verbraucher um insgesamt 110 Millionen Dollar zu betrügen. Nach Angaben der FTC gehörten zu den Betrügereien Schneeballsysteme und ein Phantom-Inkassobüro, das unbescholtenen Bürgern Klagen wegen erfundener Kredite für Dinge wie Bettdecken, Wandfarben oder Wanderausrüstungen androhte. Allied Wallet wurde beschuldigt, Briefkastenfirmen und Dummy-Websites erstellt zu haben, um den Betrug vor Banken und Kreditkartennetzwerken zu verbergen. Es wurde von einem politisch gut vernetzten amerikanisch-libanesischen Geschäftsmann geleitet, der in einem anderen Strafprozess angeklagt war, weil er geholfen hatte, die Quelle von Spenden in Millionenhöhe für die Präsidentschaftskampagne von Hillary Clinton 2016 zu verschleiern. Marques hatte den Namen von Wirecard in einem der dazugehörigen Verfahren entdeckt.

Ich kannte den Namen Allied Wallet aus einem anderen Grund. Laut dem Dokumentenpaket, aus dem ich immer noch nicht schlau wurde, war das Unternehmen ein bedeutender Kunde der Wirecard Bank und auch an den Geschäften von Oliver B. in Dubai beteiligt. Als ich Allied Wallet um einen Kommentar bat, geschah etwas Seltsames: Das Unternehmen bestätigte seine Beziehung zu Wirecard, bestritt allerdings nachdrücklich jegliche Kenntnis seines Partners in Dubai. »Wir haben noch nie mit Al Alam Solutions zusammengearbeitet und wissen nicht einmal, wer/was das ist.«

Zurück im Büro, steckte ich meinen Kopf in das Büro von Paul Murphy und fragte ihn nach seiner Meinung. Was war von dem Dementi einer Verbindung zu Al Alam zu halten? Er meinte: »Du kannst das, was sie dir gesagt haben, für bare Münze nehmen. Die sind dabei, aufzuräumen. Gerade erst haben sie einen Vergleich mit den US-Behörden unterzeichnet, und denen werden sie nicht dadurch neue Angriffsflächen bieten, dass sie sogar schriftlich die Unwahrheit über ihre Geschäfte sagen.«

Ich vertiefte mich wieder in die Wirecard-Tabellen. Es waren überraschend wenige Kunden, nicht einmal fünfunddreißig, die die gigantischen Zahlungsvolumen generierten, die Wirecard an Al Alam weiterleitete. Außer Allied Wallet gab es noch eine berüchtigte Online-Brokerfirma. Banc de Binary musste unter Druck der Behörden im März 2017 dichtmachen, aber in Wirecards Unterlagen änderte sich nichts, und die Zahlungen gingen bis Ende des Jahres weiter. Dann gab es noch ein paar irische Prepaidkartenanbieter. Ich rief beim irischen Handelsregister an und landete einen Treffer. Die erste Firma war 2013 aufgelöst worden. Ich stutzte. Konnte das stimmen? Schnell tippte ich den nächsten Namen ein. Diese Firma war im Jahr davor aufgelöst worden. Ich schnappte so laut nach Luft, dass Murphy es hörte. Inzwischen hatte er sich an meine Ausbrüche gewöhnt.

»Okay, was ist los, Dan?«

Ich stand langsam auf und schmunzelte. Es war so simpel. Die Lösung des Rätsels, über das ich monatelang nachgegrübelt hatte, war völlig offensichtlich. Er schaute mich erwartungsvoll an. »Na los, mach's nicht so spannend. Raus damit.«

»Nichts davon ist echt. Die Kunden gibt es nicht. Es ist alles gefälscht.«

25 Es ist nicht alles Gold, was glänzt

17. Juli 2019 | London | Aktienkurs: 147 Euro | Börsenwert: 18 Milliarden Euro

Nick Gold hinterließ immer einen starken Eindruck. Er war ein wortgewandtes Partytier und für jemanden in den Vierzigern in hervorragender Verfassung, mit tief gebräunter Haut und glänzenden schwarzen Haaren. Für die Boulevardpresse war er dank seiner Model-Gattin und eines Hauchs von Skandal, der ihn umwehte, ein liebenswerter Schurke. Sie hatten ganz in Weiß in Miami Beach geheiratet, und sie streute die Bilder ihres glücklichen Ehelebens zwischen die Bikini-Aufnahmen ein, die sie mit ihren Instagram-Followern teilte. Ein Abend mit Gold war eine Herausforderung für die eigene Ausdauer, nachdem man ohne Unterlass von seinem Charme, seiner Großzügigkeit und der vulgären Selbstironie, mit der er seinen »kleinen jüdischen Penis« beschrieb, bombardiert wurde. Er hatte viel Geld mit Büromaterial verdient, aber wer will schon über Schreibwaren reden? Bars waren sein Ding. Sein Londoner Haus hatte eine Bar mit Elchdekor, sein Haus in Cannes eine Bar mit Löwendekor, aber für die reichen Männer, die ihn umschwärmten, war der größte Anziehungspunkt The Box, sein Cabaret in Soho.

Zu den Kontroversen, in die Gold verwickelt war, gehörte, dass er anhand von Insiderinformationen von Jockeys, die absichtlich verloren, Pferdewetten platzierte. 2012 wurden er und sein Vater für mehrere Jahre von der zuständigen Aufsichtsbehörde aus dem britischen Rennsport »ausgeschlossen«. Er war Aufsichtsratsmitglied in den Unternehmen seines Vaters, die beschuldigt wurden, mithilfe zweifelhafter Methoden Speisesalz als »Streusalz« zu horrenden Preisen an schwedische Stadträte verkauft zu haben.

(Gold sagte, er sei daran nicht beteiligt gewesen und habe noch nie einen Fuß auf schwedischen Boden gesetzt. Abgesehen davon sei das Geschäft völlig legal gewesen.) Tagsüber hatte er das gleiche Spreadbetting-Leiden wie viele der Londoner Banditen, die wahllos den neuesten Börsenklatsch glaubten, und teilte sein Konto mit anderen. Er hatte eine Menge eigenes Vermögen und würzte seine Monologe gern damit, was er für die Gegenstände bezahlt hatte, die ihn umgaben. Manchmal erlitt er auch herbe Rückschläge. Er hatte Millionen verloren, weil er auf der falschen Seite der Wettgruppe Flutter stand, als ein Übernahmegerücht die Aktienkurse in die Höhe schnellen ließ.

Am Morgen des 17. Juli 2019 befand er sich in seinem Büro im obersten Stockwerk des Clearwater House, ganz in der Nähe des Chiltern Firehouse, einem trendigen Hotspot, in dem Gold gern Hof hielt. Das Büro war modern mit viel Stahl und Glas eingerichtet, mit einem schwarz-weißen Designer-Pooltisch und einer gut gefüllten Bar mit Rosé-Champagner und jeder Menge Wodka. Gold saß dort mit seinem engen Freund und Geschäftspartner Jonathan D., einem Immobilienmakler, und wartete auf einen anderen alten Freund, den Fußballagenten der Premier League Saif R.

Gold war kürzlich in einer Strandbar in Cannes zufällig auf R. gestoßen, wo er vor schönen Frauen in Bikinis angab, indem er mit Champagner um sich sprühte. Als sie sich im Sonnenschein auf den neuesten Stand brachten, erwähnte R., dass er irgendwie Verbindungen zu einem Staatsfonds bekommen habe, dem Milliarden zur Verfügung standen. Er wusste, dass Gold ein produktiver und erfolgreicher Trader war, und wollte ihn mit dem Mann zusammenbringen, der das Geld managte. Wenn Gold einen guten Handel auftun könne, habe dieser Typ die Ressourcen, um ihn zu finanzieren, sagte er.

Kurz nach 11.30 Uhr betrat R. Golds Büro, begleitet von einem Manchesterer in einem dreiteiligen Anzug. Gold hatte es eilig und sagte das gleich zu Beginn des Gesprächs. »Was ist Ihr Hintergrund?«

Der Besucher setzte sich, machte es sich bequem und erklärte: »Okay. Ich soll im Grunde genommen als Sprachrohr der Leute fungieren, die ich vertrete. Die handeln viel in Ostasien.« Der Manchesterer sei selbst kein Trader, sagte er, sondern ein Vermittler. »Im Moment wollen sie ungefähr 50 Millionen investieren.«

Das war Golds Stichwort. Er hatte einen Nord-Londoner Akzent mit dem Hauch eines Lispelns. »Dann erkläre ich Ihnen mal das Szenario. In Deutschland gibt es eine Firma namens Wirecard, ein Zahlungsdienstleister. Sie ist 20 Milliarden Dollar wert, und in den letzten Monaten gab es jede Menge Artikel in der FT, in denen bestimmte Anschuldigungen gegen das Unternehmen erhoben wurden.« Gold erwähnte nicht, dass er bereits früher mit Wirecard zu tun gehabt hatte, als Jan Marsalek Zatarra verfolgt und Gold bei einem Treffen im Mandarin Oriental eine fette Summe angeboten hatte, um die Short-Attacken zu stoppen. Gold sagte, das könne er nicht und er gehöre zu den wenigen Menschen, die gegen Marsaleks Charme immun seien – denn er fände ihn langweilig und hielte ihn für einen staubtrockenen, teetrinkenden Buchhalter. Stattdessen sprach Gold ausführlich über seine jüngsten Trades mit gut getimten Short-Wetten: »Ich habe die Aktien selbst verkauft, und zwar bevor der erste Artikel herauskam, bei gut 180, und bei 120 abgeschlossen. Dann ging es auf etwa 80 runter.«

Der Besucher zog einen Block aus der Tasche und sagte, er wolle sich Notizen machen, während Gold weitere Gelegenheiten beschrieb, zu denen er verkauft hatte, nachdem weitere Artikel erschienen waren. »Das ist nicht illegal, es ist kein Insiderhandel, ein Unternehmen zu shorten.« Alles beruhe auf öffentlich zugänglichen Informationen, sagte er und fuhr dann fort. »Sie hat einen Whistleblower, die *Financial Times*: 240 Millionen Euro Umsatz in einem bestimmten Quartal sind betrügerisch. Sie werden das morgen bekannt geben, spätestens wahrscheinlich am Freitag.«

Draußen bohrten Bauarbeiter den Bürgersteig auf, und das Dröhnen der Maschinen machte Golds Schnellfeuergemurmel schwer verständlich. Sein Gast bekam den letzten Satz nicht mit.

»Die Aktie ist so liquide, wie Sie möchten«, wiederholte Gold, was bedeutete, dass sie leicht leer zu verkaufen war – zumindest für jemand anderen. »Wir können das nicht machen«, sagte er ohne weitere Erklärung. Die mysteriösen Investoren des Besuchers sollten auch in Deutschland keine Geschäfte machen, warnte Gold, da es dort andere Regeln gebe. »Es lohnt sich für uns nicht, ins Gefängnis zu gehen, weil jemand vorbeikommt, der Geld verdienen will.«

Nachdem Gold seine Zurückhaltung als Problem mit den Regeln erklärt hatte, kam er zum Punkt: Er wollte, dass jemand anders das Geld aufbrachte. Es war die übliche Banditenstrategie, sich zusammenzuschließen, um zu handeln. »Wir glauben, dass diese Aktie morgen auf null gehen könnte. Also brauchen wir jemanden, mit dem wir Position beziehen können. Wenn wir verlieren, bekommen Sie das Geld am nächsten Tag zurück. Wenn wir gewinnen, kriegen wir das Geld ein bisschen später zurück«, sagte er und versprach, dass es da durchaus Möglichkeiten gebe. »Aber das Ganze muss heute passieren.«

»Entschuldigung, aber woher wissen Sie, dass dieser Artikel erscheinen wird? Haben Sie, Sie wissen schon, Informanten?«

»Die *Financial Times*.«

»Wie bitte?« Der Manchesterer wollte mehr wissen.

»Den Herausgeber der *Financial Times*«, sagte Gold, als sei das ganz normal. »Er kann es mir sagen. Er darf mir auch sagen, was er vorhat und was er von der Firma hält, verstehen Sie? Man hat die Integrität der *Financial Times* angezweifelt und behauptet, die Artikel seien aufgrund von Shortsellern verfasst worden und sie seien inhaltlich falsch.«

Der Geschäftspartner von Gold, Jonathan D., schloss sich dieser Aussage an. »Wirecard hat die FT der Marktmanipulation beschuldigt und rechtliche Schritte eingeleitet. Jetzt hat die FT es sich in den Kopf gesetzt, das Unternehmen zu zerstören.«

Der Mann wirkte, als denke er angestrengt nach. »Okay, morgen oder übermorgen erscheint also ein weiterer Artikel.«

Gold sagte ausweichend: »Möglicherweise erscheint er morgen, wissen kann man das nie. Der Grund, warum es sich nicht wirklich um Insidergeschäfte handelt, ist, dass wir den vollständigen Inhalt des Artikels nicht kennen. Er könnte verworfen oder hinausgezögert werden, man weiß nie, wie diese Dinge letztlich laufen.«

D. pflichtete ihm bei. »Und deshalb ist es laut unserer Rechtsberatung grundsätzlich kein Insiderhandel, weil wir nicht im Voraus wissen können, ob dieser Artikel am Donnerstagnachmittag um 15.15 Uhr auch wirklich erscheinen wird«, sagte er. »Und zweitens ist es grundsätzlich keine Marktmanipulation, weil Marktmanipulation bedeutet, Unwahrheiten zu verbreiten.«

»Für uns ist das nichts, weil wir das jetzt schon ein paar Mal gemacht haben und den Rat bekommen haben, dass sich der Aufwand für uns nicht mehr lohnt. Die Firma ist zudem ein Liebling der deutschen Regierung, die haben sie aufgebaut, also nehmen Sie es auch mit denen auf«, sagte Gold, obwohl er sich mehr Sorgen um seine Fingerabdrücke als um schwerwiegende juristische Konsequenzen zu machen schien. Er wollte einen Zahltag, bei dem das Geld eines anderen als Wetteinsatz diente. »Wir sollten uns idealerweise mit euch auf eine Einstiegssumme einigen und dann schauen, was dabei herauskommt.« Er begann, Zahlen zu nennen. 2 Millionen waren zu wenig, 50 Millionen viel zu viel. Sinnvoller wären 10, also jeweils 5 Millionen, um das Terrain zu sondieren.

Der Manchesterer stimmte zu. »Ich denke, darauf wird es hinauslaufen. Die erste Transaktion dafür nutzen, das Terrain zu sondieren. Natürlich machen wir davor noch unsere Hausaufgaben.«

Gold drängte weiter, er wollte den Deal möglichst bald besiegeln. »Ihr habt nicht viel Zeit zum Recherchieren. Ich kann nur sagen: Wenn ihr falschliegt, dann verliert ihr 5 Euro, um 20 wird es nicht sinken. Also steht ein Verlust von 5 Euro gegen einen Gewinn von 140 Euro. So handeln wir gern. Wenn ich falschliege, und das Ganze sich halbiert, liegt es trotzdem nicht bei null. Es ist unwahrscheinlich, dass man im heutigen Compliance-Klima einen Zahlungsabwickler vor die Hunde gehen lässt.«

Von allen Zahlen, die Gold erwähnt hatte, besaß er nur eine äußerst vage Vorstellung; er dachte, SoftBank würde 800 Millionen Euro in den Deal stecken. »Mein Mann sagt, wozu brauchen die 800 Millionen Euro?«, kehrte er zum entscheidenden Punkt zurück. »Sie haben Dokumente, sie haben Rechnungen, sie haben eine ganze Menge Zeug, und es wird kommen, das Ganze ist echt. Und jede Minute, die wir hier mit Schwafeln verplempern, ist eine Minute, in der wir nicht handeln.«

»Das verstehe ich. Ich muss das aber erst noch besprechen …« Gold schnitt ihm das Wort ab und fragte, wie viel Zeit er brauche. Dann übernahm D.

»Wissen Sie, das lässt sich einfach nicht gut beschreiben. Ich bin von Haus aus Projektentwickler in Canary Wharf in den Docklands, und ich erinnere mich daran, wie Enron einen knapp 115.000 Quadratmeter großen Turm in Canary Wharf übernahm. Es stand überall in den Nachrichten, dass sie eingestiegen waren, und diese Firma hatte überhaupt nichts.«

Golds Telefon klingelte, und er verließ das Zimmer, um dranzugehen. Seine Sohlen klackerten über den Dielenboden.

»Interessant. Natürlich muss ich zuerst mit meinen Leuten sprechen. Sie haben ihr eigenes Rechercheteam, die müssen die Informationen für sie einholen. Das überlasse ich denen. Haben Sie sonst noch mit jemandem gesprochen? Rein interessehalber, meine Leute werden das wissen wollen.«

D. sagte, das hätten sie »über weniger enge Kontakte, sagen wir mal so. Weil wir nicht wollen, dass es auf uns zurückzuführen ist, was die Sache natürlich schwieriger macht … Schwieriger, wenn man jemanden zum ersten Mal trifft.«

»Deshalb bin ich eingeflogen«, meldete sich der Fußballagent R. zu Wort. »Ich wollte die beiden Parteien einander vorstellen und sicherstellen, dass, äh …«

D. unterbrach ihn in leisem, verschwörerischen Tonfall. »Die andere Sache ist die: Unsere Quelle hat noch mehr im Ärmel. Was ich damit sagen will ist, dass dies Ihre beste Chance ist.«

»Diese Quelle bei der *Financial Times*, meinen Sie?«

»Der Leiter des Investigativteams«, sagte D. Er gab ein paar weitere Details über die Artikel preis, die die FT über Wirecards Probleme in Singapur veröffentlicht hatte, bevor er zum Knackpunkt zurückkehrte. Das Ganze sei »megaeilig«.

Der Besucher schien zufrieden zu sein. Er versicherte D., dass seine Leute aus Fernost kein Problem mit dem Timing hätten. Das ganze Treffen hatte weniger als fünfzehn Minuten gedauert. »Ist Nick schon weg?«, fragte der Manchesterer und schaute sich um. Alle lachten. »Ich werde ihnen sagen, wie wichtig das richtige Timing ist. Sobald sie die Pfundzeichen klingeln hören, setzen sie sich sofort in Bewegung, da bin ich mir sicher.«

Sie begannen darüber zu sprechen, wie wichtig Vertrauen in solchen Situationen war. R. stimmte zu. »Genau das habe ich zu Nick gesagt. Ich wollte euch einander vorstellen.«

D. stimmte zu und gab damit einen kleinen Einblick in ihre Vorgehensweise. Wenn Gold sagte, er solle 20 Millionen Pfund auf einen Handel mit einer Firma setzen, von der er selbst noch kaum gehört hatte, dann würde er es tun. Und sich dann um 3 Uhr morgens plötzlich fragen, welcher Teufel ihn da eigentlich geritten hatte.

Der Gast konnte das nachvollziehen. »Ich glaube, das kennen wir alle.«

Eine Pause. Golds Abwesenheit wurde allmählich spürbar. R., der Profi-Vermittler, brach das Schweigen, indem er die anderen an seine Rolle erinnerte. »Ich dachte, vielleicht können wir ein paar Punkte miteinander verbinden«, sagte er. Sie plauderten über ihre Pläne für den restlichen Tag. Der Fußballagent würde später nach Frankreich zurückfliegen.

Der Vermittler des fernöstlichen Kapitals wurde allmählich unruhig. »Warten wir jetzt nur noch auf Nick?«

D. machte sich auf die Suche. Nick sei auf der Terrasse, ihrem zweiten Besprechungsraum, und werde gleich zurück sein, sagte er, als er wiederkam. Der Mann aus Manchester wartete nicht. Er bedankte sich, verabschiedete sich und ging.

*

In München ging es auf 13 Uhr zu. Jan Marsalek saß vor einem seiner Lieblingsrestaurants, der Käfer-Schänke, in der Sonne. Käfer, nur einen kurzen Spaziergang von seiner Operationsbasis entfernt, war als Mischung aus Restaurant und Delikatessengeschäft das, was in dieser Stadt der Food-Hall von Harrods am nächsten kam. Marsalek bestellte bei Käfer oft Catering für die Wirecard-Zentrale oder lud vor Ort zu luxuriösen Abendessen in einem privaten Speisesaal ein. In diesem Moment trank er jedoch Coke Zero mit seinem PR-Guru, einem Spezialisten für hochsensible Krisensituationen, den ich »Herrn Samt« nennen werde.

Marsalek hatte sein Handy in der Hand und einen Ausdruck im Gesicht, den Samt noch nie zuvor an ihm gesehen hatte oder jemals wieder sehen würde. Er strahlte eine heitere Ruhe aus, wie ein Mensch in dem stillen Moment, in dem die Lottozahlen vorgelesen waren und das Gehirn noch nicht ganz verarbeitet hatte, dass es dieselben waren wie auf dem Lottoschein in seiner Hand.

»Was wäre, wenn wir Beweise dafür hätten, dass die FT mit Leerverkäufern zusammenarbeitet?«

Der PR-Mann dachte überrascht einen Moment lang darüber nach. »Das wäre ein Hauptgewinn. Ich kann mir aber nicht vorstellen, dass es wahr sein könnte.«

»Doch, das ist es. Wir haben den Beweis. Was ist, wenn ich es auf Band hätte?«

»Ton- oder Videoaufzeichnung?«, fragte Samt, der einen mitgeschnittenen Anruf erwartete. Aber Marsalek sagte, es sei eine Live-Aufnahme von Shortsellern, die zusammenkamen und über eine Short-Attacke auf Wirecard sprachen. Ihre Methode, an Geld zu kommen, basiere auf einem demnächst in der FT erscheinenden Artikel, sagte er. Er war ganz aufgeregt. Das Unternehmen werde die FT öffentlich an den Pranger stellen.

»Tun Sie das lieber nicht. Wenn Sie selbst Vorwürfe erheben, haben Sie auf lange Sicht jede Zeitung und Zeitschrift der Welt gegen sich. Es ist viel klüger, die Publikationen intern gegeneinander kämpfen zu lassen«, sagte Samt. Er schlug vor, dass die Geschichte einer seriösen Zeitung angeboten werde, die sie selbst untersuchen solle. Sorgen bereiteten ihm auch die Tendenzen des Wirecard-CEOs. »Sagen Sie es Markus lieber nicht, er wird sofort eine Pressemitteilung veröffentlichen oder anfangen, Analysten anzurufen, um ihnen mitzuteilen, dass er eindeutige Beweise in der Hand hat.«

Innerhalb weniger Stunden trafen bei Wirecard Fragen von der FT ein, die einen solchen bevorstehenden Artikel zu bestätigen schienen. Sie zeigten, wie viel die Journalisten bereits aufgedeckt hatten: Waren die Kunden von Al Alam echt? Bestritt Wirecard, dass Mitarbeiter in der Münchner Zentrale in eine Operation verwickelt waren, Wirtschaftsprüfer mit vorgetäuschten Einnahmen in Höhe von mehreren hundert Millionen Euro zu betrügen? Bevor alles einem zugeneigten Journalisten übergeben wurde, wollte Herr Samt alle Daten selbst einsehen und hören und sich dann mit dem Wirecard-Investor treffen, der laut Marsalek behauptete, die Informationen beschafft zu haben. Für den nächsten Morgen war ein Treffen bei Käfer angesetzt.

Marsalek war bereits zehn Minuten zu spät dran, als er Samt eine Textnachricht schrieb: Sie würden in zwei Stunden im Restaurant eintreffen. Der PR-Mann kaufte sich einen Vorrat an Lesestoff und machte es sich bequem. Irgendwann bemerkte Samt einen großen, muskulösen arabischen Herrn am Nebentisch. Er trug ein Poloshirt, rot-weiße Shorts und brandneue Turnschuhe, saß zusammengesunken auf seinem Platz, spielte auf seinem Handy und schaute sich gelegentlich gelangweilt um. Ein paar

Stunden und ein paar Coke Zeros später hielt ein Taxi vor dem Restaurant, und Marsalek stieg in Begleitung des »Investors« Rami El Obeidi aus. Die beiden gaben ein seltsames Paar ab. Sie lachten und scherzten wie alte Freunde, und beide hatten Bürstenschnitte, obwohl Ramis kürzer als Marsaleks war.

Begleitet wurden sie von einem älteren Mann mit Adlernase. Er und El Obeidi gingen zu dem großen Mann in kurzen Hosen und wechselten ein paar Worte mit ihm. Der Mann schaute sich nach allen Seiten um und nickte dann in Samts Richtung – alles war in Ordnung. Den geduldigen PR-Mann verwirrte die Inszenierung. Was hätte er denn ihrer Meinung nach tun können? Selbst ein Mikrofon unter dem Tisch anbringen?

Die Männer setzten sich mit Marsalek und Samt an den Tisch, während der Leibwächter auf einem Stuhl zwischen der Straße und El Obeidi Platz nahm, der sich Samt vorstellte und anfing, ihm in so einfachen Worten zu erklären, was passiert war, als würde er mit einem Vierjährigen sprechen. Er stamme aus einer reichen Familie, die viel Geld durch die Aktionen einer – wie er es nannte – Shortseller-Gang um Nick Gold verloren habe. Als sich die Gelegenheit bot, es dieser Bande heimzuzahlen, habe er einen Privatdetektiv engagiert, um genau das zu tun. Seitdem werde er bedroht – in London von Männern in schwarzen Lederjacken und seit seiner Abreise in Form von Textnachrichten. Um seine Familie zu schützen, habe er sie in den Libanon geschickt und werde selbst auch dorthin abreisen, sobald seine Geschäfte in München erledigt seien. Während El Obeidi sprach, starrte sein älterer Begleiter Samt die ganze Zeit grimmig an und lehnte sich mit gesenktem Kinn weit über den Tisch.

»Ich brauche Beweise und eidesstattliche Erklärungen, und Sie sollten selbst mit dem Journalisten sprechen«, sagte Samt. Er werde das Treffen vermitteln und sicherstellen, dass es als vertraulich galt und El Obeidi nicht namentlich genannt werde. Dabei erklärte er den anderen eine wichtige Grundregel für den Umgang mit Journalisten: Man müsse vorher die Rahmenbedingungen festlegen statt nachher zu versuchen, einmal Gesagtes wieder zurückzunehmen.

Danach wurde Samts Plan in die Tat umgesetzt. Sönke Iwersen, Leiter des Investigativressorts beim *Handelsblatt*, war der Auserwählte für den Coup, der bald darauf mit den Aufnahmen, den Authentizitätserklärungen der Privatdetektei aus Manchester, die sie aufgenommen hatte, El Obeidi selbst und den FT-Fragen zur Bilanzierung von Wirecard beliefert wurde. Alles, was er brauchte, um das Scheitern und die Korruption in der FT aufzudecken, wurde ihm auf einem Silbertablett serviert.

26 In der Falle

18. Juli 2019 | London | Aktienkurs: 139 Euro, | Börsenwert: 17 Milliarden Euro

Lionel Barber war ratlos, und das war sehr beunruhigend. Er nahm seine Lesebrille ab, lehnte sich auf dem Sofa zurück und blickte suchend zur Decke auf, als könne er dort Inspiration finden. Dabei atmete er tief aus. »Ihr müsst mir hier helfen, Leute. So etwas habe ich noch nie erlebt.«

Auf dem gläsernen Couchtisch zwischen uns lagen zwei Briefe der Anwaltskanzlei Herbert Smith, einer an mich und einer direkt an die Rechtsabteilung von FT gerichtet, in denen uns Insidergeschäfte mit Nick Gold vorgeworfen wurden. Wirecard gab an, eine Aufzeichnung an die Strafverfolgungsbehörden in Großbritannien und Deutschland weitergeleitet zu haben, und forderte die FT auf, nichts zu veröffentlichen, bis die Ermittlungen abgeschlossen seien.

»Man hat uns reingelegt. So muss es gewesen sein. Wir wissen, dass wir nicht korrupt sind.« Ich war an der Reihe, mich zu verteidigen.

Nigel Hanson, der Anwalt, war zurückhaltend. »Ja, und unsere Reaktion ist wie üblich, Beweise zu verlangen. Wenn sie die haben, müssen wir die Sache zumindest in Betracht ziehen.«

Paul Murphy war geschockt. Er war derjenige, der in der Bredouille steckte. Nick Gold war ein Kontakt von ihm, den er noch nicht lange kannte, ein weiterer Nachtclubbesitzer aus dem gleichen Milieu wie die Kilbeys. »Du kennst mich, Lionel, ich bin ein offenes Buch. Ich weiß nicht, woher das kommt. Ihr könnt meine Finanzen durchgehen, wenn ihr möchtet.«

Barber hatte seine übliche Autorität wiedererlangt. »Ich vertraue Ihnen, Paul, aber das ist sehr ernst, und ich muss mit den

Anwälten sprechen.« Er verlangte von Nigel eine juristisch wasserdichte Antwort und hierfür schon schnell den Entwurf zu sehen.

Als wir sein Büro verließen, verfluchte ich, dass wir unbedingt besonders clever hatten sein wollen. Ich hatte den Juni damit verbracht, am Telefon Antworten von meist verblüfften oder unkommunikativen Unternehmen über ihre angebliche Beziehung zu Wirecard und seinem Partner Al Alam in Dubai zu ergattern. In Tokio hatte ich Leo Lewis angeworben, einen Kollegen, mit dessen Hilfe ich den japanischen Organisationen auf meiner Liste auf den Pelz rücken wollte. Ich hatte Puzzlestücke zusammengetragen, um einen philippinischen Geschäftsmann zu identifizieren, der eine Online-Variante von Gin Rommé betrieb und Wirecard sehr schätzte, aber die Spiele einstellen musste, nachdem Duterte 2016 die Wahl gewonnen hatte. Keiner von ihnen wusste etwas über Al Alam, und nur eine Handvoll gab zu, noch mit Wirecard zusammenzuarbeiten. Anfang Juli war ich mir so sicher, die große Lüge im Herzen des Unternehmens aufgedeckt zu haben, dass ich beschloss, Wirecard eine Falle zu stellen.

Am 2. Juli hatte ich Wirecard einige Teilfragen zu ihrer Liste von Kunden geschickt, die nicht existierten. Ziel war, das Unternehmen in eine Falle zu locken, indem wir einen kleinen Teil unseres Wissens preisgaben. Wirecard tappte auch prompt hinein. Herbert Smith sagte mir in Juristensprache, ich solle mich verpissen: »Unser Mandant hat Ihnen bereits seine Position mitgeteilt. Das Dokument ist nicht echt ... Es ist daher unklar, warum Sie unserem Mandanten weiterhin Fragen stellen, die darauf basieren. Wir bitten Sie, dies einzustellen.«

Bingo. Dem Unternehmen waren die Ausreden ausgegangen. Wirecard hatte durch seine Anwälte erklären lassen, dass die Tabelle, die ich vor mir hatte, gefälscht sei; aber ich wusste, dass das nicht stimmte, weil ich ganz genau wusste, woher sie stammte. Der Plan, den Murphy und ich ausgeheckt hatten, bestand darin, unseren Lesern eine Wahlmöglichkeit zu bieten, indem wir die zugrunde liegenden Dokumente veröffentlichten. Dann konnte die Welt entscheiden: Entweder waren die Tabellen gefälscht, oder die Gewinne von Wirecard waren Betrug. Dies war ein Kampf, den wir gewinnen konnten. Aber wir hatten Jan Marsalek unterschätzt. Wir hatten ihm zwei Wochen Zeit gegeben, um seine eigene Falle vorzubereiten.

Der Fehler, den Murphy machte, als er sich nach dem Treffen mit Lionel wieder an seinen Schreibtisch setzte, bestand darin, weiterhin wie ein Reporter statt wie ein Verdächtiger zu denken. Sein Instinkt befahl ihm, der Sache auf den Grund zu gehen, also schrieb er Nick Gold sofort eine Nachricht: »Wen haben Sie gestern um 9.15 Uhr in Ihrem Büro getroffen?«

»Einen Fußballagenten. Warum?«

»Er hat euer Gespräch aufgezeichnet.«

»OMG.«

Gold nahm diesen Verrat erwartungsgemäß nicht auf die leichte Schulter. Am Samstag kam ein neuer Brief von Herbert Smith. Die Anwaltskanzlei gab nach wie vor den Kellner, der nur das Tablett an den Tisch bringt, ohne darauf zu achten, ob sein Mandant die Getränke vergiftet hat.

Wirecard wies auf einige angeblich belastende Zitate von Nick Gold hin und äußerte Besorgnis darüber, auf welchem Weg er von der Beschwerde gegen die FT erfahren habe. Dann mischte sich das *Handelsblatt* mit einer reißerischen Geschichte über den »inkriminierenden Tonmitschnitt« ein. Der Verfasser des Artikels verbreitete fröhlich Wirecards Korruptionsvorwürfe gegen die FT (natürlich nicht, ohne auf ein Dementi der FT-Sprecherin hinzuweisen), legte dann in einem zweiten Artikel mit weiteren Details der Tonbandaufnahme nach und teilte den Lesern mit, dass Informationen aus Golds Lager zu den Fragen passten, die die Zeitung Wirecard am Tag zuvor gestellt habe.

Ich las diesen Satz dreimal. Dann machte ich den Mund wieder zu, suchte die Fragen heraus, die ich gestellt hatte, und las sie noch einmal durch. Dem *Handelsblatt* lag alles vor, was nötig gewesen wäre, um Wirecard zu Fall zu bringen, und trotzdem hielt es die Zeitung für angebrachter, uns in die Pfanne zu hauen. Tatsächlich gab Sönke Iwersen bald darauf einem Branchenmagazin ein Interview, triumphierend, unter der Schlagzeile »›Journalistische Institution im Zwielicht‹ – ›Handelsblatt‹-Investigativ-Chef Iwersen über den Fall Wirecard vs. ›FT‹«.

Wieder erschien der Justiziar in Lionel Barbers Büro. Deutschlands wichtigste Wirtschaftszeitung war nicht irgendein Schmierblatt aus Manila. Nikkei und der FT-Vorstand hatten Barber nie zu unserer Wirecard-Berichterstattung befragt, aber er hatte gehört, dass wegen der Strafanzeige in den oberen Etagen ein gewisses Unbehagen herrschte.

Am Dienstagmorgen war ich zu Hause, als Barber anrief. Er entschuldigte sich bei mir. Er vertraute sowohl meiner Berichterstattung als auch mir und Murphy persönlich, aber er wollte trotzdem die Anwaltskanzlei RPC mit einer Untersuchung beauftragen. Er sagte, der Maßstäbe setzende Ruf der FT stehe auf dem Spiel, und wir müssten Wirecard einen Schritt voraus sein und die Luft reinigen, zu unserem Wohl und dem Wohle der Zeitung. Er erwartete, dass die Überprüfung nicht lange dauern würde und wir dann zurückschlagen konnten.

Ich verstand das und hatte sogar damit gerechnet, aber trotzdem war ich wie betäubt. Ich hörte Barbers Stimme wie aus weiter Ferne und registrierte gar nicht richtig, was er sagte. Ich war dem Triumph so nahe gewesen und hätte endlich die Wahrheit ans Licht bringen können. Und jetzt war mit einem Mal ich die Story. Mein Ruf war ruiniert, und der journalistische Schutzschild, der mir dabei geholfen hatte, meine paranoide Vorstellungskraft im Zaum zu halten, war mit einem Mal verpufft. Wenn mir jetzt etwas zustoßen würde, wen würde das kümmern? Sogar die FT selbst ermittelte gegen den Verbrecher McCrum.

*

»Einen Moment noch, bitte. Bevor wir beginnen, habe ich eine Frage: Ist im Publikum jemand von Herbert Smith Freehills?« Paul Murphy ließ den Blick durch die Menge im East-End-Theater schweifen, die Augen im grellen Scheinwerferlicht zusammengekniffen. Der Saal war gerammelt voll. Ehrengäste blickten von den reich verzierten Balkonen herunter, und der nackte Putz der Wände war feucht vom Atem der Menge in der Hitzewelle, die London gerade plagte. Zaghaft erhob eine Frau im Parkett die Hand. »Security, bitte.« Die Zuschauer verrenkten sich die Hälse, als Murphy einen großen dunkelhaarigen Iren im schwarzen Jackett zu sich winkte, der zu der Frau ging und sie sehr bestimmt aus dem Saal führte.

»Was soll denn das? Ich habe ein Recht darauf, hier zu sein, schließlich habe ich eine Eintrittskarte. Das ist doch lächerlich. Anwälte sind schließlich auch Menschen ...« Die Tür fiel dumpf ins Schloss, und ihre Stimme verstummte.

»Ich bedauere diesen Zwischenfall außerordentlich, aber wenn wir über Wirecard sprechen, müssen wir solche Vorkehrungen treffen.«

Zwei Tage nach Aufnahme der internen Ermittlungen brauchte Murphy dringend ein bisschen Spaß. Wir standen hier auf der Bühne, um für das neueste Experiment von Izabella Kaminska, der Herausgeberin von *FT Alphaville*, über das Unternehmen zu sprechen. Es war ein besonderer Abend mit High-Concept-Vaudeville in der Wilton's Music Hall. Ihr Team hatte die ehemalige *Baywatch*-Schauspielerin Pamela Anderson dazu überredet, ein Werbevideo einzusprechen, um den Ticketverkauf anzukurbeln. Zum weiteren Unterhaltungsprogramm an diesem Abend gehörte eine Predigt von Reverend Craig Wright, einem australischen Opportunisten mit einem riesigen Leibwächter, der behauptete (zum Vergnügen einiger Zuschauer), der milliardenschwere Erfinder von Bitcoin zu sein. Als Murphy und ich unser sorgfältig vorbereitetes Skript durchgingen, wurden wir von gigantischen Sockenpuppen mit Knopfaugen unterbrochen, die auf die Rückwand der

Bühne projiziert wurden und »McCrum dreht krumme Dinger und landet bald im Knast« und »Los geht's, Markus!« riefen.

Es fühlte sich gut an, einem kleinen Teil der Welt zu zeigen, dass wir uns nicht zu verstecken brauchten. Der Veranstaltungsort war auch eine Erinnerung daran, wie sich die Unterwelt verändert hatte. An diesem Nachmittag hatten wir bei einem Guinness in einem Pub geprobt, in dem einst die mörderischen Kray-Zwillinge Stammgäste gewesen waren. Die Atmosphäre war längst nicht mehr bedrohlich, aber als ich an der Bar stand, kam ein Postbeamter außer Dienst herein, zog ein Büchlein mit Blanko-Taxiquittungen heraus, riss ein paar für den Pub-Betreiber heraus und tauschte sie gegen ein Pint Lager ein.

Eine Woche später nahm Lionel Barber in Sizilien an einem dreitägigen Sommercamp für Milliardäre teil, das von Google veranstaltet wurde. Google rief, und es sah so aus, als seien alle Privatjets gekommen. Die Silicon-Valley-Unternehmer waren gekommen und genossen das übliche Entertainment, das sie in ihrem Selbstverständnis als gewissenhafte wohltätige Hüter der Macht bestätigte. Die Räuberbarone ließen sich von Prinz Harry etwas über den Klimawandel erzählen und nickten mit den Köpfen im Takt zu dem Set von Coldplays Chris Martin, der hier als Aktivist auftrat.

Was das Netzwerken anging, machte Barber von seiner Mitgliedschaft in der Spandex-Mafia Gebrauch und unternahm lange Radtouren. Er fuhr zum ersten Mal seit seinem Schlüsselbeinbruch wieder ernsthaft, und als er in der glühenden Hitze durch die sizilianischen Hügel strampelte, war die Aussicht buchstäblich atemberaubend. Er schwitzte neben einem Typ von Google und Paul Achleitner, dem grauhaarigen, österreichischen Vorstandsvorsitzenden der Deutschen Bank. Dieser nutzte die Gelegenheit, um zu fragen: »Was ist denn los mit dir und Wirecard?«

Die internen Ermittlungen waren ein wunder Punkt für Barber. »Weißt du was, diese Leute sind Gauner, und wenn du irgendetwas mit ihnen zu tun hast, musst du vorsichtig sein. Es ist reiner

Betrug. Es ist unfassbar, was uns vorgeworfen wird, und die deutschen Medien waren widerlich.«

Der dritte Biker mischte sich ein. »Was ist denn das Problem? Alles, was Sie über Wirecard wissen müssen, ist doch, dass es sich um ein deutsches Unternehmen handelt, das von Österreichern geführt wird.«

Barber radelte weiter. Er war fest entschlossen, das letzte Wort zu haben. »Ja, das ist lustig. Aber vor allem ist es Betrug.«

*

Der Optimismus über das Tempo der Ermittlungen, der den Juli geprägt hatte, wurde im August durch Verzweiflung ersetzt, als wir erfahren mussten, dass Anwälte weder Journalismus noch Finanzen verstehen. Es waren nicht die Medienrechtsexperten von RPC, die in Bracken House ankamen und Barber als Erstes danach fragten, wie genau die Zeitung eigentlich herausgegeben wurde. Die FT hatte die Kanzlei jahrelang beauftragt, weil sie aus erfahrenen Rechtsverteidigern bestand, die gegen Leute wie Schillings kämpften – also dachten wir, sie hätten eine grundlegende Vorstellung davon, wie eine Zeitung funktioniert. Dennoch wollten sie den Produktionsprozess, das Verlagssystem und die Befehlswege genau verstehen. Der Geist war aus der Flasche entwichen und schlenderte nun sehr langsam durch das Gebäude, während die Uhr tickte und die Zahl der abrechnungsfähigen Stunden immer größer wurde.

Auch Herbert Smith taten ihr Bestes, um die Angelegenheit im Namen ihres Mandanten zu verzögern, indem sie über die Bedingungen stritten, unter denen sie das Band veröffentlichen würden, das Wirecard bereits den deutschen Medien zugespielt hatte. Mir wurde gesagt, dass ich eine Abschrift erhielte, wenn ich vernommen würde, weil RPC meine ersten Eindrücke festhalten wolle. Das war aber erst für später geplant, zuerst würden sie meinen Posteingang durchforsten. Wenigstens hatte Barber den Umfang der Ermittlungen ausschließlich auf E-Mails beschränkt, um einen Streit über den Schutz vertraulicher Quellen zu vermeiden, der entbrannt wäre, wenn sie nach unseren Telefonen gefragt hätten.

Es waren düstere Wochen, die sich endlos lange hinzogen. Die Bedrohung durch alles, was Wirecard ausgeheckt hatte, hing über uns wie ein Damoklesschwert. Ich war zwar nicht suspendiert – Barber hatte uns sogar angewiesen, weiter an der Story zu arbeiten –, aber veröffentlichen durfte ich auch nichts. In normalen Zeiten gibt es eine typische Journalistenmuffeligkeit, die am Ende von unproduktiven Tagen einsetzt, vor allem, wenn man nichts Nützliches zu Papier gebracht hat. Ich wollte nicht ins Büro gehen, weil sich das ziellos anfühlte, aber ich wollte auch nicht, dass es so aussah, als würde ich mich verstecken. Manchmal spielte ich mit den Kindern im Garten und vergaß meine Sorgen eine Zeit lang, nur um mich dann doch wieder im Gedankenkarussell zu verlieren. »Daddy? Warum hörst du mir denn gar nicht zu?«

Was mich aus meiner Melancholie riss, war ein Mittagessen mit Paul Murphy und Fahmi Quadir. Sie war achtundzwanzig, eine Amerikanerin aus Long Island, deren Eltern aus Bangladesch eingewandert waren, und hatte sich in Höchstgeschwindigkeit einen Namen als Shortsellerin gemacht. Wir ließen unsere Telefone vorsichtshalber im Büro und gingen zum Mittagessen ins J. Sheekey in Covent Garden, ein renommiertes Fish-&-Chips-Lokal – London in Bestform. Quadir hatte dunkle Augen, trug ihre schwarzen Haare aufgetürmt auf ihrem Kopf und versprühte New Yorker Glamour.

Sie war durch Zufall Shortsellerin geworden, hatte ursprünglich Mathematik und Biologie studiert und eine Karriere in der Wissenschaft angestrebt, als sie einen Job im Bereich Corporate Intelligence annahm, um vor dem Abschluss noch etwas Geld zu verdienen. Quadir stellte fest, dass sie gut darin war, Produktionsleitern von Fabriken in Ungarn und an anderen abgelegenen Orten Informationen über pharmazeutische Lieferketten zu entlocken.

Aber bald erkannte sie, dass die Arzneimittelhersteller, die diese Informationen kauften, diese Daten nicht nutzten, um Lieferengpässe zu vermeiden. Stattdessen erhöhten sie die Preise für wichtige Medikamente, auf die Krankenhäuser nicht verzichten konnten. Sie kündigte und arbeitete stattdessen für einen Hedgefonds.

Ende 2017 hatte sie wieder gekündigt und gründete gerade ihren eigenen Fonds, als sie Fraser Perring von Zatarra bei einem Treffen in Washington DC begegnete, das von dem renommierten Shortseller Marc Cohodes organisiert worden war. Cohodes hatte sich zurückgezogen, um im Weinland Hühner und Pferde zu züchten, hatte aber trotzdem noch die Hand im Spiel. Perring war geradezu unverschämt gesund (weder Gips noch Krücken in Sicht). Er präsentierte sich inzwischen eher als erfahrener Recherchespezialist denn als Händler und nahm einen Sieg für seine neue aktivistische Shortselling-Marke Viceroy Research in Anspruch. Sie hatte einen Angriffsbericht über ein südafrikanisches Möbelunternehmen namens Steinhoff veröffentlicht, *nachdem* dieses Probleme mit der Bilanzierung gemeldet hatte. (Teile des Dokuments waren ohne Genehmigung wortwörtlich aus einer sechs Monate zuvor verfassten Arbeit des Londoner Hedgefonds Portsea Asset Management abgeschrieben worden.) Quadir fand Perring etwas seltsam, aber Cohodes schätzte ungewöhnliche Charaktere und schien ihm zu vertrauen. Sie blieben in Kontakt, und während Perring auch erwähnte, dass sein Freund »Ian Hollins« Quadir helfen könnte, Geld für ihren neuen Fonds zu sammeln, brachten seine Aussagen über Wirecard sie auf die Spur des Unternehmens.

Also hatte sie unseren Kampf mit der Firma beobachtet und auch ihre eigenen Nachforschungen angestellt. Im Frühjahr 2019 fuhr sie nach Pennsylvania, um mit dem Recherchespezialisten ihres Fonds bei Wirecard anzuklopfen. Sie fanden ein riesiges Büro ohne Sicherheitspersonal vor. An der unbesetzten Rezeption lag ein Ordner mit den Namen und Telefonnummern der Leute, die angeblich dort arbeiteten, aber nur etwa zehn Angestellte waren zu sehen.

Ein Verkäufer kam vorbei, und Quadir fragte ihn nach Prepaidkarten. Sie setzten sich, und er erklärte ihr, dass Wirecard ihr Geschäft auf Vertrauenswürdigkeit prüfen werde. Danach könne sie die Karten dann verteilen, an wen sie wolle. Sie könnten mit der unglaublichen Summe von 150.000 Dollar pro Stück aufgeladen werden und neu aufgeladen, wo immer sie wolle – mit Bargeld, mit einer anderen Zahlungskarte, an einem Geldautomaten. Was der Verkäufer ihr anbot, lief im Grunde genommen auf eine Lizenz zur Geldwäsche, zur Steuerhinterziehung oder zum Drogenhandel hinaus – für alles, wo es um eine Menge Geld geht und Diskretion oberste Priorität hat.

Dann kam ein Whistleblower auf sie zu, der Jan Marsalek und die Welt der Hochrisiko-Zahlungsverarbeitung gut kannte. Er wählte Quadir als Gesprächspartnerin aus, weil sie einen vernichtenden Brandbrief gegen die BaFin veröffentlicht hatte, als diese den Leerverkauf von Wirecard-Aktien verbot. Aber der Grund, aus dem er sich entschlossen hatte, überhaupt zu reden, war Angst. Im März 2019 war ein erfahrener Zahlungsmanager namens Gary Murphy mit einem Quad-Bike von einer Klippe in Neuseeland gestürzt. Es gingen Gerüchte um, dass dies kein Unfall gewesen sei, dass Bundesermittler mithilfe eines kooperierenden Zeugen einer Geldwäscheoperation auf die Spur gekommen seien und jener Zahlungsmanager deren Informant gewesen sei. Quadirs Whistleblower beschloss, dass er auf der richtigen Seite der Geschichte stehen wollte, und erzählte ihr alles über Jan Marsalek, seinen Mastercard-Informanten und ihren Freund, den Pornobaron »Ray« Akhavan.

»Warte mal einen Moment, hast du ›Ray‹ gesagt?« Eine Gabel voll Fischpastete vor dem Mund, die ich einen Moment lang vergessen hatte, unterbrach ich Quadir. In meinem Kopf schrillte eine Alarmglocke. Ich schaute Murphy an. »Ray. Woher kenne ich den Namen?«

Er riss die Augen auf. »Meinst du die CIA-Onkel? Das war Ray, glaube ich.«

Quadir sah zwischen uns hin und her. »Die CIA? Wie bitte? Kommt schon, spielt fair. Wovon redet ihr?«

Wir fingen an, unsere Notizen zu vergleichen, und erzählten ihr von der mysteriösen ProtonMail von Ray und von Marsaleks Hoffnung, die österreichische Botschaft nach Jerusalem zu verlegen. Quadir informierte uns unterdessen über Akhavans Freundschaften mit Marsalek und dem ehemaligen Mastercard-Kontakt. Gerade als ich dachte, ich hätte verstanden, was Wirecard eigentlich war, schnappte irgendwo eine neue Falltür auf, und eine Schar Fledermäuse flog heraus.

Quadirs Whistleblower hatte sie dazu gedrängt, sich an die Behörden zu wenden. Die Juristen der Kanzlei, die ihr Fonds engagiert hatte, hatten ihren Hauptsitz zufällig in Texas, also war Quadir im Juli in die Niederlassung des Justizministeriums in Dallas gegangen, um mit einem halben Dutzend Staatsanwälten und FBI-Agenten zu sprechen, die auf Geldwäsche, Cybercrime und digitalen Zahlungsverkehr spezialisiert waren. Das Gespräch hatte sich schnell zu einer Brainstorming-Session darüber entwickelt, wie die Beamten ihre Arbeit nachbilden konnten und welche Möglichkeiten der Strafverfolgung ihnen offenstanden.

Mein journalistischer Ehrgeiz war wieder da. Bisher hatte ich mich nur auf die Scheinkunden von Wirecard konzentriert. Was würde ich herausfinden, wenn ich einige ihrer echten genauer unter die Lupe nahm?

*

In North Devon, wo ich Ende August meine Eltern besuchte, konnte ich endlich einmal richtig abschalten. Wir veranstalteten Sandburgenwettbewerbe am Strand von Instow und forderten die Kinder auf, den Mund zuzumachen, wenn sie im Wasser planschten, das zum Schwimmen nicht sauber genug war. Die Verschmutzung war aber zumindest weniger offensichtlich als die Haufen aus braunem und weißem Schaum, mit denen meine Schwester und ich an genau diesem Strand gespielt hatten, als wir im selben

Alter waren. Eine Woche mit Mamas Kochkünsten, Faulenzertagen und einem Glas Wein mit Charlotte, während wir die Sonnenuntergänge über dem Wasser bewunderten, war Balsam für meine Seele.

Wir kehrten am ersten Montag im September nach St Albans zurück. Als wir unser Gepäck ins Haus brachten, schaute ich nach der Post. Wir hatten keinen Briefkasten – er war eine der letzten verbliebenen Arbeiten, die der Trägheit zum Opfer gefallen waren, die nach dem Hausbau von uns Besitz ergriffen hatte. Stattdessen benutzten wir eine Recyclingbox aus Kunststoff mit einer Holzplatte darauf. Als ich sie hochhob, sah ich einen großen dicken Umschlag mit der Aufschrift »eigenhändig zugestellt«. Als ich ihn aufmachte, spürte ich, wie mein Magen sich verkrampfte. Es war die Klage von Wirecard. Ich sah mich um und erwartete beinahe, dass mich jemand beobachtete. Das Verfahren war so lange eine abstrakte Kuriosität gewesen, dass ich es beinahe vergessen hatte. Als ich meinen Namen auf der ersten Seite neben dem der FT sah, war es plötzlich geradezu ekelhaft real geworden.

Drei Tage lang versteckte ich mich vor den Dokumenten. Ich konnte mich nicht dazu durchringen, weiterzulesen, und hatte sowieso andere Dinge zu bedenken. RPC hatte Murphy und mich endlich zu unserer Vernehmung vorgeladen.

27 Angriff und Rückzug

Juli 2019 | Saint-Tropez | Aktienkurs: 152 Euro | Börsenwert: 19 Milliarden Euro

Nach seinem Triumph mit dem *Handelsblatt* und der Audioaufnahme von Nick Gold flog Jan Marsalek nach Saint-Tropez. Sowohl ihn als auch Markus Braun zog es oft in den französischen Badeort mit seinen Jachten, Clubs und Boutiquen, aber sie verkehrten in unterschiedlichen gesellschaftlichen Kreisen. Braun pflegte seine Beziehungen zu anderen Spitzenmanagern, während Marsalek mit Oligarchen abhing.

An jenem Wochenende gab es eine besonders unterhaltsame Abwechslung. Weil sie unzufrieden damit waren, wie die französische Polizei auf eine Reihe von Diebstählen reagiert hatte, beschlossen einige von Marsaleks russischen Freunden, die Sache selbst in die Hand zu nehmen. Sie ließen einen Porsche mit heruntergelassenen Fenstern, aufgedrehter Anlage und offenem Kofferraum in einer Einfahrt stehen. Im Kofferraum lagen ein paar Taschen von Louis Vuitton. Sie waren mit ihrer Falle zufrieden und befahlen ihren Sicherheitsleuten, sich in den Büschen zu verstecken und dort zu warten. Natürlich weckte das Auto das Interesse einiger Passanten. Eine ordentliche Tracht Prügel später hatten sie gelernt, dass sie in Zukunft einen großen Bogen um die Gegend machen sollten.

Marsalek, der die Geschichte am Sonntagabend stolz seinem PR-Mann in München erzählte, fand das Ganze »brillant«, sein Lieblingswort. Er war gerade aus Frankreich zurückgekehrt, trug ein enges weißes Designer-T-Shirt und Jeans, an seinem Handgelenk drehten sich die sichtbaren Zahnräder einer Vacheron-Constantin-Uhr. Herr Samt begann allmählich, seinen Klienten zu verstehen: Marsalek nahm den Mund ziemlich voll, wirkte aber eher wie ein Mensch, der andere für sich kämpfen lässt und erst dann selbst zuschlägt, wenn sein Gegner bereits sicher an einen Stuhl gefesselt ist.

Eigentlich hatte Samt anfangs zwei Chefs bei Wirecard gehabt und zuerst nur dem Finanzvorstand Alexander von Knoop Bericht erstattet. Samt schenkte seinen Kunden gern eine große Schachtel mit Überraschungseiern, als eine Art Persönlichkeitstest. Wenn er bei seinen Gegenbesuchen die überall im Büro verstreuten Plastikspielzeuge sah, war das ein Zeichen dafür, dass dort ein gesundes Arbeitsklima herrschte. Eines Tages kam er mit je 108 Eiern für Knoop und Marsalek in der Aschheimer Zentrale an und bot sie als kleine Aufmerksamkeit an, um die Mitarbeiter aufzuheitern, denn alle lieben diese kleine Kindheitserinnerung. Innerhalb weniger Wochen hatte der Finanzchef die meisten seiner Ü-Eier verschenkt und sich bei Samt für die Idee bedankt. Marsaleks waren kaum angerührt. Die Kiste stand auf einem Schrank in seinem Büro, eingeklemmt zwischen ein paar seiner russischen Uschanka-Militärmützen.

An diesem Sonntag traf Samt Marsalek auf einen Drink in der Weinbar des Boutique-Hotels Cortiina im Zentrum von München. Sie planten weitere Maßnahmen, um der FT zu schaden, als Markus Braun anrief. Samt hatte schon früher gesehen, wie Marsalek solche Anrufe direkt auf die Mailbox leitete und bis zu dreißigmal hintereinander ablehnte, wenn er nicht abheben wollte. Diesmal ging er dran, und Braun klang, als koche er schon seit Tagen vor Wut. »Wir werden die FT später noch brauchen und können es uns nicht leisten, sie uns zum Feind zu machen«, schrie er.[38]

Marsalek war (zu Recht) der Meinung, dass Wirecard sich die FT bereits zum Feind gemacht hatte und sich das kaum noch ändern lassen würde. Doch Brauns sensibles Ego konnte offenbar die Vorstellung nicht ertragen, dass die Zeitung nicht irgendwann umschwenken und ihm endlich den Respekt entgegenbringen

38 Zum Bestreiten Brauns siehe Anmerkung 2.

würde, den er verdiente. Er beschwerte sich weiter und rief Marsalek sogar noch einmal an, um ihn erneut anzuschreien. Danach bot sich Samt als Sündenbock an. Marsalek konnte die schmutzigen Tricks jederzeit seinem PR-Mann in die Schuhe schieben, wenn es sein musste.

Egos zu besänftigen, war nicht das einzige Interessengebiet des Herrn Samt. Am darauffolgenden Freitag, dem 2. August, traf er Marsalek erneut vor der Käfer-Schänke. Dank ihrer Bemühungen, die FT zu diskreditieren, hatte sich der Aktienkurs von Wirecard erholt und lag bei 150 Euro. Samt hatte einen ganz und gar nicht bescheidenen Vorschlag: Es ging um die Umgestaltung des europäischen Finanzsystems. Wirecard solle die Deutsche Bank kaufen, sagte er. Sie war Deutschlands Leviathan mit 1,4 Billionen Euro an Vermögenswerten in ihrer Bilanz, aber sie war jahrelang schlecht verwaltet worden und torkelte von einer Umstrukturierung zur nächsten; der Börsenwert ihres Eigenkapitals lag tatsächlich unter den 18 Milliarden Euro von Wirecard. Die Gigantin war reif für eine Übernahme.

Auch das fand Marsalek genial. Er enthüllte, dass es Anfang des Jahres bereits einige Gespräche mit Topmännern der Deutschen Bank gegeben habe. Am Vorabend der Münchner Sicherheitskonferenz hatte sich Markus Braun mit dem österreichischen Aufsichtsratsvorsitzenden der Deutschen Bank Paul Achleitner und ihrem deutschen CEO Christian Sewing getroffen, um ihnen einen Pitch für die Umwandlung der Bank in ein Technologieunternehmen zu präsentieren.[39] Marsalek hatte sich eine Woche später einem zweiten Treffen angeschlossen, aber Achleitner und Sewing waren nicht besonders beeindruckt. »Sie haben sich geweigert, mit uns zu sprechen«, sagte Marsalek.

Samt ging zu Käfers Zeitungsstand, um sich Papier auszuleihen. Die Kassiererin öffnete einen Drucker und zog ein paar leere Blätter heraus. Zurück am Tisch begann er, den Plan im Detail zu

39 Zum Bestreiten Brauns siehe Anmerkung 2.

skizzieren und die Recherchen zu erläutern, die er bereits angestellt hatte. Samt hatte eine hochrangige Person bei der UBS befragt, und die Investmentbank war daran interessiert, die Transaktion zu unterstützen, indem sie die Teile ihres Konkurrenten übernahm, die Wirecard nicht behalten wollte, um sie später auszugliedern.

Die große Frage war, wie die Politik dazu stehen würde. Die Deutsche Bank war systemrelevant für ganz Europa, ein finanzielles Gegengewicht zu den dominanten amerikanischen Investmentbanken. Sie war auch ein nationaler Champion, entscheidend für Frankfurts Bestrebungen, ein bedeutendes Finanzzentrum zu werden. Und sie war eine Institution, deren Probleme in Berlin Albträume auslösten. Deshalb wäre die Unterstützung der UBS so wichtig, wenn es darum ginge, politische Rückendeckung für eine Übernahme zu bekommen. Als deutschsprachige Schweizer Bank wurde die UBS von manchen als der einzig akzeptable Ritter angesehen, der auf einem weißen Pferd zur Rettung anrücken könnte, sollte die Deutsche Bank jemals ins Wanken geraten. Samt sagte, sein UBS-Ansprechpartner habe in Berlin diskret nachgefragt. Annegret Kramp-Karrenbauer, damals Spitzenkandidatin für die Nachfolge von Angela Merkel, werde vermutlich zusammen mit Jörg Kukies, einem ehemaligen Banker bei Goldman Sachs, der jetzt Staatssekretär im Bundesfinanzministerium war, eine von UBS gestützte Wirecard-Übernahme unterstützen.[40] Der Schlüssel zum Erfolg sei, Eckpfeiler der Deutschen Bank wie Katar und den US-Fonds Cerberus an Bord zu holen; damit sei die Übernahme quasi beschlossene Sache.

Samt und Marsalek begannen bereits damit, Personalentscheidungen zu treffen. Der Vorsitzende Achleitner musste sofort entlassen werden – er war viel zu clever. Sewing, dem Vorstandsvorsitzenden, würde angeboten werden, für den Aufsichtsrat zu

40 Kukies erklärte, er sei nicht angesprochen worden und habe einer Übernahme auch nicht zugestimmt.

kandidieren. In diesem kühnen Unterfangen würde Heruntergekommenes durch Neues ersetzt werden. Der PR-Experte schrieb sich einen Slogan für den Deal auf: Die Jahrmarktsnutte kauft die demente alte Dame. Ein im Schaufenster von Käfer ausgestellter Luxuscognac lieferte die Inspiration für den Codenamen für das Projekt: Louis XIII.

Bei einem Deal dieser Größenordnung würden Probleme mit der Bilanz von Wirecard in den Katakomben der Deutschen Bank verschwinden und nie wieder ans Tageslicht gelangen. Und das fusionierte Unternehmen wäre so groß, dass es nicht scheitern durfte. Die Deutsche Bank tat all das, was im Bankgeschäft zählte: Sie hatte neunzigtausend Mitarbeiter, ein Vermögen von 1,3 Billionen Euro und war für mehr als eine halbe Billion Euro an Bankeinlagen verantwortlich. Eine Übernahme wäre der größte Bankraub der Geschichte. Wenn Wirecard das schaffte, würde es sich mitten ins Herz des europäischen Finanzsystems katapultieren. Danach war alles möglich.

Marsalek legte Samts Idee Markus Braun vor und erstattete ihm Bericht. Dem CEO gefiel die Idee, aber er hielt es für besser, die Übernahme von einer Position der Stärke aus anzugehen. Sie würden warten, bis der Aktienkurs von Wirecard bei 160 Euro lag und ein Börsenwert von 20 Milliarden erreicht war. Sobald es dann noch einen Optionspreis für die Deutsche Bank gab, würden sie zuschlagen.

*

Am 21. August traf sich der Aufsichtsrat von Wirecard in einem österreichischen Hotel zu einer zweitägigen Klausur. Das Schloss Fuschl dominiert eine Halbinsel an der Spitze eines malerischen Sees in den Bergen hinter Salzburg. Das ehemalige herrschaftliche Jagdschloss, das immer noch den Prunk vergangener Zeiten erkennen ließ, war ein passender Rückzugsort für eine Gruppe, die von Misstrauen und Intrigen innerlich zerfressen wurde.

Nach dem Begrüßungsdinner auf der Terrasse machten sie sich

am nächsten Morgen an die Arbeit in einem reich verzierten Raum mit hohen Decken und Fenstern, die noch mehr Aussicht boten. Aber die Tische waren zu einem U angeordnet, die Stühle nach innen gerichtet. Offizieller Leiter war Wulf Matthias, ein ehrwürdiger ehemaliger Bankier von vierundsiebzig Jahren, dessen weißes Haar nach hinten gegelt war und dessen beste Jahre hinter ihm lagen. Er leitete den Aufsichtsrat seit 2008. Der nächstdienstälteste externe Direktor war Stefan Klestil, der Risikokapitalgeber und Sohn eines ehemaligen österreichischen Bundespräsidenten, der 2009 eingestiegen war. Er war der Branchenexperte, da er zuvor ein Zahlungsunternehmen geleitet hatte. Klestil, ein Freund des CEO, saß auch im Aufsichtsrat der Wirecard Bank und war gerade in einer umstrittenen Abstimmung zum stellvertretenden Vorsitzenden gewählt worden.

Der neueste Mann war erst in diesem Sommer zu ihnen gestoßen. Da der Aufsichtsrat angesichts der Kontroversen um Wirecard ein Schwergewicht aufnehmen musste, suchten Headhunter international nach Kandidaten. Zufälligerweise ging als Sieger aus diesem Prozess ein Klestil-Kollege aus der Unternehmensberatung Roland Berger hervor: Thomas Eichelmann. Der drahtige Mann mit scharfem Verstand galt vielen Berichten zufolge als »A ...«, obwohl einige mit dem Begriff eine Art widerwillige professionelle Bewunderung für seine kurze Tätigkeit als kostensenkender Finanzvorstand der Deutschen Börse ausdrückten. Dieser Job stellte seine einzige Erfahrung als Führungskraft einer Aktiengesellschaft dar, und seitdem hatte er ein Jahrzehnt damit verbracht, das private Investmentbüro eines Milliardärs auf Vordermann zu bringen. Ehemalige Kollegen dort erinnerten sich an einen effizienten, aber redseligen Mann mit starkem Selbstbewusstsein und wenig Toleranz, wenn seine hohen Standards nicht eingehalten wurden. Eichelmann war offensichtlich medienerfahren, und seine persönlichen Referenzen enthielten die Empfehlung eines PR-Mannes. Sobald er in den Aufsichtsrat eingetreten war, begann die Presse, ihn als zukünftigen Vorsitzenden zu handeln.

Von den drei anwesenden Frauen war Vuyiswa M'Cwabeni die dienstälteste und mit einundvierzig Jahren gleichzeitig die jüngste. Als aufstrebende Führungskraft bei SAP, dem anderen großen deutschen New-Economy-Giganten, war sie 2016 in das Unternehmen eingetreten. Die anderen beiden waren im vergangenen Sommer eingestiegen und hatten nur einen kurzen Eindruck von Wirecards chaotischer Unternehmenskultur bekommen, bevor das Unternehmen in Skandale verwickelt wurde.

Susana Quintana-Plaza war eine spanische Ingenieurin mit einer glänzenden Karriere in den Bereichen Energie, Luft- und Raumfahrt und Venture-Capital. Sie hatte bereits ihre Absicht angekündigt, 2020 ihren Posten aufgrund der Anforderungen ihres Hauptjobs in einem Unternehmen für erneuerbare Energien aufzugeben.

Die Letzte in der Runde war das Aufsichtsratsmitglied mit der vielleicht größten Erfahrung. Anastassia Lauterbach war eine Russin, die es selbst nach oben geschafft hatte, eine polyglotte Akademikerin und Führungskraft mit einem deutschen Doktortitel, die bereits einige Bücher verfasst hatte. Als Expertin für Linguistik, Rückversicherung und KI saß die ehemalige McKinsey-Mitarbeiterin auch im Aufsichtsrat von Dun & Bradstreet, einer Wirtschaftsauskunftei, und im Aufsichtsrat der Fluggesellschaft EasyJet.

Lauterbach geriet fast von Anfang an häufig mit Wulf Matthias aneinander und tauschte mit ihm gereizte E-Mails über die Aufsichtsratsarbeit aus. Sie betrachtete die Zahlen, die Markus Braun aus der Luft gegriffen hatte, mit Misstrauen, eine bloße Verfünffachung der Einnahmen in den folgenden fünf Jahren auf 10 Milliarden Euro. In einer E-Mail vom Juli hatte sie Matthias mitgeteilt, dass sie sich umgehört hatte und niemand die Grundlage kannte, auf der diese Vorhersage basierte. »Die Teams unterstützen die Zahlen nicht und haben keine Ahnung, was sie tun sollten, um sie zu erreichen«, schrieb sie, aber diese Angelegenheit schaffte es nicht auf die offizielle Tagesordnung.

Was der Aufsichtsrat dort zu bearbeiten hatte, war das von Jan Marsalek betreute Drittpartnergeschäft. Lauterbach leitete den im März neu gegründeten Risiko- und Compliance-Ausschuss, der umgehend Berater ihres alten Arbeitgebers McKinsey damit beauftragt hatte, die Verfahren bei Wirecard zu überprüfen. Ihr Urteil zu einem Geschäft, das größtenteils von Jan Marsaleks Telegram-Konto aus durchgeführt wurde, fiel äußerst schmerzhaft aus. Es seien sofortige Maßnahmen erforderlich, um den Mangel an Kontrollen zu beheben, hieß es in dem Bericht.

McKinsey würde ein Offsite-Team zum Tagungsort schicken, um seine Ergebnisse zu präsentieren, und dann sollte Jan Marsalek selbst den Aufsichtsrat über die Zukunft der von ihm beaufsichtigten Geschäftsbereiche informieren. Es war ein Moment, in dem Wirecards Vertrauen in diese Drittpartner hinterfragt und die Blackbox-Qualität dieser Geschäfte offengelegt werden konnte. Doch kurz nach 9 Uhr erschien an diesem Morgen ein Artikel im *Manager Magazin*. Ein PR-Berater unterbrach die Tagesordnung, um die Mitglieder darüber zu informieren. Der Beitrag war vom Chefredakteur verfasst worden und stellte aus Insider-Perspektive den Kampf um die Besetzung des Postens des stellvertretenden Aufsichtsratsvorsitzenden als durch Geldgier motivierte Schmutzkampagne dar, da der Vize zusätzlich zu den 120.000 Euro, die die anderen Aufsichtsratsmitglieder verdienten, weitere 60.000 Euro im Jahr bekam. Die Stelle war nur frei geworden, weil ein noch älterer Mann als Matthias, Alfons Henseler, endgültig in den Ruhestand getreten war. Wie der Artikel es beschrieb, sei zwischen Lauterbach und M'Cwabeni ein heftiges Wortgefecht darüber entbrannt, wem der Posten zugesagt worden sei, und dieser »Aufruhr« habe schließlich nur durch das Eingreifen von Markus Braun zugunsten von Stefan Klestil beigelegt werden können.

Alle saßen zusammen in einem Landhotel fest, und draußen plätscherte der See – eine Szene wie aus einem Roman von Agatha Christie. Alle schauten sich an und wussten, dass jemand im

Raum das Vertrauensgelübde gebrochen hatte. (Und das Gesetz – Aufsichtsratssitzungen müssen vertraulich behandelt werden.) Gerade als sich der Aufsichtsrat auf das dunkle Herz von Wirecard konzentrieren wollte, wurde er in einen Morast gegenseitiger Vorwürfe gezerrt, weil jemand aus dem Nähkästchen geplaudert hatte. Markus Braun rief an und goss noch mehr Öl ins Feuer, als er lautstark mitteilte, wie sehr ihn diese unangenehme Situation anekelte. Der CEO hatte bereits versucht, McKinseys Präsentation mit einem weiteren wütenden Telefonanruf abzublocken. Einer der Wirecard-Anwälte, der die Überprüfung unterstützt hatte, fuhr an jenem Morgen gerade von München zum Hotel, als er einen Anruf von Markus Braun erhielt. Die strenge Stimme des Österreichers füllte das Fahrzeug.

»Drehen Sie um. Kommen Sie nach Hause, Sie sollten da nicht teilnehmen.«

Das war ein Befehl. Braun bestand darauf, dass er derjenige sein würde, der alle Fragen beantwortete.

Der Anwalt fuhr weiter. »Ich nehme Ihren Widerspruch zur Kenntnis, aber ich habe meine Teilnahme zugesagt und werde den Aufsichtsrat nicht enttäuschen.«

»Drehen Sie um. Ich weise Sie an, Ihr Auto umzudrehen und nach Hause zurückzukehren.«

Konfrontiert mit Brauns Wutanfall, entschuldigte sich der Mann und legte auf.

Im Hotel gingen die McKinsey-Partner die alarmierenden Mängel im Geschäft von Wirecard durch. Es gab kaum irgendwelche Kontrollen und Compliance-Richtlinien im Bereich der Drittanbieter. Es bestand das Risiko, dass Führungskräfte alle fünfe gerade sein lassen könnten, um die intern gesetzten Ziele zu erreichen, aber das war nur ein Teil des Ganzen. Falls irgendjemand die gesetzlich vorgeschriebenen Geldwäscheprüfungen der Zahlungen durchführte, die durch die Systeme dieser Drittpartner flossen, dann war es nicht Wirecard selbst. Der Aufsichtsrat schien aufmerksam zu folgen, obwohl der Anwalt den Eindruck hatte, dass Anastassia Lauterbach und Thomas Eichelmann darum wetteiferten, wer wichtiger sei und wer das letzte Wort habe.

Danach folgte Marsaleks knapper Bericht. Statt einen Schritt zurückzutreten und zu fragen, ob irgendetwas an der Struktur Sinn ergab, konzentrierte er sich auf Governance. Marsalek wurde von seinen Kollegen als das »verrückte Genie« von Wirecard betrachtet. Alle Einzelheiten der Drittpartnergeschäfte steckten in seinem Kopf. Der Konzern war irgendwie in den DAX gelangt, ohne dass sich jemand ernsthaft darüber Gedanken gemacht hatte, was passieren würde, wenn Marsalek von einem Bus überfahren würde.

Als das Offsite-Team eintraf, hatte der Aufsichtsrat von Wirecard bereits die nächste Stufe des Projekts beschlossen: Ein neues und günstigeres Beraterteam von PWC erhielt das Mandat, die Empfehlungen von McKinsey umzusetzen. Und irgendwie wurde in der Liste der Leistungen, welche die Berater erbringen sollten, das Geschäft mit Drittpartnern einfach ausgelassen.

*

Im Büro von Greenvale Capital in der Oxford Street hatte Oliver Cobb nie wirklich aufgegeben. Die Hackerangriffe und der seltsame Besuch von Burkhard Ley hatten ihn und seine Kollegen davon überzeugt, dass etwas nicht in Ordnung war, und als Wirecard in den DAX 30 aufstieg, fanden sie einen Vorwand, um die Aktie erneut zu shorten. Cobb war also sehr wütend gewesen, dass die FT-Storys über Singapur und die Philippinen nichts bewirkten. Dann sah er im Mai 2019 Markus Braun bei einem Mittagessen für Investoren sprechen. Über das Klirren von Tellern und Besteck hinweg hörte er etwas auffällig Konkretes, denn der CEO vermied normalerweise Details.

Braun sagte, Wirecard habe erfolgreich damit begonnen, seinen Händlern Geld zu leihen. Ein Onlinehändler warte in der

Regel dreißig Tage auf die Bezahlung von Kreditkartentransaktionen, also habe Wirecard angeboten, gegen eine Gebühr vorab zu bezahlen. Das Unternehmen behauptete, bislang 400 Millionen Euro an solchen Merchant Cash Advances (MCA), Barvorschüssen für Händler, gewährt zu haben, und Braun gab an, dass die meisten dieser Kredite in Brasilien und der Türkei vergeben würden. Das waren Fakten, die Cobb persönlich überprüfen konnte. Oder zumindest persönlich überprüft hätte, wenn er und Amelie nicht versucht hätten, ein Baby zu bekommen. Da sich das Zika-Virus, das Geburtsfehler auslösen kann, gerade in Südamerika ausbreitete, reiste stattdessen Cobbs Chef Bruce Emery und kam mit einer erstaunlichen Erkenntnis zurück. Die dortige Geschäftsstelle von Wirecard verlieh in Brasilien kein Geld und durfte das auch gar nicht. So war es auch in der Türkei; ein solches Produkt dort war absolut illegal. Wenn diese 400 Millionen Euro also nicht an Wirecard-Händler in diesen Ländern verliehen worden waren, wo steckte das Geld dann?

Cobbs Vermutung war, dass diese 400 Millionen Euro gestohlen oder in einer viel größeren Version von Edo Kurniawans Round-Tripping-System wieder an Wirecard zurückgeführt worden waren. Aus Furcht vor Gegenmaßnahmen des Unternehmens startete Greenvale eine anonyme Shortseller-Kampagne mit dem Namen *MCA Mathematik*. Es war eine extrem vernünftige Version von *Zatarra*. Anstelle des Hit-and-run-Ansatzes, dem Unternehmen möglichst viel Dreck anzuhängen, versuchte Cobb, Analysten sanft auf den Pfad der Logik zu führen: Wenn sich die 400 Millionen Euro nicht erklären ließen, dann zeigte das vielleicht, warum ein angeblich profitables und kapitalstarkes Unternehmen eine Milliarde Dollar von SoftBanks Geld benötigte.

MCA Mathematik sprach die Sprache der Finanzanalysten und Investoren und gab ihnen ein Rätsel auf, das sie dazu brachte, sich mit dem Thema auseinanderzusetzen. Im August und September ergänzte Greenvale die Kampagne durch eine Reihe anonymer Briefe an die Aufsichtsbehörden, an den Aufsichtsrat von Wirecard und an SoftBank. Da die *FT* aufgrund der internen Untersuchung auf der Ersatzbank saß, versuchte Cobb nach Kräften, Wirecards bevorstehendes Fundraising zu stören.

In dieser Hinsicht scheiterte *MCA Mathematik* leider. Der Anwalt des Aufsichtsrats teilte den Mitgliedern mit, dass Ernst & Young die betreffenden Akten eingesehen und mit Wirecard über die 400-Millionen-Euro-Kreditvergabe gesprochen habe: »Die gute und wichtigste Nachricht ist, dass EY keinerlei Anzeichen dafür sieht, dass der Jahresabschluss falsch sein könnte oder dass angegebene Gelder fehlen würden (wie die Shortseller angedeutet haben)«, schrieb der Anwalt per E-Mail.

Auch die Ratingagentur Moody's war mit Wirecard zufrieden. Sie verlieh der ersten 500-Millionen-Euro-Anleihe des Unternehmens ein Investment-Grade-Rating.[41] Nachdem dieses wichtige Label gesichert und die Prüfung durch Ernst & Young sauber verlaufen war, überreichte SoftBank schließlich die versprochenen 900 Millionen Euro.

Aber es stellte sich heraus, dass Akshay Naheta doch nicht der Softie war, als den Paul Murphy ihn bezeichnet hatte. Naheta und seine Kollegen verbrachten den Sommer damit, Ruf, Verbindungen und Ressourcen des japanischen Mischkonzerns zu nutzen, um Wirecard verschiedenen Unternehmen zu empfehlen, die SoftBank verpflichtet waren, sowie Übernahmeziele für Markus Braun zu formulieren. Dieser nahm auch in London an der Party teil, die der Leiter des Vision Fund jedes Jahr kurz vor dem letzten Wochenende des Wimbledon-Turniers veranstaltete. Auf der Jahreshauptversammlung hatten die Aktionäre die vorgeschlagenen großzügigen Bedingungen der im April angekündigten Wandelanleihe in Höhe von 900 Millionen Euro durchgewinkt, dankbar dafür,

---

41 Banker nennen die offizielle Nachricht, mit der Details einer Transaktion öffentlich gemacht werden, den »Grabstein«. Auf diesem wurden als Banken, die Wirecards Fünfjahresanleihe koordinierten, die Crédit Agricole, Deutsche Bank und ING genannt, Book Runner waren ABN AMRO, Citigroup, Credit Suisse und Lloyds Bank.

dass SoftBanks Unterstützung sowie dessen strategische Zusammenarbeit mit Wirecard den Aktienkurs steigen ließen.

Es war der Deal des Jahrzehnts. Noch bevor das Geld den Besitzer wechselte, war die Investition von SoftBank dank der Bedingungen der Wandelanleihe und der Zinsbewegungen zwischen April und September »wieder drin«. Es ergab sich also die Gelegenheit für ein paar ausgeklügelte Finanzierungsgeschäfte. Sobald die 900-Millionen-Euro-Wandelanleihe an SoftBank ausgegeben wurde, arrangierten die Banker der Credit Suisse, sie direkt an ihre Kunden weiterzuverkaufen, die nach Schuldtiteln mit Investment-Grade-Rating lechzten. (Ein Nebeneffekt des 500-Millionen-Euro-Anleiheverkaufs von Wirecard war die Bonitätsbewertung, die den Deal mit der Credit Suisse ermöglichte.) SoftBank erhielt also sofort die 900 Millionen Euro zurück, plus Bargewinne von mehr als 60 Millionen Euro. Sie hielt auch an einigen der Rechte fest, künftig Wirecard-Aktien zu übernehmen – vorausgesetzt, der Aktienkurs blieb hoch genug –, ohne das damit verbundene finanzielle Risiko eingehen zu müssen. Es war, als würde man ein Haus »flippen«: SoftBank hatte quasi ein Herrenhaus gekauft, das Häuschen des Wildhüters und einen Teil des Geländes für sich renoviert, dann den Rest mit Gewinn verkauft und sich auf dem Weg zu ihrer Schweizer Bank ins Fäustchen gelacht.

Das Seltsame war aber, dass SoftBank diesen Deal gar nicht gemacht hatte. Es war immer unklar geblieben, welcher Teil des Konglomerats die Investition letztlich tätigen würde: War es die Gruppe selbst, oder sollte es den Kunden des Vision Fund zugutekommen? Wie sich herausstellte (was von Paul Davies im *Wall Street Journal* enthüllt wurde), war beides nicht der Fall. Sowohl die SoftBank-Gruppe als auch der Vision Fund lehnten eine Investition ab. Stattdessen wurde sie leitenden Angestellten der SoftBank und einem Staatsfonds aus Abu Dhabi namens Mubadala angeboten, der eng mit dem Vision Fund verbunden war. Für sie war das leicht verdiente Geld so verlockend wie eine Louis-Vuitton-Tasche, die am Straßenrand abgestellt wird, und so schnappten sie sich den Deal. Die Beteiligung von SoftBank bestand darin, die saftige Wirecard-Investition in ihrem Namen zu verwalten und einen Anteil am Gewinn einzustreichen.

War dies Betrug? Man kann unmöglich wissen, wie die Wirecard-Aktionäre reagiert hätten, wären die Vereinbarungen transparent gemacht worden, als Wirecard im vergangenen April die Investition von SoftBank bekannt gab. (SoftBank selbst schwieg, da sie solche Investitionen nicht öffentlich macht.) Über die Übertragung des Kredits auf Kunden der Credit Suisse wurde ebenfalls ausführlich berichtet. Wie auch immer, Markus Braun hatte jetzt 1,4 Milliarden Euro zum Ausgeben, während Akshay Naheta und seine Kollegen mitten in einen Skandalsumpf getaucht und kaum sechs Monate später mit Taschen voller Gold wieder daraus aufgetaucht waren. Der Gewinn war tatsächlich so enorm, dass es nur fair war, dem Mittelsmann ein Trinkgeld zu geben. Christian Angermayer, der attraktive Liebhaber von Zauberpilzen, der den Deal vermittelt hatte, bekam seine 11 Millionen Euro von Wirecard. Und als kleines Dankeschön legte die SoftBank-Crew noch mal 2 Millionen Euro drauf.

*

Marsaleks persönlicher Konferenzraum in der Wirecard-Zentrale verfügte über einen großen Plasmabildschirm, der über dem Kopfende eines Tischs mit sieben großen, schweren Sesseln hing. Am 3. Oktober, dem Tag der Deutschen Einheit, saß in einem dieser Stühle Burkhard Ley, der clevere ehemalige Zahlenzauberer von Wirecard, dessen Haarschopf inzwischen grau und schütter geworden war. Inzwischen galt er als der weise Veteran, der das Unternehmen auch weiterhin beriet. Marsalek verhielt sich ihm gegenüber wie ein hingebungsvoller Sohn, warmherzig, voller Komplimente und fest entschlossen, einen guten Eindruck zu hinterlassen.

Sie saßen hier, um über Wirecards ehrgeiziges Bestreben zu sprechen, die Deutsche Bank zu übernehmen. Der auf der Käfer-

Schänke-Terrasse skizzierte Louis-XIII-Plan von Herrn Samt hatte sich zum »Projekt Panther« entwickelt. Im Laufe des Sommers hatte Marsalek seinem PR-Berater Millionen von Euro an Honoraren versprochen, falls dieses kühne Vorhaben gelingen sollte, und Samt achtete sehr darauf, bei jedem Schritt dabei zu sein. Der Börsenwert von Wirecard hatte sich im September der 20-Milliarden-Euro-Marke genähert, sie aber noch nicht ganz erreicht, und der Aktienkurs lag stabil über 140 Euro. In Wirecards Kassen klingelte eine Menge frisch geliehenes Geld, und jetzt war es an der Zeit, mit den Vorbereitungen für die nächste Phase zu beginnen und McKinsey zu beauftragen. Die Beratungsfirma, die als zu teuer erachtet worden war, um angemessene Compliance-Verfahren zu implementieren, war die ideale Wahl für den grenzenlosen Optimismus, der erforderlich war, um einen solchen Deal vorzuschlagen, wenn die Zeit dafür reif ist.

Ein McKinsey-Team machte sich unverzüglich an die Arbeit. Es stellte sich vor, wie die chaotische Alchemie von Wirecard auf eine schwerfällige und skandalträchtige Bank-Institution losgelassen wurde, und übersetzte dieses Konzept dann in die Allgemeinplätze, die in der internationalen Finanzwelt gebräuchlich waren. Ein solcher Deal würde »den Wert der Komplementarität von Bank und Tech vollständig freisetzen«, heißt es in dem Entwurf des Pitchs. McKinsey prognostizierte bis 2025 zusätzliche Gewinne in Höhe von 6 Milliarden Euro. Der kombinierte Börsenwert der beiden Unternehmen könnte 50 Milliarden Euro betragen, was sie als Ganzes viel größer machte als die Summe ihrer Teile.

Langsam nahm die Idee Gestalt an, und dieser imaginäre neue Finanz-Frankenstein hatte sogar bereits einen Namen: »Wire-Bank«. Der Banküberfall des Jahrhunderts war nur noch eine Frage der Zeit.

28 Exocet

September 2019 | London | Aktienkurs: 157 Euro | Börsenwert 19 Milliarden Euro

Der RPC-Anwalt, der die internen Ermittlungen bei der FT leitete, erklärte mir den Vorgang sehr höflich. Er würde mir Fragen stellen, während seine meist schweigende Kollegin neben ihm sitzen und sich auf ihrem Laptop Notizen machen würde. Das Gespräch würde nicht aufgezeichnet werden. Wir saßen an einem Tisch in einem der nobleren Besprechungsräume der FT im obersten Stockwerk.

Ich zeigte mich von meiner besten Seite und versuchte, offen und entspannt zu wirken. Und da ich wusste, dass ich nichts Unangemessenes getan hatte, war ich eher fasziniert als verängstigt. Was um alles in der Welt konnten diese Leute gefunden haben? Der Anwalt zog eine meiner E-Mails aus einem Ordner hervor. Als er sie mir überreichte, fragte er, ob ich ihm den Inhalt erklären könnte. Die E-Mail stammte von einem französischen Händler, der sie mir im März geschickt hatte. Er hatte erwähnt, dass es eine Möglichkeit gebe, das Shortselling-Verbot der BaFin mit Derivaten, also »auf die altmodische Art« zu umgehen. Ich hatte nur eine vage Vorstellung davon, was die griechischen Begriffe und der Handelsjargon bedeuteten, den er benutzte. Ich erklärte dem RPC-Anwalt nun, dass ich nur ungern mit diesem Typen telefoniere, weil er zwar tolle Ideen habe, aber die Kombination aus seinem starken Akzent und dem Finanzjargon ziemlich unverständlich sei.

»Und haben Sie sein Angebot angenommen?«

Ich war so verblüfft, dass ich einen Moment brauchte, um zu begreifen, worauf er hinauswollte.

»Sie fragen mich, ob ich Wirecard persönlich geshortet habe, während ich in Deutschland der Marktmanipulation verdächtigt wurde und auch weiterhin über das Unternehmen berichtet habe? Nein, ich habe sein Angebot nicht angenommen.«

Musste ich das wirklich laut sagen? Reporter können nicht mit Aktien handeln. Zumindest nicht mit den Aktien der Firmen, über die sie berichten oder berichtet haben. Selbst während meiner Zeit bei der Citi durfte ich nicht an der Börse spekulieren, weil ich als Mitarbeiter Zugang zur Rechercheabteilung gehabt hatte. Mein letztes, missglücktes Aktiengeschäft hatte in meiner Jugend stattgefunden, als ich für etwa 30 Pfund Anteile am Millwall Football Club gekauft hatte, weil ein Freund von mir davon überzeugt gewesen war, dass der Verein bald aufsteigen würde. Der Anwalt wirkte zufrieden. Er stellte noch ein paar Detailfragen, aber das war es im Grunde auch schon. Mein Posteingang war sauber.

Dann legte er mir die Transkripte der Nick-Gold-Aufnahmen zum Lesen vor. Ich merkte bald, warum Wirecard sich dagegen gesträubt hatte, diese herauszugeben. Erstens, weil das ganze Set-up unheimlich schäbig wirkte. Außerdem war es offensichtlich, dass der Nachtclub-Besitzer bluffte, da die Details nicht stimmten – es ging beispielsweise gar nicht um irgendwelche Rechnungen. Es folgte ein zweites, kürzeres Gespräch, in dem der Privatdetektiv Golds Geschäftspartner Jonathan D. dazu zu bringen versuchte, Belastendes auszuplaudern, was aber misslang. Erst nachdem wir eine Stunde damit zugebracht hatten, den Text Zeile für Zeile durchzugehen, ließ der Anwalt durchblicken, dass auch seiner Meinung nach an der Sache wirklich nicht viel dran war. Murphys Vernehmung dauerte länger, endete aber mit demselben Ergebnis.

Wir konnten am Ende nur vermuten, dass Wirecard einfach Glück gehabt hatte. Gold wusste ungefähr, wie wir hier arbeiteten, da Murphy ihn seit einem Jahr als Quelle kultiviert hatte. Zunächst hatte er versucht, Gold dazu zu bringen, ihm ein Interview mit Alexander Nix zu vermitteln, dem Whistleblower von Cambridge Analytica, den Gold zu kennen behauptete. Dann lieferte uns Gold Informationen über die laschen Geldwäschekontrollen bei Flutter, dem Besitzer der Betfair-Börse, die es Spielern ermöglichte, gegeneinander Wetten abzuschließen. Theoretisch wäre das eine nette Möglichkeit, Geld von A nach B zu bewegen, indem man in obskuren Wetten auf beide Seiten setzt.

Mit nur einer Gmail-Adresse richtete sich die FT ein Konto bei einer Glücksspielagentur auf der niederländischen Karibikinsel Curaçao als Hintertür zu Betfair ein und versuchte, absichtlich Geld zu verlieren. Der erste Versuch lief nicht gut. Die 250 zu 1 gesetzte Stute Miss Recycled wurde die Überraschungssiegerin beim Ausgleichsrennen über eine Meile um 16.15 Uhr in Brighton und brachte dem FT-Konto 2000 Pfund ein, die sich Murphy leider nicht auszahlen lassen konnte. Murphy hatte Gold von den verschiedenen Aspekten erzählt, die eine Veröffentlichung verzögern können, weil er so vage wie möglich auf dessen Frage antworten wollte, ob und wann der Bericht erscheinen würde, zu dem er Informationen geliefert hatte. Der FT-Artikel über Flutter machte nur wenig Wind, als er herauskam, und nur einen Tag später trieb ein Übernahmegerücht (das sich nie bewahrheiten sollte) den Aktienkurs von Flutter um 20 Prozent in die Höhe, was Gold enorme Verluste bescherte.

In der Woche vor dem 17. Juli hatte Gold Murphy wegen irgendetwas angerufen. Murphy hatte gesagt, er habe leider keine Zeit für ihn, weil er gerade zu beschäftigt mit Wirecard sei. Als Entschuldigung war das ein echter Evergreen und ein beiläufiger Kommentar – aber das reichte, um Gold zum Schwadronieren zu bringen. Die Tatsache, dass Gold den Erscheinungstermin des FT-Artikels richtig getroffen hatte, war reines Glück.

Endlich waren wir aus dem Schneider. Jetzt mussten wir nur noch darauf warten, dass das offizielle Urteil zusammen mit der Rechnung persönlich an das Büro des Herausgebers übergeben wurde. Die Rechnung für den Nachweis dafür, dass die FT ein redliches Unternehmen war, belief sich auf etwas mehr als 200 Riesen, die Barber auf 175.000 Pfund herunterhandelte. Jetzt war der Weg quasi frei. Das einzige Hindernis, was noch übrig blieb, war das deutsche Zivilrecht.

Nachdem ich den Mut gefasst hatte, genauer hinzuschauen, fand ich heraus, dass Wirecards schreckliche Justiz-Kampfhunde eigentlich nur Zeit fraßen. Das Unternehmen verklagte uns nach einem Gesetz auf der Grundlage einer bisher nicht angewandten europäischen Richtlinie zum Schutz von Geschäftsgeheimnissen. Welche Geschäftsgeheimnisse sollten wir verraten haben? Zählte das Fälschen von Verträgen heutzutage als Geschäftsgeheimnis? Das Ganze war ziemlich unseriös, da es auch in diesem Gesetz eine spezielle Ausnahme für investigativen Journalismus gab, aber wir mussten uns trotzdem gegen die Klage verteidigen. Die Versicherung trat auf den Plan (die Selbstbeteiligung erhöhte die wachsende Wirecard-Rechnung der FT um weitere 100.000 Pfund), und bald hatte ich eine Reihe von Prozessanwälten der deutschen Firma CMS an meiner Seite, die meine strafrechtliche Vertretung unterstützten. Dem renommierten Anwalt von Wirecard, Franz Enderle, und seiner Kanzlei, die sie als Experten in Wirtschaftssachen ansahen, begegneten sie gelassen, da diese nicht für ihre Medienarbeit bekannt waren. Eine der ersten Überraschungen für uns aus London war das Fehlen einer Offenlegungspflicht. In einem britischen oder amerikanischen Gerichtsverfahren ist die Offenlegung relevanter Dokumente ein obligatorischer Prozess, bei dem die meisten Leichen aus dem Keller geholt werden. Das Vorbereiten und Durchkämmen des Materials, das die Gegenseite liefern muss, ist kostspielig und zeitaufwendig.

Deutschlands System war billiger und schneller. Unser Fall würde im Wesentlichen auf Grundlage der Schriftsätze entschieden werden, wobei jede Seite zwei Aufschläge hat: Wir würden auf die Klage reagieren; Wirecard hatte dann die Möglichkeit, seine Argumentation zu ergänzen, danach hatten wir eine letzte Möglichkeit zur Gegenargumentation. Ein Gremium aus drei Richtern würde den Fall dann wahrscheinlich in einem Prozess entscheiden, der sich weitgehend auf diese Schriftsätze stützte.

Aber in diesem Fall konnte ich schriftlich nachweisen, dass die Gegenseite log, weil Wirecard Dokumente der Staatsanwaltschaft München übergeben hatte: Ein Entwurf des Abschlussberichts von Rajah & Tann in Singapur befand sich genau hier in der Strafakte und widersprach direkt dem, was das Unternehmen in seiner Zivilklage behauptete. In einer Telefonkonferenz mit CMS gingen Nigel Hanson und ich unsere Entgegnung durch. Falls wir Zeugen hätten, sollten wir sie bitten, auszusagen, falls ein Richter ihre Stellungnahme hören wollte. Wäre Stefania Palma unter Umständen vielleicht bereit, bei Bedarf von Singapur nach München zu reisen?

»Äh, das wäre nicht so ideal. Ist das denn unbedingt nötig?«, fragte Hanson. Abgesehen von den Kosten und Unannehmlichkeiten waren auch noch strafrechtliche Ermittlungen gegen uns im Gange.

Der deutsche Anwalt sagte, das sei nicht wesentlich. »In diesem Fall könnten wir vielleicht jemanden wie dich bestimmen, Nigel. Du könntest mit Stefania sprechen und bei Bedarf an ihrer Stelle aussagen.«

Nigel zog skeptisch eine Augenbraue hoch. »Wirklich? Vor britischen Gerichten würden das als Hörensagen abgewiesen.«

»Oh nein, das wäre schon in Ordnung«, sagte der Anwalt.

Das Verfahren war eine Art Schulung für uns beide. Nachdem der Anruf beendet war und Hanson die Papiere ordnete, die er mit seinen üblichen akribischen Notizen bedeckt hatte, schüttelte er den Kopf. Er hatte immer noch nicht verdaut, was er da gerade gehört hatte. »Das deutsche System. Es ist schon ziemlich wischiwaschi.«

*

Shepherd Market ist ein Gewirr von Seitenstraßen in Mayfair voller Bars und Restaurants. Es ist gleichzeitig auch ein neutrales Territorium, ein Ort, an dem sich verschiedene Gangster aus der ganzen Hauptstadt entspannen konnten, ohne einen Kampf mit ihren Rivalen befürchten zu müssen. Paul Murphy hatte sich auf die Straße begeben und saß jetzt mit einem der erfolgreicheren Banditen zusammen, der einst ein kleines Vermögen mit dem Float einer indonesischen Kohlemine gemacht hatte, von der sich später herausstellte, dass sie ein schwarzes Loch in ihre Bilanzen gegraben hatte, in einer winzigen Weinbar und Galerie. Er war ein ziemlich jovialer Typ, der es mochte, wenn Supermodels an den Tisch kamen, um mit ihm zu plaudern, während er seine Gäste unterhielt. Als er und Murphy ihren Gin Tonic tranken, gesellten sich dieses Mal ein Informant, dem Murpy den Spitznamen »Kleiderbügelkönig« gegeben hatte – ein alternder britischer Millionär, der sein Geschäft Jahre zuvor verkauft hatte – und ein anderer Mann zu ihnen, der sich als »Bill« vorstellte. Er war eine neue potenzielle Wirecard-Quelle.

Bill war ein ITler, der, wie er sagte, an den Systemen des Unternehmens gearbeitet habe. Er fing an, alle möglichen pikanten Andeutungen zu machen, über die wahre Geschichte, über eine Leiche in Costa Rica. Aber seine Story hatte einen Haken. Er war bereit, Murphy Informationen zukommen zu lassen, aber nur unter einer Bedingung. Er wollte vorgewarnt werden, bevor der Artikel erscheinen würde. So funktionierte das leider nicht, erklärte ihm Murphy.

Nicht lange danach versuchte es der Kleiderbügelkönig erneut. Er traf sich mit Murphy zum Mittagessen bei Franco's, einem spießigen Italiener in der Jermyn Street, wo es eine Menge Barolos für den dicken Geldbeutel gab. Diesmal wurde der Bandit deutlicher. Bill wollte Murphy die Infos geben, sagte er. Aber wenn er es riskierte, Wirecard zu verraten, brauchte er dafür eine Entschädigung. Bill wollte das Erscheinungsdatum für alle Artikel vier oder fünf Tage im Voraus wissen. Murphy schaute sich um. Die Tische waren voll von Nadelstreifenanzugträgern, altem Geld und Spesenrittern. Der König hatte vor Jahren einen Haufen Geld gemacht. Steckte er inzwischen in der Klemme? Wirecard hatte Murphy extrem paranoid gemacht; das Ganze fühlte sich an wie eine Falle. In seiner jahrzehntelangen Erfahrung als Finanzjournalist im Umgang mit sensiblen Informationen hatte ihn noch nie jemand direkt zu etwas Korruptem aufgefordert. Für alle versteckten Mikrofone sagte er es noch einmal: Er habe so etwas noch nie gemacht und werde es auch in Zukunft nicht tun. Der König drängelte noch eine Weile, sagte dann aber, er habe verstanden. Trotzdem versuchte er es am nächsten Tag erneut, diesmal per Telefon. Bill würde bald wieder im Land sein und sei weiterhin gesprächsbereit. »Alles, was er braucht, ist eine Warnfrist von vier oder fünf Tagen vor der Veröffentlichung.«

Wir überlegten kurz, den Spieß umzudrehen, aber angesichts unserer bisherigen Erlebnisse würde es wahrscheinlich wieder nach hinten losgehen, wenn wir versuchten, uns bei Wirecard zu revanchieren. Eine weitere Story über Insider-Trading und Marktmanipulationen würde unserer Sache nicht dienen. Wir mussten das Thema wechseln. Meine Bilanzfälschungsstory über Wirecard war beinahe fertig, aber wir beharrten auch darauf, darüber schreiben zu können, dass Marsalek streng geheime Dokumente über das russische Gift Nowitschok in den Händen hatte. Das würde das Unternehmen völlig unvorbereitet treffen, ganz zu schweigen davon, dass es so die Aufmerksamkeit aller Geheimdienste um uns herum auf sich ziehen würde. Lionel Barber sah das anders.

Unser Herausgeber hielt die Nervengas-Story für so bizarr, dass die Leute sie schlichtweg nicht glauben würden. Sie sei so linksgerichtet, dass die Leute es einfach nicht glauben würden. Der Artikel würde sich wie eine verzweifelte Vergeltung für die Nick-Gold-Affäre lesen. Er wollte einen simplen, unanfechtbaren Bericht darüber, dass Wirecard Betrüger waren.

Ich war auf dem Weg. Anfang Oktober 2019 flog ich nach Dublin, um einen neuen Whistleblower namens »Dale« zu treffen, der mich über das Leben am irischen Außenposten von Wirecard informierte. Auch er war ständig knapp bei Kasse. Wirecard UK & Ireland war noch im alten G2Pay-Büro im Ulysses House ansässig, und das Tagesgeschäft war minimal. Es verwaltete Gutscheinprogramme für Unternehmen wie Vodafone. Der Rest seiner Einnahmen waren hauptsächlich Provisionen von Al Alam in Dubai, die ich überwiegend für falsch hielt, also stattete ich nach meinem Treffen mit Dale dem Büro einen Besuch ab.

Wirecard belegte den ersten Stock, die Rezeption war unbesetzt. Ich klingelte, und als schließlich jemand erschien, sagte ich, ich sei hier, um mit dem Finanzchef Alan White zu sprechen. Der Typ, der antwortete, war lässig gekleidet und fragte nicht nach meinem Namen. Er führte mich einfach in die Räumlichkeiten und ließ mich vor der Glastür zu Alans Büro stehen. Ich konnte sehen, dass er telefonierte, er winkte mir zu und redete weiter. Im Radio lief »Dog Days Are Over« von Florence + The Machine, und ich hatte viel Zeit, mir das Büro anzusehen. Es war ein größtenteils offener Raum, ungefähr 15 Meter lang und ziemlich unordentlich. Am Ende gab es zwei abgetrennte Büros, das von Alan sowie ein weiteres von gleicher Größe. An den Wänden hingen Plakate und Terminplaner alter Projekte. Nur zwei Schreibtische waren von langjährigen Mitarbeitern besetzt – zumindest der Menge an Schnickschnack und Gerümpel darauf nach zu urteilen. Als Nächstes stand ein blechernes »Don't Dream It's Over« von Crowded House auf der Playlist, das schließlich von »Save Tonight« von Eagle-Eye Cherry abgelöst wurde. Ich stand neben einem leeren Schreibtisch und einem mit Ordnern gefüllten Regal und widerstand der Versuchung, einen mit der Aufschrift »VAE-Rechnungen 2018« in die Hand zu nehmen und durchzublättern. Ich blickte nochmals in Alans Büro – er redete immer noch. Die Situation wurde langsam unangenehm, also führte mich der Mann vom Anfang in den Sitzungssaal hinter dem Empfangsbereich. Weil ich Zeit totschlagen musste, ließ ich Murphy wissen, dass ich drin war, und er informierte mich über den Fortschritt meiner Wirecard-Geschichte. Die letzte Fassung des Artikels lag bei den deutschen Anwälten zur einmaligen Durchsicht.

Nach fünf Minuten kam Alan herein. »Hallo?« Er war groß, hatte eine Glatze und trug einen blassgrünen Pullover. Er hatte einen Bürokörper: schmale Schultern, dicker Bauch. Er strahlte Ungeduld oder möglicherweise Arroganz aus. Ich stellte mich vor und streckte die Hand aus. Er wirkte überrascht, wich einen Schritt zurück und verschränkte die Arme vor der Brust. »Ich werde nicht mit Ihnen reden.«

»Ich dachte, es interessiert Sie vielleicht, zu hören ...«

»Ich kann mir ganz gut vorstellen, worüber Sie sprechen möchten, und ich werde mich nicht darauf einlassen.« Ich versuchte es noch einmal, aber er war entschlossen. »Wenn Sie irgendwas von mir wollen, halten wir das schriftlich fest.«

»Al Alam?«, versuchte ich es.

»Dieses Gespräch ist zu Ende. Ich bin absolut nicht interessiert.«

Er öffnete die Tür zur Rezeption, führte mich zur Treppe hinaus, und ich ging. Das hat Spaß gemacht, dachte ich.

Diesmal empfahl Murphy die Horseshoe Bar im berühmten Shelbourne Hotel als das Etablissement vor Ort, in dem sich hochrangige Polizisten, Politiker und Hacker treffen könnten. Es war zu früh, um zu sagen, ob er recht hatte, weil die Bar noch geschlossen war, also trank ich ein Glas mit runzligen Touristen an der Hotelbar, um dieses neueste Beweisstück zu feiern, das ich auf den immer größer werdenden Stapel werfen konnte.

Dublin sollte der zweitgrößte Außenposten von Wirecard sein, zumindest gemessen an den Gewinnen, die es auf dem Papier erwirtschaftete. Für 2018 hatten interne Wirecard-Budgets einen Umsatz von 230 Millionen Euro und ein EBITDA von 108 Millionen Euro prognostiziert. Aus den verschiedenen Budgets, die Edo Kurniawan in Singapur an jedes Land schickte, hatte ich eine Tabelle zusammengestellt, die ich »The Enchilada« nannte – eine Finanzkarte des gesamten Unternehmens. Es gab auch eine Datei, die eine Aufschlüsselung der Geschäfte von Wirecard nach Produkt sortiert enthielt, ein weiterer wichtiger Hinweis. Sie war passwortgeschützt, aber Kurniawan hatte das Passwort »WDPayment$« in einer separaten E-Mail erhalten.

Das Guinness schmeckte genauso wie alle anderen, die ich bisher getrunken hatte, also ziemlich gut. Ich näherte mich meinem Ziel immer mehr und fragte mich, was Marsalek und Braun mit ihrer Vorbereitungszeit angestellt hatten und ob sie eine Ahnung hatten, was ihnen bevorstand. Würde mein Besuch hier eine neue Runde von Gegenmaßnahmen auslösen?

Tatsächlich standen wir vor der Frage, wie wir wieder auf das Unternehmen zugehen sollten. Ich hatte Wirecard dazu gebracht, zu behaupten, dass die Schlüsseltabelle mit den nicht existierenden Kunden »nicht authenisch« sei, aber diese Antwort des Unternehmens durch Herbert Smith war bereits zwei Monate alt. Jetzt zu veröffentlichen und professionell zu bleiben, würde bedeuten, Wirecard mit neuen Fragen zu Al Alam in Dubai und seinen Scheinkunden zu konfrontieren. Das würde Marsalek eine weitere Gelegenheit geben, sich eine seltsame Erklärung einfallen zu lassen. Murphys Idee war es, Wirecard von der Tabelle abzulenken und aus dem Gleichgewicht zu bringen: Bevor wir erneut nach den nicht existenten Kunden fragten, würden wir eine Auswahl indiskreter Fragen zu den Freizeitinteressen von Jan Marsalek stellen. Warum arbeitete er mit einem CIA-Agenten und der österreichischen Rechten zusammen, um den Standort der österreichischen Botschaft in Israel nach Jerusalem zu verlegen? Warum wurde den Aktionären sein Interesse an libyschen Zementwerken nicht mitgeteilt?

Die Fragen übermittelten wir Wirecard am Abend des 10. Oktobers, einem Donnerstag, ohne eine Frist zu nennen, bis wann wir die Antworten erwarteten. Am Montagmorgen forderte ich die Antworten »unverzüglich« an. Sie kamen am Abend an, und wir waren bereit. Lionel Barbers Anweisungen waren eindeutig. »Ich will, dass wir sie bluten lassen. Ich will eine Exocet-Rakete. Sie sollen das nicht überleben.« Am Dienstag, den 15. Oktober, richteten wir die Rakete aufs Ziel und schossen.

29 Jagd auf Joker

15. Oktober 2019 | Aschheim | Aktienkurs: 108 Euro | Börsenwert: 13 Milliarden Euro

»Dubiose Bilanzierungspraktiken aufgedeckt«, verkündete die Schlagzeile der FT am 15. Oktober 2019. Es war ein warmer und sonniger Dienstag in Aschheim, und Markus Braun leugnete alles, während der Kurs der Wirecard-Aktie abstürzte. Der CEO rief persönlich bei Analysten an, um die Anschuldigungen als neu aufgewärmten Bockmist von gestern abzutun, auch wenn den meisten Leuten in seinem Umfeld klar war, dass dies nicht der Fall war. Die Vorwürfe über Scheinkunden und erfundene Gewinne waren zu gravierend. Mit dem Artikel hatte die FT auch die Tabelle veröffentlicht, die alle Namen dieser imaginären Kunden zusammen mit ihren fiktiven Umsatz- und Gewinnzahlen enthielt. Darüber hinaus hatte sie eine Auswahl interner E-Mails und Chat-Transkripte veröffentlicht, die zeigten, wie das Finanzteam von Wirecard über genau die Tabelle diskutierte, von der Braun nun der Außenwelt gegenüber behauptete, sie sei nicht echt. Die Beweise waren erdrückend und verlangten nach einer Erklärung. Die naheliegende Reaktion wäre gewesen, sofort eine unabhängige Gruppe von Controllern einzustellen, um alles endgültig zu überprüfen – derselbe Prozess, der Ernst & Young ein Jahrzehnt zuvor zu Wirecard geführt hatte. Wenn das Unternehmen keine eigenen Ermittlungen anbot, lud es damit Staatsanwaltschaft und Polizei geradezu zum Eingreifen ein.

Jan Marsalek sagte, eine Sonderprüfung sei nicht nötig, das Ganze würde sich wie immer in Wohlgefallen auflösen und das Finanzteam sei bereits erschöpft von den Strapazen der vielen Kontroversen des Jahres. Aber bei dieser Haltung würde er nicht lange bleiben. Anastassia Lauterbach vom Aufsichtsrat hatte die Möglichkeit einer Sonderprüfung angesprochen, sobald der ordentliche Abschluss in diesem Jahr beendet sei. Thomas Eichelmann, der Neuzugang und für die Prüfung verantwortliche Aufsichtsrat, setzte sich dafür ein. Das Gleiche taten die SoftBank-Manager, die ein Interesse an der Zukunft des Unternehmens hatten. Außerhalb des Unternehmens wurden die Proteste der Aktionäre und Analysten immer lauter. Am Freitag, den 18. Oktober, schwenkte Markus Braun auf die Linie ein und schien dem Prozess sogar entspannt entgegenzublicken. Die Frage war nur, welche Wirtschaftsprüfungsgesellschaft sie wählen sollten.

Der Wirecard-Aufsichtsratsvorsitzende Wulf Matthias war nicht auf dem Laufenden. An diesem Tag veröffentlichte *MCA Mathematik* die Briefe, die im August und September an den Aufsichtsrat gegangen waren, und schloss sich den Stimmen an, die eine Sonderprüfung forderten. Der Frankfurter Korrespondent der FT Olaf Storbeck wandte sich an Wulf Matthias und wurde abgewimmelt. »Im Moment ist das alles eine Zumutung. Wir haben Anekdoten ohne Ende, jeden Tag drei Stück. Ich habe mich nicht tiefer hineinbegeben, wir haben andere Dinge zu tun. Prima facie geht EY den Dingen ausreichend auf den Grund. Das ist nur ein weiterer Versuch, die Dinge in eine bestimmte Richtung zu schieben.« Innerhalb weniger Stunden wurde ihm widersprochen. Das *Manager Magazin* erfuhr es als Erstes: Eine Sonderprüfung stand bevor.

Es gab nur einen ernsthaften Kandidaten dafür, und zwar Brauns Alma Mater KPMG. An diesem Wochenende bekamen die Wirtschaftsprüfer den Auftrag, sich alles noch einmal ganz genau anzusehen: die Anschuldigungen von FT und *MCA Mathematik* sowie alle anderen nach wie vor bestehenden Bedenken. Die Firma würde dem Aufsichtsrat Bericht erstatten und die Vereinbarungen mit allen drei verdächtigen Geschäftspartnern prüfen: Al Alam in Dubai, Henry O'Sullivans Senjo in Singapur und PayEasy von

Christopher Bauer in Manila. Die Ankündigung verschaffte Wirecard etwas Zeit – fast sechs Monate Atempause –, bevor der Bericht von KPMG veröffentlicht würde. Die Frage war, was damit zu tun war.

*

Der 5. November 2019 war für Markus Braun etwas Besonderes; er feierte seinen fünfzigsten Geburtstag. Er stand früh auf und begrüßte Deutschlands Finanzstaatssekretär Jörg Kukies zu einem Treffen um 8.30 Uhr in der Wirecard-Zentrale. Kukies, ein ehemaliger Co-Chef von Goldman Sachs, war nicht auf den Kopf gefallen, und Braun blieb in seiner Komfortzone, dem schönen blauen Himmel internationaler Wettbewerbsfähigkeit Deutschlands.

Start-ups brauchten mehr Risikokapital, um erfolgreich zu sein, war seine wohlüberlegte Ansicht. Er kaute Kukies das Ohr ab, weil er Kryptowährungenn in den Mainstream bringen wollte. Der Prepaidkartendienst von Wirecard könnte für Bitcoin-Transaktionen genutzt werden, wenn die Vorschriften dies zuließen. Dann ging es weiter zu einem seltsamen Ärgernis. Weil es in Europa keine großen Technologieunternehmen gab, mussten sich die europäischen Finanzinstitute auf die amerikanischen Giganten verlassen, wenn sie ihre Daten in der Cloud speichern wollten.

Kurz nach diesem Gespräch kündigte Braun noch am selben Tag eine Transaktion an, die Wirecard monatelang vorbereitet hatte: den Eintritt in den chinesischen Markt durch den Kauf des Pekinger Zahlungsunternehmens Allscore für 109 Millionen Euro. Um den Weg dorthin zu ebnen, hatte Wirecard Anfang des Jahres den ehemaligen Verteidigungs- und Wirtschaftsminister Karl-Theodor zu Guttenberg und den ehemaligen Beauftragten für die Nachrichtendienste des Bundes und Staatssekretär im Bundeskanzleramt Klaus-Dieter Fritsche als Berater engagiert. Und auf einer Reise nach China im September hatte sogar Bundeskanzlerin Angela Merkel den Wirecard-Deal chinesischen Beamten gegenüber angesprochen.[42]

Am Tag nach seinem Geburtstag sprach Braun in einem Meeting mit Analysten, um die Ergebnisse des dritten Quartals zu besprechen. Er trug den schwarzen Rollkragenpullover und sprach sie von einem der rein weißen Konferenzräume in Aschheim aus an. Die erste Frage betraf die Sonderprüfung, und Braun kicherte über seine eigene Metapher für den Kreislauf von Bilanzbetrugsvorwürfen und Unternehmensdementi. »Es gab mal diesen Film *Und täglich grüßt das Murmeltier* mit Bill Murray. Die Untersuchung von KPMG wird dem ein Ende bereiten.«

Die Sonderprüfung lief derweil schleppend an. Eine Gruppe von vierzig Bilanzprüfern von KPMG hatte ihre Arbeit aufgenommen. Ihnen war öffentlich Zugang zu allen Bereichen und allen Dokumenten, die sie brauchten, versprochen worden.[43] In der Rechtsabteilung von Wirecard im Erdgeschoss des Gebäudes 28 auf dem Aschheimer Campus begannen ihre regelmäßigen Meetings. Normalerweise nahmen daran jeweils drei oder vier Vertreter von Ernst & Young und KPMG teil. Regelmäßig anwesend waren auf der Seite von Wirecard Jan Marsalek und Stephan von Erffa, der aristokratische stellvertretende CFO des Unternehmens, der seit mehr als einem Jahrzehnt ein Dreh- und Angelpunkt des Finanzteams war.

Eine ältere Frau aus dem Finanzteam, Dagmar S., schien alles zu koordinieren. Sie hatte ein Jahr lang eng mit Marsalek zusam-

---

42 Merkels Reisen führten sie 2020 auch nach Neu-Delhi, wo sie eine U-Bahn-Station besuchte, die mit Solarpaneelen ausgestattet war, finanziert durch eine deutsche Förderbank, und die eine ökologische Verkehrsinitiative bekannt machen sollte. Dort posierte sie für die Weltpresse an einem Stand für Elektrorikschas, die von dem Unternehmen SmartE betrieben wurden, das – ein bemerkenswerter Zufall – von O'Sullivans Mauritius-Fonds 1 A unterstützt wurde.

43 Eichelmann verwies auf Anfrage darauf, dass die KPMG-Prüfer »Methodenfreiheit« gehabt hätten und von ihrer Berufsverschwiegenheit befreit worden seien.

mengearbeitet und stand mit ihm in regelmäßigem Telegram-Chat-Kontakt. Nachdem die FT zum Beispiel Bilder von Christopher Bauers Büro in Manila veröffentlicht hatte, wo sich der Zahlungsdienstleister PayEasy Räumlichkeiten mit seinem Busunternehmen teilte, sagte Marsalek ihr, der Partner sei irritiert und überrascht gewesen, als er einen Anruf des Sohnes von Präsident Rodrigo Duterte zu diesem Thema bekommen habe. Bauer habe Marsalek gesagt, er betrachte es als Wirecards Aufgabe, dieses Problem aus der Welt zu schaffen.

Dagmar S. antwortete: »Ich weiss gar nicht, wie wir da reagieren sollen. Es ist genau, wie Du sagst – nichts offen, nur angedeutet.«

»Ja, das ist das Problem. Ich bin da schon seit Stunden dran und ist echt irgendwie tricky.«

Mit welcher Version der Wahrheit Marsalek Dagmar S. gefüttert hatte, ist unmöglich zu sagen. Sie wusste genug über ihn, um eine bedrohliche Idee anzusprechen: »Ich votier für DEINE Russen. Die sollen uns Ruhe verschaffen.«

An den Treffen mit Ernst & Young und KPMG nahmen auch einige Juristen teil. Überraschend war, wie viel Selbstvertrauen die EY-Mitarbeiter hatten. Vor allem Martin Dahmen und seine EY-Kollegen sprachen oft über ihr Verständnis der Drittpartner-Vereinbarungen. Sie waren es gewohnt, mit der Denkweise eines wachsenden Start-ups umzugehen, und wussten, wie eine schnelllebige Umgebung und die IT-Branche funktionieren. Die Prozesse von Wirecard waren zwar nicht ideal, aber man war bereit, mit ihnen zusammenzuarbeiten. Der Anwalt, der McKinsey bei der Compliance-Prüfung geholfen hatte und darum kämpfte, Marsaleks Blackbox-Imperium selbst zu verstehen, staunte über EYs offensichtliche Bestimmtheit.

KPMG war im Vergleich dazu pedantisch. Die beiden altgedienten Gesellschafter Sven-Olaf Leitz und Alexander Geschonneck kamen aus einer sehr traditionellen Schule der Bankenprüfungen. Sie erwarteten Richtlinien und standardisierte Verfahren, bei denen alles dokumentiert war. Hatte jemand eine Schachtel Bleistifte bestellt, wollten sie den Beschaffungsauftrag sehen. Ihnen stand eine herbe Enttäuschung bevor. Wirecards unbekümmerte Unternehmenskultur und Unlust gegen das Aufbewahren irgendwelcher Aufzeichnungen wurden von ganz oben geprägt. KPMG verlangte immer wieder Meetings, die nicht stattfanden. Ende November flog Oliver B. schließlich für einen Tag aus Dubai ein, stellte sich mürrisch der Inquisition und lieferte äußerst knappe Antworten. Er ließ die Prüfer mit mehr Fragen zurück, als sie zuvor hatten, und weigerte sich, wiederzukommen. Dagmar S. teilte der Gruppe mit, dass B. ausgebrannt sei und Urlaub brauche. Sie sollten nicht erwarten, ihn vor Weihnachten wiederzusehen.

Jan Marsalek blieb gelassen, während er sich gemächlich der Sonderprüfung widmete, die den größten Teil seiner Zeit in Anspruch nahm. Er beschwerte sich einzig und allein über seinen Rücken, der immer noch häufig schmerzte. Er hatte sogar zu Hause mit einer Inversionsbank experimentiert, seine Knöchel festgeschnallt und sich auf den Kopf gestellt, ohne die Anweisungen zum Kalibrieren der Waage zu beachten. Bald steckte er fest. Er war allein, das Blut schoss ihm in den Kopf, er drohte ohnmächtig zu werden, und sein Telefon war gerade außer Reichweite. Mit hochrotem Kopf schaffte er es, sich so lange zu strecken und zu schwingen, dass er mit einer Fingerspitze sein Handy zu greifen bekam und um Hilfe rufen konnte. Auch danach empfahl er das Brett seinen Freunden noch, allerdings gekoppelt mit der Warnung, vorsichtig damit umzugehen.

Bei der Arbeit kampierten er und Andrea Görres, die Chefjustiziarin von Wirecard, täglich mehrere Stunden in Marsaleks Penthouse-Konferenzraum, um sich mit den Problemen und Anfragen von KPMG zu befassen. Als Herr Samt jedoch an einem Montagabend im Dezember ankam, fand er Marsalek allein in seinem Eckbüro vor. Dort lagen Marsaleks russische Mützen und die Schachtel mit Überraschungseiern (immer noch zu drei Vierteln gefüllt). Es gab auch eine Reihe hölzerner Matroschka-Puppen: Wladimir Putin war die Größte, dann folgten andere ehemalige russische Staatsoberhäupter bis hin zu einem winzigen Lenin. In den Schubladen bewahrte Marsalek eine Auswahl eierschalenblauer Tiffany-Taschen auf, die er in großen Mengen für seine leidgeprüfte Partnerin gekauft hatte, deren Pläne sich den Launen seines hektischen Zeitplans unterordnen mussten. »Ist das eine 8000-Euro-Entschuldigung oder eine 12.000-Euro-Entschuldigung«, überlegte er einmal halblaut, während er das passende Schmuckstück auswählte. Auf dem Boden neben Marsaleks Schreibtisch stand ein kugelförmiger PC, ein Designer-Computer, den Marsalek anscheinend nie benutzte. Sein persönliches MacBook hatte er immer dabei, gesichert mit einem sehr starken Passwort: drei Buchstaben aus dem deutschen Alphabet, drei Ziffern und ein Ausrufezeichen. Der Schreibtisch war leer, bis auf eine rote »Make-America-Great-Again«-Kappe, die zu dem lebensgroßen Pappaufsteller von Donald Trump passte, der daneben stand.

Wie üblich war Marsalek an diesem Tag spät dran, also hatte Samt einen Abstecher zu einem nahe gelegenen Einkaufszentrum gemacht, um sich die Wartezeit zu vertreiben. Er packte Gourmetpralinen und -kekse ein und schlenderte dann in einen Spielzeugladen, in dem es eine Menge Lego gab. Das hatte zur Folge, dass er Marsalek ein Geschenk mitbrachte, einen Batmobil-Bausatz für 39 Euro namens »Jagd auf Joker«. Lachend riss Marsalek die Verpackung auf und begann sofort zu bauen. Samt setzte sich; für 850 Euro Stundenlohn spielte er auch gern mit Lego. Die beiden unterhielten sich, während sie die Teile zusammensetzten. Marsalek nahm einen Anruf von seiner besseren Hälfte entgegen. Er sollte am heutigen Abend mit ihr und seinem Vater essen gehen. Er sagte, er sei noch beschäftigt und käme später. Marsalek baute weiter sein neues Spielzeug zusammen. Im Lauf des Abends rief sie noch ein paar Mal an. Der Tisch sei reserviert und sie sollten ohne ihn anfangen, sagte Marsalek, er würde später zu ihnen stoßen. »Sag meinem Vater, dass es in München auch nach 21 Uhr noch Essen gibt.« Es war offensichtlich, dass er nicht essen gehen wollte. Als Samt aufbrach, bat Marsalek ihn, ihm die Kekse dazulassen. Bei seinem nächsten Besuch in Marsaleks Büro stand das Batmobil auf dem Schreibtisch neben der MAGA-Kappe. Der Joker war nirgends zu sehen.

30 Spionagetricks

November 2019 | Mayfair, London | Aktienkurs: 121,00 Euro | Börsenwert: 15 Milliarden Euro

Versteckt im Claridge's Hotel lag das Fumoir, eine Cocktailbar mit schwerer Holzvertäfelung, Samtbänken und vergoldeten Spiegeln. Das Fehlen von Fenstern und die diskreten Ecken machten sie zum idealen Ort für geheime Treffen, Hinterzimmergeschäfte und Doppelagenten. Als Paul Murphy eintraf, wartete dort bereits Nick Gold mit einem ehemaligen Bullen namens Jon, der sich entschlossen hatte, die Seiten zu wechseln und sich zu seinen dunklen Machenschaften zu bekennen.

Zu jener Zeit wurden Jons Beweggründe nicht beachtet. Er stammte aus den sich überschneidenden Kreisen von Bodybuildern und Kampfsportlern, von ehemaligen Polizeibeamten, die einen eigenartigen Nimbus pflegten, und von Soldaten mit flexibler Moral und heimtückischer Neigung, aus denen sich Londons Türsteher, Leibwächter und Privatdetektive rekrutierten. Murphy nahm an, dass Gold, nachdem Marsalek in Verdacht geraten war, davon herumerzählt hatte und Jon nun dafür bezahlte, zu verraten, was er wusste. (In Golds Sicht der Ereignisse hatte er dies seinem Charisma zu verdanken. Jon hatte gesehen, wie er im Chiltern Firehouse ein großes Gelage veranstaltete, mit den Kellnern tanzte, über die Bar sprang, um Drinks einzuschenken, und alle für sich einnahm. Das hatte bei Jon eine Gewissenskrise ausgelöst, denn dieser war ebenfalls Jude und konnte es nicht verantworten, weiter gegen einen so großzügig wirkenden Menschen vorzugehen.)

Murphy war äußerst misstrauisch, was schmutzige Tricks anging, und wachsam, weil Jons Geschichten für ihn schwer zu glauben waren. Dass Journalisten ausspioniert würden, käme ständig vor, sagte er. Um Beweise gebeten, dachte Jon kurz nach. »Typen von der *Financial Times*, hmm. Kennen Sie einen Kerl namens Kadhim Shubber? Ja, wir haben eine Menge Material über ihn.« Murphy kannte ihn gut. Kadhim war ein cleverer junger Schreiberling, der aus dem Irak stammte, jedoch in Derry in Nordirland aufgewachsen war. Zu jenem Zeitpunkt lebte er in den USA, aber zuvor hatte er für *FT Alphaville* in London geschrieben und sich mit seinen Enthüllungsberichten über überbewertete britische Technologieunternehmen einen Ruf als ›Einhorntöter‹ erworben. »Ich habe sogar eine Kopie vom Reisepass seiner Mutter.« Jon schaute kurz auf sein Smartphone und zeigte ihnen dann ein Foto des Passes, der flach auf einem Tisch ausgebreitet war. Er schien Murphys Verblüffung zu genießen.

Das war noch nicht alles. Jon berichtete von umfangreichen Schnüffelaktionen. Nicht nur Paul Murphy und ich waren Gegenstand dieser Ermittlungen gewesen. Mehr als dreißig Privatdetektive waren mit versteckten Kameras in London unterwegs gewesen, um Beweise für geheime Absprachen zwischen Shortsellern zu finden. Den Beteiligten wurde gesagt, die Polizei sei über ihre Aktivitäten informiert, bei denen es sich um die größte private Überwachungsaktion handele, die jemals in diesem Land durchgeführt worden sei (was aus offensichtlichen Gründen nicht überprüft werden konnte). Sie bevorzugten dabei nichtelektronische Methoden, um Beweismaterialien zu sammeln, die vor Gericht Bestand haben würden. Geleitet wurde das Projekt von Greg Raynor, einem Privatdetektiv aus Manchester. Es war seine Firma APG Protection, die heimliche Audiomitschnitte von Nick Gold angefertigt hatte. Jon sagte, dass eine ehemalige MI5-Agentin, Hayley E., verantwortlich sei für die Organisation der Truppen vor Ort. Die Kosten für die mehrwöchige Operation waren schwindelerregend, etwa 18.000 Pfund pro Tag.

Wurde dies von Wirecard-Aktionären finanziert?

Jon sagte, die Person, die im Hintergrund die Fäden in der

Hand halte, sei ein extrem paranoider Mann, der sich »Dr. Rami« nenne und behaupte, viele Wirecard-Aktien zu besitzen. Er lebte normalerweise in einer Wohnung im Raffles Hotel in Istanbul, und wenn er nach London kam, wohnte er immer im Dorchester in Mayfair und verließ kaum jemals das Haus. Dort hatte er sich mit Vertretern der britischen Marktaufsichtsbehörde, der Financial Conduct Authority, zu einer zweieinhalbstündigen Unterredung getroffen – einer Behörde, die von Wirecard gedrängt worden war, gegen die korrupte FT zu ermitteln. Dr. Rami verbrachte die meiste Zeit an der zentralen Bar des Dorchester oder in dessen kantonesischem Restaurant, dem China Tang. Wenn Dr. Ramis puppenhafte Freundin auf Shoppingtour gehen wollte, ließ er sie eskortieren. Auch er selbst wurde jeden Abend von seinen Leibwächtern im Aufzug hinauf zu seinem Zimmer begleitet, und dem Hotelsafe traute er nicht. Stattdessen gab er Jon seinen Reisepass zur Aufbewahrung. Sein vollständiger Name war Rami El Obeidi. Nach der Ermordung von Muammar al-Gaddafi im Jahr 2011 wurde Dr. Rami Leiter des Auslandsgeheimdiensts der Übergangsregierung, die in dem Chaos kurzzeitig die Macht übernahm. Er war somit ein libyscher Meisterspion.

Murphy verließ diese Besprechung fassungslos über das, womit wir es zu tun hatten, und er war entschlossen, die Leute zu entlarven, die ihn hereingelegt hatten. Wir hatten schon seit einiger Zeit Hinweise auf Marsaleks Verbindungen zu Geheimdiensten und ebenso auf seine libyschen Geschäftsinteressen, aber diese Details waren für uns neu.

Zurück im Büro, legte Murphy dar, was er erfahren hatte. Er sagte auch, Jon habe einen Notfallplan vorgeschlagen: »Eine von Jon in Betracht gezogene Option, die nicht umgesetzt wurde, ist es, Drogen in Ihrem Auto zu deponieren und dann die Polizei zu verständigen.«

»Na ja, das wäre sicherlich interessant.«

War es beruhigend, dass sie es bisher nicht getan hatten? Meine Welt war inzwischen so weit von der Normalität entfernt, dass ich mir nicht mehr sicher war. So war es also, wenn man Feinde hat! Ich stellte mir das Klopfen an der Tür vor. »Hallo, Officer, ja, das ist mein Auto. Wissen Sie, das kann eine Weile dauern, kommen Sie besser herein, ich habe hier die Nummer des Chefredakteurs der *Financial Times* ...« Viel später, als wir mehr über Jon erfuhren, begannen Murphy und ich, uns zu fragen, ob alles, was er uns erzählte, glaubwürdig war. Aber zu diesem Zeitpunkt freute sich der journalistische Teil meines Gehirns über jede überraschende Wendung – nach und nach würden alle davon erfahren. Wir waren ihnen auf der Spur, das war immerhin etwas, das bedeutete einen gewissen Trost. Erst als ich zu Hause war und mich dort mit Charlotte unterhielt, wurde mir klar, worin ich uns da verwickelt hatte: Es konnte unser Leben zerstören.

»Mir ist ganz flau im Magen. Du weißt doch, wie die Welt funktioniert, es sind immer die Leute mit dem meisten Geld, die gewinnen«, sagte sie.

*

Während ich mich auf die Geschäfte von Wirecard konzentrierte, war Murphy auf einer Mission. Er machte sich daran, mehr Beweise gegen die Spione zu sammeln, nahm Kontakt zu Hayley E. auf und versuchte, sie zum Seitenwechsel zu überreden. Dabei fasste er sie nicht mit Samthandschuhen an. Er stellte sie vor eine Wahl, mit der sich viele journalistische Quellen überzeugen lassen: »Wenn Sie mit uns kooperieren, garantieren wir Ihnen Anonymität und eine möglicherweise wohlwollendere Anhörung vor Gericht. Wenn Sie sich weigern, werden Sie in der Öffentlichkeit bloßgestellt, mit allem, was das für Ihren guten Ruf bedeutet.« Was Murphy vielleicht hätte vermeiden sollen, war das Versenden von Textnachrichten um 23 Uhr an einem Freitagabend, die diese Entscheidung so deutlich machten. »Ich sehe natürlich den Schaden, den wir Ihrer Firma gerade zufügen«, schrieb er in einer Nachricht. Auch die Erwähnung der Kontakte des Chefredakteurs zu den Sicherheitsdiensten und eines prominenten Kolumnisten der FT in einer anderen Botschaft war etwas unklug: »Lionel Barber und Philip Stephens stehen in Verbindung mit leitenden Beamten von MI5 und MI6. Wenn Sie mit mir zusammenarbeiten, verspreche ich Ihnen, dass wir Sie nicht verarschen werden.«

Von ihrer Anwaltskanzlei ging daraufhin eine Klage ein (in der hilfreicherweise bestätigt wurde, dass sie eine ehemalige Spezialistin für Terrorismusbekämpfung war).[44] Nach allem, was wir gerade mit der internen Untersuchung durchgemacht hatten, war unser Chefredakteur nun richtig sauer. Wir befanden uns mitten in einer in der Öffentlichkeit ausgetragenen Schlacht und konnten es uns nicht leisten, einen Fehler zu machen. (Ganz zu schweigen davon, mit den vertraulichen Quellen anderer zu prahlen.) Murphy wurde zu einer Standpauke hereinbestellt und sah besorgt aus. Er trug für den Anlass extra Anzug und Krawatte. »Ich glaube, Lionel könnte mich dieses Mal tatsächlich feuern«, sagte er. Das sollte nicht passieren, und Murphy bot zwar seine Kündigung an, verstand es aber, sich inmitten der hitzigen Diskussion zu verteidigen. »Was glauben Sie eigentlich, woher wir diese Geschichten bekommen? Sie kommen nicht einfach durch das Fenster hereingeschwebt.«

Als Nächstes kam ein Stapel Beweismaterial aus der dreiwöchigen Spionageaktion namens »Palldium Phase 2«. Wir blätterten durch die mit Datum und Uhrzeit versehenen Überwachungsfotos verschiedener Ziele aus den letzten Oktoberwochen. Die Männer hatten Nick Gold observiert und den Kleiderbügelkönig an der Tür von Golds Büro erwischt. Es gab Fotos von Zatarras Matt Earl in einem Café und von seinem Playboy-Freund Brett Palos auf der Straße. Fraser Perring war aus nächster Nähe aufgenommen, wie er mit Weste und Flatcap auf einem Bahnsteig stand, wobei nichts

44 Hayley E., Grey Raynor und APG bestritten jede Beteiligung an Operationen zur Überwachung oder Diskreditierung von Journalisten und erklärten, sie hätten nichts Illegales getan. Raynor sagte, er habe nichts von Jons Überlegungen gewusst und hätte es auch entschieden abgelehnt, wenn er davon erfahren hätte.

von einem Gehstock oder Gipsverband zu sehen war. »Moment mal«, sagte ich und ging den Stapel noch einmal durch. »Sind wir sicher, dass das Matt ist?« Ich überprüfte das Datum und stellte fest, dass es sich bei der Person, die sich einen Kaffee bestellte, nicht um ihn handeln konnte, denn er war zu diesem Zeitpunkt im Urlaub am anderen Ende der Welt. Dann zeigte Murphy eines der Bilder Crispin Odey, einem britischen Hedgefonds-Manager, der seit Langem bekanntermaßen eine Short-Position auf Wirecard besaß. Dessen Reaktion lautete: »Ich gebe zu, dass der Kerl ein bisschen wie ich aussieht. Aber ich habe kein rotes Telefon, und ich habe noch nie in meinem Leben ein Paar gelbe Turnschuhe getragen.«

Ich fing an, absurde Vorsichtsmaßnahmen zu ergreifen, Tricks, an die ich mich noch dunkel aus der Lektüre von Spionageromanen erinnerte. Wenn ich mit der U-Bahn zu Informanten fuhr, wartete ich an meiner Haltestelle beim Aussteigen auf den Warnton und sprang erst kurz vor dem Schließen der Türen heraus. Da stand ich dann auf dem fast leeren Bahnsteig und drehte mich wie ein Verrückter um, um zu sehen, ob noch jemand mit mir ausgestiegen war. In Gesprächen war es mir zur Selbstverständlichkeit geworden, juristische Bewertungen hinzuzufügen, damit sie von den Aufnahmegeräten aufgezeichnet werden konnten.

Als ich wieder nach Irland reiste, übernachtete ich bei Freunden an der Küste außerhalb Dublins. Es war schön, sie wiederzusehen, und dank der abgeschiedenen Lage vertraute ich darauf, dass ich nicht verfolgt worden war, als ich am nächsten Morgen im Mespil-Hotel, weit entfernt vom Stadtzentrum, einen neuen Informanten traf: Simon Smaul, den ehemaligen G2Pay-Vertreter. Wir saßen mehrere Stunden im Hotelcafé, während der Regen an die Fensterscheiben prasselte, und aßen Club-Sandwiches zu Ehren von Jan Marsalek, wobei Smaul mir seine Geschichte von G2Pay, Wirecard und Sunsont erzählte. Er war nervös, und es war klar, dass er sich einiges von der Seele reden musste, dass er durch sein Insiderwissen in einen Konflikt geraten war. Als Beobachter des

Aufstiegs des Unternehmens wusste er genug, um misstrauisch bezüglich seiner ungeheuren finanziellen Erfolge zu sein, aber er war auch vorsichtig gegenüber den beteiligten Personen und konnte als Außenstehender nichts anderes tun als nützliche Kommentare auf der Website von FT *Alphaville* zu posten.

Smauls Einblicke in die Anfänge der Firma bestärkten mich in meiner Überzeugung, dass Wirecards Bilanzbetrug mindestens schon 2010 begonnen hatte und dass sein Drittpartnergeschäft überhaupt keinen Sinn ergab. Das Unternehmen behauptete, mit seinen drei Partnern – Al Alam, Senjo und PayEasy – Zahlungen für mehrere Währungen in mehreren Zeitzonen abzuwickeln. Wenn das im behaupteten Umfang geschehen wäre, wäre allein der Abgleich eines vierundzwanzigstündigen Stapels von Zahlungen fürchterlich kompliziert. Hinzu kämen die Erstattungsforderungen, die typisch seien für die Verarbeitung von Hochrisiko-Transaktionen. Bei den riesigen Volumen, die Wirecard angeblich über diese Partner abwickle, wären Hunderte von Mitarbeitern erforderlich, nur um den Verwaltungsaufwand zu bewältigen – und von denen war nichts zu sehen. Smaul konnte mir auch Auskunft zu einer grundsätzlichen Frage geben: Wo war das ganze Geld?

Ich wusste, dass im Geschäftsbetrieb von Wirecard kein Geld im Überfluss vorhanden war. Das war etwas, was ich von Whistleblowern auf der ganzen Welt gehört hatte und was ich auch in den E-Mails von Edo Kurniawan lesen konnte. Doch Bankbilanzen sollten der Wahrheit entsprechen und für Wirtschaftsprüfer verifizierbar sein, und die Bilanz von Wirecard verzeichnete Unmengen von Bargeld. Der Deckmantel für die Drittpartner-Vereinbarungen schien aus irgendwelchen Deals zusammengestückelt worden zu sein, die Marsalek ausprobiert hatte und die gescheitert waren, so wie die Kundennamen von solchen Kunden stammten, die Wirecard verloren oder gar nicht erst gewonnen hatte. Einige der Dokumente, die die FT veröffentlicht hatte, bezogen sich auf große Summen auf sogenannten »Treuhandkonten«. Es gab keine Erklärung dafür, aber Smauls Geschichte über den Treuhänder,

der sich in Israel aus dem Staub gemacht hatte, wies auf eine mögliche Antwort hin. Vielleicht behauptete Wirecard, dass sein Geld irgendwo treuhänderisch verwahrt wurde.

In London fand ich zufällig ein seltsames Dokument. Am 1. April 2017 schickte Edo Kurniawan dem stellvertretenden Finanzchef von Wirecard den Entwurf eines Bilanzgutachtens, das in einer Excel-Tabelle enthalten war. Darin wurde angedeutet, dass es einen Streit mit Ernst & Young darüber gebe, was als Bargeld in der Bilanz anzusehen war, da es kurz vor der Veröffentlichung des Jahresabschlusses für 2016 war. In der Stellungnahme, die Spuren indonesischer Grammatik aufwies, hieß es: »Das Management ist der Ansicht, dass Treuhandkonten, die im Acquiring-Geschäft mit Dritten gehalten werden, bargeldäquivalent, Teil des operativen Cashflows und nicht eingeschränkt sind.«

Bildlich ausgedrückt: Wirecard lehnte sich auf die Motorhaube eines Bentleys. Als die Wirtschaftsprüfer verlangten, ihnen die Schlüssel zu dem Luxusgefährt zu zeigen, deutete die Firma auf einen Freund auf der anderen Straßenseite, der diese hochhielt und klimpern ließ. »Keine Sorge, wir können mit dem Bentley jederzeit eine Runde drehen, wann immer wir wollen.«

Das Timing war einleuchtend. Von 2010 bis 2014 sah es so aus, als habe Wirecard mit Übernahmen in Asien Umsätze erfunden und dann das Loch in seiner Bilanz mit dem Schwungrad der Zahlungsabwicklung verdeckt – das war der Stapel unbezahlter Rechnungen, den die bereinigten Versionen seiner Jahresabschlüsse hinterließen.[45] Als ich auftauchte und Fragen stellte, änderte sich

---

45 Die Anwälte von Markus Braun erklärten: »Es gibt nun klare und eindeutige Beweise dafür, dass die Vorgänge um die Wirecard AG das Ergebnis eines Finanzbetrugs waren, bei dem Hunderte Millionen Euro an Umsätzen aus dem Drittpartnergeschäft veruntreut wurden, und nicht das Ergebnis eines Versuchs, die Bilanz der Wirecard AG zu manipulieren, um sie finanziell stärker und attraktiver für Investoren auf dem Kapitalmarkt erscheinen zu lassen. Es ist erwiesen, dass im Zeitraum zwischen 2016 und 2020 im Umfeld von PayEasy Hunderte Millionen Euro an Umsätzen aus dem Drittpartnergeschäft über den Wirecard-TPA-Partner

das Bild – 2015 gab es noch eine weitere große betrügerische Transaktion in Indien. Ende 2016 war der Schwindel mit den Drittpartnergeschäften bereits voll im Gange, jedes Jahr kam eine weitere Null hinzu. Das würde erklären, warum es im Wesentlichen drei Partner gab, die so viel Umsatz und Gewinn machten; Marsalek brauchte nicht mehr als diese.

Als ich Anfang Dezember bei Wirecard nach den Treuhandkonten fragte, überraschte das Unternehmen uns alle mit einem Angebot. Auf einmal, nach einem Jahr erbittert geführtem Nahkampf, wollte Markus Braun der FT ein Interview geben. Allerdings nur unter bestimmten Bedingungen: Mit mir wollte er nicht sprechen. Der Frankfurter Korrespondent der FT, Olaf Storbeck, wurde zu einem zweistündigen Gespräch mit Braun in dessen Büro in Aschheim eingeladen. Unser Chefredakteur Lionel Barber oder Roula Khalaf, seine Stellvertreterin, die ihm im neuen Jahr auf diesem Posten nachfolgen sollte, konnten gern telefonisch an der Unterredung teilnehmen. An sich würde es sich um ein offizielles Treffen handeln, aber aus Gründen der Compliance müsste die Erörterung der Drittparteiengeschäfte inoffiziell bleiben.

Die Firma entscheiden zu lassen, mit welchem Journalisten sie zu tun haben wollte, kam für uns nicht infrage – aber hatte ich denn überhaupt die Möglichkeit, nach Deutschland zu reisen? War es sicher für mich, oder würde ich verhaftet werden? Letzteres sei unwahrscheinlich, sagte mein Strafverteidiger, die Ermittlungen hätten eine andere Richtung eingeschlagen. Ich war versucht,

---

Centurion veruntreut und an Schattenfirmen, insbesondere an Firmen in Antigua und Indonesien, verschoben wurden. Ähnliche Beträge an TPA-Einnahmen wurden ab 2016 über Senjo veruntreut, insbesondere über die Firma PXP, eine Tochterfirma von Senjo. Von Al Alam Solution Provider wurden Millionen von TPA-Einnahmen über Al Alam Solution, eine Schattenfirma mit Sitz auf den BVI, veruntreut. Markus Braun war in keiner Weise an diesen Veruntreuungen oder deren Verschleierung beteiligt und hatte keinerlei Kenntnis davon. Bis heute gibt es keinen einzigen Beweis dafür, dass Markus Braun an diesen Vorgängen beteiligt war oder von ihnen wusste.«

dieses Risiko einzugehen, denn es konnte meine einzige Chance sein, Markus Braun in die Augen zu sehen. Wenn wir ihm jedoch zuhörten, seien wir verpflichtet, zumindest einiges von dem, was er sagte, zu drucken, was seinem Ziel, dem Unternehmen ein harmloses Image zu verleihen, entgegenkommen würde. Murphy und ich diskutierten darüber, wer das Recht erhalten sollte, von Journalisten gehört zu werden. Wirecard hatte dieses Recht durch seine Verleumdungen, seine Klage und sein Heer an Spionen verwirkt. Außerdem waren wir der Auffassung, dass gegebenenfalls alles aufgezeichnet werden müsste, einschließlich des Drittpartnergeschäfts, oder gar nichts. Am Ende lehnte die FT das Treffen ab.

Als Murphys Spionageartikel veröffentlicht wurde, befand er sich gerade in Mosambik, und so ging ich zur Poststelle der FT, um Dr. Ramis Dankesgabe abzuholen: Er hatte den Concierge des Dorchester Hotels gebeten, uns einen Wellness-Gutschein im Wert von 500 Pfund und Rosen im Wert von ebenfalls 500 Pfund vorbeizubringen (»wenn möglich etwas dornig«). Für das viele Geld erhielt er nicht mehr als zwei Dutzend große, üppige Blumen, und seine E-Mail war ganz indiskret außen an die Verpackung geheftet. Seine Nachricht an Paul lautete: »Ich bin Ihnen dankbar für die journalistische Berichterstattung, die Sie mir in letzter Zeit gewidmet haben. Ich bin mir nicht sicher, warum ich eine solch große Ehre verdiene, aber ich weiß die Aufmerksamkeit zu schätzen.« Dr. Rami hatte darum gebeten, den Text in mittlerer Größe und mit einem »eleganten Schrifttyp« auszudrucken. Ich schmunzelte über dieses Geschenk, als mir plötzlich ein Gedanke kam: Wenn es nun eine Falle war? Die Blumen standen immer noch in der Durchreiche zur Poststelle. »Haben Sie sie denn überprüft?«, fragte ich den Mann, der drinnen saß.

»Wie meinen Sie das? Nein, wir haben keine Röntgenaufnahme davon gemacht.« Es war doch bloß ein Blumenstrauß, warum sollte er das also tun? Ohne groß nachzudenken, was ich sagte, erwähnte ich ganz beiläufig, dass die Blumen von einem libyschen

Spion stammten, der uns überwacht hatte. Er riss die Augen auf und aktivierte den Modus für verdächtige Sendungen. Ein Metallgitter surrte herunter, um die Durchreiche zu verriegeln. Fünf Minuten später zuckelte es wieder nach oben, und er reichte mir den zerzausten Strauß. »Ja, es sind nur ein paar Blumen.« Ich gab sie der Kirche nebenan weiter, der St. Nicholas Cole Abbey. Dann flammte unter den Journalisten noch die vorübergehende Hoffnung auf, dass der Geschenkgutschein als Preis an unserer weihnachtlichen Wohltätigkeitstombola teilnehmen könnte. Doch das Compliance-Team konfiszierte ihn, und er ward nie wieder gesehen.

Die Woche endete mit einem Höhepunkt, als die *Wirtschaftswoche* eine eingehende Untersuchung über Al Alam veröffentlichte. In dem Artikel hieß es, dass Al Alam offenbar von Oliver B. und drei Mitarbeitern geleitet wurde. Ich war hocherfreut darüber, dass ein paar deutsche Schreiberlinge sich tatsächlich die Mühe gemacht hatten, dorthin zu fliegen und der Sache nachzugehen, statt sich auf die Aussage von Wirecard zu verlassen. (Wir waren sogar so begeistert, dass Murphy der Chefreporterin Melanie Bergermann eine Kopie unseres Dokumentenfunds auf einem USB-Stick zukommen ließ, damit sie diesen bei ihren zukünftigen Artikeln berücksichtigen konnte.)

Es hatte ein Jahr gedauert, aber jetzt sah es so aus, als ob wir es endlich schaffen würden. Am Freitag vor Weihnachten wurde jedoch deutlich, dass die Taktik von Wirecard weitere Adepten fand. Der amerikanische Shortseller Carson Block startete einen Angriff auf eine FTSE-100-Krankenhausgruppe namens NMC Health. Ohne es zu wollen, hatte Block den FT-Mitarbeitern Cynthia O'Murchu und Robert Smith zu einer Schlagzeile verholfen, denn diese veröffentlichten eine Story über versteckte, nicht bilanzierte Schulden. Genau wie Wirecard wurde NMC von Ernst & Young geprüft und nutzte FTI Consulting für seine Öffentlichkeitsarbeit. In einer offiziellen Erklärung von NMC Health hieß es, dieser Artikel sei »der jüngste in einer langen Reihe von böswilligen Versuchen bestimmter Parteien, die Meinungsbildung rund um unser Unternehmen zu beeinflussen … mit Methoden, die zuweilen schändlich, unethisch und illegal sind«.

Wir hatten FTI bereits dabei erwischt, wie es versuchte, die *Mail on Sunday* dazu zu bringen, die Anschuldigungen des *Manila Standard* abzudrucken, aber dies war eine öffentliche Angelegenheit. Die Straffreiheit, die damit einherging, ärgerte uns. In der Pressemitteilung wurden drei FTI-Mitarbeiter genannt, die unsere Kollegen als Gauner bezeichneten: Brett Pollard, Victoria Foster Mitchell und Shane Dolan. Murphy hatte auch erfahren, dass FTI den Journalisten anderer Presseorgane mitteilte, dass er entlassen werden solle, sobald die Sonderprüfung von Wirecard abgeschlossen sei. Er drängte Lionel Barber daraufhin zu einem massiven Gegenschlag in Form einer Presseerklärung, die verkünden solle, dass FTI alle Privilegien verloren habe. »Das gesamte Geschäftsmodell dieser Leute beruht auf dem Zugang zu Journalisten. Sie können nicht an einem Tag Lügen über uns verbreiten und am nächsten Tag von uns verlangen, ihnen zu vertrauen. Wenn wir ihnen den Kontakt verweigern, wird man schon sehen, wie lange ihre Kunden ihnen dann noch die Stange halten.«

Lionel Barber, der dabei war, den letzten Monat seiner langen Amtszeit als Chefredakteur anzutreten, ging nicht ganz so weit. Stattdessen rief er FTI nach einem festlichen Mittagessen vor den Tischen unserer Hauptredaktion an, um den Kollegen ein kleines Spektakel zu bieten. In einer theatralischen Suada beschimpfte er den FTI-Chef, schmutziges Geld angenommen zu haben, und sagte zu ihm, dies sei die allerletzte Chance für FTI. »Andernfalls wollen wir nichts mehr mit Ihnen zu tun haben.«

31 Schließung der Grenze

2019 | Wien | Aktienkurs: 144,00 Euro | Börsenwert: 18 Milliarden Euro

Im Mai 2019 brachte ein Scoop die österreichische Regierungskoalition zum Einsturz. *Der Spiegel* und die *Süddeutsche Zeitung* veröffentlichten ein in einer Luxusvilla auf Ibiza aufgenommenes Video, in dem eine Frau, die sich als Nichte eines russischen Oligarchen ausgab, einen führenden Politiker der rechtsextremen FPÖ wissen ließ, dass sie Österreichs meistgelesene Boulevardzeitung kaufen wolle. Dieser deutete daraufhin an, dass lukrative Regierungsverträge als Gegenleistung für journalistische Gefälligkeiten möglich seien, natürlich müsse aber alles stets rechtskonform und legal sein und mit dem Programm der Freiheitlichen Partei übereinstimmen.[46] Der ganze Wirbel um dieses Video und die daraus resultierenden vorgezogenen Wahlen führten dazu, dass der neue Schweiz- und Österreich-Korrespondent der FT, Sam Jones, viel mehr Zeit als geplant in Wien verbrachte.

Während Murphy und ich in jenem Jahr mit Wirecard kämpften, bereitete sich Jones auf seinen Abschied vom Investigativteam und seinen Umzug in sein neues Revier in Genf vor, wobei er uns zu unserem Vergnügen die Auswahl an Souterrains und Schränken zeigte, die er sich mit seinem mageren Budget würde leisten können. Bevor Jones abreiste, bat Paul Murphy ihn, sich die Geschäfte von Jan Marsalek in Wien während seines dortigen Zwischenstopps anzusehen. Wir wollten einen direkten Blick darauf vor Ort haben, und es war ein für Murphy typischer Recherche-

46 Der FPÖ-Politiker sagte, er mache nichts, was rechtswidrig sei. »Es muss meinen Überzeugungen entsprechen, es muss völlig legitim, völlig rechtskonform sein. Das ist mein Werdegang, und das ist meine Stärke.«

wunsch, die Netzwerke in Marsaleks Heimatstadt zu durchleuchten. Er versprach, Jones den Rücken freizuhalten und ihn falls nötig vor der Redaktion zu verteidigen. Kein Problem, sagte Jones, der noch nicht ahnte, dass er eine Woche lang in Österreich sein würde und dort den Details eines internationalen Komplotts nachgehen würde.

Sobald er sich in Wien befand, stellte er fest, dass dort viele korrupte Machenschaften im Gange waren, und um an Geschichten zu gelangen, suchte Jones zunächst nach schillernden Persönlichkeiten. Eine davon war eine Politikerin, Stephanie Krisper, die Einblick in einige der faszinierendsten Geschehnisse in Österreich hatte. Jones traf sich mehrmals mit ihr und wurde in ihr Büro an der Ringstraße eingeladen, dem großen Boulevard voller Prachtbauten im Stadtzentrum. Dieses Büro befand sich in einem riesigen Fin-de-Siècle-Raum im neobarocken Stil, wobei die in der Mitte stehenden modernen Büromöbel in dieser Umgebung auf groteske Weise unangemessen wirkten. Die Politikerin war umgeben von mehreren Beamten, und überall lagen Stapel von Papier und einzelne Blätter verstreut herum. Nachdem Jones mit ihr eine Weile geplaudert hatte, wagte er es am Ende, ihr die entscheidende Frage zu stellen. »Sie kennen nicht zufällig einen gewissen Jan Marsalek oder sind ihm vielleicht sogar schon begegnet?«

Für einen Moment verlor Krisper ihre Contenance. Als sei für sie ein Alarmsignal angegangen, und sie blickte nervös zu den anderen Personen im Raum, als ob die unerwünschte Zuhörer seien. »Ja, ja, den Namen habe ich schon einmal gehört, ich werde darauf zurückkommen. Warum sind Sie an ihm interessiert?« Jones erklärte ihr, dass seine Journalistenkollegen dabei seien, Näheres über diesen Mann herauszufinden, der verdächtige politische Verbindungen zu haben schien. Innerlich dachte er: »Oh mein Gott, Murphy hatte recht.« »Darüber muss ich noch nachdenken«, sagte sie, und dann wurde Jones hinauskomplimentiert.

Das nächste Mal trafen sie sich an einem Samstagnachmittag im Herbst 2019 auf der Donau, in einem schwimmenden Restaurant, das am Ufer vertäut war. Krisper bestellte für sich Kaffee, während Jones ein Bier trank. Es gebe jemanden, der Marsalek kenne, ein ehemaliger Mitarbeiter des UN-Flüchtlingskommissariats, der sich große Sorgen um Krispers persönliche Sicherheit mache. Sie sagte, dass sie Jones vertraue und dass sie diesen Freund ermutigen werde, mit ihm zu sprechen. Wenn er es wünsche, werde sie den Kontakt herstellen. Jones, dessen Reporterradar heftige Signale ausstieß, bat die Politikerin, ihm dann Bescheid zu geben.

Der Anruf kam am nächsten Morgen. Jones befand sich im Hilton Plaza, einem modernen Tempel mit Anleihen beim Wiener Jugendstil, einem Fünfsternehotel, das ihm die FT finanzierte. Er war gerade am Packen, denn er wollte am Abend mit dem Nachtzug zurück nach Zürich fahren, als das Telefon klingelte. Der humanitär engagierte Bekannte hatte einen ähnlich engen Zeitplan, bevor er selbst zum Flughafen musste. Es fand sich ein Zeitfenster von einer halben Stunde um 17.30 Uhr. Jones lief aufgeregt im Zimmer hin und her, hocherfreut über die Aussicht auf diese geheimnisvolle Begegnung.

Er kam bereits etwas früher zum vereinbarten Treffpunkt, dem Café Prückel, einer Ikone der Wiener Kaffeehausszene, dessen Interieur seit den Fünzigerjahren unverändert geblieben war. Jones sah niemanden im Raum, der aussah wie der erwartete Gesprächspartner. Also suchte er sich eine ruhige Ecke, legte eine zwei Tage alte Ausgabe der FT auf den Tisch, um seine Anwesenheit zu signalisieren, und bestellte ein Bier. Fünf Minuten später traf die Politikerin mit ihrem Bekannten ein, einem korpulenten Mann in einem langen Mantel, und nannte seine Bedingungen. Die Unterredung solle Jones nur Hintergrundinformationen vermitteln, die Quelle dürfe wegen der Gefahren auf keinen Fall in der Öffentlichkeit genannt werden. Jones willigte ein – und staunte dann über die Geschichte, die ihm erzählt wurde.

Sein Gegenüber hieß Kilian Kleinschmidt und lebte in Nordafrika; er war braun gebrannt, hatte schütteres blondes Haar und einen grauen Stoppelbart. Er war gebürtiger Deutscher, war jedoch mit achtzehn Jahren in die Pyrenäen ausgewandert, wo er Ziegenkäse herstellte und eine Genossenschaft mitgründete. In den späten Achtzigerjahren begab er sich auf seinem Motorrad auf die Suche nach Abenteuern. Auf der Fahrt durch die Sahara freundete er sich in einer Bar mit Einheimischen an, denen er half, eine Schule zu bauen – der Beginn seiner humanitären Karriere. Er trat eine Stelle bei der UNO an und arbeitete an vorderster Front. Er war Leiter des UN-Hochkommissariats für Flüchtlinge in Mogadischu, Somalia, als dort ein US-Black-Hawk-Hubschrauber abgeschossen wurde. Er verbrachte einige Zeit bei der paramilitärischen Befreiungsorganisation Tamil Tiger in Sri Lanka und holte 1997 mit einer Luftbrücke vierzigtausend Menschen aus dem Kongo. Es folgten fünf Jahre in Pakistan und eine Geiselnahme – nur einer von mehreren schwierigen Einsätzen, die er übernahm. Anschließend leitete er ein Flüchtlingslager in Jordanien für hunderttausend syrische Flüchtlinge.

Kleinschmidt hatte selbst Folter und Selbstmordattentate erlebt. Er war nicht leicht zu erschüttern, aber die Machenschaften von Marsalek fand er beunruhigend. Er hatte versucht, einen österreichischen Botschafter in Afrika auf dieses Thema anzusprechen, aber der Diplomat hatte ihn bloß besorgt angeschaut. »Woher wissen Sie, dass ich nicht mit diesen Leuten unter einer Decke stecke?« Kleinschmidt war erkennbar erleichtert, endlich jemanden gefunden zu haben, der sich dafür interessierte. Jones hatte nur ein winziges Notizbuch dabei, und während er eifrig mitschrieb, wurde ihm bewusst, dass nur noch fünfzehn Minuten Zeit blieben. Würde dies die einzige Chance für ihn sein, etwas über die Angelegenheit zu erfahren?

Die Wege von Kleinschmidt und Marsalek hatten sich anlässlich eines damals brennenden politischen Problems gekreuzt: der Migration. Im Jahr 2015 hatten eine Million Menschen ihre Heimat verlassen, und Teile Europas waren von diesem Ansturm überfordert. Kleinschmidt hatte seinen Posten bei der UNO verlassen, sich als Berater selbstständig gemacht und beriet nun das österreichische Innenministerium bezüglich der Flüchtlingspolitik. Nach der Bewältigung des ersten Andrangs war die zentrale Frage, wie man in Zukunft diese Menschenströme bereits an der Quelle würde verhindern können. 2016 wurde Kleinschmidt zu einem Treffen mit einem österreichischen Milliardär eingeladen, der als Vermittler zwischen Ost und West bekannt war; vor dem Fall der Mauer hatte er Geschäfte mit der Stasi gemacht, dem ostdeutschen Geheimdienst, die ihn »Landgraf« nannte, und eine Zeit lang ein Casino zusammen mit dem Palästinenserführer Jassir Arafat besessen. Bei dieser Besprechung war auch der Chef eines der größten europäischen Baukonzerne anwesend. Sie wollten etwas gegen die in Ägypten ihren Ausgang nehmende Migration unternehmen, also verfasste Kleinschmidt eine Denkschrift zur Stabilisierung der Lage vor Ort, in der Lösungen wie Flüchtlingsstädte und Sonderwirtschaftszonen vorgeschlagen wurden. Den Geldgebern ging es offenbar darum, seinen guten Ruf als Experte für ihr Ziel der Kontrolle der Flüchtlingsströme zu nutzen. Mit dem Thema Einwanderung ließen sich damals Wahlen gewinnen.

Im Mai 2017 reiste Sebastian Kurz, der spätere österreichische Bundeskanzler und damalige Außenminister, nach Libyen, um Tripolis als Kulisse für seine für die politische Rechte typischen Argumente zu nutzen wie: »Im Mittelmeer gerettete Migranten sollten keine Garantie für ein Ticket nach Mitteleuropa erhalten.« Kleinschmidt erzählte, wenig später sei er von Wolfgang Gattringer, einem ehemaligen Beamten des österreichischen Innenministeriums, kontaktiert worden, der ihn einlud, einen guten Kunden von ihm kennenzulernen, um ein Projekt in Libyen zu besprechen. Im Juni traf Kleinschmidt diesen Kunden zum Mittagessen auf der Terrasse der Käfer-Schänke in München: Es war Jan Marsalek.

Um mit Kleinschmidts Schilderungen von tollkühnen Aktionen an den Brennpunkten der Welt zu konkurrieren, berichtete Marsalek von seiner eigenen Reise nach Syrien als Gast des russischen Militärs, kurz nachdem der Islamische Staat aus Palmyra vertrieben worden war. (Durch diese Reise geriet Marsalek in das Visier von mindestens einem Geheimdienst in der Region. Er unterließ es, gegenüber Kleinschmidt das Detail zu erwähnen, das Marsaleks Freunden von dem Mittelsmann, der ihn nach Syrien brachte, zugetragen wurde, nämlich dass Marsalek mit der besten Schutzweste und dem besten Helm ankam, die für Geld zu haben waren. Als die russischen Soldaten die Mischung aus Kevlar und Kohlefaser bewunderten, warnte ihn einer von diesen: »Jan, wenn du das trägst, wird jeder Heckenschütze in der Gegend denken, du seist der VIP Nummer eins, und sie werden dich abknallen.« Er ließ alles im Hotel zurück.)

Marsalek sagte, er sei fasziniert von den Chancen des Wiederaufbaus, und da er persönliche Geschäftsinteressen in Libyen hatte, bat er Kleinschmidt, sich Strategien für die Stabilisierung dieses Landes zu überlegen. Dabei sollten wirtschaftliche und soziale Elemente berücksichtigt werden, aber es war offensichtlich, dass Marsaleks Hauptinteresse der hochpolitischen Frage der Migranten galt. »Wir müssen sie an der libyschen Grenze stoppen«, sagte er.

Kleinschmidt, der noch nie etwas von Marsalek oder Wirecard gehört hatte, dachte, er habe es mit einem typisch österreichischen Klugscheißer zu tun, einem gut gekleideten, reichen Narzissten. Aber es gab hier etwas, mit dem er arbeiten konnte, und ihm gefiel die Idee, öffentliche und private Interessen zu verbinden. Sein Argument war, dass sich in Libyen früher einmal zwei oder drei Millionen Gastarbeiter aufgehalten hatten; eine Stabilisierung würde das Land zu einem Ziel für Migranten machen statt zu einem Ausgangsort. Marsalek, der diese Idee als die eigene ausgeben wollte, verlangte von ihm einen Plan, um ihn der internationalen Gemeinschaft präsentieren zu können. Er stellte 200.000 Euro für eine Studie zur Verfügung und bot zusätzlich die Hilfe seiner Kontakte in Libyen an, die er durch seine Investitionen in dortige Zementwerke hatte. Gattringer sagte, er könne ihnen Tipps geben, wie man dafür weitere Mittel von der österreichischen Regierung erhalten könne. Kleinschmidt erklärte, das reiche aus, um mit der Arbeit zu beginnen und ein Projekt zu entwickeln, das den Geldgebern vorgelegt werden könne. Da Marsalek und Gattringer einander gut zu kennen schienen und offenbar noch einiges zu besprechen hatten, verabschiedete Kleinschmidt sich daraufhin von ihnen.

Später, zurück in Wien, fragte Kleinschmidt nach einem Vertrag. Gattringer erklärte ihm, dass Marsalek seine Rechnungen immer bezahle, aber seine Vereinbarungen per Handschlag zu besiegeln pflege. Als Kleinschmidt sich an die Arbeit machte, tauchte ein Mitarbeiter des österreichischen Verteidigungsministeriums auf, Brigadier Gustenau, ein weiterer Bekannter von Marsalek. Er sagte, dass das Ministerium in Erwägung ziehen würde, 20.000 Euro für die Studie zur Verfügung zu stellen, und dass er das Projekt prüfen werde.

*

Sam Jones hatte mit gespannter Aufmerksamkeit sein kleines Notizbuch gefüllt. Sowohl er als auch der Flüchtlingsexperte mussten nun gehen, aber sie vereinbarten, in Kontakt zu bleiben. Im Nachtzug konnte er nicht schlafen und versuchte, sich jedes Detail dessen, was er an diesem Abend gehört hatte, zu merken. Jones sicherte alle Dokumente und Beweise und verabredete sich mit Kleinschmidt für das neue Jahr zu einem Abendessen in Berlin.

Es war ein scheußlicher Tag, eiskalt und nass. Jones hatte aufgrund der in den Kritiken hochgelobten Qualität des Essens ein Restaurant im gutbürgerlichen Teil von Schöneberg ausgewählt, ohne zu wissen, dass es auf romantische Candlelight-Dinner spezialisiert war. Als sie es regentriefend betraten, wurden sie zu einem intimen Zweiertisch geführt, in dessen Nähe noch weitere Gäste saßen. Bei Kerzenschein unterhielten sie sich im Flüsterton über russische Spione.

Wolfgang Gattringer, der den Anstoß gegeben hatte, schoss

genügend Geld vor, um das Projekt am Laufen zu halten. Die Arbeiten erreichten nun einen Punkt, an dem eine Reise nach Libyen erforderlich war. Es stellte sich die Frage, wer die Visa besorgen und für die Sicherheit sorgen würde, und da kam der russische »Oberst« ins Spiel.

Kleinschmidt erfuhr, dass die Person, die Marsaleks Sicherheitsinteressen in Libyen koordinierte, Andrey Chuprygin hieß. Dieser war ein Experte für die wechselnden politischen Verhältnisse und die Stammesdynamiken in Libyen, der an der Moskauer Wirtschaftshochschule lehrte; er hatte eine lange Karriere beim Militär hinter sich. Nach Einschätzung des britischen Geheimdiensts war er ein ehemaliger Offizier der gefürchteten GRU, der »Hauptverwaltung für Aufklärung« des russischen Militärnachrichtendiensts.

Für Kleinschmidt war dies Grund genug, sich Sorgen zu machen. Die GRU war das Schreckgespenst der modernen Welt, ein mit mörderischen Nacht-und-Nebel-Aktionen operierender Unruhestifter. Es waren GRU-Agenten, die Sergej Skripal in Salisbury mit Nowitschok vergiftet hatten; es waren die kleinen grünen Männer der GRU, die in die Ukraine eingedrungen waren; es war die GRU, die beschuldigt wurde, sich in die US-Präsidentschaftswahlen von 2016 eingemischt zu haben, um den Ausschlag zugunsten von Donald Trump zu geben. Und westlichen Geheimdiensten zufolge war es die GRU, die Russlands Interessen in Libyen diente, indem sie dort den heimlichen Einsatz von Söldnern koordinierte. Eine von Russland in Syrien und der Ukraine erfolgreich angewandte Taktik war der Einsatz von Soldaten der Wagner-Gruppe, einer privaten Söldnertruppe, von der nicht genau bekannt ist, wer sie bezahlt und kontrolliert. Diese Ungewissheit ist im Sinn der russischen Regierung, die seit jeher beteuert, damit nichts zu tun zu haben. Auch in Libyen waren seit mindestens 2017 Soldaten der Wagner-Gruppe im Einsatz, die am 8. Mai jenes Jahres offiziell angeheuert wurden, um bei der Minenräumung in den Zementwerken zu helfen, an denen Marsalek nach eigenen Angaben finanziell beteiligt war. (Das libysche Zementunternehmen bestritt jede Verbindung zu Marsalek.)

Kilian Kleinschmidt sagte, dass für Januar 2018 ein Treffen vereinbart worden sei, um mit dem Russen Andrey Chuprygin über eine Reise nach Libyen zu sprechen; diese Unterredung sei jedoch abgesagt worden, weil Marsalek weiterhin nicht seinen Zahlungsverpflichtungen nachgekommen sei.[47] Stattdessen wurden alle in die Villa von Marsalek eingeladen, um dessen Engagement für das Projekt zu klären.

Der Flüchtlingsexperte Kleinschmidt fand sich dort zusammen mit einem irischen Kollegen und den beiden Österreichern, Brigadier Gustenau und Wolfgang Gattringer, ein. Sie wurden von Marsaleks persönlicher Assistentin Sabine, deren Absätze über den harten Boden klackten, durch die nüchternen Räume der Villa geführt, die mit eklektischen Kunstwerken bestückt war. Während eingangs noch Kaffee ausgeschenkt und Plätzchen angeboten wurden und während alle es sich gemütlich machten, beschäftigte sich Marsalek am Rande bereits mit supercooler neuer Gefechtsausrüstung und fantastischen Aufnahmen von Bodycams, wenn diese von den Soldaten im Einsatz getragen wurden. Lachend sagte er, dass diese Aufnahmen allerdings niemals öffentlich gezeigt werden könnten, und führte dann einige davon vor. Man sah, dass Mitleid nicht zu den wichtigsten Werten der Bewaffneten gehörte.

Kleinschmidt gab vor, diesen Szenen keine Beachtung zu schenken. Dann begann die eigentliche Besprechung, und Marsalek sagte, dass das Projekt nicht ehrgeizig genug konzipiert sei. Die Absicht, schrittweise zu beginnen und zunächst wieder die Zivilgesellschaft aufzubauen, sei Kinderkram, humanitärer Quatsch. Er wolle Autobahnen und Fabriken errichten, aber vor

---

47 Chuprygin bestritt, jemals ein Spion gewesen zu sein, und erklärte, seine Beratungstätigkeit für Marsalek habe sich auf die Sicherheitslage in Libyen, sein wissenschaftliches Spezialgebiet, beschränkt.

allem wolle er die Grenze kontrollieren. Dazu benötigte er eine Armee, eine fünfzehntausend Mann starke Grenztruppe, die aus ehemaligen Milizangehörigen zusammengestellt werden solle. Das laut Marsalek wichtigste Ziel des Projekts solle sein, diese Truppe auszubilden und auszurüsten. Er war begeistert von Humvee-Fahrzeugen, Nachtsichtgeräten und anderem Spielzeug des Militärs. Es wurde sehr deutlich, dass Kleinschmidts Studien für ihn nur ein Feigenblatt waren, um harte Schritte zur Lösung des Migrantenproblems zu verdecken.

War Marsalek darum bemüht, russische Interessen zu vertreten, oder wollte er Russland benutzen, um seine eigenen Interessen durchzusetzen? War dies der Grund für seine häufigen Reisen nach Moskau? Möglicherweise waren es nur Hirngespinste, ein weiterer seiner unrealistischen Pläne. Unter der Regierung von Wladimir Putin wurde Außenpolitik nicht unbedingt immer nur von ganz oben gesteuert, die um Gunst und Einfluss wetteifernden Oligarchen hatten durchaus einen gewissen Handlungsspielraum. Die offensichtlichen Ziele Marsaleks, der österreichischen Rechtsnationalisten und Russlands stimmten weitgehend überein: Das Problem der Einwanderung ließ sich als politische Waffe nutzen, um die bestehende Ordnung zu destabilisieren. Libyen war für Russland in mehrfacher Hinsicht attraktiv. Es lag im Einflussbereich der NATO, und wenn Russland eine Rolle bei der Befriedung dieses Landes spielen würde, besäße es weiterhin eine wichtige Stellung in der internationalen Diplomatie. Durch seinen militärischen Einfluss hatte Russland auch die Hand am Ventil der Migration, denn von Libyen aus ließen sich die Boote voller verzweifelter Menschen kontrollieren, die sich auf den Weg zu den südlichen Küsten Europas machten.

Kleinschmidt beobachtete die Anwesenden. Die Neuausrichtung von Milizen war eigentlich eine bewährte Taktik von Demobilisierungsprogrammen in ehemaligen Kampfgebieten. Dies hatte jedoch nichts mit den fachlichen Kompetenzen seiner humanitären Beratung zu tun. Sein Bestreben konnte es jetzt nur noch sein, wenigstens einen Teil der ihm von Marsalek versprochenen 200.000 Euro zu erhalten, bevor ihre Beziehung in die Brüche ging. Einige Wochen später trafen immerhin 50.000 Euro bei ihm ein.

*

Ende Januar flog Sam Jones zu einem Treffen der europäischen Länderkorrespondenten nach London, wenige Tage vor Lionel Barbers großem Abschiedsfest. Ich sah ihn an der Bushaltestelle, als er aus Barbers Büro kam. Der Chefredakteur war natürlich verblüfft über das, was er gerade von ihm zu hören bekommen hatte. Neugierig geworden, begleitete ich Jones in Roula Khalafs Büro, wo er die neue Chefredakteurin informierte. (Anfangs dachte ich, wir würden aus Sicherheitsgründen in gedämpfter Lautstärke miteinander sprechen, aber dann wurde mir klar, dass sie eine Kehlkopfentzündung hatte und ich ihre Stimme unwillkürlich imitiert hatte.)

Abgesehen von den haarsträubenden Details war es Jones ein Anliegen, die Erwartungen im Zaum zu halten, da diese Geschichte so außergewöhnlich war, dass wir sie mit ziemlicher Sicherheit niemals würden veröffentlichen können. Die wichtigste Botschaft war jedoch, dass wir noch vorsichtiger sein mussten als zuvor. Diesmal gab es keine digitalen Aufzeichnungen, sondern nur mündliche Gespräche. Wir mussten die Möglichkeit in Betracht ziehen, dass Jan Marsalek mehr war als ein krimineller Betrüger. Er schien mit mindestens zwei verschiedenen Geheimdiensten in Verbindung zu stehen und hatte offenbar Beziehungen zu einigen der skrupellosesten Menschen der Welt. Vielleicht wurde Wirecard also doch geschützt.

32 Polizeischutz

22. Januar 2020 | Aschheim | Aktienkurs: 129,00 Euro | Börsenwert: 16 Milliarden Euro

KPMG wollte wissen, wo das Geld war. Als das Expertenteam für die Aufdeckung von Wirtschaftskriminalität bei Wirecard eintraf, wurde ihnen gesagt, dass sich mehr als 1 Milliarde Euro an Wirecard-Bargeld auf Bankkonten in Singapur befinde, die von einem Treuhänder überwacht würden. Der Mann, der angeblich diese große Verantwortung trug, war Shan Rajaratnam, der ovalgesichtige Experte für Papierkram und Barbesitzer, der jahrelang von Henry O'Sullivan benutzt worden war. Seine Firma Citadelle Corporate Services verhielt sich jedoch nicht kooperativ: Sie antwortete weder auf Anrufe noch auf E-Mails, und ein paar Monate nach Beginn dieser Sonderprüfung wurde das zu einem Problem. In Anbetracht der Tatsache, dass bei Wirecard in der Vergangenheit bereits ein Treuhänder mit Geld verschwunden war und dass es diesmal um weit mehr als eine Milliarde Euro ging, hatte die ganze Situation durchaus etwas Beunruhigendes.

In der Öffentlichkeit wurde weiter der Eindruck erweckt, alles sei in Ordnung. Am 22. Januar 2020 brachte das *Manager Magazin* ein Interview mit dem neuen Aufsichtsratsvorsitzenden von Wirecard. Nach dem aus gesundheitlichen Gründen erfolgten Rücktritt von Wulf Matthias hatte Thomas Eichelmann das Ruder übernommen.

Er stellte sich hinter Markus Braun, übernahm die Verantwortung für die Durchführung der Sonderprüfung und sagte auf die Frage nach dem Stand der Dinge: »Aus der Tatsache, dass wir noch keine Ad-hoc-Mitteilung abgegeben haben, können Sie Ihre Schlüsse ziehen.« Für die Anleger bedeutete das: Hier gibt es nichts zu sehen, bitte gehen Sie weiter. Binnen weniger Tage stieg der Aktienkurs wieder auf über 140 Euro, als wäre die Exocet-Rakete der FT vom Oktober nie abgefeuert worden.

Eine Woche später erwähnte KPMG bei einem der regelmäßigen Treffen in der Rechtsabteilung mit den verschiedenen Wirtschaftsprüfern und Wirecard-Mitarbeitern erneut die fehlende Rückmeldung des Treuhänders. Einer der auf Wirtschaftsdelikte spezialisierten Ermittler sagte, wenn es nicht möglich sei, Bankbestätigungen von Citadelle zu erhalten, wolle man wissen, wie man am besten an die für die Konten zuständigen Partner herantreten könne. Denn die Funktion der Treuhandstruktur bestehe ja gerade darin, den Partnern von Wirecard – Al Alam, Senjo oder PayEasy – Zugang zu den Geldern zu verschaffen, wenn sie diese für ihre Geschäfte benötigten.

Dann gab Jan Marsalek ganz beiläufig, so, als ob er sich gerade daran erinnern würde, dass er versäumt hatte, eine Telefonnachricht zum Catering zu erwähnen, eine Erklärung ab. Er behauptete, der Treuhänder habe sich schon vor Monaten geändert. Wirecard sei für das Geschäft von Citadelle zu einer Belastung geworden, und Shan habe Marsalek deshalb mitgeteilt, dass er die Geschäftsbeziehung beenden wolle. Das Geld, nicht weniger als 1,9 Milliarden Euro, sei anderswohin transferiert worden. Auf die Frage, wohin, antwortete er nur: »Geben Sie mir ein wenig Zeit, um das herauszufinden, ich habe die Namen vergessen.« Auch beim Standort der Banken war er sich nicht sicher, möglicherweise die Vereinigten Arabischen Emirate oder Russland. »Ich muss das nachsehen, aber der neue Treuhänder wird es bestätigen können und Ihnen die Informationen zur Verfügung stellen«, sagte Marsalek. Er hätte dies schon früher erwähnen sollen, fuhr er fort, er habe das völlig vergessen.

Die meisten der Anwesenden waren zu schockiert, um sofort zu reagieren. Hatten sie richtig gehört? Hatte Marsalek einfach so über eine Milliarde Euro verlegt? Es dauerte etwa zehn Minuten, bis sie die Tragweite dieser Aussage begriffen hatten.

Ein paar Tage später meldete sich Marsalek wieder: Das Geld sei in Manila.

*

Mark Tolentino, der Mann, der für das Geld von Wirecard auf den Philippinen zuständig war, hatte sich verspätet. Um Punkt 10 Uhr am 4. März 2020 war die Reisegruppe aus Deutschland im Penthouse-Office des Anwalts angekommen, der selbst noch nicht da war. Das Büro hatte einen kleinen Empfangstresen, und an der Wand dahinter hingen Bilder des Mannes und seine beruflichen Abschlussdiplome. Sie wurden in einen Besprechungsraum geführt, der Platz für etwa acht Personen bot und mit einem gefliesten Boden und einer brummenden Klimaanlage ausgestattet war. Von Ernst & Young waren Martin Dahmen, der verantwortliche Partner, und ein lokaler Abgesandter der Firma anwesend. Die Abordnung von KPMG schaute auf ihre Uhren und unterhielt sich leise. Der Aufsichtsrat wurde von einem Anwalt der Kanzlei Clifford Chance vertreten, der aus Singapur angereist war. Auch Jan Marsalek war da, zusammen mit Dagmar S. und einem Anwalt von Wirecard. Eine Frau namens Maria., die sich als juristische Hilfskraft von Tolentino vorstellte, gesellte sich zu ihnen.

Nach dreißig Minuten wurden die Besucher, von denen die meisten hohe Stundensätze in Rechnung stellten und die vom anderen Ende der Welt angereist waren, langsam unruhig. Marsalek spielte auf seinem Telefon herum. Nach fünfzig Minuten kam Tolentino plötzlich herein, ohne sich zu entschuldigen oder seine Verspätung zu begründen. »Hallo zusammen, legen wir los.« Der Anwalt war Ende 30, hatte eine breite Nase und eine Brille mit einem dünnen schwarzen Drahtgestell.

Loslegen bedeutete in diesem Fall, dass sich alle zunächst noch eine Vorrede seiner Assistentin Maria anhören mussten, die ihren Chef vorstellte und anpries. Herr Tolentino sei einer der besten und großzügigsten Juristen des Landes. Er berate die Armen und Bedürftigen, und sein Einfluss sei groß und allseits anerkannt.

Seine Reichweite in den sozialen Medien sei groß, er trete als Experte in Fernsehsendungen auf und habe einen eigenen YouTube-Kanal mit mehr als hunderttausend Abonnenten, für den er Aufnahmen aus einem Studio in seiner Kanzlei anfertige. (Ungewöhnlich für einen Anwalt, der ein deutsches Finanzinstitut vertrat, war sein Spezialgebiet in diesen Videos das Familien- und Scheidungsrecht.) Herr Tolentino sei auch politisch sehr einflussreich, sagte Maria. Er sei der Sohn eines Politikers und gehöre der gleichen Studentenverbindung, Lex Talionis, an wie der Präsident Rodrigo Duterte. Beide hätten dieselbe Universität besucht, von der jeder auf den Philippinen wisse, dass sie bedeutende Persönlichkeiten hervorbringe, und Herr Tolentino habe während seines Studiums dort zahlreiche Preise gewonnen. Nach dieser gefühlt halbstündigen Präsentation der Meriten des Anwalts sagte dieser, er sei nun bereit, Fragen zu beantworten.

Während eines relativ kurzen Zeitraums ging er auf die Erkundigungen von Ernst & Young und KPMG zu seiner Rolle als Treuhänder der Wirecard-Konten ein. Die verschiedenen von ihnen angesprochenen Punkte schien er zufriedenstellend klären zu können. Dann betraten drei von Tolentinos so wichtigen Freunden den inzwischen überfüllten Raum. Tolentino stellte sie vor und betonte den Einfluss eines von ihnen, ein Richter am höchsten Gericht des Landes, der auch im Auswahlgremium für neue Richter saß. Er sei, so Tolentino, einer der angesehensten und mächtigsten Juristen des Landes.

Dann ging es zu den Banken. Die Gruppe fuhr mit dem Aufzug hinunter zu einem halben Dutzend auf sie wartender Autos. Als KPMG und der Wirecard-Anwalt zuvor in Manila angekommen waren, waren sie am Flughafen von einem »Freund von Mark« abgeholt worden, der sie mithilfe einer Polizeieskorte, die sie durch die Straßen geleitete, zu ihren Hotels begleitet hatte. Diesmal waren zwei Motorradpolizisten dabei, die an der Spitze und am Ende des kleinen Konvois Stellung bezogen. »Ich warte nicht gern im Stau«, sagte Tolentino. Sein Büro befand sich in Makati, nicht weit entfernt vom Finanzdistrikt und den Zentralen der beiden Banken, wo Wirecard 1,9 Milliarden Euro angelegt hatte: die Bank of the Philippine Islands (BPI) und die Banco de Oro (BDO Unibank).

Nach mehr als einer Stunde Fahrt hielten die Autos vor einer kleinen Bankfiliale in einer Straße, die, würde sie in einem Reiseführer beschrieben, als landestypisch zu bezeichnen wäre. Es gab eine Zoohandlung, Speiselokale, eine Autoreifenwerkstatt und eine Menge Fahrräder – und es gab auch eine kleine Filiale der BPI. Ein Sicherheitsmann öffnete ihnen die Tür, und die Besucher drängten hinein, wo sie zahlreicher waren als die Bankangestellten. Jemand sprang auf und begrüßte herzlich Tolentino, der sagte, dies sei die zuständige Filiale, weil er hier ganz in der Nähe wohne. (Als ob die Verwaltung der internationalen Geschäfte von Wirecard etwas ist, das man am besten beim Vorbeigehen auf dem Weg zum Abholen der Morgenzeitungen erledigen kann.) Alle standen aufrecht und füllten nahezu den in der Filiale vor dem Hauptschalter verfügbaren Platz. Im Raum befanden sich noch einige Schreibtische mit Schränken dahinter, aber keine Kunden. Einer der Rechnungsprüfer fragte schließlich nach dem Geld: War es der Bank bekannt, dass Wirecard der Begünstigte von 800 Millionen Euro auf Treuhandkonten war, und konnte sie bestätigen, dass die Beträge korrekt waren? Die Reaktion ließ auf sich warten. Der Kassierer schaute zu Tolentino, der nickte. »Ach ja, Wirecard.« Sein Englisch war nicht besonders gut. Er holte einen Umschlag hervor und gab ihn Tolentino, der ihn feierlich an Martin Dahmen von Ernst & Young weiterreichte. Der ganze Aufenthalt in der Filiale dauerte keine zehn Minuten, dann ging es weiter zur BDO.

Gelegen in einem Einkaufszentrum, eine halbe Stunde entfernt, war die BDO-Außenstelle viel größer und sah zumindest wie eine richtige Bankfiliale aus. Eine wortgewandte Managerin begrüßte alle, händigte die Bankbestätigungen aus und betonte, wie wichtig Tolentinos Geschäft für ihre Bank sei. Ja, sie wisse, dass Wirecard der Begünstigte sei, das sei in den Bankunterlagen vermerkt, sagte sie.

Jan Marsalek, der sich den ganzen Tag über kaum für die Mitglieder der Besuchergruppe interessiert hatte, verschwand in einem Elektrofachgeschäft neben der Bank. Als er wieder auftauchte, hatte er bei sich eine Einkaufstüte mit einem neuen Smartphone. Vom Wirecard-Anwalt darauf angesprochen, sagte er: »Ach das? Ich kaufe mir alle paar Wochen ein Neues.«

Tolentino verabschiedete sich eilig, und als die Deutschen zu ihren Autos zurückkehrten, war die Polizeieskorte verschwunden, sodass sie sich recht mühsam durch den Verkehr zurück zu ihren jeweiligen Hotels quälen mussten. Das Wirecard-Team logierte im Raffles, wo Marsalek eine Suite mit zwei Zimmern bezog. Der Anwalt war sich nicht sicher, ob er lachen oder weinen sollte. Der Verlauf der außerordentlichen Buchprüfung war so chaotisch gewesen, mit solchen Schwierigkeiten, grundlegende Unterlagen zu beschaffen, dass er erleichtert war, dass sie wenigstens irgendetwas gesehen hatten. Es gab nun Belege dafür, dass bestimmte Personen gewisse Dinge wie behauptet taten. Es befand sich Geld auf Bankkonten. Nichts davon war normal, aber das galt auch für diese ungewöhnlichen Geschäftspartner; dies alles war wohl Marsaleks magischem Geldmacherchaos zuzuschreiben.

Der Partner in Manila war PayEasy, und das Gespräch von KPMG mit Christopher Bauer fand im Business-Center eines Sofitel-Hotels statt. Es war noch früh am Tag, und die Wirtschaftsprüfer tranken gerade Kaffee mit dem Wirecard-Trio in der Lounge, als Bauer mit einem Freund aus seinem Motorradclub, den Iron Cross Sons, hereinkam. Der deutsche Zahlungsverkehrsmanager sah aus wie ein Sextourist auf Asienurlaub. Er war mindestens 1,80 Meter groß, ihm fehlten einige Zähne, sein Bauch hing über seinen schwarzen Jeans, und auf dem dazu farblich passenden Sweatshirt waren die aus seinem Haar gefallenen Schuppen zu sehen. »Sie halten mich wohl für einen Affen? Was glauben Sie, wer Sie sind?«, brüllte er die Abordnung von KPMG an, die es gewagt hatte, ihm mitten in der Nacht eine aktualisierte Agenda mit neuen Fragen zu schicken. Auch über Wirecard war er verärgert. »Diese verdammten Idioten machen mir nichts als Ärger, sie haben mein Geschäft ruiniert«, tobte er, entnervt von dem ganzen Stress.

Es dauerte eine Weile, bis er sich beruhigt hatte und Platz nehmen konnte. Bauers Präsentation von PayEasy war nicht länger als zwei Folien. Lieber sprach er über die Hotelküche, die er dafür lobte, dass sie in der Lage sei, alle deutschen Spezialitäten wie Schweinshaxe und Knödel zuzubereiten. Damit wollte er offenbar unterstreichen, dass er ein Stammgast war, der eine Vorzugsbehandlung erfuhr. Auf das eigentliche Thema des Treffens zurückkommend, sagte Bauer, dass er bereits seit Langem mit Wirecard zusammenarbeite und PayEasy ihm, seiner Frau und zwei ihrer Verwandten gehöre. Man sei gerade bemüht, Wirecard und seinen Wirtschaftsprüfern einen besseren Zugang zu den zugrunde liegenden Daten der Zahlungsabwicklung zu verschaffen, und ein Großteil dieses Geschäfts werde ohnehin gerade in das Wirecard-Ökosystem überführt. Zumindest seine übellaunigen Klagen klangen authentisch.

Ein Thema, das während der Sonderprüfung immer wieder auftauchte, war die Frage nach den von den beteiligten Händlern unterzeichneten Verträgen, also der Kunden, deren Zahlungen von PayEasy im Auftrag von Wirecard abgewickelt wurden. Auslöser für die gesamte Revision war ja ein Bericht der FT, wonach einige Al-Alam-Kunden schlichtweg nicht existierten und die von PayEasy auf der Website angegebenen Kunden das System nicht nutzten. Daher wären vorzeigbare Unterschriften hilfreich. Als Bauer von KPMG nach einem Mustervertrag mit den Händlern gefragt wurde, schaltete sich Marsalek ein. »Ja, ja, so etwas habe ich. Ich schicke ihn Ihnen später zu.« Dem Wirecard-Anwalt, der sich schon seit Monaten um ein derartiges Dokument bemüht hatte, wurde so übel, dass er sich am liebsten aus dem Fenster gestürzt hätte. (Wie so oft hat Marsalek auch in diesem Fall sein Versprechen nicht gehalten.)

Auf die Auseinandersetzung im Sofitel folgte eine Inspektion des PayEasy-Büros im Einkaufszentrum Mall of Asia. Es war mittlerweile ein Jahr her, dass Stefania Palma dort ohne Vorwarnung aufgetaucht war, und jetzt saßen etwa fünfzehn PayEasy-Mitarbeiter an den Computern und waren alle stark beschäftigt. Sie schienen Transaktionen auf ihren Bildschirmen zu haben und sich mit der alltäglichen Verwaltung von Zahlungsabwicklungen zu beschäftigen; das war ein zufriedenstellend abgehakter Punkt auf der Checkliste.

*

Anfang März 2020 begann die Ausbreitung des Corona-Virus das Reisen zu erschweren. Aber ein Termin mit Al Alam in Dubai wurde dennoch vereinbart. Am 13. jenes Monats fuhren B. und Marsalek in einem sportlichen BMW M5 mit Metallic-Lackierung, die unter der Sonne Dubais blau und golden glitzerte, auf die beiden nachgebauten Chrysler-Türme zu. Marsalek wohnte im ein Stückchen entfernten Luxushotel Bulgari. Im Inneren des Gebäudes prangte noch immer das Al-Alam-Schild an der Tür eines nicht mehr genutzten Büros. Ein Stapel Tastaturen und alte Computer verstaubten auf einem leer geräumten Schreibtisch. Die Delegation bog nach rechts in einen Besprechungsraum ab, in dem zusätzliche Stühle aufgestellt worden waren, um mehr schlecht als recht ein Dutzend Menschen an einem Tisch für acht Personen unterzubringen.

Al Alam ging ganz professionell vor, unterstützt von zwei chinesischen Anwälten aus der Hongkonger Niederlassung von Withers. Anwesend war auch ein relativ junger Ungar namens David Yasmineh, der zwar gesprächig war, um Kontakte zu knüpfen, aber zu schweigen verstand, wenn es um das Geschäft ging. (Laut einem Zeugen, der Einblick in die Unterlagen hatte, wurde sein Name bei der Registrierung von Al Alam im April 2013 als Eigentümer eingetragen, drei Jahre bevor das Unternehmen in seiner ersten Pressemitteilung die Aufnahme seiner Tätigkeit in den Vereinigten Arabischen Emiraten für das Jahr 2016 ankündigte.)

Der Verhandlungsleiter war ein rothaariger Brite, Brian Stone, dessen Namenskärtchen ihn als Leiter der Konzernstrategie auswies und dessen Hautfarbe darauf schließen ließ, dass er mit dem Klima zu kämpfen hatte. Er kam ohne Umschweife zur Sache und gab sich keine Mühe, witzig zu sein oder sich anzubiedern. Er schien zu wissen, was er tat, und er kritisierte Wirecard aus der Perspektive eines enttäuschten Geschäftspartners. Aufgrund des Wirbels in den Zeitungen sei Al Alam gezwungen gewesen, sich einen neuen Firmensitz zu suchen und sich in Symtric Payments Solutions umzubenennen, auf der Basis einer neuen Geschäftslizenz. Jetzt besitze die Firma jedoch eine Reihe attraktiver Partner; er sprach über die verschiedenen Funktionen, die Buchhaltung und die Örtlichkeiten, an denen die Mitarbeiter tätig seien. Entgegen den Zeitungsberichten über das winzige und mittlerweile ungenutzte Büro habe Al Alam aktuell Mitarbeiter in den Vereinigten Arabischen Emiraten, Osteuropa und Hongkong. Das Unternehmen sei groß genug, um seine Arbeit gut zu erledigen, aber klein genug, um flexibel und effizient zu sein. Stone beschwerte sich auch darüber, dass die Höhe der an Wirecard gezahlten Provision angesichts der negativen Auswirkungen auf den Ruf von Al Alam unangemessen sei.

Martin Dahmen von Ernst & Young leitete die Befragung, die etwa zwei Stunden dauerte. Nachdem sie vier Monate lang auf diesen Augenblick gewartet hatten, hatten die Besucher von KPMG nun keine weiteren Fragen.

*

Am 15. März wurde Jan Marsalek vierzig Jahre alt. In Aschheim gab es Anzeichen für eine kleine Feier: Die Pappfigur von Donald Trump trug einen Partyhut, und ein 40er-Straßenschild verdeckte ihr Gesicht. Die Furcht vor der Ausbreitung der bis dahin unbekannten Pandemie wuchs. In jenem März gab es in Deutschland die ersten Todesfälle, und im Lauf des Monats wurden allmählich die Schulen und Grenzen geschlossen.

Marsalek verbrachte die meiste Zeit in seinem Homeoffice, der Villa in der Prinzregentenstraße, bekannt als P61. Dort hatte er bereits in der Vergangenheit zu hypochondrischem Verhalten geneigt und ständig diverse Pillen geschluckt, Aufputsch- und Beruhigungsmittel, die ihm von Privatärzten verschrieben wurden. Er scheute nun keine Kosten, um die Villa für den kommenden Sturm auszurüsten. In zwei Zimmern ließ er Krankenhausbetten und medizinische Geräte aufstellen, darunter ein Beatmungsgerät und einen Elektrokardiografen, die sein Freund Colin besorgt hatte. Es wurden Vereinbarungen mit medizinischem Personal getroffen, das bei Bedarf zur Verfügung stehen würde. Einer von Marsaleks Helfern wurde nach Moskau geschickt, um dort am Flughafen einen Koffer voller Pillen abzuholen und sofort zurückzufliegen. In der Hausapotheke der Villa befanden sich Tamiflu und eine bis zum Rand gefüllte Schachtel mit dem HIV-Therapeutikum Lopinavir, von dem damals manche Ärzte annahmen, dass es gegen Covid-19 wirksam sein könnte. In einem Schrank lagerten Unmengen von Notverbänden, Bandagen, Masken, Handschuhen und Flaschen mit einem Handdesinfektionsmittel auf Gin-Basis aus einer Hamburger Destillerie, das jeden, der es benutzte, wie einen Alkoholiker riechen ließ. Für seinen persönlichen Gebrauch besaß Marsalek eine Gasmaske mit Corpro-F1100-Filtern, die das ganze Gesicht bedeckte.

Dr. Rami war zu jener Zeit häufig zu Gast. Colin hatte ihn 2018 auf dem Oktoberfest an Marsaleks Tisch im Käfer-Zelt kennengelernt, wo der Tag mit viel Bier begonnen wurde und mit 3-Liter-Riesenflaschen Dom Pérignon endete. Außerdem saß Colin zufällig neben Dr. Rami in Istanbul, als er beschloss, Rosen an Paul Murphy zu schicken. (»Ja, eine brillante Idee, mach das«, hatte Marsalek gesagt.) Colin fand den Umgang mit Dr. Rami jedoch sehr anstrengend. Bei einem Treffen zur Besprechung einer Geschäftsidee ließ er Colin zunächst zwei Stunden im Raffles warten, sprach dann dreißig Minuten lang mit ihm und schlug anschließend vor, die Unterredung vier Stunden später beim Abendessen fortzusetzen.

Der Libyer war ungefähr zu dem Zeitpunkt aufgetaucht, als die Beziehungen zu Henry O'Sullivan sich zu verschlechtern begannen; und der Mietvertrag für die Villa wurde von Goomo, dem indischen Reiseunternehmen, auf die von Colin geführte Investmentgesellschaft umgeschrieben. Er war sich nicht sicher, was mit der Beziehung zu O'Sullivan geschehen war, aber die Kommunikation mit diesem schien einige Monate später, nachdem die FT-Artikel über Singapur erschienen waren, völlig geendet zu haben. Das Geld für Marsaleks Pläne und Investitionen kam über die Türkei. Ein ständiger Zufluss von Bargeld war erforderlich, sowohl zur Finanzierung seiner alternativen Operationsbasis als auch für Investitionen wie die in Getnow, einen in Berlin ansässigen Lebensmittellieferdienst, der regelmäßige Kapitalspritzen benötigte.

Ein weiterer häufiger Besucher der P61-Villa war der tätowierte Pornobaron »Ray« Akhavan. Er und Marsalek zogen sich in der Regel einige Stunden lang in einen Konferenzraum zurück und fuhren dann gemeinsam zum Abendessen; einer ihrer Favoriten war das Restaurant Matsuhisa im Hotel Mandarin Oriental, wo es peruanisches Sushi mit feinstem Sake gab. Ohne dass wir es wussten, bereitete die FT derweil auch Akhavan Kopfschmerzen. Der Pornobaron nutzte eine britische Papierfabrik namens Animo Associates, um ein Geflecht von Unternehmen zu verwalten. (Es handelte sich dabei um eine aktualisierte Version von Simon Dowsons Vorgehensweise in Consett im County Durham, und sie wurde von einem Mann geleitet, nämlich Mark Quirk, von dem Dowson sagte, er habe ihm geraten, mit Wirecard zusammenzuarbeiten.)

Eine Frontfrau eines dieser Unternehmen war ganz aufgebracht. »Ich habe heute einen beunruhigenden Anruf von einem

Journalisten der *Financial Times* erhalten«, schrieb sie in einer E-Mail an ihre Firma. Sie glaube, der Journalist habe »Peter Murphy« geheißen; er habe von ihr erfahren wollen, wie sie Direktorin in dieser Firma geworden sei. Er habe sie gewarnt, dass das Unternehmen von Wirecard benutzt werde, um Zahlungen für Pornos abzuwickeln, und dass es im Verdacht illegaler Machenschaften stehe. »Unten sind einige Links, die ich gefunden habe. Dieses Problem besteht schon seit einigen Jahren, Whistleblower sind involviert, außerdem Ernest & Young und KPMG. Zwar weiß ich, dass für die Firmenleitung eine Schadloshaltung gewährleistet ist; ich möchte aber nicht, dass mein Name mit dieser laufenden Untersuchung in Verbindung gebracht wird, die meiner Stellung und meinem Ruf bei (...), meiner obersten Priorität, schaden könnte. Aus diesem Grunde möchte ich meinen Rücktritt einreichen.«

Marsalek, der mit der außerordentlichen Buchprüfung alle Hände voll zu tun hatte, hatte keine Ahnung, wie die FT überhaupt auf die Firma dieser Frau und deren Rolle im Pornogeschäft gekommen war. »Die wollen uns wirklich erledigen, nicht wahr?«, sagte Dagmar S., als er sie über diesen Vorfall informierte. Er selbst blieb jedoch stets positiv und wirkte zumindest nach außen hin ruhig und gelassen, wenn er bei Wirecard war. Doch Ende März rutschte ihm vorübergehend die Maske vom Gesicht.

Nachdem der Corona-Lockdown in Kraft getreten war, lud Colin Marsalek zu einem Grillabend ein. Er kam zu spät, begleitet von drei Freunden: seiner persönlichen Assistentin und Reisebegleiterin Sabine, einem russischen Diplomaten und Martin W., einem ehemaligen österreichischen Geheimdienstler, der für Marsalek unter anderem als Handlanger arbeitete. Es herrschte die Atmosphäre eines dionysischen Gelages. Die Besucher hatten schon vor ihrer Ankunft reichlich Wodka getrunken und diskutierten angeregt über Politik. Vor Ort wurden noch mehr Wodka- und Champagnerflaschen geöffnet, und als Partyspiel wurden zunächst Gläser, dann Messer geworfen. Es entwickelte sich ein

Wettbewerb, mit der Klinge den Holzrahmen eines Küchenfensters zu treffen. Colin versuchte gar nicht erst, die Zerstörung zu verhindern. »Schon in Ordnung: Nichts, was kaputtgeht, kann nicht ersetzt oder repariert werden.« Der Diplomat prahlte mit seiner Schutztruppe, Männern mit Kalaschnikows, die in einem Kleinbus vor der Tür warteten, was die Beschattung durch die deutsche Polizei zur Folge hatte.

Nach ein paar Stunden gingen sie nach draußen, um im Freien zu essen, denn es war ein warmer Frühlingsabend, und öffneten dort eine weitere Flasche Wodka. Marsalek brach auf einmal leise schluchzend auf dem Rasen zusammen. »Ich weiß nicht, was passieren wird. Oh mein Gott, oh mein Gott, oh mein Gott.« Während Sabine versuchte, ihn zu trösten, kümmerten sich die anderen Männer nicht um diesen Gefühlsausbruch.

»Zu viel Druck, das kenne ich«, sagte der Diplomat, der Colin durch seine regelmäßigen Abstecher von seinem Domizil auf der anderen Straßenseite aus in die P61-Villa vertraut war. Dann fiel dem Russen etwas ein. Er deutete mit einem zittrigen Finger auf W. »Martin, Sie sind schuld daran, dass ich nicht Botschafter in Deutschland geworden bin.«

»Nun mal langsam, wovon reden Sie?« W. sah verwirrt aus.

»Vor zehn Jahren war ich in Österreich, und Sie haben mich damals ins Innenministerium einbestellt und mir gesagt, ich solle aufhören, zu spionieren. Ich bin aber kein Spion!«, rief er mit einer gewissen Entrüstung.

»Ah, jetzt erinnere ich mich. Sie waren zu jenem Zeitpunkt sehr wohl ein Spion!« W. sagte, er habe das ganze Netzwerk gekannt und habe den Russen deshalb dreimal vorgeladen und ihn aufgefordert, diese Aktivitäten einzustellen. »Aber das haben Sie nicht getan, also haben wir Sie aus Österreich rausgeschmissen.« Colin beobachtete amüsiert, wie die beiden Männer, die zum ersten Mal seit einem Jahrzehnt wieder aufeinandertrafen, ihren mit Wodka angeheizten Streit fortsetzten.

W. hatte einen Knick in seiner eigenen Karriere hinnehmen

müssen. Bis 2017 war er operativer Leiter des österreichischen Inlandsgeheimdiensts BVT (Bundesamt für Verfassungsschutz und Terrorismusbekämpfung) gewesen. Danach unterstützte er Marsalek mit seinen Kontakten zum BVT. Er übernahm etwa die Aufgabe, einem ehemaligen BVT-Mitarbeiter Namen von Personen zu übermitteln, die daraufhin überprüft werden sollten, ob sie für einen anderen Nachrichtendienst arbeiteten.

Nachdem er etwa fünfundvierzig Minuten lang auf dem Boden gelegen war, kam Marsalek wieder zu sich und stand auf. »Jetzt brauche ich noch einen Wodka«, verkündete er.

33 Verzweifelte Attacken

27. Januar 2020 | New York | Aktienkurs: 133 Euro | Börsenwert: 16 Milliarden Euro

Fahmi Quadir fürchtete sich davor, zur Arbeit zu gehen. Eine Analystin ihres kleinen Hedgefonds war früh am Morgen ins Büro von Safkhet Capital gekommen und hatte festgestellt, dass das Licht dort noch brannte, was seltsam war, und dass das Internet nicht funktionierte, was weniger ungewöhnlich war. Quadir richtete sich auf einen Tag voller IT-Probleme ein, als sie ihr Wohngebäude an der Upper West Side zum Morgenspaziergang mit ihrem Pudel Maera verließ. (Benannt nach dem Hund des Mannes, der das Geheimnis des Weinkelterns von Dionysos erfahren hatte; nach einer griechischen Tragödie verkaterter Brutalität wurde aus dem Hund das Sternbild »Großer Hund«.)

Es war gegen 8.30 Uhr morgens, die Straßen waren voller Menschen auf dem Weg zur Arbeit, vor der teuren Privatschule gegenüber waren Kinder. Quadir hielt kurz an, zitternd vor Kälte, während Maera den Gehsteig anwinselte, als jemand ihr aus dem Nichts heraus auf den Kopf schlug. Sie fiel zu Boden, benommen, kämpfte, wegen der Leine in ihrer Hand, darum, bei Bewusstsein zu bleiben, und sah einen Mann in Schwarz davonrennen: schwarzer Rucksack, schwarze Schuhe, Handschuhe und Sturmhaube. Minuten später war die Polizei vor Ort. Quadir erholte sich in ihrem Apartment, während die Beamten sie fragten, ob sie Feinde habe. Sie dachten wohl, sie habe eine Gehirnerschütterung, als diese Frau in UGG-Boots und einem Sweaterkleid mit einem Teddybären vorne drauf von einem internationalen Komplott in der Zahlungsabwicklung erzählte. Sie nahmen sie jedoch ernst genug, dass ein Kriminalkommissar am Nachmittag zu ihr kam. Er war verärgert, weil die Überwachungskamera des Gebäudes den Angriff nicht eingefangen hatte. Tatsächlich deckte, wie sich später herausstellte, in einer Straße, in der es von Kameras wimmelte, keine einzige diesen Winkel des Gehsteigs ab.

Auch das FBI tauchte auf, weil Quadir eine Informantin war: Vor genau einer Woche hatten die Agenten sie im Büro ihres Anwalts im Rockefeller Center befragt. Inzwischen hatte das New Yorker Büro die Ermittlungen von Dallas übernommen, und die Agenten machten sich sogar die Mühe, sie an einem Feiertag, dem Martin Luther King Day, aufzusuchen, was vermuten ließ, dass sich etwas bewegte. Ein Agent versuchte, Quadir mit Geschichten über den ersten Angriff, den er erlebt hatte, aufzumuntern, als sei sie jetzt Mitglied im Club derer, die eine Gehirnerschütterung überlebt hatten. Aber sie waren beide misstrauisch; der Angriff roch nach einer Warnung.

*

In London hatten der Kleiderbügelkönig und sein angeblicher Wirecard-Insider, Bill, wieder Kontakt aufgenommen und boten verlockende Details darüber an, wie die Systeme des Unternehmens eingerichtet waren, um Onlinekontrollen durch die US-Behörden standzuhalten. Murphy hegte inzwischen tiefes Misstrauen gegen den König, angeblich ein enger Freund von Nick Gold, und auch gegen diesen »Bill«. Er witterte eine Falle. Würde er sich mit den beiden zu einem Gespräch auf einen Drink im Claridge's treffen? Aber sicher!

Am verabredeten Abend tauchte Bill mit einem abgegriffenen DIN-A5-Notizbuch auf. Es enthielt angeblich irgendwelche Geheimnisse aus der zwielichtigen Vergangenheit von Wirecard. Aber bevor Murphy hineinsehen durfte, musste er sich bereit erklären, ihm vorab mitzuteilen, wann die FT einen Bericht dazu bringen würde. Bill brauchte immer noch einen Zahltag. Murphy ahnte, dass das Gespräch aufgezeichnet wurde, und lehnte natürlich ab; er hatte eigene Überwachungsmaßnahmen am Laufen:

Cynthia O'Murchu saß in der Nähe mit einer Kamera, die in einem Knopf ihres Mantels verborgen war. Doch die Bemühungen, den mysteriösen Bill zu identifizieren, schlugen fehl: Der Knopf saß lose, und so nahm die Kamera nur Bills Schuhe auf.

Nachdem Bill, der König und Cynthia die Bar verlassen hatten, blieb Murphy noch da und machte sich Notizen über das Gespräch. Zwei junge Frauen in Partykleidern stellten sich neben ihn und bemühten sich zu Murphys Überraschung, ihn in ein Gespräch zu verwickeln. Um ihnen wertvolle Zeit zu sparen, erwähnte er gleich, dass er ein kleiner Schreiberling sei und offensichtlich versuche zu arbeiten. Doch die beiden ließen nicht locker, und Murphy wurde misstrauisch, seine Paranoia flammte wieder auf. In der ganzen Zeit, die er in Hotels in Mayfair verbracht hatte, hatte er kein einziges Mal das Interesse von Professionellen geweckt. Und jetzt gleich ein Duo? Wann würden die schmutzigen Tricks ein Ende haben?

*

Wickford gehörte nicht zum Londoner Verkehrsverbund. Zum Büro von Animo Associates musste ich so weit in die Grafschaft Essex hinausfahren, dass der Zugschaffner mir eine Strafe aufbrummte, weil ich ab Liverpool Street kein Ticket gekauft hatte. Es war der 5. März, Nieselwetter, und Animo lag einen kurzen Fußweg vom Bahnhof entfernt in einem kleinen Gebäude, zwei Stockwerke über einer Filiale der Barclays-Bank. Ich holte tief Luft und ging hinein. »Guten Tag. Ich möchte den Mitarbeiter sprechen, der sich um die Pornofirmen kümmert.«

Der Raum war lang und schmal, mit Tischreihen zu beiden Seiten. An einer Wand hing groß Werbung für die Dienstleistungen des Unternehmens im Firmenorange mit dem Motto »Erfahrung – Voraussicht – Diskretion«. Den ganzen Gang entlang wandten sich Köpfe zu mir um, und vereinzeltes Kichern war zu hören. Der Mitarbeiter, der der Tür am nächsten saß, sagte: »Äh, Steve vielleicht« und deutete auf einen Mann südasiatischer Herkunft in der Ecke, der offenbar das Sagen hatte. Ich sagte, ich käme von der FT, und der Mitarbeiter führte mich in einen Besprechungsraum und bot mir Mineralwasser an. Kurze Zeit später kam er zurück und fragte mich nach meinem Namen.

Zwei Minuten später kam der Chef herein und sagte hastig: »Es tut mir leid, aber es ist niemand hier, mit dem Sie sprechen können. Sie werden einen Termin vereinbaren müssen.« Seine Stimme wurde schnell lauter: »Sie haben kein Recht, einfach hier hereinzukommen und Fragen zu stellen. Sind Sie von der Polizei?«

»Nein, ich bin Journalist. Wer kümmert sich hier um all Ihre Pornofirmen?«

»Ich kann Ihre Fragen nicht beantworten.«

Ich stellte meine Tasche auf den Tisch und öffnete sie. »Okay, wem soll ich dann diese Briefe geben? Es sind so um die 130 für Klienten von Ihnen.« Es war ein mehrere Zentimeter dicker Stapel mit DIN-A4-Umschlägen.

Der Mann schlug nun einen anderen Ton an: »Okay, die können wir annehmen.«

Die Briefe waren das Resultat meines fehlenden Vertrauens in die Sonderprüfung bei Wirecard. Ich konnte es nicht fassen, als der Aufsichtsratschef von Wirecard, Thomas Eichelmann, im Januar sagte: »Aus der Tatsache, dass wir noch keine Ad-hoc-Meldung abgegeben haben, können Sie Ihre Schlüsse ziehen.« KPMG hatte wirklich nichts gefunden? Murphy und ich hatten beide das Gefühl, wir müssten da unbedingt dranbleiben, bis jede Facette dieses Unternehmens durchleuchtet worden war. Ich war noch einmal die Akten mit den Kunden durchgegangen, und mir waren die verdächtig hohen Gewinne aufgefallen, die in manchen Bereichen gemacht worden waren. Warum würde ein seriöser Händler mehr als 15 Prozent zahlen, um seine Zahlungen abzuwickeln?

Unten im Bunker, wo ich keine zufällig vorbeikommenden Kollegen mit den Anzeigen auf meinem Bildschirm schockieren konnte, spürte ich etwa 4000 Websites in unterschiedlichen Netzwerken von Porno- und Datinganbietern auf, die überwiegend bei Unternehmen in Großbritannien und auf Zypern registriert waren. Das »Wickford-Netzwerk« bestand aus 68 Firmen, die etwa 1200 Porno- und Kundenservice-Websites kontrollierten. Sie waren vordergründig unabhängig, es gab aber auffällige Parallelen: Jede Website hatte einen branchentypischen Namen, *Latin Juicy Squirting* oder *Eat My Kinky Milf* zum Beispiel. Alles andere war nahezu identisch, von der veralteten Technik (dem virusanfälligen Flash-Player) und dem Design bis zu den anonymen Kundenserviceseiten, über die die Kreditkartenabrechnungen gehandhabt wurden. Unten auf jeder Pornoseite und zugehörigen Kundenserviceseite standen Name und Adresse eines unscheinbaren britischen Unternehmens. Jede Pornoseite hatte ihre eigene Telefonnummer mit jeweils einer individuellen Ansage, die zu den wenigen, immer gleichen Callcentern in Miami führte.

Die Mitarbeiter dort waren darauf trainiert, keine Geschäftsdetails herauszugeben, die über nicht nachverfolgbare Firmennamen hinausgingen. (Ich gab nach ein paar Dutzend Anrufen auf, nachdem ich immer wieder an dieselben Telefonisten geraten war.) Und sie hatten Anweisung, Rückerstattungen zu gewähren und Abos zu kündigen, vermutlich, um Rückbuchungen zu vermeiden.

Murphy und ich setzten unsere eigenen Karten bei ein paar Pornoseiten ein. Bei manchen Websites blockierten unsere Banken die Zahlung automatisch, andere berechneten uns zu viel. Es wirkte alles ziemlich verdächtig. Wer um Himmels willen würde in Zeiten kostenloser Online-Pornos 39,95 US-Dollar für den Zugang zu den dubiosen Webseiten bezahlen? Ich fasste unsere Recherchen zu den 68 Firmen für den Mitarbeiter von Animo Associates zusammen: »In diesen Briefen bitten wir alle Direktoren und ehemaligen Direktoren sowie alle seit 2017 gelisteten Eigentümer um eine Stellungnahme.«

Er hatte sich ruhig Notizen gemacht und Fragen gestellt. Er

schlug vor, ich solle mit Mark Quirk sprechen (der eine Stellungnahme ablehnte, als ich ihn kontaktierte). Auf keinen der 130 Briefe erhielten wir eine Antwort.

*

Die Welt hatte sich verändert, während ich gegraben hatte. Jeder Husten zog alle Blicke auf sich. Spender mit Desinfektionsgel hingen neben jeder Tür. In den Nachrichten ging es nur um rasch ansteigende Zahlen; erst ging es um Erkrankte und dann, mit erschreckender Unausweichlichkeit, um Tote. Am 23. März 2020 wurden alle Menschen in Großbritannien angewiesen, zu Hause zu bleiben, Charlotte und ich hatten das schon seit einer Woche getan. Die Zeitung suchte panisch nach Lösungen, wie sie aus dem Homeoffice arbeiten konnte, und Investigativrecherchen waren plötzlich Nebensache. Es gab nur ein Thema, und jeder schrieb darüber. Ich half bei der Redaktion von Marktberichten, um die Flut an Texten zu bewältigen.

Wirecard hatte die Veröffentlichung der Bilanzzahlen und des Abschlussberichts der Sonderprüfung um einen Monat verschoben. Das Unternehmen gab eine unfassbare Stellungnahme heraus: Nach fünf Monaten habe die Prüfung durch die KPMG »in allen vier Prüfbereichen [...] keine substanziellen Feststellungen ergeben, die für die Jahresabschlüsse im Untersuchungszeitraum 2016, 2017 und 2018 zu einem Korrekturbedarf geführt hätten«.

Ich wüsste, was ich an Markus Brauns Stelle täte: Ich würde Corona die Schuld geben, den Prüfbericht frisieren, wenn niemand hinsieht, und die Pandemie nutzen, um das Geschäft neu zu starten. Sich winden und winden und winden, bis man vom Haken ist.

*

Am 27. März 2020 wurde »Ray« Akhavan in Kalifornien verhaftet. Ihm wurde vorgeworfen, verabredet zu haben, US-Banken durch

Scheinfirmen und falsche Kreditkartencodes dazu gebracht zu haben, für den Online-Marihuana-Marktplatz Eaze Verkäufe im Umfang von rund 160 Millionen US-Dollar abzuwickeln. Auch ein deutscher Komplize wurde verhaftet, dessen Kaution von einem Wirecard-Mitarbeiter gestellt wurde. Das aktive Vorgehen der US-Behörden erinnerte Fahmi Quadir an etwas, das ihr Whistleblower zu ihr gesagt hatte. Die Schicksale von Akhavan und Marsalek seien untrennbar miteinander verwoben: Wenn der eine fiele, würde der andere rasch folgen.

34 Zeigen Sie mir das Geld

April 2020 | Aschheim | Aktienkurs: 120 Euro | Börsenwert: 15 Milliarden Euro

An einem Sonntagabend, fast genau sechs Monate, nachdem die Sonderprüfung angekündigt worden war, klopften Kuriere mit Covid-Masken im Gesicht und schweren Paketen im Arm an verschiedene Türen in Deutschland und Österreich. In den Paketen waren einzeln mit einem Wasserzeichen versehene Kopien des vorläufigen KPMG-Berichts an den Aufsichtsrat von Wirecard. Das Dokument war streng geheim, schonungslos und vernichtend – ein Schock für die drei Männer und drei Frauen, die alle den florierenden Firmensitz in Aschheim besucht hatten.

Wirecard hatte inzwischen den Bürokomplex im Einsteinpark komplett eingenommen und sich schon vor der Pandemie auf weitere angrenzende Gebäude ausgedehnt. Die Mitarbeiter konnten maßstabsgetreue Modelle der geplanten teuren Ausstattung sehen, und an manchen Tagen wurden ganze Schulklassen von neuen Mitarbeitern durch die Anlagen geführt und füllten die Gehsteige und Korridore. Dennoch hatte KPMG innerhalb weniger Wochen die Wahrheit hinter den Geschäften von Wirecard aufgedeckt: Man könne »weder eine Aussage treffen, dass die Umsatzerlöse existieren und der Höhe nach korrekt sind noch die Aussage treffen, dass die Umsatzerlöse nicht existent und in der Höhe nicht korrekt sind«. Seit 2016 stammte Wirecards viel gepriesenes EBITDA, der erstaunliche Erfolg, durch den das Unternehmen seine Konkurrenten hinter sich gelassen hatte, fast vollständig aus Provisionen, die von den drei Partnern in Dubai, Singapur und Manila gezahlt wurden.

Von diesem Trio – Al Alam, Senjo und PayEasy – konnte KPMG so gut wie nichts verifizieren. Das Team aus vierzig Experten bekam keine Transaktionsdaten zu sehen, in manchen Fällen noch nicht einmal Verträge. Praktisch die einzigen Zahlungen, die sich nachweisen ließen, wurden von Wirecard an diese drei Firmen geleistet: PayEasy und Al Alam hatten ungesicherte Darlehen über 250 Millionen Euro erhalten, weitere 115 Millionen Euro gingen an einen Ableger von Senjo, den ein ehemaliger Wirecard-Mitarbeiter leitete. Keine Beweise fand KPMG jedoch für die eine Milliarde Euro Provisionszahlungen, die diese Partner angeblich auf die Sonderkonten von Wirecard überwiesen hatten, die der Treuhänder in Manila verwaltete.

Überraschend waren beim Lesen jedoch die kleinen Details. Von den Aufsichtsratssitzungen bei Wirecard gab es keine Protokolle. Das war bei einem DAX-Unternehmen unerhört. Nicht einmal drei Mitglieder des Münchner Rotary-Clubs würden sich treffen, um über das Wetter zu reden, ohne eine Anwesenheitsliste und ein Protokoll zu führen.

Als die Mitglieder des Aufsichtsrats den Prüfbericht im April lasen, wussten sie bereits von den Beschwerden über die fehlende Kooperation. KPMG hatte bereits Anfang März gedroht, die Überprüfung abzubrechen, woraufhin die Abgabefrist um mehr als einen Monat verlängert worden war. Jetzt lag ein ganzer Katalog an Hindernissen und Verzögerungen vor, die mit der wütenden Deutlichkeit zurückgewiesener Bürokraten aufgelistet waren.

Anastassia Lauterbach rief einen Freund an: »Es ist unfassbar, man glaubt es nicht. Man liest die ersten fünfzig Seiten, und da platzt eine Bombe. Wir müssen Markus Braun und den ganzen Vorstand loswerden, wir können ihnen nicht trauen.«

Das war nur einer von vielen Anrufen, die Mitglieder des Aufsichtsrats an diesem Abend tätigten oder bekamen, zu denen sich eine zunehmende Anzahl von Anwälten und Beratern gesellte, während hektische und wütende Diskussionen diesen Montag erfüllten. Falls sie zuvor noch keinen Verdacht gegen Markus Braun gehegt hatten, erahnten sie doch langsam ein Muster in seinen wütenden Angriffen gegen den ganzen Vorgang. »Ein Bericht von sehr schlechter Qualität«, hatte er das nicht über das Urteil der Kanzlei Rajah & Tann am Ende ihrer Untersuchungen in Singapur gesagt? Jan Marsaleks Reaktion darauf, nachdem der Österreicher sich angeblich sechs Monate lang mit der Sonderprüfung beschäftigt hatte, war gewesen, in letzter Minute eine Kooperation und echte Daten anzubieten. Das war nicht das, was KPMG erwartet hatte, nämlich Beispiele für Vorgänge, bei denen echte Menschen ihre echten Kreditkarten bei Händlern verwendet hatten, die die Partner von Wirecard unterstützten, damit die Prüfer den Vorgang von Anfang bis Ende nachverfolgen konnten. Stattdessen hatte ein langjähriger Kumpan von Marsalek im Tech-Team Kreditkartentransaktionen vom Dezember 2019 hervorgezaubert, also *nachdem* die Prüfung bereits angelaufen war. Erst dann war den Sonderprüfern von KPMG erlaubt worden, tief in diese 200 Millionen Datenpunkte einzutauchen.

Markus Brauns Position stand auf dem Spiel zusammen mit allem, wofür er und Marsalek zwei Jahrzehnte lang gearbeitet hatten. Zum ersten Mal waren das Unternehmen und seine Probleme in ihrer Gesamtheit zu sehen. Braun hatte nicht länger das letzte Wort, konnte sich nicht mehr hinter der Komplexität der Wirecard-Organisation verstecken. Der Auftrag von KPMG bestand darin, eine einfache Frage zu beantworten: Existierten die Kunden von Wirecard wirklich? Sechs Monate und viele Flugmeilen später konnten die Prüfer diese Frage noch immer nicht mit Sicherheit abschließend beantworten.

Auch der Aufsichtsrat hatte seine eigenen Erfahrungen mit Markus Braun gemacht. Im Januar hatte Braun überraschend einen Kredit über 35 Millionen Euro von der Wirecard-Bank beantragt. Milliardenschwere CEOs sollten ihr eigenes Unternehmen nicht als Sparschwein benutzen, daher hätte ein Kredit selbst dann wirklich schlecht ausgesehen, wenn Wirecard nicht in einen Finanzskandal verwickelt gewesen wäre. Doch als der Aufsichtsrat Einspruch einlegte, war es bereits zu spät: Das Geld war bereits ausgezahlt, der Antrag eine Post-hoc-Anfrage. (Braun zahlte den

Kredit im März zurück.) Wäre es von den Mitgliedern des Aufsichtsrats zu viel verlangt gewesen, die Verbindung zu erkennen zwischen den Schulden bei der SoftBank und dem Abfluss riesiger Geldsummen an fragwürdige Empfänger?

Thomas Eichelmann, der geradlinige neue Vorsitzende, war mit seinen Medieninterviews schließlich ins Scheinwerferlicht getreten. Aus der Ferne sah er aus wie ein neuer Besen, der Mensch, auf dessen Schultern die Hoffnungen von Investoren wie Shortsellern ruhten. Er war der Leiter der neuen Prüfungskommission, und da er erst im vorigen Sommer zum Unternehmen gekommen war, würde er unbefleckt bleiben, falls Wirecard stürzte. Sein Ruf würde von einer starken Reaktion auf die Sonderprüfung profitieren. Doch in der Öffentlichkeit hatte er sich unerschütterlich dafür ausgesprochen, Braun sei unverzichtbar für die Zukunft des Unternehmens.

Vielleicht war der Gedankensprung, den es gebraucht hätte, zu viel verlangt. Eine Menge Autoritäten büßten für diesen Mangel an Vorstellungskraft, die nötig gewesen wäre, um ihren Augen und Ohren zu misstrauen. Der Kaiser hatte Kleider an, er saß grinsend da in einem schwarzen Rollkragenpullover, umgeben von mehreren Gebäuden voller Mitarbeiter. Die größten Investoren von Wirecard drückten, auf Anfrage, leise ebenfalls ihre Unterstützung für Braun aus. Er hatte das Unternehmen aufgebaut, und sie dachten, er sei untrennbar mit seinem Erfolg verbunden. Schwerer zu erklären ist, warum sie an Jan Marsalek festhielten. Er war der Hauptschuldige. Sein Chaos stand im Kern jeder Anschuldigung: der Indien-Deal von 2015, die gefälschten Verträge in Singapur, die magische Blackbox, aus der Gewinne sprudelten, die nicht nachverfolgt werden konnten.

Niemand wurde gefeuert. Stattdessen legte ein Mitglied des Aufsichtsrats, Susana Quintana-Plaza, am Montag aus persönlichen Gründen ihr Mandat nieder. Sie hatte bereits angedeutet, dass sie aussteigen wolle, und ging eben ein paar Monate früher als geplant. Die anderen fünf unabhängigen Aufsichtsräte blieben an Bord. Am späten Montagabend trafen sie eine Entscheidung: KPMG sollte eine weitere Woche Zeit bekommen.

Markus Braun erhielt eine Mitteilung des Aufsichtsrats, in der stand, wie er diese Verzögerung gegenüber den Investoren begründen solle: KPMG sei bei den Untersuchungen auf Probleme gestoßen, etwa fehlende Dokumente und einen Mangel an Kooperation, und die Kanzlei könne die Vorwürfe gegen Wirecard nicht entkräften. Braun warf die Mitteilung in den Papierkorb und gab dem Vorsitzenden per Textnachricht eine kostenlose Rechtsberatung: »Der Aufsichtsrat macht sich persönlich haftbar, wenn er zulässt, dass durch das Hinausgehen eines falschen Berichtes oder eines falschen Ad-hoc Werte zerstört werden.« Dann wartete Braun bis kurz nach 21 Uhr am Dienstagabend, um die Verzögerung bekannt zu geben. Er machte KPMG dafür verantwortlich, erwähnte den Rücktritt von Quintana-Plaza mit keinem Wort und verkündete, das Unternehmen sei entlastet: »Belastende Belege für die öffentlich erhobenen Vorwürfe der Bilanzmanipulation wurden nicht gefunden«, hieß es in der Pressemitteilung von Wirecard.

Als die Mitteilung erschien, leitete Eichelmann gerade eine weitere Videokonferenz. So schockiert der Aufsichtsrat gewesen sein mochte, die Mitglieder schwiegen. Investoren in ganz Deutschland hatten seit Monaten auf Nachrichten gewartet, und sie wussten, was diese lang versprochene Entlastung bedeutete: Bei Börsenöffnung am nächsten Tag schoss die Wirecard-Aktie um 11 Prozent nach oben und schloss bei 141 Euro.

*

Am Sonntagabend des 26. April wartete Markus Braun in der Firmenzentrale von Wirecard in Aschheim im größten Konferenzraum des Unternehmens, der den Namen New York trug, umgeben von fast zwei Dutzend Mitarbeitern und Unterstützern. Zu den Wartenden gehörten auch der Finanzvorstand Alexander von

Knoop und sein Stellvertreter Stephan von Erffa, der die Arbeit von Edo Kurniawan in Singapur beaufsichtigt hatte. Marsalek war da und auch Dagmar S. sowie der Rechtsanwalt, der sie mit den Prüfern nach Manila und Dubai begleitet hatte. Zur Seite standen Braun sein PR-Berater Rüdiger Assion von der Agentur Edelman sowie Burkhard Ley, der alte Kamerad und Verbündete des Milliardärs. Ein Mitarbeiter der Anwaltskanzlei des Aufsichtsrats beobachtete das Geschehen. Die Atmosphäre war angespannt, es war still, es wurde nur wenig geplaudert, während die Gruppe wartete. Wenn Braun gestresst war, trank er statt des üblichen Pfefferminztees Kaffee, eine Tasse nach der anderen, wovon verräterische Flecken an den Mundwinkeln zeugten. Er hatte Gewicht verloren, sein Haar wurde dünn, und sein Gesicht war rot.

Das Gesicht von Alexander Geschonneck, dem leitenden KPMG-Partner der Prüfung, erschien auf dem riesigen Plasmamonitor im Raum. Er teilte seinen Bildschirm und begann, die Einzelheiten des Berichts zu erläutern. Es gab nun zwei Teile: einen 75 Seiten langen Abschnitt, der zur Veröffentlichung vorgesehen war, und einen dreimal so langen Anhang, in den die gefährlichen Details und vertraulichen Namen verschoben worden waren. KPMG hatte immer noch Dutzende offener Fragen, und Braun drängte das gesamte Wirecard-Team, Antworten zu liefern. Verzweifelt suchten sie nach Informationen, die das Urteil des Prüfers noch entschärfen konnten. Zehn Stunden lang arbeiteten sie daran, unterbrachen dann um 4 Uhr morgens, damit alle etwas Schlaf abbekamen.

Am nächsten Tag um 11 Uhr waren sie wieder da und machten weiter, aber KPMG gab ihnen nur etwas mehr als eine Stunde Zeit. Die Kanzlei musste den Bericht abschließen und konnte keine weiteren Beiträge mehr annehmen. Braun protestierte, vor Wut oder Unverständnis stotternd: Der Bericht enthalte immer noch fehlerhafte Aussagen. Aber es nützte nichts, aus dem Meeting wurde ein Geduldsspiel, und die Anwesenden bereiteten die Stellungnahme vor, die man würde veröffentlichen müssen.

In den frühen Morgenstunden des Dienstags lud KPMG das Dokument hoch, das veröffentlicht werden sollte, und alle begannen, es zu lesen. Die Aussage war deutlich: Es konnten keine ausreichenden Beweise gefunden werden, die bestätigten, dass die Drittpartnergeschäfte von Wirecard existierten. Die *Financial Times* hatte dem Unternehmen vorgeworfen, es habe seine Kunden erfunden, und KPMG hatte sechs Monate damit verbracht, das zu untersuchen, und nichts Überzeugendes gefunden, um den Vorwurf zu entkräften.

Marsalek schlug vor, den Bericht einfach nicht zu veröffentlichen. Der ganze Raum sah ihn mit müdem Unverständnis an. Wenn sie die Veröffentlichung verweigerten, wäre das letzte bisschen Glaubwürdigkeit, das Wirecard noch besaß, dahin. Marsalek und Braun zogen sich kurz zu zweit zurück, und als sie zurückkehrten, hatte Braun klar entschieden: Der Bericht wird veröffentlicht.

Alle im Raum unterstützten ihn. KPMG hatte keine ausreichenden Beweise für die Drittpartnergeschäfte gefunden, aber falls jemand hier dachte, Wirecard sei eine leere Hülle, dann behielt er es für sich. Das Unternehmen wurde falsch verstanden und war chaotisch, und Burkhard Ley war eine der erfahrenen Stimmen, die sie daran erinnerte, dass sie schon früher schwierige Zeiten überstanden hatten.

Der Fokus verlagerte sich auf die Botschaft. Wirecard hatte ein Jahr lang verkündet, es wolle seine Abläufe und Prozeduren verbessern, sich stärker an Regeln halten, und es werde diese Haltung beibehalten: Es gebe keine Beweise für einen Betrug. Das Team arbeitete bis spät in die Nacht an den Pressemitteilungen, und Braun ordnete an, die Telefonate mit der Presse und den Investoren für den folgenden Morgen zu terminieren. Alexander von Knoop sah den ganzen Abend über verstört aus, als hätte er plötzlich sein Rückgrat entdeckt – und ging nach Hause.

Wirecard war eine beliebte Aktie in den Kreisen reicher Männer, die in München und Frankfurt netzwerkten, und eine erhebliche Anzahl von ihnen hatten die Ankündigung aus der vorigen Woche als Bestätigung dessen verstanden, was sie bereits unter der Hand gehört hatten: dass die Sonderprüfung für Klarheit sorgen werde. Viele von ihnen waren noch eingestiegen. Am Dienstagmorgen flogen Nachrichten über WhatsApp hin und her, dass man verkaufen solle, und zwar schnell, weil der Aktienkurs abstürzte. International dauerte es etwas länger, bis diese Schlussfolgerung durchgedrungen war, weil der Bericht nur auf Deutsch veröffentlicht wurde.

Dass es keine englischsprachige Version gab, verschaffte Markus Braun die Gelegenheit, die Sache zumindest für sein internationales Publikum so hinzudrehen, wie er es wollte. Er wählte seine Worte mit Bedacht, als er Analysten in seinem üblichen leidenschaftslosen Tonfall sagte: »Heute können wir die Vorwürfe der Bilanzmanipulation ganz klar zurückweisen.« Er räumte allerdings Schwachstellen bei der Dokumentation und den Abläufen ein, »von denen viele bereits behoben wurden«. Er wies außerdem auf die Unterstützung durch die eine Institution hin, die ihm seit zehn Jahren durch dick und dünn den Rücken gestärkt hatte. »EY hat uns heute Morgen darüber informiert, dass sie kein Problem darin sehen, die Prüfung abzuschließen.«

Dieser Schachzug entsprach nicht ganz der Wahrheit. Noch am selben Tag erhielt Wirecard ein Schreiben von Ernst & Young, in dem verschiedene Dokumente aufgeführt waren, die noch benötigt wurden, um die Prüfung abzuschließen, und die Veröffentlichung der Ergebnisse war auf Juni verschoben worden – laut Braun wegen Corona, das überraschenderweise keinerlei Auswirkungen auf die Geschäfte von Wirecard hatte. Doch EY unterlag der Schweigepflicht und konnte das Mandat von Rechts wegen nicht niederlegen. Thomas Eichelmann, der sehr mediengewandt war, wenn es ihm passte, schwieg. Im Mai wurde der Aufsichtsrat schließlich aktiv und nahm Braun das Megafon ab – er übertrug die Verantwortung für die Unternehmenskommunikation an Alexander von Knoop.

Der Aktienkurs von Wirecard pendelte sich bei etwa 90 Euro ein, während Investoren, Analysten und Regulierungsbehörden auf das Urteil von Ernst & Young warteten. Ein paar von ihnen schlugen die Hände über dem Kopf zusammen. Der Analyst des französischen Finanzdienstleisters Kepler Cheuvreux etwa war so ehrlich, schriftlich zu erklären, seine ursprünglich positive Reaktion auf die Sonderprüfung sei veröffentlicht worden, ohne dass er den deutschen Bericht gelesen habe. Eine Woche später zog er seine Kaufempfehlung zurück und sagte, die Situation hänge vollständig von der Prüfung ab. Andere blieben standhaft: Heike Pauls von der Commerzbank sagte ihren Kunden, es sei eine hervorragende Kaufgelegenheit und Wirecard sei tatsächlich 28 Milliarden Euro wert. Zu den Gerüchten, die Unternehmensanteile würden von Shortsellern gepusht, schrieb sie, die Mängel, die von KPMG festgestellt wurden, bedeuteten, dass es »signifikante Verbesserungen« geben werde, und sie erwarte, dass das Unternehmen zu gegebener Zeit nachprüfbare Beweise für die Gelder auf den Konten der Treuhänder finden werde.

Brauns Vermögen und die 11 Milliarden Euro Börsenwert des Unternehmens stützten sich auf den guten Ruf der Prüfer. Ein paar wenige Unterschriften würden den Aktienpreis zu einem Höhenflug ansetzen lassen. Gab es keine Unterschriften, war dies das Ende der Fahnenstange.

*

Martin Dahmen und seine Kollegen bei Ernst & Young waren noch nicht ganz bereit zu diesen Unterschriften, aber sie schienen ein Vertrauen in das Geschäft von Wirecard zu haben, das KPMG fehlte. Die Ergebnisse sollten am 18. Juni veröffentlicht werden, und kur zuvor verfasste EY einen Entwurf für ein Statement zum Prüfbericht, in dem Entwarnung gegeben werden sollte. Da war jedoch noch ein Detail zu klären: Besaß Wirecard diese treuhänderisch verwalteten 1,9 Milliarden Euro tatsächlich?

In den Briefumschlägen, die in Manila an Ernst & Young überreicht worden waren, befanden sich zwei Papiere, die von zentraler Bedeutung für die Zukunft des Unternehmens waren. In einem waren drei Konten bei der BDO Unibank aufgeführt, auf denen 1,1 Milliarden Euro liegen sollten und die von der Anwaltskanzlei Mark Tolentino für Wirecard verwaltet wurden. Das andere Papier war von einem Bankberater der Bank of the Philippine Islands (BPI) unterzeichnet und bestätigte drei Konten, die bei dieser Bank geführt wurden und auf denen angeblich 800 Millionen Euro lagen. Beide Banken hatten die Namen von Wirecard-Tochterfirmen falsch geschrieben, und die Papiere überzeugten EY nicht völlig.

Am 24. April konnte das EY-Prüferteam aufgrund von Covid-Reisebeschränkungen nicht hinfliegen und hielt daher eine Videokonferenz mit Bankmitarbeitern ab, um über diese Konten zu sprechen. Die Banker hielten ihre Ausweise in die Kamera, und die EY-Mitarbeiter googelten die Namen, ohne Erfolg. Soweit man das anhand der Videoübertragung sagen konnte, schienen sie sich in einer Bankfiliale zu befinden. EY gab sich damit nicht zufrieden. Bei früheren Prüfungen waren Treuhanddokumente akzeptiert worden anstatt echter Bankbestätigungen von dem Finanzinstitut in Singapur, auf dem das Geld von Wirecard angeblich liegen sollte.

Die Pedanten von KPMG hatten deutlich gemacht, dass sie eine unabhängige Bestätigung brauchten, und die Einstufung des Geldes in der Bilanz infrage gestellt: Es durfte nur als »Barvermögen« bezeichnet werden, wenn Wirecard jederzeit ohne Einschränkungen darauf zugreifen konnte. Daraufhin forderte EY Wirecard auf, zu beweisen, dass das Unternehmen Zugriff auf die Gelder hatte, indem es vier Überweisungen im Gesamtwert von 440 Millionen Euro von den Konten auf den Philippinen zur Wirecard-Bank in Deutschland tätigte.

Solche Zahlungen seien kein Problem, versicherten Markus Braun und Jan Marsalek den Prüfern und jedem anderen, der nachfragte. Marsalek gab daraufhin völlig ungerührt vor, nach dem Geld und seinem ehemaligen Treuhänder zu fahnden. Doch er konnte nur angeben, dass der Scheck wohl lange auf dem Postweg sei. Am Ende rief ein leitender Mitarbeiter von Ernst & Young direkt bei den Geschäftsführern der beiden Banken an. Die erste offizielle Antwort der BPI kam am Dienstag, dem 16. Juni, an: »Please be informed that the attached documents are spurious.« (»Wir weisen darauf hin, dass die angehängten Dokumente unrichtig sind.«)

Fast jeder Deutsche, der das sah, reagierte gleich: indem er das englische Wort »spurious« googelte. Das Sprachproblem milderte die aufsteigende Panik, ließ noch einen winzigen Raum für Hoffnung: War der ungewöhnliche Brief echt? Ernst & Young alarmierten umgehend die BaFin in Frankfurt und danach die Staatsanwaltschaft in München.

Zu diesem Zeitpunkt blieb Markus Braun immer noch ruhig: »Das ist alles ein großes Missverständnis, das sich bald aufklären wird«, sagte er und ließ den Aufsichtsrat wissen, dass Wirecard Kontakt mit der Bank aufgenommen habe und man bald mehr wissen werde.

Am Donnerstag traf ein ähnlicher Brief auch von der zweiten Bank aus Manila, der BDO, ein, in dem stand, die Unterschriften der Mitarbeiter seien gefälscht und die Saldenbestätigungen nicht richtig, auch hier wurde das Wort »spurious« verwendet – unrichtig. Mitarbeiter von Ernst & Young klangen nun zunehmend nervös, und es wurde einigermaßen chaotisch, als die Meetings immer größer, länger und energischer gerieten. Die ersten Gerüchte drangen aus der Zentrale, und Braun versicherte allen auf der Chefetage, dass das Geld wirklich unterwegs sei.

Es war schwer, sich den Konsequenzen zu stellen. Der BaFin-Chef Felix Hufeld stand in regelmäßigem Kontakt mit Thomas Eichelmann, der den Aufsichtsrat und dessen Umfeld telefonisch auf dem Laufenden hielt. Bei einem Telefonat besprachen sie die seltsamen Bankbriefe und diskutierten, ob das Unternehmen nicht doch Opfer eines ausgeklügelten Komplotts von Shortsellern geworden sein könne. Konnte das zu diesem Zeitpunkt wirklich noch irgendjemand glauben?

Wirecard sollte die Ergebnisse am Donnerstagmorgen, dem 18. Juni, veröffentlichen. Die 440 Millionen Euro waren immer noch nicht eingetroffen. Der Aufsichtsrat hatte sich in der Kanzlei seiner Anwälte versammelt, und Thomas Eichelmann wandte sich an einen unabhängigen Experten aus den USA: James Freis war Anwalt und ehemaliger Mitarbeiter des US-Finanzministeriums, wo er sich mit Geldwäschedelikten beschäftigt hatte. Er hatte bereits zugestimmt, neuer Chief Compliance Officer im Aufsichtsrat von Wirecard zu werden, hatte seine Ankunft so geplant, dass er erst die Bühne betreten würde, wenn die Sonderprüfung und die normale Bilanzprüfung abgeschlossen waren. Er wollte gerade in der Innenstadt von München eine Wohnung suchen, als Eichelmann ihn anrief. »Wir haben eine Krise.« Er kam in Shorts und Sandalen an und wurde sofort in sein Amt gewählt.

Marsalek hielt sich in der Wirecard-Firmenzentrale auf. »Alles möglich. Wir schwanken zwischen Katastrophe und alles gut«, schrieb Marsalek um 9.03 Uhr in einer Chatnachricht an einen Freund. Er fügte hinzu: »Wir warten auf die Zulieferung einer Bank. Wenn das kommt, passt alles. Wenn nicht, dreht EY völlig durch.«

Schließlich übernahm Alexander von Knoop die Verantwortung. Wirecard gab bekannt, dass man keine ausreichenden Beweise für die Existenz der 1,9 Milliarden Euro Barvermögen vorlegen könne und dass es Hinweise gebe, dass Ernst & Young »unrichtige Saldenbestätigungen« bekommen habe. »Der Vorstand arbeitet mit Hochdruck daran, den Sachverhalt in Abstimmung mit dem Abschlussprüfer weiter aufzuklären«, hieß es in der Mitteilung. Die Wirecard-Aktie stürzte ins Bodenlose. Marsalek schrieb immer noch Chatnachrichten an seinen Freund. Wenn das Geld nicht wieder auftauche, schrieb er, »dann sind wir tot und haben einen wunderbaren Wirtschaftsskandal«.

Auch an diesem Punkt noch wurden die beiden verbliebenen

Frauen im Aufsichtsrat von den Männern überstimmt: Es gab keine Mehrheit für die Entlassung von Marsalek oder Braun. Stattdessen wurde Marsalek für zwölf Wochen suspendiert, aber noch nicht einmal vom Firmengelände eskortiert. Er schlenderte auf der Chefetage der Wirecard-Zentrale herum und pfiff unbekümmert vor sich hin. Bevor er die Zentrale verließ, hatten er und Braun noch ein langes und augenscheinlich intensives Gespräch im Büro des Vorstandsvorsitzenden. Ein Mitarbeiter betrat das Büro und drehte auf dem Absatz wieder um, als er ihre Gesichter sah. Irgendwann ging Marsalek tatsächlich und sagte Freunden, er wolle nach Manila fliegen, um das Durcheinander selbst aufzuklären. »Ich weiß, dass das Geld dort ist. Ich muss nur ein paar Leuten in den Hintern treten.«

Bei Tagesende hatten einige treue Wirecard-Investoren immer noch Hoffnung. Die Aktie schloss bei 39,90 Euro, was einen Firmenwert von 5 Milliarden Euro bedeutete. An diesem Abend nahm der Vorstand ein Video auf, die Mitglieder hinter einem inselartig langen, schmalen Pult mit Wirecard-blauer Tischplatte: Braun stand steif da, die Fingerspitzen auf den Tisch vor ihm gedrückt, und nur er sprach. Der neue Chief Compliance Officer James Freis, der sich für den Auftritt ein leichtes Sommerjackett geborgt hatte, wurde verlegen vorgestellt. Alexander von Knoop stand da mit zusammenpressten Lippen, starrte ins Leere und blinzelte oft, wie ein Mann, der sich bemüht, seine inneren Dämonen und seinen Magen im Zaum zu halten. Braun stellte sich selbst als Opfer dar. »Es kann derzeit nicht ausgeschlossen werden, dass die Wirecard-AG in einem Betrugsfall erheblichen Ausmaßes zum Geschädigten geworden ist«, sagte er.

Der amerikanische Neuankömmling Freis zog sich dann mit einem Stapel Papiere in sein Hotel zurück. Alles war da, ein tausendteiliges Puzzle, bei dem nur noch ein Stück fehlte. Er rief die Zahlen des philippinischen Bankensystems ab. Die Wirtschaft dort basierte auf dem US-Dollar, und die Kontoauszüge von Wirecard waren in Euro ausgestellt, eine unmöglich hohe

Summe. Das Geld von Wirecard war nicht verschollen, es hatte niemals existiert.

Sobald die Uhrzeit für ein Telefonat einigermaßen vertretbar war, rief Freis Eichelmann an und servierte dem Vorsitzenden die blanke Wahrheit: Betrug durch einen Wirecard-Insider war die einzige Erklärung. Eine weitere Notfallkonferenz des Aufsichtsrats wurde einberufen, und endlich fiel die Entscheidung, Braun seines Amtes zu entheben. Braun trat der Konferenz bei und legte sein Amt mit einer wirren Ansprache nieder, bevor Eichelmann ihn offiziell feuern konnte. Freis war der einzige Beteiligte, dem der Aufsichtsrat vertrauen konnte, und daher wurde er gebeten, den Posten zu übernehmen. Als Erstes musste er sich um die Banken kümmern, die wegen der Kreditlinie von Wirecard über 2 Milliarden Euro unruhig waren und drohten, die Reißleine zu ziehen. Daher zog Freis übers Wochenende Umschuldungsberater hinzu, die die Perspektiven des Unternehmens einschätzen sollten.

Danach überschlugen sich die Ereignisse. Am Montag, dem 22. Juni, gab Wirecard zu, dass die 1,9 Millionen Euro nicht verschollen waren, sondern aller Wahrscheinlichkeit nach nie existiert hatten, und das Unternehmen feuerte Marsalek, der seit dem vergangenen Donnerstag, als die Bombe geplatzt war, nicht mehr in München gesehen worden war. Der Aktienkurs fiel auf 14 Euro, was einem Börsenwert von 1,8 Milliarden Euro entsprach. Markus Braun hatte das Wochenende in Wien verbracht, wie üblich, und kehrte am Montagabend nach Deutschland zurück, um sich der Staatsanwaltschaft zu stellen, nachdem ein Haftbefehl wegen des Verdachts von gewerbsmäßigem Bandenbetrug und Marktmanipulation gegen ihn ausgestellt worden war.[48]

Danach hielt das Unternehmen nur noch drei Tage durch. Am Donnerstag, dem 25. Juni, stellte Wirecard, zum zweiten Mal, Insolvenzantrag. Es war vorbei.

---

48 Zur Bestreitung Brauns siehe Anmerkung 45.

Bilanz

An jenem Donnerstag, als alle auf das Urteil von Ernst & Young warteten, saß ich zu Hause an meinem Schreibtisch in St Albans, von wo ich achtzehn Monate zuvor mit Edo Kurniawan telefoniert hatte. Ich saß wieder ab 6 Uhr morgens da, aber dieses Mal hatte ich Kaffee gekocht und chattete mit Olaf Storbeck von der FT in Frankfurt.

Hätten wir ein weiteres großes Ereignis erwartet, das vorab über den Ticker läuft, dann hätten wir Text vorbereitet, den wir einfach eingefügt hätten, wenn die Meldung kam, vielleicht sogar schon das Gerüst eines Artikels verfasst: schuldig oder nicht schuldig. Dieses Mal hatte keiner von uns auch nur ein Wort getippt, weil wir das Schicksal nicht herausfordern wollten. Wir befürchteten, man habe Ernst & Young ein weiteres Mal hinters Licht führen können, auch wenn wir hofften, dass es nicht so war. Ich wechselte von Tab zu Tab, aktualisierte immer wieder die Websites von Wirecard, Twitter und den Wirtschaftskanälen. Hatte ich irgendetwas übersehen?

Um 8 Uhr morgens öffnete die Börse, und ich wurde langsam ein wenig optimistischer. Paul Murphy hat ein Lieblingssprichwort – »Schlechte Zahlen zusammenzurechnen dauert länger als gute« –, und um 8.20 Uhr war ich zuversichtlich: »Die sind am Arsch. Wenn die Prüfung gut gelaufen wäre, dann wüssten wir es schon. Ich bin überrascht, dass der Markt das nicht merkt. Ist doch glasklar.«

Olaf und ich tippten drauflos. Um 9.43 Uhr kam die Pressemitteilung, und ich hielt den Atem an, versuchte, sie zu verstehen. Konnte das wirklich sein? Dann warf ich jubelnd die Arme hoch. Ich tanzte, es fühlte sich an, als hätte ich bei der Fußballweltmeisterschaft ein Tor geschossen. Ich platzte in die Küche, rannte herum und jubelte. »Wir haben es geschafft, wir haben es endlich geschafft!« Charlotte und die Kinder saßen am Küchentisch bei einem Vormittagssnack und machten mit, kicherten und jubelten.

»Worüber freust du dich so?«, fragte meine Tochter, als ich sie hochhob, und wir beide drehten uns lachend im Kreis. Wie sollte ich ihr das erklären?

»Die bösen Jungs kommen ins Gefängnis.«

Dann rannte ich zum Computer zurück. Die Nachricht verbreitete sich, ich musste einen Artikel schreiben, und schon kamen die ersten Anfragen von der Unternehmensredaktion der FT, wann wir Text über das Geschehen liefern konnten.

*

In Surrey beobachtete Matt Earl den Zusammenbruch und war ein wenig enttäuscht, dass am Ende die Wirtschaftsprüfer alles offenbart hatten. Warum hatten die Behörden nicht eingegriffen? Dann hörte er von Paul Murphy, dass Sky News mit jemandem darüber reden wollte, und räumte panisch sein Arbeitszimmer auf, um einen angemessenen Hintergrund für die landesweit ausgestrahlte Sendung zu bieten. Seine Kinder machten sich einen Spaß daraus, den Kopf zur Tür hereinzustecken und sich dann im Wohnzimmer anzusehen, wie ihr Vater auf dem Bildschirm den Zuschauern zur Mittagszeit erklärte, was gerade geschah und wie ein böswilliges Finanzinstitut ihn seit Jahren ins Visier genommen hatte.

Earl konnte endlich über den Hackerangriff sprechen, weil Citizen Lab in Toronto eine Woche bevor Wirecard implodierte, einen Untersuchungsbericht über die indische Hackergruppe BellTroX veröffentlicht hatte. Danach habe diese mich, Oliver Cobb und alle anderen Wirecard-Kritiker angegriffen. Der Reuters-Journalist Alasdair Pal hatte Citizen Lab auf die Hacker aufmerksam gemacht, und dank Earl und auch dank der jahrelangen Verfolgung durch Wirecard konnten die Experten die sich entwickelnde Taktik und die wechselnden digitalen Standorte der Hacker nachverfolgen. Manchmal verloren sie die Spur, aber dann landete die nächste Phishing-Mail in Earls Posteingang, und sie konnten sie wieder aufnehmen. Der Umfang dessen, was sie aufdeckten, war erschreckend: 28.000 verschiedene Webseiten, die auf Tausende Einzelpersonen und Institutionen überall auf der Welt abzielten, darunter Interessengruppen, Journalisten, gewählte Volksvertreter, Rechtsanwälte, Hedgefonds und Unternehmen. Die Ermittlungen, von denen wir gehofft hatten, dass sie bis zu Wirecard selbst führen würden, hatten bisher nur zur Verhaftung eines Privatdetektivs geführt. Wieder einmal schützten Ermittler und Rechtsanwälte mit tadellosem Leumund jene, die die Befehle gaben. In den USA wurde eine Kriminalermittlung auf Bundesebene eingeleitet, die sich vor allem mit einigen Klimaschutzgruppen beschäftigte, die die Hacker ins Visier genommen hatten und die alle bedeutenden Widerstand gegen den Ölgiganten Exxon geleistet hatten. BellTroX verneinte jede Hackeraktivität, und Exxon leugnete jede Verbindung zu Hackern.

*

Leo Perry konnte sein Glück kaum fassen, als der Aktienkurs von Wirecard nicht direkt auf null fiel, und er nahm jede Wette an, die er bekommen konnte. Wie die anderen Shortseller, die seit Jahren an dem Unternehmen gekratzt hatten, wusste auch er, dass es kein Zurück gab, dass so gut wie alles Geld, das Wirecard je besessen haben mochte, schon lange weg war. Er hatte nie aufgegeben, die Briefe an die Kunden seines Hedgefonds zeigten seine jahrelange Frustration darüber, wie alles falsch dargestellt worden war, dass er sich stets sicher gewesen war, dass Wirecard betrog. Seine Trades am Donnerstag und Freitag belohnten endlich die Geduld seiner Kunden und ließen ein bisheriges Verlustgeschäft endlich Gewinn einfahren.

War es die Mühe wert? Es gab einfachere Wege, um Geld zu

verdienen. In San Francisco rechnete Eduardo Marques auf, wie viel Zeit er für diesen Kampf aufgewendet hatte: mindestens einen Tag die Woche, soweit er sich erinnern konnte. Auf einen Stundenlohn heruntergerechnet, war es das schlechteste Geschäft, das er je gemacht hatte. Doch der Sieg bot Befriedigung in anderer Form: Er hatte inzwischen viel gelernt, wusste, dass das Rätsel endlich gelöst war und dass es hier nicht nur ums Geschäft ging, dass ein paar Betrüger eines Tages zur Verantwortung gezogen werden würden.

*

Am Abend des Zusammenbruchs von Wirecard, nachdem die Artikel geschrieben und die Kinder im Bett waren, saßen Charlotte und ich im letzten Sonnenlicht des Tages mit einer Flasche Sekt, die ich zum vierzigsten Geburtstag von einem befreundeten Weinkenner bekommen hatte, im Garten. Die Sektflasche hatte einen dünnen Hals, wie ein Schwan, und seit fast zwei Jahren hatte ich auf einen passenden Anlass gewartet, sie zu öffnen. Ich begriff langsam, was geschehen war, und alle schienen glücklich darüber zu sein; Murphy hatte zwanzig Minuten lang mit einem ekstatischen Lionel Barber telefoniert; Stefania Palma war mir sieben Stunden voraus und freute sich genauso, als wir uns in den Reaktionen auf Twitter sonnten.

Am nächsten Tag, und viele weitere Tage danach, balgten sich alle um neue Informationen, jede denkbare Institution versuchte herauszufinden, was vor sich ging, was geschehen war und wer seine Finger im Spiel hatte. Ich fragte mich zunächst, als ich etwas Zeit hatte, wer der Münchner Staatsanwaltschaft wohl Schlafmittel verpasst hatte. Als sie am Montag endlich Haftbefehle ausstellte, suchte bereits die Finanzpresse auf der halben Welt nach Jan Marsalek. Die Spur führte auf die Philippinen, wo der Treuhänder Mark Tolentino identifiziert worden war, und Palma erhielt von ihm eine zweiseitige Schimpftirade, in der er seine Unschuld beteuerte: »Das wäre doch lächerlich, mich als ›Treuhänder‹

für Milliarden Dollar einzusetzen ... sogar das war ein Possenspiel, denn ich bin für sie ein Treuhänder für leere Luft.«

Kurz darauf gab es Berichte über Flüge. Die Einwanderungsbehörden hatten Aufzeichnungen darüber, dass Jan Marsalek in Manila gelandet und am nächsten Tag gleich nach China weitergeflogen war. Nur zeigten die Überwachungskameras am Flughafen, als die philippinische Polizei sie überprüfte, dass Marsalek das Flugzeug aus Deutschland nie verlassen hatte. Die Passagierliste war getürkt, eine falsche Fährte, um seine Spur zu verwischen.

Die *Süddeutsche Zeitung*, die als einziges deutsches Medium die Singapur-Vorwürfe gegen Wirecard gründlich untersucht hatte, bevor die Bombe der FT der Firma den Todesstoß gegeben hatte, stückelte Marsaleks Flucht zusammen. Nach seiner Suspendierung am Donnerstag des Zusammenbruchs aß Marsalek in einem preiswerten italienischen Restaurant, einem Touristenlokal mit Leuchtreklame, in der Innenstadt mit seiner Privatassistentin Sabine und dem ehemaligen österreichischen Nachrichtendienstler Martin W. zu Abend. Am folgenden Abend fuhr Marsalek mit dem Taxi nach Bad Vöslau, einem Zivilflughafen vor den Toren Wiens. Er war spät dran und verspätete sich noch mehr, da der Fahrer die Einfahrt zum Flughafengebäude nicht fand. Dort wartete seit 15.30 Uhr eine Cessna Citation Mustang 510 auf ihn, ein kleiner Privatjet, den ihm mutmaßlich ein ehemaliger Politiker der rechtspopulistischen FPÖ organisiert hatte. Marsalek reiste mit leichtem Gepäck, nur ein Koffer und ein Kleidersack. Er gab den beiden Piloten 8000 Euro bar auf die Hand, und um 20.03 Uhr hob der Jet ab mit Ziel Minsk in Belarus.

Seine langjährige Freundin und eine erhebliche Menge Geldes ließ er zurück. In den folgenden Monaten kontaktierte Marsalek seinen Freund Colin in München via LinkedIn über ein Aliaskonto: Richard Dembrovsky. Er wollte die Verwaltung seiner Finanzen regeln. Nachdem Marsalek weg war, hatten sich Colin und Rami El Obeidi wegen Geld zerstritten. Doch Colin wollte keine

Anweisungen von einem international gesuchten Verbrecher annehmen, von dem zwei Bilder auf roten Postern in jedem Bahnhof und jedem Flughafen des Landes hingen – ein Foto mit Vollbart, eines ohne. (Marsalek wurde inzwischen wegen »wegen des Verdachts des gewerbsmäßigen Bandenbetrugs, des besonders schweren Falls der Untreue sowie weiterer Vermögens- und Wirtschaftsdelikte« gesucht.) »Komm zurück, und wir reden«, antwortete Colin.

Indessen standen bei Wirecard selbst Tausende Mitarbeiter unter Schock, bevor die meisten von ihnen unvermittelt gekündigt wurden. Aus ihrer Sicht hatten sie für ein legales Unternehmen seriöse Arbeit geleistet, und das stimmte auch: Das Kerngeschäft mit den Zahlungsabwicklungen war »echt«, aber es hatte riesige Verluste eingefahren. Viele Mitarbeiter ärgerten sich, weil sie Anzeichen übersehen hatten, die ihnen eigentlich hätten auffallen müssen – das eine oder andere, was sie zum Nachdenken hätte bringen können. Der Vertriebler Martin Osterloh hatte immer schon den Unterschied zwischen der Technologie des Unternehmens und dessen öffentlichem Image bemerkt, es aber als harmlose Schönfärberei abgetan. Er wusste, wie schwierig es war, bei der Bank Klienten durchzubekommen, dass man dort dieselben Probleme und Überprüfungen überstehen musste wie in jeder Compliance-Abteilung. Er sprach für viele, als er sagte: »Ich fühle mich wie der Trottel in einem Film, ich habe diese ganzen Typen kennengelernt. Jetzt frage ich mich, wie konnte ich so naiv sein? Und auf diese Frage habe ich keine echte Antwort.«

Je weiter oben jemand in der Wirecard-Hierarchie stand, desto drängender stellte sich die Frage nach Mitwissen und Schuld. Das große Geheimnis von Marsaleks Freunden bei Senjo, Al Alam und in Dubai bestand darin, dass nur so wenige Leute notwendig gewesen waren, um die Drittpartnerrechnungen und Kontostände zu fälschen. Wer sonst hatte etwas gewusst – oder hätte etwas wissen müssen und hatte weggesehen?

In Bezug auf Markus Braun, den stolzen Eigentümer und Chef,

der nach zwei Jahrzehnten als Leiter des Unternehmens seine Unschuld beteuerte, brachte es der Whistleblower Pav Gill auf den Punkt: »So ein dummer Tölpel kann der Vorstandsvorsitzende doch gar nicht sein, oder? Wenn man sich selbst als Visionär vom Rang einer Elizabeth Holmes hinstellt, dann sollte man doch eine gewisse Ahnung davon haben, was im eigenen Unternehmen abgeht. Man kann nicht einfach die ganze Schuld dem Typen in die Schuhe schieben, der abgehauen ist: Marsalek verschwindet, und alle anderen sind Opfer.«

*

Den ganzen Sommer über ging es turbulent zu, und wegen der Pandemie sah ich kaum jemanden von der FT persönlich. Für Oktober planten wir einen großen Umtrunk mit den Kollegen vom Newsroom in einem Pub um die Ecke, um den Untergang von Wirecard zu feiern. Aber zwei Tage vorher erließ die britische Regierung eine »Sechs-Personen-Regel« für private Treffen, und so kam es, dass Murphy und ich in Roula Khalafs Büro mit ihr und drei erfahrenen Redakteuren feierlich Weißwein aus Plastikbechern schlürften.

Im November wurde die Anklage gegen Stefania Palma und mich fallen gelassen, und ich wurde in den Bundestag nach Berlin eingeladen, um dort vor dem Wirecard-Untersuchungsausschuss auszusagen, wofür ich von den Covid-Reisebeschränkungen befreit wurde. Ich sah in einem anderen Raum zu, wie der Krisenhelfer Kilian Kleinschmidt per Video aus Nordafrika seine Aussage machte, und wurde dann selbst hereingebeten. Die Ausschussmitglieder saßen in einem großen Kreis aus beige laminierten Tischen, wie sie für die deutsche Bürokratie typisch sind, und jedes Mitglied hatte ein Mikrofon und einen Kopfhörer für die Simultanübersetzung. Das Ganze wirkte ausufernd und unstrukturiert. Man stellte mir einige Fragen, wobei jede Fraktion zu Wort kam, und ich notierte mir zehn Minuten lang alles. Dann durfte ich antworten, wie ich wollte und so lange ich brauchte, danach begann eine neue Fragerunde. Ich bekam nur vage mit, dass sich das Muster wiederholte, bis es keine Fragen mehr gab. Die Sitzplätze waren nach Fraktion vergeben, nicht für bestimmte Personen, sodass ich immer neuen Gesichtern gegenübersaß, während ein Abgeordneter nach dem anderen Platz nahm, erst mit einem großen Stück Kuchen – es war später Nachmittag –, dann, als der Abend voranschritt, mit Tellern voller Essen. Die Abgeordneten entschuldigten sich, bedankten sich und kritisierten. Habe die Bundesregierung überhaupt ein Abo der *Financial Times*?, fragte ein Abgeordneter der Opposition. Jetzt schon, antwortete ein anderer. Sie beschuldigten die BaFin und die Regierung, die sich weit mehr für das Versagen von Ernst & Young interessierte.

Ich wurde mehrmals gefragt, was man unternehmen könne. Whistleblower schützen, antwortete ich, und die Vorgänge in Unternehmen sichtbar machen. Besonders auffallend bei dem Skandal war, dass Zatarras Anonymität von fast allen als problematisch eingestuft wurde, die unternehmerische Geheimhaltung, die Wirecard für sich selbst und seine Kunden in Anspruch nahm und missbrauchte, jedoch nicht. Mehr Offenheit würde sicherlich helfen und auch, wenn man Steueroasen wie die Britischen Jungferninseln zur Transparenz zwingen würde. Einige Anwesende nickten, aber ich erwartete nicht viel: Diese Anhörungen würden noch monatelang weitergehen mit Hunderten von Zeugen, und der Bundestagswahlkampf stand bevor. Nach fünfeinhalb Stunden, mit einer kleinen Teepause, war ich spät dran zum Abendessen mit meinen Kollegen vom Berliner FT-Büro. Ich beeilte mich, um sie noch zu treffen, Geschichten auszutauschen und die Artikel zu planen, die noch kommen sollten.

*

In Manila gab die Familie von Christopher Bauer auf Facebook bekannt, dass er im Juli 2020 an Blutvergiftung gestorben und umgehend eingeäschert worden sei. Bilder zeigten die Familie bei den traditionellen Trauerritualen, bei denen unter anderem ein ganzes Schwein für ein neuntägiges Fest gekocht worden war. (Die Familie hat jede Anschuldigung, Bauers Tod sei nur vorgetäuscht, zurückgewiesen.) Im Jahr zuvor war er regelmäßig mit einem Asiaten gesehen worden, der sich »Michael« nannte und zur Beschreibung von Edo Kurniawan passte. Wo sich Kurniawan aufhält, ist nicht bekannt.

Neben Markus Braun wurde in München auch der stellvertretende Finanzvorstand Stephan von Erffa verhaftet. Gegen beide wurde inzwischen Anklage erhoben, und beide beteuern ihre Unschuld.[49]

Oliver B. flog erst nach Zürich, fuhr dann nach München, wo er sich der Staatsanwaltschaft stellte, und kooperiert seither mit der Anklage. Er gilt als wichtiger Zeuge in allen Prozessen gegen die ehemalige Firmenleitung. Mir ließ er über seinen Anwalt zu manchen meiner Fragen mitteilen, es sei vollständig unklar, was die Basis der Anschuldigungen sei. Andere ihm von mir vorgehaltene Vorwürfe ließ er bestreiten, zu wieder anderen Fragen wollte er sich wegen des noch laufenden Ermittlungsverfahrens nicht äußern.

Der ehemalige Nachrichtendienstler Martin W. wurde in Österreich in Verbindung mit seiner mutmaßlichen Tätigkeit für Marsalek verhaftet, und ihm wird vorgeworfen, diesem bei seiner Flucht aus Wien geholfen zu haben. Er hat jedes Fehlverhalten abgestritten.

Die österreichischen Behörden untersuchen weiterhin die Umstände, unter denen Marsalek Geheiminformationen erhielt. Im Oktober 2021 wurde ein österreichischer Diplomat abberufen, und laut Berichten warfen ihm die Strafbehörden vor, er habe Doku-

---

49 Die Anwälte von Stephan von Erffa erklärten: »Unser Mandant hatte weder aktive noch passive Kenntnis von den heute öffentlich diskutierten Vorgängen im Zusammenhang mit dem Zusammenbruch der Wirecard AG.«

mente über das Nervengas Nowitschok weitergegeben, die Marsalek später unter der Hand verkauft haben soll.

Der ehemalige Finanzvorstand Burkhard Ley wurde verhaftet und gegen Kaution auf freien Fuß gesetzt. Er sagt, er habe vom Betrug bei Wirecard nichts gewusst und sei auch nicht daran beteiligt gewesen. Sein Anwalt sagte mir, jeder Wertpapierkauf unter Leys Leitung sei von Rechtsanwälten und Wirtschaftsprüfern gründlich geprüft worden. Ley selbst sei kein Controller und habe sich daher auf das Finanzteam und die Prüfer von Wirecard verlassen. Er habe eine rein berufliche Beziehung zu Jan Marsalek gehabt und keinerlei Kenntnis von dessen illegalen Aktivitäten in Indien oder anderswo.[50]

In Singapur verhafteten die Behörden Shan, den ehemaligen Treuhänder, wegen des Verdachts, Dokumente gefälscht zu haben. Im August 2021 wurde Henry O'Sullivan verhaftet unter dem Vorwurf, er habe Shan angestiftet. O'Sullivan plädierte aber auf unschuldig und wurde auf Kaution freigelassen. Seine Anwälte sagten, sie seien angewiesen worden, nicht auf meine Fragen zu antworten.

Im Juni 2021 wurde »Ray« Akhavan zu zweieinhalb Jahren Haft in einem Bundesgefängnis verurteilt, weil er US-Banken mit Tricks dazu gebracht hatte, Zahlungen für Marihuana-Käufe im Umfang von mehr als 150 Millionen US-Dollar abzuwickeln.

Der Leiter von Allied Wallet wurde in Litauen verhaftet und

---

50 Leys Anwälte wiesen unter anderem auf Folgendes hin: »Herr Ley [...] bestreitet jede Kenntnis von (behaupteten) Bilanzfälschungen in seiner Zeit als Finanzvorstand im Wirecard Konzern. Er hatte weder Kenntnis noch Anhaltspunkte dafür, dass die während seiner Amtszeit als Finanzvorstand der Wirecard AG veröffentlichten Bilanzen auf falschen Finanzdaten erstellt worden sein sollen. Er hatte keinen Anteil an den (behaupteten) betrügerischen Handlungen innerhalb des Wirecard Konzerns. Widersprechende Behauptungen weist er entschieden zurück und verteidigt sich dagegen (vgl. die öffentlich zugängliche Stellungnahme vom 11. 06. 2021 gegenüber dem 3. Untersuchungsausschuss des Deutschen Bundestages).«

wartet auf seine Auslieferung an die amerikanischen Behörden. Im August 2021 klagte das US-Justizministerium ihn wegen seiner mutmaßlichen Beteiligung an der Zahlungsabwicklung für verschiedene Betrugsdelikte mit fingierten Händlern an.

Während der Pandemie wurde Mark Tolentino Geschäftsführer eines Unternehmens, das die exklusiven Vertriebsrechte für den chinesischen Covid-Impfstoff Sinopharm auf den Philippinen besitzt. Tolentino schloss sich außerdem der Partei von Manny Pacquiao an, einem nationalen Boxhelden, der für die philippinische Präsidentschaft kandidierte.

Die Staatsanwaltschaft München vermutet, dass die undurchsichtigen Partner über Kredite 870 Millionen Euro erbeutet haben. Das Unternehmen ging mit 3,5 Milliarden Euro Schulden in Konkurs. Die Commerzbank traf es mit am schlimmsten – dort mussten 175 Millionen Euro abgeschrieben werden. Zunächst hielt die Bank zur Analystin Heike Pauls (die keinen Einfluss auf die Kreditvergabe hatte), feuerte sie dann aber. Später zwang eine Entscheidung des Arbeitsgerichts die Commerzbank, Pauls wieder einzustellen.

Alexander Schütz, der Freund von Markus Braun, der ihn gedrängt hatte, »Macht diese Zeitung fertig«, entschuldigte sich bei der FT und zog sich im März 2021 aus dem Aufsichtsrat der Deutschen Bank zurück.

Der Präsident der BaFin Felix Hufeld und sein Stellvertreter traten beide zurück. Die Finanzaufsicht wird derzeit reformiert, nachdem festgestellt wurde, dass mehrere Mitarbeiter privat mit Wirecard-Aktien gehandelt hatten. Gegen einen Mitarbeiter wurde wegen Insiderhandels kurz vor dem Zusammenbruch von Wirecard ermittelt. Im Juli 2021 wurde in Deutschland ein neues Gesetz erlassen, das die Struktur der Corporate Governance reformierte und dem Aufsichtsrat die Möglichkeit gab, Informationen direkt von den Leitern der Zentralbereiche des Unternehmens einzufordern, sodass er sich nicht mehr auf den Vorstand verlassen musste.

Ernst & Young stand vor einer Welle von Gerichtsverfahren aufgrund der Bilanzprüfungen bei Wirecard. Der Chef von EY in Deutschland, Hubert Barth, trat im Februar 2021 von seinem Posten zurück. Gegen die Partner, die an den Prüfungen beteiligt waren, ermittelte die Staatsanwaltschaft München wegen möglicher persönlicher Pflichtverletzungen. Sie und die Kanzlei haben jedes Fehlverhalten verneint. EY hat sich erfolgreich dagegen ausgesprochen, dass ein kritischer Bericht über die Arbeit der Firma, den Mitglieder des Bundestags im Rahmen einer parlamentarischen Untersuchung des Skandals in Auftrag gegeben hatten, ungekürzt veröffentlicht wurde.

Dokumente, die zu dieser Untersuchung gerechnet werden, zeigen, dass Wirecard im Jahr 2019 allein 45 Millionen Euro Beratungshonorare an Rechtsanwälte, Steuerberater, Privatdetektive, PR-Firmen, Freunde von Marsalek und andere Helfer bezahlt hat. Anwälte rechnen mit jahrelangen Honorareinnahmen durch all die Gerichtsverfahren, die der Zusammenbruch von Wirecard nach sich ziehen wird.

Fraser Perrings Firma Viceroy veröffentlicht weiterhin kurze Studien und sorgte für Kontroversen. Im September 2021 wurde Viceroy von der südafrikanischen Aufsichtsbehörde zu einer Geldstrafe von 2,3 Millionen Pfund verurteilt, weil es 2018 »falsche, irreführende oder täuschende Aussagen« über ein Unternehmen veröffentlicht hatte. Perring teilte mit, er werde gegen die Entscheidung Berufung einlegen, und sagte der *Frankfurter Allgemeinen Zeitung*, er erhalte zwanzig bis dreißig Morddrohungen pro Woche. Mir erzählte er, er habe zwischenzeitlich ein umfangreiches Portfolio an privaten Finanzwerten auf den Britischen Jungferninseln angehäuft, indem er Firmen bei ihren Sorgfaltsprüfungen unterstützt habe, und dass er immer noch mit Ian Hollins befreundet sei, dessen wahre Identität er schützen wollte.

Pav Gill ist nach Bangkok umgezogen und arbeitet dort erfolgreich als Justiziar für Zipmax, eine digitale Handelsplattform. Er war froh, als Wirecard endlich entlarvt wurde, doch seine Entscheidung, zum Whistleblower zu werden, hatte dennoch Folgen für ihn. Er wisse, dass es nicht rational sei, aber wenn der vorbeifahrende Aufzug die Tür seiner Wohnung leise klappern lässt, erwache er in Schweiß gebadet. Er habe ein großes neues Türschloss gekauft, das dieses Klappern verhindere, damit er schlafen könne. Seiner Mutter Evelyn ginge es gut, sie sei immer noch in Singapur und so entschlossen wie eh und je, sich um ihren Sohn zu kümmern.

Gary Kilby verkaufte den Nachtclub Fabric während der Pandemie. Nachtclubs und der Handel mit Büroartikeln wurden von der Pandemie hart getroffen, unter anderem das machte Nick Gold wirtschaftlich erheblich zu schaffen.

Während ich dies schreibe, lässt Paul Murphy immer noch an der Fertigstellung seines Häuschens in Mosambik arbeiten.

Epilog

Dieses Buch, dessen Text vollständig vom englischsprachigen Originalmanuskript ins Deutsche übersetzt wurde, stützt sich auf meine Erfahrungen, die ich bei der Berichterstattung über die Firma in sieben Jahren gesammelt habe: Es basiert auf mehr als hundert Interviews, die nach dem Zusammenbruch von Wirecard geführt wurden, zusätzlich zu den Hunderten von Gesprächen, die bei dem Versuch, den Betrug aufzudecken, geführt wurden. Ich habe viele tausend Seiten an Unternehmensunterlagen und mehr als 500 Gigabyte interner Wirecard-E-Mails und Dokumente durchforstet. Außerdem habe ich unzählige Analystenberichte, Gerichtsakten, Textnachrichten, Protokolle, Verlautbarungen der Aufsichtsbehörden, Bandaufnahmen, Verträge, Whois-Einträge und Website-Archive im Zusammenhang mit Wirecard und seinen Partnern gelesen, um die Ereignisse zu verstehen und darüber zu berichten. Wo diese im Text wörtlich zitiert werden, ist die Quelle angegeben. Falls Fehler aufgetreten sind, stammen sie von mir. Der Zugriff auf die öffentlichen Register von Companies House Großbritannien, der Accounting and Corporate Regulatory Authority in Singapur und des *Bundesanzeigers* in Deutschland war vorbildlich und lobenswert und empfiehlt sich zur Nachahmung. Das *Internet Archive* war ein unverzichtbares kostenloses Werkzeug für den investigativen Journalismus.

In dieser Geschichte geht es vor allem um Menschen. Ohne die Lastwagenladung an internen Dokumenten von Pav Gill und mehr als einem Dutzend anderer Whistleblower, die die mutige Entscheidung trafen, weiterzugeben, was sie wussten, wäre Wirecard nie aufgeflogen. Sie sind die Helden, deren Integrität den Lügen gewachsen war, und ich bin ihnen ewig dankbar.

Für die Erkenntnisse, das Vertrauen, die Kooperation und Geduld jener, die mit mir sprachen, manche mehrmals, bin ich unendlich dankbar. Jeder einzelne Beitrag, ob groß oder klein, war wertvoll. Manche Informanten waren einverstanden, namentlich genannt zu werden, andere erscheinen unter Pseudonym oder bleiben vollständig anonym aus Angst vor Vergeltungsmaßnahmen, laufenden Ermittlungen und Strafverfahren oder einfach aus dem Wunsch nach Privatsphäre heraus. Ein paar wenige kommunizierten über Vermittler oder Anwälte. Wo berichtet wird, was jemand gesagt hat, basieren die Zitate auf den Erinnerungen von Gesprächsteilnehmern.

Die Recherche der ausgreifenden Geschichte von Wirecard war oft eine sehr zeitaufwendige Angelegenheit. Auf diesen Seiten habe ich mich bemüht, den Geschichten und vielfältigen Charakteren gerecht zu werden – Bankern und Banditen, Spionen, Firmenchefs, Pornografen, Helfern, Journalisten, Wertpapierhändlern, Prüfern, Staatsanwälten, Rechtsanwälten, Außenseitern und Redakteuren. Überall dort, wo keine Personen konkret genannt werden, sind mit Aussagen gegen Wirecard auch keine Vorwürfe gegen bestimmte Personen verbunden. Vorstands- und Aufsichtsratsmitglieder sowie leitende Mitarbeiter, die auf meine Fragen geantwortet haben, haben jede Beteiligung an rechtswidrigem Tun bestritten.

Manche Protagonisten wie der verschwundene Jan Marsalek waren für eine Stellungnahme nicht erreichbar. Der Dealmaker Henry O'Sullivan und seine Mitarbeiter beim Mauritiusfonds 1 A, Amit Shah, Katherine A. und Varun Gupta, reagierten auf meine Anfragen nicht. Ebenso wenig der Pornokönig Hamid »Ray« Akhavan.

Mein einziges Interview, vom Dezember 2014, mit dem Mann, der Wirecard leitete, ist hier enthalten. Was ihn motivierte, bleibt Spekulation. Markus Braun selbst beteuert nach wie vor seine Unschuld und hat den Ablauf von Ereignissen, wie sie in diesem Buch dargestellt sind, zurückgewiesen. Sein Anwalt sagte unter anderem: »Die Anschuldigungen/Andeutungen, die in Ihren Fragen enthalten sind oder angedeutet werden, sind vollständig oder in erheblichem Umfang inkorrekt oder unwahr.«

Mein Ziel war es, Aufstieg und Fall von Wirecard darzustellen, und wenn dieses Buch veröffentlicht wird, sind die Strafverfahren noch nicht abgeschlossen. Ich überlasse es anderen, die Folgen von Wirecards Schmach zu beschreiben.

Danksagung

Seit dem ersten Tipp im Jahr 2014 sagte Paul Murphy mir, ich solle meiner Nase folgen, und organisierte Ressourcen und Zeit, damit ich es auch tun konnte. Er war Mentor für eine ganze Generation von Schreibern wie mich, auch für mich, und mit Murphy musste ich keine Schlacht allein ausfechten. Seine Unterstützung endete nicht, als der Dolch im Herzen von Wirecard steckte. Ich danke ihm für seine Beiträge zu diesem Buch, seine Vorschläge, Geschichten, Kontakte und Ermutigungen. Auch Nigel Hanson, dem knallharten Anwalt der FT, schulde ich Dank für die unzähligen Stunden, in denen er dafür sorgte, dass ich auf dem Pfad der Tugend blieb, der die Texte gegenlas und die Wirecard-Anwälte abwehrte. Wir hätten es ohne ihn nicht geschafft und auch nicht ohne die Rückendeckung von Lionel Barber, dessen Orientierung, seine Forderung nach lesbaren Texten und seine Zurückhaltung, wenn Murphy und ich alles auf eine Karte setzen wollten, uns im Spiel hielten. Stefania Palma ist eine legendäre Journalistin. Sam Jones ist ein Magier. Alle stellten großzügig ihre Zeit und Hilfe für dieses Projekt zur Verfügung, und ich danke Roula Khalaf für ihre Unterstützung und dafür, dass sie mir ein Jahr freigab, um dieses Buch zu schreiben. Ich stehe in der Schuld von Olaf Storbeck, der die letzten turbulenten Jahre im Leben von Wirecard entwirrte, für seine und Tabby Kinders unerbittliche Berichterstattung über die Schwächen bei Ernst & Young und für all die Spuren, Recherchen, Kontakte und Rückmeldungen, die er bei der Arbeit an diesem Manuskript mit mir teilte.

Ich hatte das Glück, aus einer bemerkenswerten Institution voller talentierter, sachkundiger Journalisten heraus über Wirecard zu berichten. Einer der wunderbaren Aspekte der FT ist die Bereitschaft aller Korrespondenten überall auf dem Globus, alles stehen und liegen zu lassen, was sie gerade tun, und einer Spur nachzujagen, mit Ratschlägen und Kontakten zu unterstützen, die Telefondrähte glühen zu lassen oder undercover in ein schickes Restaurant zu gehen. Danke an Simeon Kerr, Leo Lewis, Nicole Liu, Isabella Kaminska, David Keohane, Arash Massoudi, Cynthia O'Murchu, John Reed, Khadim Shubber, Robert Smith, Chris Tighe und Don Weinland, die bei dieser langen Verfolgungsjagd alle eine Rolle gespielt haben. Danke an Tom Braithwaite, Richard Blackden, Geoff Dyer und Matt Garrahan für die weise Redaktion der Wirecard-Artikel, und auch an alle anderen, die an der Produktion beteiligt waren. Danke an Peter Spiegel, der auf den Decknamen »Ahab« kam, und danke an Tom Burgis, der mich bezüglich der Verlagswelt beriet, als ich anfing, dieses Buch zu schreiben.

Neben den genannten Shortsellern, die so viel dafür getan haben, um die Geldwäsche und den Rechnungsbetrug von Wirecard aufzudecken, gab es viele Weitere, die mit Rat, Gedanken, Analysen und Unterstützung ihren Beitrag leisteten. Ihnen allen danke ich. Die aufmunternden Worte von Marc Cohodes waren ein Highlight in dunklen Zeiten. Das öffentliche Eingreifen von Sir Chris Hohn in der letzten Phase half, den Druck aufrechtzuerhalten. Auf der Händlerseite hatten Toby Clothier und Neil Campling von Mirabaud GTS von dem Moment an, als sie Markus Braun im Jahr 2018 erstmals sprechen hörten, für Wirecard das Kursziel null, und ihre ständigen Kommentare waren ein erfrischender Rückenwind. Anerkennen möchte ich die gute Arbeit bei der Berichterstattung über Wirecard von Christoph Giesen und den Kollegen von der *Süddeutschen Zeitung* sowie die Recherchen von Roddy Boyd bei der Foundation for Financial Journalism.

Meine unermüdliche Agentin, Matilda Forbes Watson von WME, ist eine ausgefuchste Verhandlerin, Verteidigerin und weise Kritikerin. Danke ebenfalls an Laura Bonner und Jay Mandel. Ich hatte das Glück, als Lektor bei Transworld die leitende Hand von Alex Christofi zu haben. Er sah vom ersten Moment an den Kern einer fesselnden Geschichte, sein Enthusiasmus half mir, das Projekt durchzuziehen, und mit seinen Vorschlägen traf er immer den Nagel auf den Kopf. Danke auch an Sharika Teelwah für ihre Anmerkungen, an Jürgen Diessl bei Econ für seine Gedanken und Geduld und an Benedict Stoddart und Mark Richards für ihre scharfen Augen beim Lesen.

In den letzten drei Jahren hat Wirecard mein Leben bestimmt, und ich habe das Glück, tolle Freunde und eine tolle Familie zu haben, die meine Besessenheit tolerierten und, je nach Bedarf, Ablenkung und Unterstützung boten. Mein großer Dank gebührt James Johnson und Mark Murray sowie Jason Smithy für seine schlechten Wortwitze, und Russ Anderson für die IT-Unterstützung. Mehr als allen anderen danke ich meinen Lieben, die mich durchhalten ließen, die die langen Tage des Schreibens ertrugen, meine Abwesenheit und den Stress und den letzten Schlussspurt vor der Abgabe, der sich immer weiter hinzog. Bea und Freddie, ihr seid meine hellen Sterne. Charlotte, du bist mein Fels, und für deine Geduld, dein Verständnis und deine Liebe bin ich wahrlich von Herzen dankbar.

Personenverzeichnis